Albert Gerhards/Benedikt Kranemann
Einführung in die Liturgiewissenschaft

Albert Gerhards/Benedikt Kranemann

Einführung
in die Liturgiewissenschaft

2. Auflage

Die Deutsche Nationalbibliothek verzeichnet diese Publikation
in der Deutschen Nationalbibliografie;
detaillierte bibliografische Daten sind im Internet über
http://dnb.d-nb.de abrufbar.

2., durchgesehene Auflage 2008
© 2008 by WBG (Wissenschaftliche Buchgesellschaft), Darmstadt
1. Auflage 2006
Die Herausgabe dieses Werkes wurde durch
die Vereinsmitglieder der WBG ermöglicht.
Einbandgestaltung: schreiberVIS, Seeheim
Satz: Lichtsatz Michael Glaese GmbH, Hemsbach
Redaktion: Barbara Honold, Karlsruhe
unter Mitarbeit von Edeltraud Schönfeldt und Friederike Schmitz
Gedruckt auf säurefreiem und alterungsbeständigem Papier
Printed in Germany

Besuchen Sie uns im Internet: www.wbg-darmstadt.de

ISBN 978-3-534-15742-6

Inhalt

Abkürzungen

Die Abkürzungen für antike Autoren und ihre Werke richten sich nach dem Abkürzungsverzeichnis des „Lexikon für Theologie und Kirche", dritte völlig neu bearbeitete Auflage. Die Abkürzungen von Zeitschriften folgen in der Regel Siegfried M. Schwertner, Internationales Abkürzungsverzeichnis für Theologie und Grenzgebiete. Zeitschriften, Serien, Lexika, Quellenwerke mit bibliographischen Angaben. 2., überarb. u. erw. Aufl. Berlin u. a. 1992.

Als weitere Abkürzungen werden verwendet:

AEM	Allgemeine Einführung in das Römische Meßbuch (enthalten in: Die Meßfeier – Dokumentensammlung [vgl. im Literaturverzeichnis Nr. 68])
AES	Allgemeine Einführung in das Stundengebet [vgl. Nr. 69]
DEL	Dokumente zur Erneuerung der Liturgie [vgl. Nrn. 71–73]
GL	Gotteslob [vgl. Nr. 64]
LG	Lumen Gentium
PEM	Pastorale Einführung in das Meßlektionar (enthalten in: Die Meßfeier – Dokumentensammlung [vgl. Nr. 82])
PLR-GD	Pastoralliturgische Reihe in Verbindung mit der Zeitschrift Gottesdienst
PO	Presbyterorum Ordinis
SC	Sacrosanctum Concilium [vgl. Nr. 84]

Einleitung

Die Liturgiewissenschaft befasst sich als theologische Disziplin mit Geschichte, Theologie und Pastoral der Liturgie. Sie untersucht die vielfältigen Feiern unterschiedlicher christlicher Liturgien. Die Ausdrucksformen des Glaubens, die für sie Objekt wissenschaftlichen Interesses sind, umfassen das gesamte sprachliche und nichtsprachliche Spektrum liturgischer Zeichenhandlungen in Geschichte und Gegenwart, in unterschiedlichen Konfessionen und Kulturen. Dieser Fülle an Inhalten steht in dieser Einführung die notwendige Kürze der Darstellung gegenüber. So können nur einige grundlegende Themen angesprochen, hier und dort Akzente gesetzt, Hinweise und Anregungen für die eigene weitere Lektüre gegeben werden. Wenn dieses Buch auch vieles nur fragmentarisch abhandeln kann, so will es doch ein differenziertes Bild des christlichen Gottesdienstes bieten und Interesse an der Liturgiewissenschaft wecken.

Am Anfang des Buches steht eine Skizze über Funktion und Deutung von Liturgie im gesellschaftlichen Umfeld. Ein zweites Kapitel führt in das Fach Liturgiewissenschaft ein. Dem schließt sich ein längeres, dennoch ausschnitthaft bleibendes Kapitel über die Geschichte der römischen Liturgie an. Auch hier zwingt die Kürze der Darstellung zur Konzentration auf Basisinformationen. Die Liturgiegeschichte ist ein ebenso zentrales Gebiet der Liturgiewissenschaft wie die Theologie der Liturgie, von der einige wesentliche Themen ausgearbeitet werden. Auf dieser Basis von Geschichte und Theologie lassen sich Elemente und Ausdrucksformen des Gottesdienstes darstellen: die Heilige Schrift in der Liturgie, das Gebet als zentrale liturgische Sprachhandlung, die Sprache des Gottesdienstes, Gesang und Musik sowie Zeichen und Zeichenhaftigkeit der Liturgie. Grundlegendes wird behandelt, vor dessen Hintergrund ein Handlungsgeschehen wie die Liturgie erst zu verstehen ist.

Ein Anhang mit einigen wenigen Textbeispielen und Schemata sowie ein umfangreiches Literaturverzeichnis helfen, das vorliegende Buch als Studienbuch zu benutzen.

Dieses einführende Werk richtet sich an theologisch und kulturwissenschaftlich interessierte Leserinnen und Leser. Deshalb stehen weniger Fragen der Liturgiepastoral als theologische und historische Fragestellungen im Vordergrund. Zudem werden diejenigen, die sich mit Geschichte und Theologie der Liturgie vertraut gemacht haben, in die Lage versetzt, selbständig Kriterien für die Pastoral zu entwickeln.

Schließlich sei auf die konfessionelle Begrenzung des Buches aufmerksam gemacht. Die vorliegende Einführung ist aus der Perspektive katholischer Theologie geschrieben. Die Liturgiewissenschaft arbeitet schon lange ökumenisch; deshalb kommen selbstverständlich auch Stimmen aus Wissenschaftstraditionen anderer Konfessionen zur Sprache. Die Verfasser wissen sich einer ökumenischen Liturgiewissenschaft verpflichtet, haben sich aber für diese knappe Publikation auf die Darstellung der eigenen Tradition beschränken müssen.

Für Anregungen und redaktionelle Hilfe gilt den Mitarbeiterinnen und Mitarbeitern an den Lehrstühlen für Liturgiewissenschaft der Katholisch-Theologischen Fakultäten in Bonn und Erfurt, besonders Dipl. theol. Birgit Hosselmann, Annika Runst und Dr. Stephan Wahle, Dank.

Albert Gerhards   Benedikt Kranemann

1. Liturgie im gesellschaftlichen Umfeld

1.1 Christliche Liturgie und die Vielfalt der Liturgiefeiern

Hinter dem Wort „Liturgie" verbirgt sich eine Fülle von Feierformen, die auf ganz verschiedene Weise mit dem Leben der Kirche, der Gesellschaft und des Einzelnen verbunden sind und sehr unterschiedliche Deutungen erfahren. „Liturgie" ist ein Begriff, der zwar in der Abstraktion und Distanz Analyse und Erkenntnis erleichtert, zugleich aber immer um die Spezifika und Unterschiede konkreter Liturgiefeiern zu ergänzen ist. Unsere Einführung in die Liturgiewissenschaft geht entsprechend vor: Sie stellt jene Aussagen und Erkenntnisse zusammen, die im Hinblick auf das Phänomen „Liturgie" allgemein formuliert werden können, und wendet sie auf konkrete Liturgiefeiern an.

Beispiele für die Vielfalt des liturgischen Lebens der Kirche lassen sich rasch zusammentragen.

Im Mittelpunkt der katholischen Kirchengemeinde steht die sonntägliche Eucharistie als Feier der Auferstehung Christi – eine Liturgie mit klarem Anlass (wöchentliche Feier des Ostergeheimnisses als Mittelpunkt christlicher Existenz) zu einem fixen Termin (dem Sonntag) und in der Regel an einem bestimmten Ort (Gemeindekirche), mit einer, was die Teilnahmevoraussetzungen betrifft (Initiation), relativ deutlich umrissenen, auch konfessionell abgegrenzten Teilnehmergruppe und einer durch kirchliche Ordnungen definierten Verteilung der Ämter und Rollen. Diese Liturgie soll den Vorgaben und Texten (Lesungen, Orationen, Hochgebet etc.) liturgischer Bücher, des Lektionars, Evangeliars oder Messbuchs, folgen. Sie ist also kirchlich geordnete Liturgie, für die aber erhebliche Gestaltungsspielräume bestehen. Die Gründe für die kirchlich vorgegebene Ordnung hängen zusammen mit der notwendigen Strukturierung menschlicher Versammlung, dem Bemühen um Orthodoxie in der Liturgie, die Ausdruck des Glaubens der Kirche ist, mit der Einbindung der Liturgie in die Kirche und der Sicherung des theologischen und kulturellen Niveaus der Liturgie (Klöckener/98). Variationen zwischen den Liturgien verschiedener Ortskirchen stammen darüber hinaus entweder aus Inkulturation, also der Interaktion verschiedener Kulturen, oder aus selbst eingeräumten Gestaltungsfreiheiten. Der Liturgie wird die Aufgabe der Konstituierung von Kirche zugewiesen: Aus der Eucharistie heraus soll Kirche jeweils neu entstehen. Die Liturgie besitzt also eine stark binnenkirchliche Bedeutung, wird aber auch in der Gesellschaft als Handeln einer gesellschaftlichen Gruppe wahrgenommen und toleriert.

Blickt man allein auf die Fülle der Erscheinungsformen solcher kirchlich verantworteten Liturgie, trifft man auf zahlreiche „Liturgien". Dazu gehören so unterschiedliche Feiern wie die Messfeier mit Wortgottesdienst und Eucharistie; die Tagzeitenliturgie (Laudes, Vesper, Komplet, Lesehore und die klei-

Beispiel 1:
Kirchlich verantwortete Liturgie

nen Horen) mit alt- und neutestamentlichen Gesängen, Schriftlesung und Gebet; die Liturgie des Osterfestes mit komplexer Struktur aus Nachtwache (Vigil) mit Lichtfeier, Wortgottesdienst, Taufe und Eucharistie; eine einfache Benediktion (Segnung) mit Schriftlesung, Segensgebet, Fürbitte und Schlussgebet oder eine Begräbnisliturgie, die in Lesung, Gebet und Zeichenhandlung Abschied und Hoffnung für den Verstorbenen zum Ausdruck bringt. Dieser Katalog ließe sich um viele weitere Feierformen aus Tradition und Gegenwart erweitern; dies erst recht, wenn man den Blick auf die Ökumene und die zahlreichen Weisen weitet, ökumenische Gottesdienste zu feiern. „Liturgie" bezeichnet heute also keineswegs nur die Messe, sondern alle Formen kirchlich verantworteter gottesdienstlicher Feiern mit unterschiedlicher theologischer Bedeutung und verschiedenem rituellem Habitus.

Beispiel 2:
Gottesdienste
anlässlich
gesellschaftlicher
Ereignisse

Einen ganz anderen Typ von Liturgie bilden Gottesdienste, die anlässlich gesellschaftlicher Ereignisse begangen werden, etwa im Umfeld von Katastrophen (Disaster Ritual/88). Sie finden anlassbezogen statt und werden zumeist in Zusammenarbeit von Kirche und staatlichen Institutionen unter Zugrundelegung bestimmter ritueller Repertoires organisiert. Solche Feiern sind kein binnenkirchliches Geschehen, sondern tragen explizit öffentlichen Charakter. Letztlich gibt es keine klaren Teilnahmevoraussetzungen, wenngleich beispielsweise die Trauer um die Katastrophenopfer die Teilnehmenden eint. Die Funktion der Feier ist Hilfe zur Artikulation und Bewältigung von Trauer und zum Zusammenhalt von Gesellschaft. Die Feier wird von manchen Gruppen konfessionell-religiös, von anderen eher zivilreligiös gedeutet. Die Rollenträger variieren und werden nicht allein nach kirchlich-theologischen Vorgaben bestimmt. In der Regel werden solche Feiern interkonfessionell, seltener interreligiös organisiert. Auch die Feiergestalt variiert, obwohl bestimmte Elemente (Bibeltexte, Instrumentalmusik, Segensgesten u. Ä.) immer wieder verwendet werden. An welchen Orten solche Gottesdienste stattfinden, hängt von den Umständen ab; das können Kirchenräume, öffentliche Plätze, aber etwa auch Sportstadien sein. Diese Gottesdienste besitzen eine sehr große mediale Präsenz, so dass unterschiedliche Partizipationsformen durch unmittelbare Teilnahme oder via Medien möglich sind. Je nachdem, ob in diesen Ritualen ein explizites Gottesbekenntnis ausgesprochen und in der Feier Gott als Gegenüber des Menschen bekannt wird, kann man von Liturgie oder aber allgemeiner von einer religiösen Feier sprechen. Damit gelangt eine Ausdifferenzierung der kirchlichen Feierkultur ins Blickfeld, die in dem Moment wächst, in dem die Kirche über den engeren Kreis der Kirchenmitglieder hinaus mit neuen Ritualen in die Gesellschaft hineinwirkt. Die wachsende Vielfalt von Feier- und letztlich auch Liturgieformen stellt sich insbesondere einer Kirche als Aufgabe, die sich als Teil einer pluralen Gesellschaft versteht.

Beispiel 3:
Kirchliche Liturgien
in pluraler Deutung

Die Feier der Säuglingstaufe ist in westeuropäischen Gesellschaften unter Katholiken nach wie vor die häufigste Form der Initiation. Taufe bedeutet (in Einheit mit Firmung und Eucharistie), dass die Getauften an Tod und Auferstehung Christi teilhaben und in die Kirche eingegliedert werden. Die Liturgie erfährt kirchlich-sakramententheologisch eine klare Deutung. Als Initiationsliturgie, also im religiösen Sinne als Rite de Passage (van Gennep/111; Turner/110) oder Übergangsritus vom Zustand des Nichtgetauftseins in den Status des Getauftseins, kommt ihr innerkirchlich eine andere Bedeutung zu als etwa der Eucharistie, die diesen Status voraussetzt. In der Gegenwart werden dieser Liturgie aber von den Beteiligten weitere und offensichtlich als wesentlich empfundene Deutungen zugeschrieben, die für das Verständnis vielfältiger Wahrnehmungen von Liturgie wichtig sind. Gerade die Säuglingstaufe wird häufig als ein die Identität der Familie religiös bestätigendes und sakralisierendes Ritual gedeutet. Man versteht die Taufe als Privatangelegenheit und marginalisiert den Bezug zu Kirche und Gemeinde. Im Vordergrund steht (nach Ebertz/89) die Bestätigung, Deutung und Überhöhung eigener Lebenswirklichkeit. Zugleich verläuft die Taufe aber nach einem kirchlich approbierten liturgischen Buch und mit entsprechenden Rollenträgern. Die Eltern entscheiden sich bewusst für diese kirchliche Liturgie, interpretieren sie aber im Kontext der Familie. Der Traditionserhalt im Ritual geht einher mit dem Traditionsbruch in der Deutung.

Am Beispiel – Ähnliches ließe sich für Trauung und Begräbnis zeigen – ist ablesbar, dass sich hinter Liturgie ganz unterschiedliche Deutungszuweisungen verbergen können, deren Legitimität und Zueinander theologisch zu reflektieren ist. Mit dem Begriff „Liturgie" verbindet sich also nicht nur eine Formen-, sondern auch eine Deutungsvielfalt, so dass ein und dieselbe Feier ganz unterschiedlich interpretiert wird (Hoffman/96; Winter/112). Solche Bedeutungszuweisungen über den theologischen Sinn hinaus begleiten die Liturgiegeschichte, erhalten aber im religiösen Pluralismus der Moderne größere Relevanz und Plausibilität.

Die Vielfalt heutigen gottesdienstlichen Lebens (vgl. dazu auch Haunerland/93: 141–150) muss mit der Entwicklung von Religion und damit des Christentums in Westeuropa zusammengesehen werden. Für deren Beschreibung ist „Säkularisierung" das gängige Beschreibungsparadigma. Drei Teilaspekte kennzeichnen in Anlehnung an Studien des amerikanischen Soziologen José Casanova (Casanova/87) die Rolle der Religion in der Säkularisierung westeuropäischer Gesellschaften, die „in Sachen religiöser Entwicklung als die große, erklärungsbedürftige Ausnahme" (Gabriel/90: 16) betrachtet werden kann:

Säkularisierung

1. Trennung von weltlicher und religiöser Sphäre charakterisiert die Säkularisierung, die kennzeichnend für die Entwicklung der modernen Gesellschaft ist. Politik, Wirtschaft, Wissenschaft und auch Religion sind autonom geworden, die Gesellschaft hat sich differenziert. Damit verliert die Religion nicht etwa ihre Funktion, aber diese Funktion ändert sich.

2. Zudem bedeutet Säkularisierung in Westeuropa, dass Traditionen und Praktiken der Religionen erodieren. Im Bereich der Liturgie ist das offenkundig: Die Gottesdienstpraxis deutscher Katholiken hat sich in den letzten Jahrzehnten deutlich verändert. Nach einer Statistik der Deutschen Bischofskonferenz ist die Zahl der Teilnehmenden am katholischen Sonntagsgottesdienst in Deutschland von 1962 bis 2002 von 44,7 % (Westdeutschland) auf 15,2 % gefallen. Rückläufige Zahlen liegen unter anderem für die Säuglingstaufe und für die Trauung vor. Die Zahl der Bestattungen ist in den letzten Jahrzehnten faktisch konstant geblieben. Demgegenüber stieg die Zahl der Taufen von Kindern im Schulalter und von Erwachsenen. Erosionen lassen sich auch hinsichtlich der Vertrautheit mit unterschiedlichen liturgischen Riten und Frömmigkeitspraktiken beobachten (vgl. „Zahlen und Fakten" auf der Homepage der Deutschen Bischofskonferenz www.dbk.de).

3. Schließlich wird als dritter Aspekt von Säkularisierung die Privatisierung von Religion genannt. Diese Tendenz ist, empirisch nachweisbar, in Europa ungebrochen, wenngleich die Verlagerung der Religion aus dem Bereich der Öffentlichkeit in die Sphäre des Privaten keine zwangsläufige Folge moderner Gesellschaftsentwicklung ist.

Diese Rahmendaten für das Verhältnis von Religion und Öffentlichkeit betreffen auch die Liturgiefeier. Die Ausdifferenzierung von Formen und Deutungen der Liturgie steht im Zusammenhang mit der so veränderten Rolle der Religion; diese Veränderung nimmt auch darauf Einfluss, was Liturgie im Einzelnen bedeutet und wie sie wahrgenommen wird.

1.2 „Liturgie" – Begriffsgeschichte

Letztlich spiegeln sich die genannten Diversifikationen schon historisch wider und machen die Pluralität der Liturgietradition auch innerhalb der katholischen Kirche sichtbar. Die Bezeichnungen für die Vielfalt gottesdienstlicher Feiern haben eine sehr komplexe Begriffsgeschichte durchlaufen, innerhalb derer der Begriff „Liturgie" erst spät gebräuchlich wurde.

Begriffe für die katabatische und anabatische Dimension

So begegnen Begriffe, die auf den Dienst im Gottesdienst abzielen, wie etwa ministerium, munus, officium, opus – vom lateinischen „opus Dei" leitet sich das deutsche Wort „Gottesdienst" ab –, wobei offen bleibt, ob der Dienst Gottes am Menschen oder der Dienst des Menschen für Gott oder beides angesprochen ist. Eindeutiger sieht es bei ebenfalls verbreiteten Bezeichnungen wie mysterium oder sacramentum aus, in denen die Heilszuwendung Gottes (die soterische Dimension oder Katabasis, von griech. καταβαίνειν – hinabsteigen) anklingt, was das Handeln Gottes am Menschen betont, oder bei Begriffen wie cultus, devotio oder religio, welche die Verehrung Gottes oder den seitens des Menschen Gott geschuldeten Kult (latreutische Dimension oder Anabasis, von griech. ἀναβαίνειν hinaufsteigen) in den Vordergrund stellen. Daneben stehen Bezeichnungen, die stärker auf das Äußere des Gottesdienstes hinweisen, wie caeremoniae und ritus.

Der Begriff „Liturgie"

„Liturgie" leitet sich vom griechischen λειτουργία ab, einem Kompositum aus ἔργον (Werk) und λαός (Volk). Man bezeichnete damit zunächst Leistungen der Bürger für staatliche und soziale Zwecke, also Dienste für das Gemeinwesen und damit für das Volk insgesamt (Aufwendungen für die Armenspeisung, Finanzierung kultureller und sportlicher Einrichtungen). In kultischen Zusammenhängen taucht der Begriff erst im zweiten vorchristlichen Jahrhundert auf. In der griechischen Übersetzung des Alten Testaments, der Septuaginta, wird λειτουργία für den Dienst am Jerusalemer Tempel (für עבדה) verwendet. Im Neuen Testament steht die gesamte Wortgruppe für Unterschiedliches, ist auf den alttestamentlichen Priesterdienst bezogen (Lk 1,23; Hebr 9,21; 10,11), trägt aber auch noch die alte Bedeutung von Steuern (Röm 13,6), bedeutet karitativen Dienst (Röm 15,27; 2 Kor 9,12; Phil 2,30) und bildet in der Terminologie des Opferdienstes den Dienst des Apostels ab (Röm 15,16; Phil 2,17). Auf eine christliche gottesdienstliche Versammlung ist nur Apg 13,2 bezogen („als sie zu Ehren des Herrn Gottesdienst feierten [λειτουργούντων] und fasteten"). Die letztgenannte Bedeutung, also der Bezug auf den Gottesdienst und die liturgischen Ämter, setzt sich in nachapostolischer Zeit durch (1 Clem 41,1 [SUC 1]; 44,2–6; Did 15,1 [FC 1]; Eusebius, hist eccl III, 13,34 [Sources chrétiennes 31]; Const Apost II, 25,5.7; VIII, 4,5; 18,3; 47,15.28.36 [Sources chrétiennes 320.336]). Schon im Euchologion 11,3, einer Sammlung von Gebeten, die unter dem Namen des Serapion von Thmuis († nach 362) überliefert ist, wird der Terminus nur noch für die Eucharistie verwendet. Diese Engführung setzt sich im Osten und Westen durch. Erst seit dem Humanismus wird das Wort „Liturgie" im Westen gebräuchlich. 1540 verwendet der Humanist Beatus Rhenanus „Liturgia" in einer Ausgabe der Chrysostomus-Liturgie. Ein Jahr später gebraucht Georg Witzel den griechischen Begriff im Deutschen und spricht von „Liturgy". Er wird zunächst noch im engeren Sinn auf die Messe bezogen und steht seit dem 18. Jahrhundert umfassender für alle gottesdienstlichen Vollzüge. Heute ist der Begriff in verschiedenen christlichen Kirchen gebräuchlich (Lengeling/102 u. 103; Gerhards/324).

Mit den Begriffen „Katabasis" und „Anabasis" wurden die beiden wesentlichen Seiten des Handlungsgeschehens Liturgie bereits genannt. Es gab Phasen der Liturgiegeschichte, in denen die Anabasis und damit die kultische Dimension des Gottesdienstes sehr stark in den Vordergrund gerückt wurde. Zwei ältere, für das Verständnis von Liturgie vor dem Zweiten Vatikanischen Konzil einflussreiche Definitionen von Liturgie machen das deutlich. Der Codex Iuris Canonici (CIC) von 1917 definiert in den Canones 1256 f., derjenige Kult werde „öffentlich" genannt, der im Namen der Kirche von rechtmäßig dazu beauftragten Personen und durch Akte vollzogen werde, welche die Kirche eingesetzt habe. Andernfalls werde er „privat" genannt. Es sei allein Sache des Apostolischen Stuhls, sowohl die heilige Liturgie zu ordnen als auch liturgische Bücher zu approbieren. Der Begriff „cultus" (vom lateinischen „colere" – „pflegen", „verehren"), der hier anstelle von „Liturgie" verwendet wird, hebt allein die Verehrung Gottes hervor. Kult gehört zum Habitus von Religion. Die Aktualisierung von Heilsgeschichte im Gottesdienst, das Handeln Gottes am Menschen und damit vor allem die Heiligung des Menschen (vgl. Kap. 4.) als im Gottesdienst gegenwärtig geglaubtes Geschehen bleiben unausgesprochen oder treten zurück. Zudem ist öffentlicher Kult nur das, was die kirchliche Autorität hinsichtlich der handelnden Personen und der zu vollziehenden Handlungen festgelegt hat. Ludwig Eisenhofer formuliert in seinem bedeutenden „Handbuch der katholischen Liturgik", das 1941 in zweiter Auflage erschien: „Die katholische Liturgie ist der äußere, öffentliche Kult, der in seiner Grundlage von Christus gegeben, in den Einzelheiten seiner Ausführung von der Kirche geregelt ist" (Eisenhofer/37: I 6). Hier ist eine weitere Zuspitzung zu beobachten: Bis in die Einzelheiten der Ausführung hinein ist festgelegt, wie Liturgie zu verlaufen hat. Nur eine so vollzogene Liturgie gilt als gültig und als Gott angemessener Kult. In der Konsequenz solch klarer Umgrenzungen lag, dass man öffentlichen und privaten Kult, Liturgie, Paraliturgie und „fromme Übungen" („pia exercitia") voneinander abzugrenzen suchte. Die Vorstellung des Gott geschuldeten Kultes förderte außerdem die Vorstellung, dass vor allem das Messopfer allein vom Priester darzubringen und die Teilnahme der Gemeinde zwar sinnvoll, aber nicht zwingend notwendig sei: „Zum gültigen Vollzug desselben genügt der Priester allein, ohne daß die Anwesenheit der Gläubigen hierzu erforderlich wäre." Notwendig sei lediglich, „daß derjenige, welcher den Gottesdienst ausübt, in

Vorkonziliares
Liturgieverständnis

Wahrheit als rechtmäßiger Repräsentant einer Körperschaft, hier der Kirche, angesehen werden muß" (Eisenhofer/37: I 18).

Liturgiebegriff in konziliarer Tradition

Die heutige Liturgietheologie setzt anders an. Sie hat sich im Gefolge der Liturgischen Bewegung entwickelt und drückt sich vor allem in der Liturgiekonstitution „Sacrosanctum Concilium" des Zweiten Vatikanischen Konzils aus, dem für die römisch-katholische Liturgie der Gegenwart maßgeblichen Dokument (vgl. Anhang 4). Der Begriff „Liturgie", der Katabasis und Anabasis zusammenbindet, ist dafür ein Programmwort. Der dritte Absatz von SC 7 beschreibt das Geschehen der Liturgie folgendermaßen: „Durch sinnenfällige Zeichen wird in ihr die Heiligung des Menschen (sanctificatio hominis) bezeichnet und in je eigener Weise bewirkt und vom mystischen Leib Jesu Christi, d. h. dem Haupt und den Gliedern, der gesamte öffentliche Kult (cultus publicus) vollzogen." Primär ist Liturgie – so deutet es die Liturgiekonstitution – das Handeln Gottes am Menschen, woraus gleichsam als Konsequenz die Verehrung Gottes, die kultische Dimension der Liturgie, erwächst. Die Verherrlichung Gottes ist Antwort auf die neue Wirklichkeit, die Gott dem Menschen eröffnet. Die Konstitution verbindet dies in SC 7 mit der Gegenwart Christi im Gottesdienst. Sie macht deutlich, wie sowohl Katabasis als auch Anabasis im Gottesdienst ein Geschehen durch und mit Christus sind. Liturgie ist damit in besonderer Weise ein Ort der Präsenz Christi. Als sinnstiftende Mitte der Liturgie nennt das Konzil das Pascha-Mysterium, insbesondere Leiden, Tod, Auferstehung und Erhöhung Christi.

Liturgie als Kommunikationsgeschehen zwischen Gott und Mensch

Will man sich dem Gefeierten sprachlich annähern, kann man das Grundgeschehen der Liturgie also als „Dialog zwischen Gott und Mensch" (Lengeling/101), als Kommunikationsgeschehen oder Begegnungsereignis beschreiben. Wichtig ist, dass es um ein Geschehen zwischen Gott und Mensch geht, dessen rituelle Grundvollzüge das Hören auf Gottes Wort und das Antworten auf dieses Wort sind. Man hat deshalb als Grundstrukturen der Liturgie die Lesung als Zeichen der Gegenwart Christi und das Gebet als Zeichen der hörenden und antwortenden Gemeinde genannt (Häußling/94: 902). So komplex Liturgie auch wirkt, im Kern lassen sich sehr grundlegende und einfache Vollzüge „elementarisieren".

Träger der Liturgie

Die Liturgiekonstitution unterstreicht, dass Liturgie ein Geschehen ist, welches die ganze Kirche betrifft und von der ganzen Kirche getragen wird. So heißt es im vierten Absatz von SC 7: „Infolgedessen ist jede liturgische Feier als Werk Christi, des Priesters, und seines Leibes, der die Kirche ist, in vorzüglichem Sinn heilige Handlung, deren Wirksamkeit kein anderes Tun der Kirche an Rang und Maß erreicht." Nicht mehr nur die Priester, sondern alle Getauften tragen die Liturgie mit. Dem entspricht das für die heutige Liturgie wesentliche, in der Liturgiekonstitution wie ein Leitgedanke auftauchende Axiom der „tätigen Teilnahme": Die Getauften sollen die Liturgie mitfeiern und darin ihre Würde als Getaufte erfahren.

Sinnenfällige Zeichen

Die Konstitution hebt zudem hervor, dass die Liturgie wesentlich ein Geschehen in Zeichen ist, die nicht nur hinweisenden, sondern vor allem bewirkenden, realisierenden Charakter tragen. SC 7 spricht von sinnenfälligen Zeichen. Sie korrespondieren mit der Sinnenhaftigkeit menschlicher Wahrnehmung. Die nachkonziliare Liturgiereform nahm sich besonders der Erneuerung der Zeichendimension von Liturgie an und gewichtete neben dem Verbalen das Nonverbale neu.

1.3 Die Neuentdeckung der rituellen Dimension von Liturgie

Wenig beachtet blieb – vor allem in der deutschsprachigen Diskussion der letzten Jahrzehnte – ein Aspekt, der in den Beschreibungen des Phänomens Liturgie schon anklingt: Liturgie ist Ritual (Mitchell/106; Post/108). Für die Liturgiewissenschaft, gleichgültig, ob sie sich für Theologie, Geschichte oder Fragen der Pastoral interessiert, ist die Beachtung der Ritualität gottesdienstlicher Feiern unverzichtbar, soll nicht eine wesentliche Dimension dieser Feiern ausgeblendet werden (Odenthal/107). Zugleich stoßen Rituale in der Gesellschaft auf ein neues Interesse, das auch liturgiewissenschaftlich zu reflektieren ist.

Der Begriff „Ritual" wird heute so inflationär verwendet, dass einige Aspekte festgehalten werden müssen: Innerhalb der Liturgiewissenschaft bedeutet „Ritual" ein strukturiertes, in der Regel wiederholbares und stilisiertes Handeln, das von einer Gruppe sanktioniert ist. Rituale sind von einer Gemeinschaft verantwortetes Handeln in zentralen Lebenssituationen, insbesondere an Lebensübergängen (Übergangsrituale), in Krisen (Krisenrituale) und an kalendarisch fixierten Punkten (kalendarische Rituale). Im Einzelnen ermöglichen sie dem Individuum und der Gruppe den Vollzug eines Lebensübergangs, die Bewältigung einer Krise, die Fundierung und Erneuerung kollektiver Identität. Rituale verleihen darüber hinaus Erfahrungen, die anders nicht adäquat artikuliert werden können, symbolischen Ausdruck; mehr noch: „Rituale sind ... der Handlungsmodus der Symbole" (Luckmann/104: 177). Sie sind insbesondere ein primäres Medium religiöser Äußerung. In ihnen liegt, und das ist mit Blick auf die Wahrnehmung von Liturgie entscheidend, ein besonderer Akzent auf der nichtsprachlichen Handlungsdimension und damit auf Sinnlichkeit und Leiblichkeit. Ohne die Bedeutung verbaler Elemente in Ritualen mindern zu wollen, kommt es in ihnen doch wesentlich auf das expressive Handlungsgeschehen an. In der Taufe sind entscheidende Riten das Übergießen mit Wasser oder das Untertauchen ins Wasser, die Salbung mit Chrisam, das Anlegen des Taufkleides und die Übergabe der Taufkerze. Der Übergang in den neuen Status des Christseins wird zwar in den Texten ausgesagt, sinnlich wahrgenommen aber in der Taufhandlung. In der Begräbnisliturgie findet man beeindruckende biblische Texte und Gebete, doch der Abschied vom Toten und die Hoffnung für ihn wird emotional dicht in Handlungen ausgedrückt: dem Einsenken des Sarges in das Grab, dem Besprengen des Sarges mit Weihwasser (Aspersion) oder seiner Inzens mit Weihrauch, dem Hinabwerfen von Erde auf den Sarg und dem Kreuzzeichen über dem Grab. Die Sprache trägt vor allem dazu bei, dass das Ritual eine Deutung im Sinne der Glaubensgemeinschaft erhält. Das Übergießen mit Taufwasser ist also weder primär ein Reinigungs- noch ein Erfrischungsritus, sondern ein Geschehen im Rahmen christlich gedeuteter Heilsgeschichte, wie Taufwasserweihe und Taufformel aussagen. Die Beerdigung eines Toten ist nicht nur Begraben und Verabschieden, sondern Ausdruck von Glaubenshoffnung auf Auferstehung, was durch die Begleittexte identifizierbar wird. Bei Ritualen, wie sie in der Liturgie begegnen, handelt es sich folglich um komplexe Vollzüge mit sehr differenzierten Binnenstrukturen und Bedeutungen.

Was ist ein Ritual?

Bedeutung von
Tradition und
Formalisierung

Zu dieser Komplexität tragen verschiedene Charakteristika religiöser Rituale bei (Lang/100). In aller Regel sind sie als Handeln einer Gruppe angelegt und tragen daher kollektiven Charakter. Sie sind stark durch Tradition und Vorschrift bestimmt. Die Traditionsbindung garantiert die Verbindung der Rituale mit der zentralen Überlieferung der jeweiligen religiösen Gruppe. Die katholische Theologie formuliert heute als Mittelpunkt aller Liturgie das Pascha-Mysterium Jesu Christi; sie macht damit deutlich, dass alle liturgischen Feiern mit Leiden, Tod, Auferstehung und Erhöhung Jesu Christi verbunden sind, das heißt in umfassenderem Sinn verbunden mit der Heilsgeschichte von der Schöpfung bis hin zur Vollendung, von der Altes und Neues Testament sprechen. In diesen Ritualen geht es also um symbolisches Handeln, das nicht allein funktional beschrieben werden kann, sondern einen „Mehrwert" enthält und an einer anderen Wirklichkeit partizipiert. Inhalt und Form dieser Feiern regelt die Kirche über ein weiteres oder engeres Netz von Vorschriften. Die liturgischen Rituale sind formalisiert; so kehren beispielsweise bestimmte Handlungs- und Sprachmuster immer wieder, Rollen wie Handlungsabläufe sind festgelegt. Dies ermöglicht die Wiederholbarkeit der Rituale – ein ganz wesentlicher Zug gerade der Liturgie, der aber Varianz und Gestaltung nicht ausschließt.

In Ritualen spielen unter anderem Assoziation, Emotion und Intuition eine große Rolle. Rituale besitzen damit Qualitäten, die anderen Äußerungen von Religion nicht ohne weiteres zukommen. So bleiben Rituale immer mehrdeutig und entziehen sich im Letzten völliger Festlegung und Deutung. Ihr Überschuss an Zeichen macht sie für Assoziationen und Konnotationen offen, die eine Dynamik dieser Rituale und deren immer neue Rezeption ermöglichen.

Funktionen
von Ritualen

An einer Reihe unterschiedlicher Funktionen solcher Rituale hat auch die Liturgie Anteil, wobei von Liturgie zu Liturgie differenziert werden muss. Zu nennen ist die Bewältigung von Lebensübergängen durch die Rites de passage mit ihrer Dreigliederung von Trennung, Umwandlung und Angliederung (van Gennep/111). Einer der Lebensübergänge ist die Eingliederung in die Kirche und in das Christusgeschehen, die in der Taufe vollzogen wird; ganz andere Lebensübergänge sind die Hochzeit, die in der Trauung gefeiert wird, oder Sterben und Tod, für deren Bewältigung Sterbegebete, Viatikum und Begräbnis Hilfen bieten; sie erfüllen eine entlastende Funktion. Rituale können komplexe Wirklichkeiten verdichten, wie dies in der Liturgie etwa bei der Eucharistie oder beim Osterfest im Hinblick auf das Christusereignis zu beobachten ist. Zugleich werden in ihnen Überzeugungen inszeniert, beispielsweise in Prozessionen, in denen eine Glaubensüberzeugung für die kirchliche Gemeinschaft in der Öffentlichkeit zum Ausdruck gebracht wird. Diese rituelle Darstellung von Überzeugungen kann zugleich auf menschliches Handeln zurückwirken und dadurch Verhalten beeinflussen, so dass man Ritualen eine ethische Funktion zusprechen kann.

Tendenz zur
Unveränderlichkeit

Die durchgeformte Handlung unterstützt die Entfaltung dieser Funktionen und damit die Wirkung von Ritualen. Sie ermöglicht, dass man sich auf ein Ritual einlässt, sich darauf verlassen kann. Denn das Ritual wird nicht jedes Mal neu kreiert, sondern erscheint als tradiert und unveränderbar; inwieweit dies für das einzelne Ritual wirklich zutrifft, ist jeweils zu prüfen. Generell haben Rituale die Tendenz, sich selbst als unveränderlich zu präsentieren. Der Blick auf Veränderungen und Umbrüche, die in der Liturgiegeschichte stattgefunden haben, und auf „erfundene", also neue Rituale der Gegenwart mahnt hier allerdings zur Vorsicht.

Insgesamt kann man Rituale als symbolhafte Handlungen mit eigener Rationalität bezeichnen, die nach eigener Grammatik funktionieren und als komplexe Vorgänge einer kritischen wissenschaftlich-theologischen Reflexion sowie pastoraler Sorgfalt bedürfen. Es gibt unterschiedliche Rituale, die mannigfaltigen Situationen und Bedürfnissen im Leben von Gruppen und Gemeinschaften oder des Einzelnen entsprechen. Diese Vielfalt der Rituale korrespondiert der Vielfalt unterschiedlicher liturgischer Feiern. *Vielfalt*

Zugleich entspricht das wachsende Interesse am Rituellen in der Liturgie der Wiederentdeckung der Rituale in der Gesellschaft. Rituale spielen in der gesellschaftlichen Öffentlichkeit, aber auch im Leben des Einzelnen offensichtlich eine neue Rolle. Verhaltensunsicherheit, Empfindung von Leere, fehlende Ordnung von Lebensabläufen führen zur Neubelebung tradierter Rituale (zum Teil in neuen Kontexten und verändert in Inhalt und Form), bedingen aber auch die Schaffung ganz neuer Rituale. Deren besondere Kennzeichen sind Individualität und Kreativität – das Individuum schafft sich seine eigenen Rituale – und die Unabhängigkeit von Institutionen. Schon bei der Kennzeichnung solcher Rituale sind deutliche Unterschiede zum „traditionellen" Ritual zu erkennen, ebenso in den Funktionen, zu denen neben dem spirituellen Wachstum das Ordnen von Leben und Lebensräumen sowie Krisenbewältigung und Selbsterkenntnis zu rechnen sind (Lüddeckens/105). Solche Rituale sind flexibel gestaltbar und können sich mit unterschiedlichen religiösen Vorstellungen verbinden. *Entstehung neuer Rituale*

Für die Liturgiewissenschaft sind solche Phänomene aus zweierlei Gründen interessant: Zum einen dokumentieren sie ein verstärktes Interesse an symbolischem Handeln, das lange Zeit durch Liturgie in ihrer ganzen Vielfalt befriedigt wurde. Insbesondere Andachten, Segnungen, Prozessionen und Wallfahrten waren wesentliche Ausdrucksformen katholischen Glaubens. Der Verlust von Formenvielfalt ist problematisch, umso mehr, wenn in neuen Ritualen heute etwas gesucht wird, das ursprünglich durch kirchliche Rituale abgedeckt wurde.

Zum anderen beeinflussen sich Phänomene von Ritualität wechselseitig. Das, was in den neuen Ritualen gesucht wird, wird zugleich als Anfrage an die tradierte Liturgie herangetragen und beeinflusst diese in Gestalt und Deutung. Umso notwendiger sind für die Beschäftigung mit der Liturgie die Analyse der wiedererstarkten Rituale und eine differenzierte Wahrnehmung. Dazu gehört die kritische Sicht auf Rituale jeglicher Provenienz. Diese wären missverstanden, wollte man sie vor allem unter Aspekten wie Therapie, Heilung oder Lebenshilfe betrachten. Auch darf die suggestive und manipulative Kraft von Ritualen im Dienste von Ideologien aller Art nicht übersehen werden. Nach dem Menschenbild von Ritualen ist zu fragen. Im gesellschaftlichen Umfeld ist an das Proprium christlicher Rituale zu erinnern: Das christliche Ritual vergegenwärtigt, dass Menschen in die Heilsgeschichte Gottes eingebunden und zur Freiheit berufen sind, in dieser Geschichte mitzuleben. In den Feierformen wird dem Menschen diese von Gott geschenkte Freiheit verkündigt; er wird ermutigt, diese Freiheit anzunehmen und zum Grund der eigenen Existenz zu machen. Das christliche *Christliche Anfrage an säkulare Riten*

Ritual kommt ohne diesen Bezug auf Heilsgeschichte nicht aus, will es nicht seine Mitte verlieren (Bieritz/86). Hier liegt ein wesentlicher Unterschied zu säkularen Riten in der pluralen Gesellschaft, auf den in der Diskussion um Rituale hingewiesen werden muss. Zum Pluralismus leistet die Theologie einen Beitrag, indem sie das Proprium der eigenen Liturgie zur Anfrage an rituelle Formen und Inhalte macht, die christlichen Überzeugungen und den Gedanken einer im Christlichen wurzelnden Aufklärung widersprechen (Kranemann/99).

Rückwirkung säkularer auf kirchliche Rituale

Zugleich führen die neuen Rituale zur Ausdifferenzierung auch der kirchlichen Feierkultur und zur Erweiterung des Feierrepertoires. Diese neuen kirchlichen Feierformen versuchen auf Veränderungen in der Gesellschaft, gewandelte Glaubensvorstellungen, Wertsysteme oder Lebensformen zu reagieren. Man trifft auf Segnungsfeiern für Säuglinge, Segnungen von Kindern ungetaufter Eltern, Lebenswendefeiern als Alternative zur Jugendweihe (Hauke/92), auf unterschiedliche Rituale der Trauer und des Totengedenkens, auf Formen des Wortgottesdienstes oder auch christlicher Feste, die auf Großstadt oder säkulares Milieu hin adaptiert oder neu geschaffen wurden, und dergleichen mehr (Gott feiern/91). Es handelt sich um Versuche, religiösen Pluralismus auch von den kirchlichen Feierformen her als Möglichkeit authentischer Gläubigkeit wahrzunehmen. Die Bindung an die Glaubensgemeinschaft beruht auf freier Einwilligung. „Pluralismus schwächt Glauben nicht, … sondern kann ihn unter bestimmten Bedingungen sogar stärken" (Joas/97: 45).

1.4 Das differenzierte Feld der Liturgie als Thema der Liturgiewissenschaft

Der Begriff „Liturgie" verweist auch in der Gegenwart auf ein hoch differenziertes Feld. Gerade der Blick auf die Charakteristika von Ritualen hilft, Spezifika der unterschiedlichen Liturgiefeiern zu erkennen, deren Berücksichtigung unter den religionssoziologischen Bedingungen der Gegenwart für die liturgiewissenschaftliche Analyse unverzichtbar ist. So gibt es vielfältige Liturgiefeiern, die sich nicht nur in ihren einzelnen Riten voneinander unterscheiden, sondern auch in ihrer Bedeutung und ihrem Gewicht für das Leben der Kirche wie des Einzelnen. Liturgie ist kein uniformes Gebilde, sondern in sich pluriform. Entsprechend werden der jeweiligen Liturgiefeier ganz unterschiedliche Deutungen zugeschrieben, die in einer pluralen, auch religiös offenen Gesellschaft und in einer Kirche mit pluralen Formen, christliche Existenz zu leben, an Vielfalt zunehmen. Diesen Deutungen korrespondieren unterschiedliche Möglichkeiten der Teilnahme – von aktiver Teilnahme durch Mitbeten und Mitsingen im Gottesdienst, aber auch durch Übernahme von Rollen (Messdiener/-in, Lektor/-in, Kommunionhelfer/-in, Kantor/-in) bis hin zu Formen der Anwesenheit, die durch eine grundsätzliche Offenheit für den Gottesdienst gekennzeichnet sind, sich aber in keiner erkennbaren Teilnahmeform ausdrücken. Zugleich werden sehr unterschiedliche Erwartungen an die Liturgie herangetragen, die im Extrem einerseits auf Kreativität, Gruppen- und Themenzentrierung, andererseits auf Traditionalismen und Bewahrung des Kulturgutes Liturgie beharren.

Sowohl die unterschiedlichen Deutungen und die verschiedenen Teilnahmemöglichkeiten wie auch die Erwartungen an die Liturgie muss die Liturgiewissenschaft zur Kenntnis nehmen, reflektieren und theologisch abwägen. Auch ein teilweise unterschiedliches Verständnis von Religion (Hock/95: 10–21), hier des Christentums und seiner Lebensäußerungen, schlägt sich in der Wahrnehmung von Liturgie nieder. Wer stärker von einem funktionalen Religionsverständnis geprägt ist, wird auch die christliche Liturgie vor allem nach ihren Funktionen für das Individuum, die Kirche oder Gesellschaft beurteilen. Wer Religion eher substantialistisch versteht, also auf Gott oder das Heilige als Grundgegebenheiten von Religion (Stolz/109: 13–22) und damit auf die inhaltliche Essenz von Religion schaut, wird vor allem erwarten, dass in der Liturgie die zentralen Glaubensaussagen artikuliert werden. In einer hinsichtlich der Religion sehr ausdifferenzierten Gesellschaft trifft die Liturgiewissenschaft auf ein nicht minder ausdifferenziertes Feld gottesdienstlicher Feiern und Riten.

Die Wesensbestimmung von Liturgie fällt also wesentlich komplizierter aus, sobald man nicht im theologischen oder kirchlichen Binnenraum verbleibt, sondern diese Bestimmung im gesellschaftlichen und kulturellen Umfeld vornimmt. Da Liturgie selbst aber durch Gesellschaft und Kultur sowohl der Vergangenheit als auch der Gegenwart geprägt ist, kann die Liturgiewissenschaft bei der Reflexion über Liturgie von diesem Kontext nicht absehen (vgl. Kap. 2). Das gilt insbesondere für Gottesdienste der katholischen Kirche, die – etwa in der Pastoralkonstitution „Gaudium et spes" des Zweiten Vatikanischen Konzils – eine Öffnung zur Welt vollzogen und die Notwendigkeit des Dialogs zwischen Kirche und Welt unterstrichen hat: „So geht denn diese Kirche, zugleich ‚sichtbare Versammlung und geistliche Gemeinschaft', den Weg mit der ganzen Menschheit gemeinsam und erfährt das gleiche irdische Geschick mit der Welt und ist gewissermaßen der Sauerteig und die Seele der in Christus zu erneuernden und in die Familie Gottes umzugestaltenden menschlichen Gesellschaft" (GS 40).

Dialog und Offenheit bedürfen demnach des Wissens um die eigene Mitte sowie der Bereitschaft, die eigene gottesdienstliche Praxis im gesellschaftlichen Umfeld zu befragen. Entsprechend muss die Liturgiewissenschaft Maßstäbe entwickeln, die bei der Beurteilung der Legitimität der unterschiedlichen Formen gottesdienstlichen Lebens und ihres Ortes in Kirche und Gesellschaft anzulegen sind. Diese Kriterien formuliert sie vor allem im Rückgriff auf Geschichte und Theologie der Liturgie.

2. Geschichte, Profil und Methoden des Faches Liturgiewissenschaft

2.1 Das Selbstverständnis der Liturgiewissenschaft

In katholischer, protestantischer und orthodoxer Theologie

Die Liturgiewissenschaft ist jene Disziplin innerhalb der Theologie, die sich mit dem Ausdruck des christlichen Glaubens in den unterschiedlichen Traditionen und Formen des Gottesdienstes beschäftigt. Es handelt sich um ein eigenständiges Fach mit eigenem Forschungsprofil und entsprechenden Lehraufgaben innerhalb der katholischen Theologie. In der evangelischen Theologie wird die liturgiewissenschaftliche Ausbildung von den Lehrstühlen für Praktische Theologie vertreten. Die orthodoxe Theologie kennt ebenfalls eine Liturgik, begreift aber liturgische Erfahrung viel stärker, als dies in der westlichen Theologie der Fall ist, als Norm und Quelle der Theologie. (Zur katholischen und evangelischen Theologie vgl. Liturgie lernen/166; zur Orthodoxie vgl. Felmy/134: 1–24.) In diesen unterschiedlichen wissenschaftlichen Kulturen äußern sich bereits Traditionen und Ausprägungen der verschiedenen christlichen Kirchen.

Methodik

Die Liturgiewissenschaft erhält ihr Profil durch die Auseinandersetzung mit dem kirchlichen Gottesdienst als einem Handlungsgeschehen. Sie beschäftigt sich also nicht allein mit Sprachgeschehen, sondern ebenso mit Zeichen und Zeichenhandlungen bis hin zu Raum, Gewändern, Klang, Farbe usw. Sie untersucht ein komplexes Ritual, in dem Christen ihren Glauben in expressiver Weise ausüben. Dass von diesem Ritual her nach dem christlichen Glauben gefragt und dabei die sinnenhafte Dimension christlichen Glaubens einbezogen wird, unterscheidet den methodischen Zugang der Liturgiewissenschaft markant von dem anderer theologischer Disziplinen. Am Beispiel des zentralen Gebets der Eucharistiefeier, des eucharistischen Hochgebets (vgl. Anhang 2.3), wird dies deutlich. Will man ein solches Gebet und seine liturgietheologisch begründete Grundstruktur sachgerecht interpretieren, so ist nach seiner Genese, seiner heutigen Funktion im Zusammenhang der Eucharistiefeier und der Messfeier insgesamt, nach den begleitenden Zeichenhandlungen und der Pragmatik des Gebetstextes zu fragen. Die Frageperspektiven lassen sich bündeln: Wie ist der Text entstanden (Liturgiegeschichte)? Welche theologischen Aussagen lassen sich ihm entnehmen (Liturgietheologie)? Welche Kriteriologie ist bei der Gestaltgebung und der gefeierten Liturgie heute anzulegen (Liturgiepastoral)?

In einer Standortbestimmung haben 1991 die deutschsprachigen Liturgiewissenschaftler ihr wissenschaftliches Selbstverständnis formuliert. Liturgiewissenschaft versteht sich demnach als eine Disziplin, die Anthropologie und Theologie des Gottesdienstes reflektiert. Wesentliche Aspekte sind dabei Tradition, Ökumene und Inkulturation. Neben den tradierten historischen, systematisch-theologischen und pastoralen Methoden werden auch Methoden der Humanwissenschaften genannt, die sich mit dem Menschen und seinen Ausdrucksformen beschäftigen (Gerhards – Osterholt-Kootz/ 140).

2.2 Geschichtliche Etappen des Faches Liturgiewissenschaft

Deutungen des christlichen Gottesdienstes und kritische Reflexionen über seine Geschichte gibt es nicht erst seit der Neuzeit; bereits in der christlichen Antike begegnen theologische Diskussionen über einzelne Aspekte des Gottesdienstes und Auslegungen ganzer Feiern. Das Mittelalter hat sich vor allem der geistlichen Erschließung der Liturgie intensiv gewidmet. In der Neuzeit findet man um 1800 sehr differenzierte Bemühungen um die Pastoral der Liturgie. Die Einrichtung von Lehrstühlen, die sich auch oder ausschließlich mit der Liturgie beschäftigen, geht nicht erst auf das 20. Jahrhundert oder gar die Zeit nach dem Zweiten Vatikanischen Konzil zurück, sondern ist vereinzelt schon für das 18. Jahrhundert belegt. Sogar die Ausdifferenzierung der verschiedenen heute üblichen Arbeitsfelder des Faches – Theologie, Geschichte, Pastoral der Liturgie – ist durch eine jahrhundertelange Geschichte vorgeprägt, wenngleich die entscheidende Ausformung erst im frühen 20. Jahrhundert stattfand.

Die folgende kurze Einführung in die Geschichte des Faches und seiner Vorläufer macht auf eine Fülle von Zugangsweisen aufmerksam, mittels derer man den Gottesdienst in seinen Formen und Ausprägungen betrachtete. Diese Vielfalt hat unterschiedliche Ursachen: Hermeneutische und methodische Neuerungen in der Theologie beeinflussten auch die Reflexion über die Liturgie und ihre Arbeitsinstrumentarien. So ist beispielsweise die mittelalterliche allegorische Liturgieerklärung nicht ohne den Neuplatonismus verständlich, die Entwicklung einer an praktischen Fragen des Gottesdienstes interessierten Wissenschaft um 1800 steht unter dem Einfluss der Spätaufklärung, und die humanwissenschaftlichen Ansätze der Liturgiewissenschaft des 20. Jahrhunderts sind ohne die „anthropologische Wende" in der Theologie nicht denkbar. Veränderungen in den Nachbardisziplinen, besonders in den Geistes- und Kulturwissenschaften, betreffen auch die Liturgiewissenschaft. Damit sind Disziplinen wie Musik-, Theater-, Kunstwissenschaften angesprochen, aber ebenso die Religionswissenschaft, Disziplinen also, deren Forschungsbereiche sich mit dem der Liturgiewissenschaft überschneiden. Die Liturgiewissenschaft entwickelt neuerdings im Diskurs mit den „Ritual Studies" Untersuchungsparadigmen, die zu einer anderen Wahrnehmung der Liturgie selbst führen; diese wird jetzt wieder stärker in ihrer Ritualität wahrgenommen (Post/180; vgl. Kap. 1.3).

Überschneidung mit anderen Disziplinen

Die Liturgie als Feiergeschehen ist ein durch Anthropologie, Theologie, Kunst, Musik etc. determiniertes kulturelles Gebilde, das sich bei aller Traditionsbindung unentwegt wandelt. Man spricht von Ritualdynamik. Die sich verändernde Liturgie stellt die Liturgiewissenschaft vor jeweils neue Aufgaben. Ob die Liturgie als formalisiert und rubrikal geregelt oder als unter bestimmten Vorgaben zu gestalten verstanden wird, verändert das Aufgabenspektrum der Liturgiewissenschaft, ebenso Neuerungen und Umbrüche in der Theologie der Liturgie, der Mentalität und Frömmigkeit, der Rollenver-

Ritualdynamik

teilung zwischen Laien und Klerikern, Veränderungen einzelner Elemente usw. Die Kenntnis unterschiedlicher Deutungsmodelle der Liturgie trägt zum besseren Verständnis der Etappen der Liturgiegeschichte und einzelner Phänomene bei.

Kult und Liturgie in der Bibel

Die Liturgiewissenschaft blickt wissenschaftsgeschichtlich auf eine lange Vorgeschichte zurück. Spuren einer Auseinandersetzung mit Kult und Liturgie lassen sich bereits in der Bibel finden. Schon nach dem Alten und Neuen Testament werden Gebet, Kult und Gottesdienst nicht nur vollzogen und gefeiert, sondern auch theologisch durchdacht und der Kritik unterworfen. Das Alte Testament formuliert umfangreiche Kultordnungen unter anderem in Lev, Num und Dtn. Die prophetische Kultkritik in Am 5,21 ff., Jes 1,10 ff., Jer 6,20 etc. benennt Voraussetzungen und Konsequenzen eines Kultes, der vor Gott Bestand haben kann. Die neutestamentliche Kultkritik nimmt unter anderem das Doppelgebot von Gottes- und Nächstenliebe zum Ausgangspunkt für eine Kritik des Kultes. Joh 4,20–24 nennt als Ziel des wahren Betens das Gebet im Geist und in der Wahrheit. In 1 Kor 11 kritisiert Paulus die Abendmahlspraxis in der Gemeinde zu Korinth und beschreibt eine Ordnung des Herrenmahls, die dem Auftrag Christi gerecht wird. Der Hebräerbrief deutet den Gottesdienst als „Wortgottesdienst" im Sinne eines Anrede-Antwort-Geschehens (März/358:98).

Überblick: Geschichte der Liturgiewissenschaft

Der Gottesdienst wurde also durchaus reflektiert; er brauchte aber – zumindest in den frühchristlichen Gemeinden – an und für sich nicht legitimiert zu werden, weil er im gesellschaftlichen Umfeld nicht in Frage stand. Zudem waren die Beziehungen zwischen der zeitgenössischen Feier- und Alltagskultur und dem Gottesdienst so eng, dass die einzelnen gottesdienstlichen Vollzüge aus sich sprachen. Noch hatte kein tiefreichender kultureller Bedeutungswandel stattgefunden, der Liturgie unverständlich und Erklärungen notwendig gemacht hätte. Dazu kam es erst, als die vor allem im Mittelmeerraum ausgeprägte christliche Liturgie auch in anderen Kulturräumen Fuß fasste. Stand zunächst die Mystagogie als Erschließung gefeierter Liturgie im Vordergrund (Kap. 2.2.1.1), so seit dem Mittelalter die Allegorese, eine vor allem an geistlicher Auslegung interessierte Hermeneutik (Kap. 2.2.1.2). Erst mit dem Humanismus gewann ein breiteres Interesse an den geschichtlichen Quellen des Gottesdienstes an Boden (Kap. 2.2.2). Die spätmittelalterlich-neuzeitliche Rubrizistik legte die rechtliche Ordnung der liturgischen Riten dar, deren Befolgung rituelle Sicherheit verhieß (Kap. 2.2.3). Mit dem 18. Jahrhundert und der katholischen Aufklärung wurde die Beschäftigung mit der Liturgiepastoral gestärkt; das kritisch reflektierende Potential der „Liturgik" wuchs (Kap. 2.2.4.1). Das späte 19. und frühe 20. Jahrhundert brachte eine Reihe von richtungsweisenden Handbüchern hervor (Kap. 2.2.4.2). Die bis heute in den Grundsätzen anerkannte Aufgabenverteilung der Liturgiewissenschaft in Historik, Theologie und Praxisreflexion formulierte das frühe 20. Jahrhundert (Kap. 2.2.5). Nochmals eine eigene Prägung erfuhr die jetzt zum theologischen Hauptfach erhobene katholische Liturgiewissenschaft durch das Zweite Vatikanische Konzil (Kap. 2.2.6). In der zweiten Hälfte des 20. Jahrhunderts entwickelte sich das Fach hinsichtlich Methodik und Forschungsgegenstand weiter (Kap. 2.2.7).

2.2.1 Liturgieerklärung in der Alten Kirche und im Mittelalter

2.2.1.1 Frühchristliche Beispiele für die Reflexion über den christlichen Gottesdienst

Ein Medium frühchristlicher Liturgieerklärung sind die Katechesen. Mystagogische Katechesen, die nach der Initiationsfeier aus Wassertaufe, Salbung durch den Bischof und Ersteucharistie gehalten wurden, sollten den Mysteriengehalt liturgischer Feiern erschließen und den Gläubigen zu einer tieferen Ausdeutung der Sakramente führen. Dazu bediente man sich der symbolischen Deutung und metaphorischen Erschließung. Zwischen Katechese und gefeierter Liturgie, zwischen theologischer Deutung und liturgischer Doxologie bestanden enge Zusammenhänge. Deshalb maß Cyrill von Jerusalem dem Sehen eine stärkere Überzeugungskraft bei als dem Hören. Erst nachdem die Neugetauften die Taufe gefeiert und erlebt hatten, führte sie der Prediger als Mystagoge in den Sinn dessen ein, was ihnen widerfahren war (Cyr. H., catech. I. 1 [FC 7]). Nach Ambrosius von Mailand gießt sich das Licht der Mysterien in Nichtwissende besser ein, als wenn ihnen diese vor der Initiation erklärt worden wären (Ambr., myst. I. 1 [FC 3]). Die Pilgerin Egeria, die im 4. Jahrhundert unter anderem Jerusalem und Palästina bereiste, berichtet, kein Ungetaufter habe in Jerusalem die Katechese über die Taufliturgie nach Ostern hören dürfen, der Zugang zur Anastasis (Grabeskirche) sei verschlossen worden (Peregr. Aeth. 47,2 [FC 20]).

Postbaptismale Katechese

Nicht katechetische, sondern theologische Motive sind es, deretwegen Katechesen postbaptismal gehalten wurden. Ambrosius verstand die Taufe als Vervollständigung des Glaubens: Erst die Taufgnade befähige zum Verständnis der Mysterien (Ambr., sacr. I. 1; III. 15 [FC 3]). Mystagogische Predigten erklärten den geistlichen Gehalt einer Liturgie; sie trugen zudem selbst gottesdienstlichen Charakter. Es ging nicht darum, auf einer Metaebene Liturgie zu reflektieren.

Funktion mystagogischer Predigten

So erläutert Ambrosius in „De sacramentis" das Kerngeschehen der Eucharistie, die Teilhabe an Blut und Leib Christi, mit Textausschnitten aus dem Alten und Neuen Testament, die den Gläubigen zeigen sollen, wie viel das himmlische Wort, hier: das konsekratorische Gebet, bewirkt. Wo spätere Jahrhunderte nach der Genese des Hochgebets fragen oder theologisch-systematisch argumentieren, geht es Ambrosius um die geistliche Erschließung der Konsekration. Für ihre Deutung weist er auf das Wort Gottes hin, durch das die Schöpfung entstand (Ambr., sacr. IV. 15), auf die Neuschöpfung in Christus (ebd. 16), auf das alle Kreatur wandelnde Wort Christi (ebd. 17), auf das Wunder des Exodus, das Mose auf Gottes Geheiß hin wirkte (ebd. 18), usw. Diese Hermeneutik lebt aus Analogien. Was sich im Sakrament der Eucharistie ereignet, kann im Licht der Heilsgeschichte verstanden werden. Diese setzt sich in der Gegenwart fort und wird in der Liturgiefeier je neu inszeniert. Ähnlich legt Cyrill von Jerusalem mit Bezug auf Altes und Neues Testament dar, dass das eucharistische Brot Leib Christi ist (Cyr. H., catech. IV).

Allerdings gab es in der Alten Kirche auch präbaptismale Katechesen, deren Ziel stärker die Hinführung zur christlichen Lebenspraxis war. Mit der Krise des Katechumenats, der Vorbereitungszeit auf die Taufe, durch eine übergroße Zahl von Taufbewerbern und den häufig üblichen Taufaufschub — man ließ sich als Taufbewerber registrieren, aber erst viel später taufen — tauchten

Präbaptismale Katechese

zunehmend präbaptismale Katechesen auf; die Taufkatechesen des Johannes Chrysostomus (Jo. Chrys., catech. [FC 6]) und des Theodor von Mopsuestia (Thdr. Mops., hom. cat. [FC 17]) sind dafür Belege. Die Bedeutung präbaptismaler Katechesen erklärt Theodor damit, dass derjenige, der den Grund der Riten kenne, umso inniger am liturgischen Geschehen teilnehmen könne. Der Sinn der Sakramente muss erläutert werden, damit das, was sich in ihnen ereignet, angenommen werden kann (Thdr. Mops., hom. cat. 12,1).

Homilien

Neben den Katechesen, die im Umfeld der Initiation eine Rolle spielten, sind jene zahlreichen Homilien zu nennen, die die Sakramente und die Feste auslegten. Theologen wie Meliton von Sardes, Petrus Chrysologus, Caesarius von Arles u.a. wollten den Gläubigen einen vertieften geistlichen Zugang zur Liturgie erschließen. Doch ist auch das Bemühen zu erkennen, Ursprünge von Riten zu erklären. So schreibt Origenes hinsichtlich des Niederkniens beim Gebet und des Gebets nach Osten, dass dies zwar von allen vollzogen werde, aber der Grund dafür nicht allen bekannt sei (Orig., hom. in Num. 5,1 [GCS Origenes 7. 26,14–18]).

Frühformen von Liturgik

Aber auch auf einer Metaebene begegnet man in der Alten Kirche bereits Reflexionen über die Liturgie. So werden unterschiedliche Bräuche der verschiedenen Ortskirchen bei Fasten, Kommunion, Taufe, Katechumenat etc. erörtert, begründet und gegeneinander abgesetzt. Solche Frühformen von Liturgik begegnen in den Briefen des Augustinus an Ianuarius, in denen er die gerade genannten Fragen berührt und nach Normen für das liturgische Leben der unterschiedlichen Kirchen fragt (Aug., epp. 54/55 [CSEL 34.2, 158–213]), in Diskussionen über den Termin des Weihnachtsfestes, die in einer Weihnachtspredigt des Johannes Chrysostomus aufscheinen (PG 49, 351–362), im Brief von Papst Innozenz I. an Bischof Decentius von Gubbio (ep. 25, PL 20,554B–555A. 559B–561A) unter anderem wegen des Vollzugs der Konsekration (Firmung) und der Krankensalbung etc. Die unterschiedlichen Reflexionsformen erfahren eine Wirkungsgeschichte. In der Gegenwart geben sie vor allem Impulse zur spirituellen Interpretation und Vermittlung der Liturgie. Sie holen die für die Gläubigen existentielle Bedeutung der Liturgie ans Licht, die entsprechend erschlossen werden muss. Sie sind darüber hinaus Anstoß zu einer Theologie als Mystagogie.

2.2.1.2 Mittelalterliche Liturgieerklärung

Die übliche Methode der mittelalterlichen Liturgiedeutung ist die allegorische Liturgieerklärung. Sie ist eng mit dem Namen Amalar von Metz (775–ca. 850; Liber officialis [StT 138–140]) verbunden, war im Westen aber schon vor ihm bekannt. Als weitere bedeutende Zeugen für dieses Verfahren der Liturgieerklärung sind Rupert von Deutz (1075/76–1129; Liber de divinis officiis [CChr.CM 7; FC 33]), Sicard von Cremona (1150/55–1215; Mitrale [PL 213, 9–436]) und Durandus von Mende (um 1230–1296; Rationale divinorum officiorum [CChr.MC 140. 140A. 140B]) zu nennen.

Veränderungen der Liturgie

Der Verbreitung dieser Methode gingen tiefgreifende Veränderungen der Liturgie gegenüber der Alten Kirche voraus. Liturgiegeschichtlich war die Gemeindeliturgie der Klerikerliturgie gewichen und zudem die Betonung des doxologischen Moments hinter eine Sicht von Liturgie zurückgetreten, die vor allem nach der gnadenhaften Wirkung von Liturgie fragte und mehr an einzelnen Formeln und Riten als am Gesamtritus interessiert war. Dennoch musste das vielfältige Ritual beispielsweise einer Messfeier den Gläubigen gedeutet werden. Das leistete die allegorische Liturgieerklärung, indem sie die Liturgie vor dem Hintergrund der Passion Christi auslegte.

Die Allegorie ist in unterschiedlicher Weise auf Christus bezogen, wie einige Beispiele aus dem „Liber de divinis officiis" des Rupert von Deutz sehr deutlich zeigen. An den ausgewählten Stellen wird die Eucharistie ausgelegt. So ist der Canon missae (bei Rupert „secreta" genannt, heute als „Hochgebet" bezeichnet) eine Erinnerung an das Leiden Christi („memoria dominicae passionis" [2,5]). Einzelne Abschnitte des Kanons werden auf Ereignisse der Passion bezogen: Vom „Te igitur" bis zum „Qui pridie", Gebetsabschnitten im Kanon, wird der Zeit vom Einzug Jesu in Jerusalem bis zum Verrat durch Judas gedacht. Das fünffache Kreuzzeichen des Priesters über Brot und Wein weist hin auf die Wunden des Gekreuzigten (2,12). Dass der Priester die Worte „nobis quoque peccatoribus" leise spricht, deutet Rupert als Erinnerung an das Schuldbekenntnis des mitgekreuzigten Schächers und an die Antwort Christi (2,14). Drei anschließende Kreuzzeichen kommemorieren die Vollendung der Passion. Das Korporale, das zur Bedeckung des Kelches dient, wird hochgehoben, weil der Tempelvorhang zerriss (2,15).

Beispiel für Allegorie

Vergleichbaren Deutungen wird die gesamte Liturgie unterzogen. Dabei lassen sich systematisierend vier verschiedene Arten der Deutung unterscheiden, die in unterschiedlicher Weise miteinander kombiniert werden können:

Deutung	Definition	Beispiel
Rememorative Deutung	Erklärung der Liturgie als Gedächtnis des Lebens Jesu	Der Altar bedeutet das Kreuz, der Kelch das Grab, die Patene den Stein vor dem Grab, das Korporale das Leichentuch Christi usw. [Reichert/184: 103]
Typologische Deutung	Erfüllung des Alten Bundes in der Liturgie des Neuen Bundes	Segensgestus über Brot und Wein: Segen des Melchisedek über die Opfergaben Brot und Wein [ebd. 106]
Anagogische Deutung	Eschatologische Erklärung der Liturgie	Mischung von Wein und Wasser in der Gabenbereitung: die Vereinigung des Volkes mit Christus im Sakrament [ebd. 101]
Tropologische Deutung	Moralische Erklärung der Liturgie	Das Weiß der Hostie: die Reinheit und Lauterkeit dessen, der das Sakrament empfangen will [ebd. 99]

Dieser Deutungen – die Beispiele stammen aus der ältesten deutschen Gesamterklärung der Messe von ca. 1480 (Reichert/184) – bediente man sich je nach Autor und Region (Osten und Westen) in unterschiedlichem Umfang.

Zielrichtung der Allegorie

Für die allegorische Liturgieerklärung steht nicht die heilsschaffende anamnetische Qualität von Liturgie im Vordergrund, sondern die Anregung, das Leben Jesu, näherhin die Passion, zu bedenken und Konsequenzen für das eigene Leben zu ziehen. Die Leistung der allegorischen Liturgieerklärung besteht darin, den verborgenen Sinn der Riten, die Bedeutungsträger sind, zu erklären. Aus heutiger Sicht kann man allerdings fragen, ob es wirklich um eine *Erklärung der Liturgie* oder aber um eine *Erklärung von Glaubensaussagen* ging, die, angeregt durch den Ritus, in Erinnerung gerufen wurden.

Diese Weise der Liturgieerklärung blieb auch im Mittelalter nicht unwidersprochen. Florus von Lyon († 860), der durch die Liturgie nicht nur Heils*erkenntnis*, sondern Heils*wirklichkeit* vermittelt sah, erreichte auf dem Regionalkonzil von Quierzy 838 die Verurteilung Amalars.

Vereinzelt finden sich andere Formen der Liturgieerklärung. So trifft man auf erste Bemühungen, die Liturgie von ihren historischen Ursprüngen her zu verstehen. Dafür stehen Walahfrid Strabo (807–848) mit seiner Schrift „Libellus de exordiis et incrementis quarundam in observationibus ecclesiasticis rerum", die auch als erste Liturgiegeschichte bezeichnet wird, und Radulph von Rivo (1340–1403), der sich unter anderem mit seinem Werk „De officiis ecclesiasticis" der altrömischen Liturgie verschrieben hatte.

2.2.2 Liturgische Quellensammlungen und Kommentare im Humanismus

Neues Interesse an Historie

Humanismus und Gegenreformation bzw. Katholische Reform führten in der katholischen Kirche zur Herausgabe einer Vielzahl von Quelleneditionen und Kommentaren zur Liturgie. Unterschiedliche Motive standen im Hintergrund. Ein neues Interesse an Geschichte, insbesondere an der Antike, ist zu beobachten. Daneben spielte das Bemühen eine Rolle, durch eine verbesserte Erklärung der Liturgie kontroverstheologisch an Überzeugungskraft zu gewinnen. Außerdem wollte man die Autorität der eigenen Liturgie durch Hinweis auf historische Zeugnisse unterstreichen. Die Möglichkeiten des Buchdrucks kamen auch der wissenschaftlichen Auseinandersetzung mit der Liturgiegeschichte zugute.

Beispiele

Vom Humanismus her entwickelte sich in der Folgezeit eine Tradition philologischer Arbeit, die ihren Teil zur Ausbildung der Liturgiewissenschaft beigetragen hat, bis in die Gegenwart reicht und als Grundlagenforschung unverzichtbar ist. Große Editionen entstanden, für die Namen wie Melchior Hittorp (1525–1584), Jakob Pamelius (1536–1587) oder Antonio Ludovico Muratori (1672–1750) stehen. Einzelne theologische Schriften und Kommentare, etwa diejenigen von Georg Cassander (1513/1516–1566), suchten zwischen den entstehenden Konfessionen zu vermitteln. Verschiedene Liturgien wurden erläutert, so die Messliturgie durch Giovanni Bona (1609–1674). Überblicksartige Werke wie das von Jean-Étienne Durant (1534–1589) über Kirchenbau, Vasa sacra, Messe und Stundenliturgie wurden publiziert. Hervorragendes leisteten Vertreter der französischen Benediktinerkongregation von Saint-Maur, die sich insbesondere der wissenschaftlichen Arbeit widmete, darunter Nicolas-Hugues Ménard (1585–1644), Jean Mabillon (1632–1707) und Edmond Martène (1654–1739). Ihre Editionen beispielsweise von Sakramentaren, römischen Ordines und Quellen der altgallischen Liturgie blieben lange Zeit die maßgeblichen Quellenausgaben. Ein umfangreiches Œuvre zur Liturgie, das Editionen, Abhandlungen und Programmschriften umfasst, stammt von Martin Gerbert (1720–1793), seit 1764 Fürstabt von St. Blasien. Auch die Liturgien anderer Kirchen traten ins Blickfeld. Um die Erforschung der ostkirchlichen Liturgien machten sich unter anderem Jakob Goar (1601–1653), Eusèbe Renaudot (1648–1720) und Joseph Aloysius Assemani (1710–1782) verdient. Cornelius Schulting (1540–1604) stellte in kontroverstheologischer Absicht lutherische und calvinistische Liturgie zusammen.

Besonders zu erwähnen ist Papst Benedikt XIV. (1675–1758), vom dem eine Reihe bedeutender Werke stammt, die, zum Teil im weiteren Sinne, die Liturgie betreffen; seinen Arbeiten lagen Quellenstudien und ein Interesse an der Liturgiegeschichte zugrunde. Benedikt XIV. förderte die Liturgiewissenschaft aber auch institutionell durch Gründung von Scholae Sacrorum Rituum. Er gab unter anderem ein Handbuch für das Studium der Liturgie in Auftrag.

2.2.3 Die Rubrizistik der frühen Neuzeit

Mit dem Wandel des Liturgieverständnisses, das in der Liturgie vor allem ein durch die zuständige Autorität rechtlich geregeltes Handeln der Kirche sah, gewann die bereits im 14./15. Jahrhundert entstandene Rubrizistik an Bedeutung. Die Bezeichnung „Rubrizistik" weist schon auf den Ansatz dieser Erschließungsweise von Liturgie hin. Rubriken sind die in roter Farbe (lat. ruber) geschriebenen Anweisungen für den Vollzug der liturgischen Feiern. Die Rubrizistik erklärt die Liturgie nach ihrer rechtlichen Gestalt. Liturgische Bücher, Dekrete und Anweisungen römischer und anderer kirchlicher Instanzen u. Ä. wurden berücksichtigt. Seit dem 16. Jahrhundert gelangte die Rubrizistik zu wirklicher Bedeutung und behielt diese bis ins 20. Jahrhundert. Liturgie auf der Basis des liturgischen Rechtes zu erklären, ist auch in der Gegenwart noch Aufgabe der Liturgiewissenschaft, steht aber anders als in der klassischen Rubrizistik unter theologischen und pastoralen Vorzeichen (Rau/183). Als Autoren bedeutender Werke sind Bartolomeo Gavanti (1569–1638), Giuseppe Catalani (1698–1764), Giovanni Michele Cavalieri (Ende des 17. Jahrhunderts bis 1757), aus jüngerer Zeit Philipp Hartmann und Georg Kieffer zu nennen.

Ein Beispiel aus der im 20. Jahrhundert verbreiteten Rubrizistik von Kieffer zeigt die Funktion dieses Zugangs zur Liturgie, aber auch die Fokussierung, die damit verbunden sein konnte. Minutiös wird die Mischung von Wein und Wasser bei der Gabenbereitung beschrieben: Der Priester nimmt

> „das vom Ministranten dargebotene Weinkännchen und schüttet auf der Seite des Purifikatoriums so viel Wein in den Kelch, den er zu diesem Zwecke etwas neigt, als man in einem oder höchstens drei Zügen bei der Kommunion trinken kann. Nachdem er dem Meßdiener das Kännchen zurückgegeben, macht er mit der rechten Hand ein Kreuz über das Wasserkännchen und spricht gleichzeitig: Deus, qui humanae substantiae etc. Dann nimmt er das Löffelchen, schöpft damit einige Tropfen aus

Was bedeutet „Rubrizistik"?

Beispiel aus dem 20. Jahrhundert

dem Kännchen und läßt sie bei den Worten: da nobis per huius aquae et vini mysterium in den Kelch fallen; die anhängenden Tropfen gibt er ins Kännchen zurück,
trocknet mit Hilfe der linken Hand das Löffelchen am Purifikatorium und legt es neben das Korporale oder das Kelchvelum" (Kieffer/157: 161).

Theologie und Geschichte dieses Ritus sind für die Rubrizistik nicht von Interesse. Sie will durch korrekte Umsetzung der Anweisungen die „richtige"
Liturgie sichern. Ihr eigentliches Ziel ist die erhebende Feier des Gottesdienstes zur Verherrlichung Gottes und zur Erbauung der Gläubigen (Kief-
fer/157: 11). Allerdings förderten solche Regelwerke die Verrechtlichung der
Liturgie und die Skrupelhaftigkeit.

2.2.4 Weichenstellung zur eigenständigen Disziplin „Liturgiewissenschaft"

Im späten 18. und im 19. Jahrhundert erfuhr die wissenschaftliche Auseinandersetzung mit der Liturgie entscheidende Weichenstellungen. Unter-
schiedlichste Strömungen und Entwicklungen in Kirche, Gesellschaft und
Wissenschaft waren daran beteiligt. Die katholische Aufklärung ist ebenso
zu nennen wie Restauration und Ultramontanismus. Im Zuge einer stärkeren
Ausdifferenzierung der theologischen Disziplinen, insbesondere der Entstehung der Pastoraltheologie, wurde die Liturgie als Studieninhalt neu gewichtet. Zugleich entwickelten Kirchenhistoriker vermehrt Forschungsprogramme zu Fragen des Gottesdienstes. Als im Laufe des 19. Jahrhunderts eigene
Handbücher der „Liturgik" veröffentlicht wurden, war der Weg zu einer
eigenständigen Disziplin „Liturgiewissenschaft" vorgezeichnet.

2.2.4.1 Liturgiewissenschaft seit dem 18. Jahrhundert

Interesse an einer Anthropologie der Liturgie

Die katholische Aufklärung des späten 18. und frühen 19. Jahrhunderts
prägte das spätere Fach „Liturgiewissenschaft" mit. Die Liturgie war zumindest für diejenigen, die sich als aufgeklärt verstanden, nicht mehr unumstritten. Sie wurde hinterfragt oder gar gänzlich in Frage gestellt. Dies war Anlass
genug, sich mit Inhalt und Form der tradierten Liturgie auseinander zu setzen. Die kritische Beschäftigung mit der Liturgie und folglich mit der Tradition wurde kennzeichnend für die Liturgik der katholischen Aufklärung. Die
Liturgie sollte zur Glückseligkeit des Menschen und zu seinem tugendhaften
Leben vor Gott beitragen. Neben die Auseinandersetzung mit der Theologie
und Geschichte des Gottesdienstes trat das Interesse an der Anthropologie
der Liturgie. Man entwickelte Vorschläge zur Reform des Gottesdienstes.
Damit gewann die Auseinandersetzung mit der Liturgie einen sehr prak-
tisch-pastoralen Zug (Kohlschein/159).

Theresianisch-josephinische Studienreform

Im Hintergrund dieser Entwicklung steht nicht zuletzt unter anderem die
theresianisch-josephinische Studienreform. Die grundlegende Programm-
schrift Franz Stephan Rautenstrauchs (1734–1785) „Entwurf zur Einrichtung
der theologischen Schulen", zunächst 1774, dann überarbeitet mehrfach neu
aufgelegt, sah neben der Katechetik die Liturgik als ein Aufgabenfeld der
Pastoraltheologie. Das Theologiestudium wurde reformiert, die praktische
Ausbildung der angehenden Priester gefördert. Man betonte die Handlungs-
relevanz der Theologie; ein Theologe wie Franz Giftschütz (1748–1788)

definierte die Pastoraltheologie als „Pastoralanweisung" und damit als Anwendungswissenschaft.

Das Liturgieverständnis der katholischen Aufklärung prägten Theologen wie Beda Pracher (1750–1819), Benedikt Maria Werkmeister (1745–1823) und Vitus Anton Winter (1750–1814). Eine einflussreiche Gestalt war der Konstanzer Generalvikar Ignaz Heinrich Freiherr von Wessenberg (1774–1869), der ein umfangreiches Reformwerk in Gang setzte, das die Erneuerung nicht nur einzelner liturgischer Bücher, sondern auch der Priesteraus- und fortbildung im Blick hatte.

Kennzeichnend ist für die Liturgik dieser Zeit, dass man sich nicht auf theoretische Auseinandersetzungen beschränkte, sondern auch in der Praxis Veränderungen vornahm. Gesang- und Gebetbücher sowie Ritualien in großer Zahl wurden überarbeitet oder neu konzipiert und in den Gemeinden vor allem Südwestdeutschlands eingesetzt. Neben die Erklärung und Vermittlung von Liturgie trat hier die Reform. Ziel war ein Gottesdienst, der die Gläubigen belehren und zugleich erbauen konnte und entsprechend zweckmäßig aufgebaut war. Die Gläubigen sollten an der Liturgie teilnehmen können. Maßstäbe wie die Vernunftgemäßheit, die man zugrunde legte, wurden unter anderem aus der Heiligen Schrift und der sehr idealistisch gesehenen frühchristlichen Liturgie abgeleitet. Von letzterem Rekurs erhoffte man sich klarere liturgische Strukturen, vor allem aber eine unverfälschte Liturgie.

Praktische Konsequenzen

Auf eine entsprechende gottesdienstliche Praxis sollte die Ausbildung vorbereiten. Für die Weiterbildung standen verschiedene Zeitschriften mit Aufsätzen und Rezensionen zur Verfügung, die zum Teil von einzelnen Bistümern herausgegeben wurden. Aber auch Pastoralkonferenzen, bisweilen mit thematischen Vorgaben, veranstaltete man, die offensichtlich zwar autoritär, aber effizient organisiert waren (Liturgiewissenschaft/168).

Die katholische Aufklärung ging mit dem Aufkommen der Romantik unter; sie scheiterte an gesellschaftlichen Umbrüchen und an innerkirchlichen Widerständen, nicht zuletzt aus Rom.

Ohne explizit die Liturgiewissenschaft zu fördern, hat auch Dom Prosper Guéranger (1805–1875), der Wiederbegründer der Abtei Solesmes, die Auseinandersetzung mit der Liturgie mitgeformt. Als Ultramontanist verschrieb der Benediktiner, der zu den Vorläufern der Liturgischen Bewegung des 20. Jahrhunderts gezählt wird, sich der römischen Liturgie, die für ihn Ausdruck des apostolischen Anfangs war:

Dom Prosper Guéranger

„Erschließt also Eure Herzen, Kinder der katholischen Kirche, und kommt, um mit dem Gebete Eurer Mutter zu beten. Machet durch Euren Anschluß die Harmonie vollständig, die so angenehm dem Ohre Gottes klingt. Möge der Geist des Gebets an dieser seiner natürlichen Quelle neuen Geist schöpfen" (Guéranger/143: 1,7).

Von Solesmes aus initiierte Guéranger in Frankreich eine Reform des Gottesdienstes, die bis 1875 zum Untergang aller dortigen Diözesanliturgien zugunsten der römischen Liturgie führte. In der Liturgie sollte Kirche erfahrbar werden. Guéranger legte deshalb auf Ursprünglichkeit, Universalität, Autorität etc. der Liturgie großen Wert. Die Beschäftigung mit der Liturgiegeschichte und insbesondere die Erneuerung des gregorianischen Chorals gehörten zum Programm von Solesmes. Einflussreich waren Guérangers Werke „Institutions liturgiques" (1840, 1841, 1851) und „L'année liturgique"

(1841–1861). Prägend war seine Art des Rückgriffs auf die Tradition. Guéranger verlangte eine Liturgie unter Mitwirkung der Gemeinde, weil nur so die Gläubigen aus den gefeierten Glaubensgeheimnissen leben könnten (Schilson/187).

Oxford-Bewegung

Zeitgleich versuchte die Oxford-Bewegung im anglikanischen England (seit 1833) durch den Rückgriff auf die apostolische Überlieferung die Kirche zu erneuern. Durch eine Vielzahl theologischer Studien, darunter die sog. Tracts, bemühte man sich um die Reform des liturgischen Lebens. Theologie, Ekklesiologie und Liturgie wurden wieder in ein enges Verhältnis gesetzt (Berger/124).

2.2.4.2 Entstehung von Handbüchern im 19./20. Jahrhundert

Im deutschen Sprachgebiet erschienen im 19. Jahrhundert Handbücher zum Teil beträchtlichen Umfangs zu Fragen der Liturgie, die weit über ihre Erscheinungszeit hinaus Beachtung fanden. Sie entstanden in unterschiedlichen geistes- und kirchengeschichtlichen Kontexten und stehen unübersehbar für verschiedene theologische Richtungen. Diese Bücher sind Ausdruck des Bemühens um eine Theorie liturgiewissenschaftlichen Arbeitens und Anzeichen einer Verwissenschaftlichung der Beschäftigung mit Liturgie. Zu den wirkungsgeschichtlich bedeutendsten zählen die folgenden Werke:

Handbücher von Schmid und Hnogek

– Die Handbücher von Franz Xaver Schmid (1800–1871) und von Anton Adalbert Hnogek (1799–1866) sind noch von der katholischen Aufklärung beeinflusst, setzen sich aber schon deutlich von ihr ab. Behandelt werden die Anthropologie des Gottesdienstes, Ausdruck und Anregung des religiösen Gefühls, die Ästhetik der Zeremonie; ihre Zweckmäßigkeit und Deutlichkeit werden als Werte gesehen. Aber auch ein Interesse an der objektiv heilsgeschichtlichen Sicht der Liturgie wird deutlich; die Liturgie offenbart die innere Religion und ist Spiegel einer religiösen Wahrheit (Schmid/191: 13–24). Schmid spricht bereits von der „Wissenschaft der Liturgie" (ebd., 30) und unterscheidet sie von einer reinen „Anwendungswissenschaft".

Handbücher der Tübinger Schule

– Eine zweite Gruppe von Handbüchern entstand im Umfeld der Tübinger Schule. Die Liturgie wird heilsgeschichtlich interpretiert und offenbarungstheologisch gedeutet. Maßgeblich ist die Liturgik von Johann Baptist Lüft (1801–1870). Aus den liturgischen Einrichtungen, die auf Christus und die Apostel, aber auch auf die menschliche Natur zurückgehen, will Lüft allgemeine Prinzipien ableiten. Ihm geht es nicht primär um pastorale Unterweisung. Jakob Fluck (1810–1864) will die in der Liturgie erscheinende göttliche Weisheit darstellen. Sein Anliegen ist die systematische Behandlung der in der Liturgie gegenwärtigen göttlichen Wahrheit. Den sakramentalen Kultus, der die Erlösung vermittle, stellt er an den Anfang und lässt ihm den latreutischen, Gott verherrlichenden Kultus gleichsam als Frucht folgen.

Handbücher von Thalhofer und Eisenhofer

– Auch die Handbücher von Valentin Thalhofer (1825–1891) und Ludwig Eisenhofer (1871–1941) stehen für eine eigene inhaltliche Ausrichtung. Thalhofer stellt neben Geschichte und Theologie auch anthropologischpsychologische Gegebenheiten des Gottesdienstes dar. Eisenhofer, der das Handbuch Thalhofers überarbeitet hat, konzentriert sich fast ausschließlich auf Geschichte und Rubrizistik. Weniger thematisiert er die Theologie der Liturgie. Bemerkenswert ist die unterschiedliche Einschätzung beider Autoren im Hinblick auf das Verhältnis von Liturgik und Pastoraltheologie. Thalhofer rechnet die Liturgik zur Pastoraltheologie und hält sie nicht für ein selbständiges theologisches Fach. Eisenhofer lehnt eine solche Zuordnung kategorisch ab und definiert die Liturgik als „die Wissenschaft von der Ecclesia orans et sanctificans" (Eisenhofer/37: 1, 55).

Die Handbücher sind als historische Quellen heute noch von besonderer Bedeutung. Hilfreich sind sie unter anderem wegen der vielen liturgiegeschichtlichen Details, die sie verzeichnen. Insbesondere das Handbuch von Eisenhofer ist deswegen noch immer ein wichtiges Kompendium.

2.2.5 Programmatik der Liturgiewissenschaft im frühen 20. Jahrhundert

Im frühen 20. Jahrhundert kristallisierten sich drei Bereiche liturgiewissenschaftlichen Arbeitens heraus, deren konkrete Zuordnung und inhaltliche Füllung zwar immer wieder diskutiert werden, deren Zusammenwirken aber zum unverzichtbaren Spezifikum des Faches Liturgiewissenschaft gehört. Liturgiegeschichtsforschung, Theologie der Liturgie (auch „Systematische Liturgiewissenschaft" genannt) und Liturgiepastoral sind zugleich unterschiedliche Zugangswege zum Gottesdienst und Arbeitsfelder der Liturgiewissenschaft. Zwischen ihnen gibt es Komplementaritäten. Die Methoden und Forschungsziele innerhalb der einzelnen Arbeitsfelder variieren zum Teil stark. Den vielfältigen Aspekten eines so komplexen Handlungsgeschehens wie der Liturgie kann nur ein entsprechend differenziertes Untersuchungsinstrumentarium gerecht werden.

Arbeitsfelder

2.2.5.1 Methodenvielfalt in der Liturgiegeschichtsforschung

Für die Liturgiegeschichtsforschung wurden um die Wende zum 20. Jahrhundert umfangreiche Forschungsprogramme ausgearbeitet, die eine systematische Erschließung der historischen Quellen vorsahen (Kranemann/161: 356–372). In ihnen präsentierte sich die Liturgiewissenschaft als eine philologisch-kritisch arbeitende Wissenschaft. Drei unterschiedliche methodische Ansätze versuchten, diesem Wissenschaftsverständnis zu genügen. Die historisch-genetische Methode, die komparative Liturgiegeschichtsforschung und ein stärker geistesgeschichtlich interessierter Frageansatz gelten auch heute noch als richtungweisend, sind allerdings kritisch weiterzuführen und um neue Quellen und Methoden zu ergänzen.

Die historisch-genetische Methode verbindet sich mit dem Namen Josef Andreas Jungmann (1889–1975); sein bis heute maßgebliches Werk zur Geschichte der Eucharistiefeier „Missarum Sollemnia", das den Untertitel „Eine genetische Erklärung der römischen Messe" trägt, ist von diesem Ansatz geprägt. Es geht der Frage nach: Wie haben sich die liturgischen Formen aus den Anfängen zu immer komplexeren Entfaltungen hin entwickelt?

Historisch-genetische Methode

Im Vorwort zur Erstauflage seines Buches beschreibt Jungmann seine Arbeitstechnik, eine Zusammenschau der Quellen in historischer Abfolge, die es ermöglicht, die Entwicklung der Messe nachzuzeichnen, und schließlich zu einem Gesamtbild führt:

> „Besonders die mittelalterliche Entwicklung mußte neu aus den Quellen geschöpft werden. Denn sosehr im großen und ganzen eine gemeinsame Linie alle Erscheinungen verband, konnte doch ein genauerer Einblick in Ursprünge und Triebkräfte nur gewonnen werden durch möglichste territoriale Scheidung und zeitliche Aufreihung der überlieferten Texte, die im einzelnen ja immer wieder in starker Streuung ihrer Formen auseinandergingen. Was hier die Quellen boten, … mußte übersichtlich exzerpiert werden. So reihten sich bei verschiedenen Kapiteln immer wieder in Meterbreite die Parallelkolumnen aneinander, Dutzende und bis an die hundert schmaler Streifen, die dann, um die Feststellung von Gemeinsamkeiten und Grundformen zu ermöglichen, alsbald in allen Farben des Regenbogens schimmerten, bis sich wieder die Erkenntnis eines Stückes Entwicklung ergab" (Jungmann/254: I, VI f.).

Die Analyse der Strukturen liturgischer Formulare unter Berücksichtigung ihrer Entwicklung war das eigentliche Anliegen. Am Frageraster, das Jungmann für die Geschichte des Kyrie eleison abarbeitet, wird dies deutlich: Warum wiederholt man die Kyrie-Rufe, warum geschieht dies neun Mal? Woher kommt dieses Flehen, warum geschieht es in griechischer Sprache? Wer ruft eigentlich? (Jungmann/254: I, 430). Aus den Quellen zeigt Jungmann auf, wie dieser Huldigungs- und Bittruf seit der Frühzeit seine Gegenwartsgestalt und -bedeutung erhalten hat. Dabei bezieht er die verschiedenen Liturgiefamilien ein, weist auf die entscheidenden Umbrüche zur Zeit Gregors d. Gr. hin, erläutert den Prozess der musikalischen Entwicklung des Kyrie usw. Ein Kapitel über das Agnus Dei beginnt mit gegensätzlichen Beobachtungen zur gegenwärtigen Praxis und mündet in die Frage: „Welches ist der ursprüngliche Sinn des Agnus Dei?" (Jungmann/254: II, 413).

Jungmanns eigentliches Anliegen war nicht die Rekonstruktion von Geschichte, sondern die Offenlegung der Strukturen und des inneren Planes der Liturgie: „Wir wollen … mehr historisch-genetisch vorgehen, zusehen, wie liturgische Formen gewachsen sind und wachsen, von einfachen Anfängen zu immer reicherer Entfaltung" (Jungmann/153: 54).

Letztlich verfolgte Jungmann ein im weitesten Sinne pastorales Interesse. Sein Anliegen war eine Erneuerung der Glaubenspraxis, wofür die Kenntnis der Geschichte und damit der Fundamente der Liturgie unverzichtbar war. Man kann von einem historischen Ansatz mit liturgiepraktischen Konsequenzen sprechen (Jungmann/155).

Den liturgiegenetischen Ansatz Jungmanns griffen auch andere Autoren auf (u. a. Alois Stenzel und Bruno Kleinheyer); er prägt liturgiegeschichtliche Studien bis heute. Wenn auch manche Details und Einzelurteile seiner Studien zur Liturgiegeschichte mittlerweile zu revidieren sind, ist der überragende Beitrag Jungmanns zur Liturgiereform des 20. Jahrhunderts doch unübersehbar. Die historisch-genetische Methode stellte insofern eine Revolutionierung der Liturgiegeschichtsforschung dar, als sie die Varianten und Varietäten innerhalb der römischen Liturgietradition nachdrücklich vor Augen führte, dadurch einen reinen Geschichtspositivismus überstieg und die Liturgiehistorie – zunächst innerhalb der Liturgiewissenschaft, dann der Theologie, schließlich aller Geisteswissenschaften – diskursfähig hielt. Jungmann beschreibt die Liturgiegeschichte als ein prozesshaftes Geschehen, in dem Kontinuität und Wandel miteinander verbunden sind. Das eröffnete für Theologie und Kirche neue Handlungsoptionen, weil deutlich wurde, dass die jetzige Gestalt der Liturgie Ergebnis einer langen Geschichte, mithin veränderbar ist.

Allerdings liegen mittlerweile auch die Grenzen dieser Methode offen zutage. Sie konzentriert sich zu sehr auf Text- und Ereignisgeschichte. Wahrgenommen werden die Veränderungen in den schriftlichen liturgischen Quellen; die dahinterstehenden Mentalitäten, gesellschaftlichen und kirchlichen Voraussetzungen, die Rezeption des gottesdienstlichen Geschehens, seine Performanz u. Ä. hingegen befragt diese Methode kaum oder gar nicht.

Nachdrücklicher als Josef Andreas Jungmann hat Anton Baumstark (1872–1948) seinen wissenschaftlichen Ansatz als Methode formuliert: die vergleichende Liturgiegeschichtsforschung. Während sich Jungmann in der Regel auf eine Ritenfamilie konzentriert und – so ein Buchtitel – die „Gewordene Liturgie" erklären will, widmet sich Baumstark dem Prozess der Evolution von Liturgie in den unterschiedlichen Liturgiefamilien. Durch Strukturanalysen, philologische Untersuchungen und Vergleich der verschiedenen Ritenfamilien sollen die Entwicklungsstränge des Gottesdienstes offengelegt werden. Komparatistik und Zusammenschau, der Einbezug paganer Kulte und jüdischer Liturgie, die Berücksichtigung ethnisch-kultureller Kontexte prägen diesen Forschungsansatz. Baumstark und seine Schüler versuchten sogar Gesetzmäßigkeiten zu formulieren, die im Evolutionsprozess der Liturgie wirksam gewesen seien.

Vergleichende Liturgiegeschichtsforschung

„In ihrer eigenen Schichtung bietet die heutige Erdkruste die Denkmäler der gewaltigen Umwälzungen dar, deren Ergebnis sie ist, und liefert an ihnen der geologischen Wissenschaft das Urkundenmaterial, das ihr die Archivalien diplomatischer Geschichtsforschung ersetzt. Ähnlich weist auch die Liturgie in ihrer heutigen wie in derjenigen Gestalt, die irgend ein älteres Liturgiedenkmal bezeugt, selbst die Spuren ihres Werdeprozesses auf. Auch diese Spuren gilt es sorgfältigst zu verfolgen und mit den äußern Quellenzeugnissen vergleichend zu verbinden. Zu prüfen gilt es sodann vor allem, ob nicht und wieweit an dem so bereicherten Beobachtungsstoffe eine innere Gesetzmäßigkeit auch liturgischer Entwicklung sich nachweisen läßt, vermöge deren diese mehr oder weniger in eine Linie mit sprachlicher und biologischer Entwicklung träte" (Baumstark/118: 4).

Baumstarks Werke sind historiographisch und philologisch bedeutend. Hervorzuheben sind neben „Liturgie comparée" (1939 [Baumstark/120]; ³1953; engl. 1958 [Baumstark/122]) seine kleine Schrift „Vom geschichtlichen Werden der Liturgie" (1923 [Baumstark/118]), eine Monographie über das „Missale Romanum" (1929 [Baumstark/119]) und „Nocturna laus" (1957 [Baumstark/121]), eine Studie zur christlichen Vigilfeier. Diese Werke waren für die Liturgiegeschichtsforschung auch deshalb wichtig, weil sie intensiv das liturgische Leben der orientalischen Kirchen untersuchen. Nicht zuletzt haben sie das philologische Instrumentarium des Faches stark geprägt.

Baumstarks Methodik hat zu einer regelrechten Schulbildung geführt, wie beispielsweise Studien zu Hochgebeten von Hieronymus Engberding und Fritz Hamm zeigen.

Allerdings erfuhr Baumstarks Ansatz auch Kritik. Man wies auf die Gefahr hin, dass ein historischer Ansatz, der die Liturgiegeschichte als evolutionären Prozess zu sehr der Naturgeschichte gleichstelle, die besonderen Entwicklungsdeterminanten des kulturellen Systems der Liturgie übersehe (West/204). Historische Realität und gedankliche Konstruktion dürften gerade in der Geschichtsschreibung nicht verwechselt werden. Das gilt auch in Bezug auf die Anwendung der textkritischen Methode auf Textgattungen, die den Gesetzen liturgischer Überlieferung gehorchen (Budde/436: 50f.). Aus heutiger liturgiewissenschaftlicher Sicht ist kein wissenschaftlicher Ansatz mehr akzeptabel, der wie bei Baumstark die Liturgiegeschichte der Kirchen der Reformation unberücksichtigt lässt. Baumstark hat sie gar nicht wahrnehmen können, weil sie innerhalb seines Modells einer kontinuierlich wachsenden Liturgie keinen Platz haben, sondern einen Umbruch darstellen (Lurz/275). Die philosophischen Prämissen des von Baumstark vertretenen Ansatzes sind demnach kritisch zu reflektieren. Das stellt aber seinen vergleichenden Ansatz keineswegs grundsätzlich in Frage. Im Hinblick auf die notwendige ökumenische Fundierung der Liturgiewissenschaft ist die Liturgie comparée methodisch und hermeneutisch unverzichtbar.

Weiter führen Überlegungen, die Robert Taft zur Methodologie der Liturgiewissenschaft und zur vergleichenden Liturgiewissenschaft vorgelegt hat. Er sieht Letztere vor allem mit der Aufgabe betraut, alle Entwicklungsmöglichkeiten der Liturgiegeschichte aufzudecken und unterstreicht dabei stark die ökumenische Bedeutung eines solchen Ansatzes, durch den man unter anderem die Kontroverstheologie der Vergangenheit überwinden könne (Taft/197: 248).

Untersuchung des geistesgeschichtlichen Zusammenhangs

Anton Ludwig Mayer geht in seinen Arbeiten von der These aus, jegliche Veränderung und Entwicklung der Liturgie habe unter dem Einfluss geistesgeschichtlicher Kräfte stattgefunden. Liturgie wird deshalb im geistesgeschichtlichen Zusammenhang untersucht. Anders als bei der komparatistischen oder der an der Liturgiegenese orientierten Methodik fragt Mayer nach Formation und Deformation der Liturgie im kulturellen Umfeld. In seinem zuerst 1955 erschienenen Aufsatz „Die geistesgeschichtliche Situation der Liturgischen Erneuerung in der Gegenwart" (in: Mayer/174: 388–438) wird sein Ansatz sichtbar:

„Läßt sich die Liturgische Erneuerung wie die Frömmigkeitshaltungen und Kultgesinnungen früherer Perioden des Abendlandes in einen großen geistesgeschichtlichen Komplex einfügen – als Symptom und Teilphänomen dieses Komplexes – und sich damit als ein überindividueller, motorischer oder kompensatorischer Kulturfaktor erweisen? Mit anderen Worten: Gibt es im Bereich der geistigen Kultur Erscheinungen, Entsprechungen und Parallelen, die uns zeigen und uns davon überzeugen können, daß die Liturgische Erneuerung gerade in dieser Zeit und in dieser kulturellen Umgebung aus ihrer lange währenden Vorgeschichte, aus ihrem esoterischen, monastischen und wissenschaftlichen Stadium in die Offenheit der Welt, in das Leben der Kirche und des einzelnen eintreten und dieses Leben mitbilden und miterfüllen konnte? Was geschah also in den Bezirken, die für uns eine geistige Kultur bestimmen, in der Kunst, in der Literatur, im wissenschaftlichen und weltanschaulichen Denken?" (Mayer/174: 389).

Die Themen, mit denen Mayer sich in seinen Veröffentlichungen beschäftigte, verdeutlichen sein wissenschaftliches Programm: „Renaissance, Humanismus und Liturgie", „Die geistesgeschichtliche Situation der liturgischen Erneuerung in der Gegenwart", „Der Wandel des Kirchenbildes in der abendländischen Kulturgeschichte". (Eine Aufsatzsammlung bietet Mayer/ 174.) Kunst und Literatur etwa werden zu Quellen, um den Wandel der Liturgie im Rahmen der abendländischen Kulturgeschichte erfassen und deuten zu können. Dieser Zugang zur Liturgiegeschichte vernetzt die Liturgiewissenschaft mit anderen Geisteswissenschaften, wurde aber leider nicht weitergeführt. Wenn auch viele Ergebnisse und Positionen Mayers durch die nachfolgende Forschung als überholt gelten müssen (dazu Angenendt/115: 64f., 171), bleibt doch der Anspruch auf ein geistes- und kulturwissenschaftliches Profil der Liturgiewissenschaft bestehen.

2.2.5.2 Liturgiewissenschaft als theologische Disziplin

Maßgeblich beeinflusste 1921 Romano Guardini mit seinem Aufsatz „Über die systematische Methode in der Liturgiewissenschaft" die weitere Entwicklung des Faches und vor allem der *Liturgietheologie*. Er erhob den Anspruch, die Liturgiewissenschaft sei Theologie, und erweiterte damit das Spektrum des Faches, in dessen Mittelpunkt bis dahin die Geschichtsforschung gestanden hatte. Zudem beschrieb Guardini den Gegenstand dieser Theologie in einer innerhalb der Gesamttheologie ungewohnten Weise: Liturgiewissenschaft solle sich mit der Kirche beschäftigen, die in der Liturgie die Gnadengeheimnisse vollzieht.

Romano Guardini

„Gegenstand der systematischen Liturgieforschung ist also die lebendige, opfernde, betende, die Gnadengeheimnisse vollziehende Kirche, in ihrer tatsächlichen Kultübung und ihren auf diese bezüglichen, verbindlichen Äußerungen" (Guardini/141: 104).

Guardini geht es um die lebendige, opfernde und betende Kirche. Zu untersuchen sind die tatsächliche Kultausübung, also die Liturgie selbst, und die auf sie bezogenen Äußerungen der Kirche. Das Interesse soll aber letztlich, so Guardini, der sich darin äußernden übernatürlichen Wahrheit und Lebensordnung gelten, welche die Kirche vermittelt.

„Es handelt sich um Theologie, d.h. um Lehre von der übernatürlichen Offenbarung und Lebensmitteilung. Ihr Inhalt ist theoretisch wie praktisch festgelegt durch die verbindlichen Lehräußerungen, die wesentlichen Vorschriften und die tatsächliche Handlungsweise der Kirche. So gilt die Arbeit der liturgischen Theologie zunächst der von der Kirche maßgebend vermittelten übernatürlichen Wahrheit und Lebensordnung. Während es sich aber in der kirchlichen Rechtslehre um das aktive Leben der Kirche handelt, richtet sich die Liturgiewissenschaft auf deren kontemplatives oder kultisches Leben, sowie auf die darin zum Ausdruck kommende übernatürliche Wahrheit und Gnadenwirklichkeit" (Guardini/141: 104).

Guardini sah die Systematische Liturgiewissenschaft in deutlichem Kontrast zu Exegese und Dogmatik, sollte sie doch keine systematische Glaubenslehre, sondern den Lehrgehalt des Kultes formulieren.

Systematische Liturgiewissenschaft

„Wohl will auch sie den Lehrgehalt des Kultlebens herausholen, aber nicht um ein System der Glaubens- oder Sittenlehre aufzustellen, sondern um die lebendige Wirklichkeit des kirchlichen Gottesdienstes von den verschiedensten Seiten her zu erfassen. Sie ist die methodische Erforschung der wirklichen Kirche in ihrem Gebetsleben" (Guardini/141: 108).

Er unterschied eine besondere Liturgiewissenschaft, welche die Einzelteile wie das Ganze der Liturgie erforschen sollte, und eine allgemeine, die sich auf „die liturgische Tatsache an sich" konzentrieren (Guardini/141: 107), also nach dem Begriff des Liturgischen, nach dem Verhältnis der Liturgie zur individuellen Andacht und zur Volksandacht, zum religiösen Geistesleben usw. fragen sollte.

Lex orandi und Lex credendi, Liturgie der Kirche und Glauben der Kirche, werden hier wieder in Beziehung gesetzt. Der in der zeitgenössischen Liturgischen Bewegung neu erstarkte Sinn für die Liturgie als Ort des Glaubens wirkte sich nun auch in der Theologie aus. Allerdings betrieb man die Systematische Liturgiewissenschaft gerade im deutschen Sprachgebiet lange Zeit nicht in der Weise, wie ihr wissenschaftliches Programm es verdient hätte.

Mysterientheologie   Der bedeutendste, in vielen Werken anderer Theologen rezipierte liturgietheologische Ansatz des 20. Jahrhunderts stammt von Odo Casel (1886–1948; vgl. Schilson/186, Häußling/146). Er führte die Mysterientheologie in die liturgie- und sakramententheologische Diskussion ein. Die Feier der Liturgie interpretiert er, vor allem vor dem Hintergrund patristischer Studien, als lobpreisende Erinnerung und Vergegenwärtigung des Pascha-Mysteriums (Casel/128, 130 u. 131). Casel entwickelt ein Verständnis von Liturgie, dem zufolge die Gläubigen im Gottesdienst Anteil an der einmaligen, aber jetzt gegenwärtigen Heilstat Christi erhalten. In der Liturgiefeier sind die Mitfeiernden in sakramentaler Weise Zeitgenossen der Mysterien (vgl. Kap. 4.3.3); sie wohnen dem Erlösungswerk Gottes in Christus bei. Zudem tritt die Liturgie wieder in den Mittelpunkt christlicher Existenz. Kern christlicher Identität ist das in der Liturgie gefeierte Heilshandeln Gottes. Casels Theologie beeinflusste stark die Liturgiekonstitution „Sacrosanctum Concilium" und die liturgiewissenschaftliche Beschäftigung mit der Liturgie insgesamt.

2.2.5.3 Förderung des liturgischen Lebens durch die Pastoralliturgik

Seelsorge als Gegenstand der Liturgiewissenschaft   Der Begriff „Pastoralliturgik" wurde in den zwanziger Jahren des 20. Jahrhunderts geprägt; Athanasius Wintersig (1900–1942) bezeichnet mit ihm einen Zweig der Liturgiewissenschaft, der sich mit der seelsorglichen Bedeutung der Liturgie befassen soll.

„Neben den Fragen: ‚Wie wurde sie?' und ‚Was bedeutet sie jetzt?' erhebt sich bei der allseitigen Behandlung der Liturgie die Frage: ‚Ist sie von praktischer Bedeutung für die Seelsorge, von welcher Bedeutung?' und ‚Wie kann ich die in der kultischen Richtigkeit der Liturgie liegende Verpflichtung durch die Seelsorge erfüllen?'" (Wintersig/207: 157).

Als Voraussetzung der Pastoralliturgik betrachtet er Geschichtsforschung und Theologie der Liturgie; jedoch sollen alle drei Arbeitsfelder der Liturgiewissenschaft gleichberechtigt nebeneinander stehen. Aufgabe der Pastoralliturgik ist nach Wintersig die Lehre, Übung und Förderung des liturgischen Lebens der Gemeinde in seiner idealen Form (Wintersig/207; dazu Jeggle-Merz/152). Allerdings soll auch dabei die theologische Deutung im Vordergrund stehen, weil es nach Wintersig letztlich um die Liturgie feiernde Kirche geht, die zum Heil des Menschen wirkt. Gefragt wird nach der Liturgie und den Bezügen zum Gemeindeleben (Allgemeine Pastoralliturgik) sowie nach einzelnen Formen und Vollzügen (Besondere Pastoralliturgik).

„Das Ziel des Weges ist eine systematische Darstellung des Bestandes und der Forderungen für ein wirklich der Liturgie als geltender Kultnorm entsprechendes religiöses Gemeindeleben und eine begründete Anleitung, diese Forderungen in den verschiedensten Verhältnissen dem Wesen der Liturgie und der Seelsorge gemäß zu erfüllen" (Wintersig/207: 159).

Schon im Entwurf Wintersigs zu dieser Dimension des Faches zeigt sich der Anspruch auf Interdisziplinarität: Philosophie, Psychologie und Sozialwissenschaften sollen miteinbezogen sein. Bemerkenswert ist zudem, dass Wintersig neben exakter wissenschaftlicher Reflexion auch das Miterleben und Üben des Gottesdienstes als Methoden pastoralliturgischer Arbeit nennt:

„Der Wert der Pastoralliturgik ergibt sich aus dem Wert der Liturgie. Christi Sendung ist die eines Priesterkönigs, der als solcher auch Prophet und Lehrer ist. In dieser seiner Eigenschaft als Priesterkönig liegen seine Ämter und Würden beschlossen. Die Liturgie als das hohepriesterliche Fortleben Christi in der Kirche, das heilige Mysterium, ist daher der wahre Mittelpunkt des religiösen Lebens der Gläubigengemeinde" (Wintersig/207: 166).

Die Pastoralliturgik hat sich als äußerst ergiebiges Arbeitsfeld erwiesen; vor allem wegen der neuen Anforderungen an die Liturgiewissenschaft nach dem Zweiten Vatikanischen Konzil konnte sie sich weiterentwickeln.

2.2.6 Die Gewichtung des Faches durch das Zweite Vatikanische Konzil und die Nachkonzilszeit

Das Zweite Vatikanische Konzil (1962–1965) erhob in der am 4. Dezember 1963 verabschiedeten Liturgiekonstitution die Liturgiewissenschaft zum Hauptfach innerhalb des Theologiestudiums (SC 16) und beschrieb für die theologische Lehre ein breites Feld, das den vielfältigen Dimensionen der Liturgie entspricht. So sollen neben Theologie und Geschichte auch Spiritualität, Pastoral und Rechtsfragen der Liturgie behandelt werden. Das korrespondiert der Neugewichtung der Liturgie als Quelle des Glaubens durch das Konzil: Liturgie sei „der Höhepunkt, dem das Tun der Kirche zustrebt, und zugleich die Quelle, aus der all ihre Kraft strömt" (SC 10). Deshalb ist die Liturgie nicht nur Gegenstand der Liturgiewissenschaft; vielmehr sollen alle Fächer der Theologie – explizit werden Dogmatik, Exegese, Spiritualität und Pastoraltheologie genannt – sich von den je eigenen Fragestellungen her so mit dem Christusgeschehen und der Heilsgeschichte beschäftigen, dass der Zusammenhang mit der Liturgie deutlich wird (SC 16).

Andere konziliare und nachkonziliare Dokumente betonten entsprechend die Bedeutung der Liturgie für die gesamte Theologie sowie den Stellenwert der Liturgiewissenschaft, so unter anderem das Dekret des Konzils über die Priesterausbildung „Optatam totius" (OT 4,16), die Grundordnung für die Priesterausbildung „Ratio fundamentalis" von 1970 (hier DEL 2004–2018; Neuausgabe 1985: DEL 5732a–5732p), die Apostolische Konstitution „Sapientia christiana" über das Studium an kirchlichen Universitäten und

Aufwertung des Faches

Fakultäten und ihre Ausführungsbestimmungen (hier DEL 3698–3705; 3710–3714) sowie eine Instruktion über die liturgische Ausbildung der Priesteramtskandidaten (DEL 3722–3859), alle 1979 veröffentlicht.

Insgesamt unterstreichen diese kirchlichen Dokumente die Bedeutung der Doxologie, des Lobpreises und der Verherrlichung Gottes in den Feiern des Glaubens für die christliche Existenz. In der Doxologie artikuliert sich der Glaube der Kirche wie des einzelnen Menschen. Ihn zu reflektieren ist Aufgabe der Theologie („Glaubenswissenschaft"); Aufgabe der Liturgiewissenschaft ist, ihn in den historischen und gegenwärtigen Formen des gottesdienstlichen Lebens zu bedenken. So verdeutlichen diese Dokumente zugleich, dass die Liturgiewissenschaft in allererster Linie eine theologische Disziplin ist. Ihr Gegenstand ist die betende Kirche (Romano Guardini). Schien dies über lange Zeit unstreitig zu sein, ist es nun durch die Glaubens- und Gotteskrise des 20. Jahrhunderts in besonderer Weise in Frage gestellt. Die Liturgiewissenschaft ist deshalb herausgefordert, den christlichen Glauben und das Glaubensleben in diesem Umfeld zu reflektieren. Sie greift die Anfragen zeitgenössischer Kultur an die Liturgie auf und stellt vor dem Hintergrund dessen, was die Liturgie feiert, kritische Rückfragen an diese Kultur.

2.2.7 Liturgiewissenschaft heute

2.2.7.1 Liturgie im veränderten kirchlichen und gesellschaftlichen Umfeld

In der zweiten Hälfte des 20. Jahrhunderts veränderten sich sowohl das gottesdienstliche Leben der Kirche hinsichtlich Theologie und Feierpraxis als auch das gesellschaftliche und kirchliche Umfeld der Liturgie grundlegend. Das tangiert die Liturgiewissenschaft, die nun vor anderen Fragen steht als noch in der ersten Hälfte des 20. Jahrhunderts und zur Konzilszeit. Grundzüge dieser Veränderungen sind unter anderem folgende:

Liturgie als Dialog und Begegnung

– Durch das Zweite Vatikanische Konzil wandelte sich das Verständnis der Liturgiefeier; an die Stelle eines vor allem am Kult orientierten Gottesdienstverständnisses trat ein theologisches Modell, das die Liturgie als Dialog- und Begegnungsgeschehen interpretiert. Im Mittelpunkt der Liturgietheologie steht nun das Zusammenwirken von Katabasis und Anabasis, von Heiligung des Menschen und Verherrlichung Gottes, wobei der Primat des Handelns Gottes durch Christus im Heiligen Geist betont wird. Die gottesdienstlichen Vollzüge, in denen sich dieses Geschehen performativ vollzieht, sind Wortverkündigung, Gesang und Gebet sowie die Zeichenhandlung. Der Mensch vor Gott gelangt in der Liturgie in ganz neuer Weise ins Blickfeld. Entsprechend wird jetzt die Teilnahme der Initiierten an der Liturgie gewichtet und das Rollengefüge der Liturgie neu definiert: Leitparadigma ist die Erneuerung der Gemeindeliturgie. Das zieht Konsequenzen für Versammlungsform und Rollengefüge, für die Liturgiesprache, die Gestaltung von Handlungsvollzügen usw. nach sich. Die Anthropologie der Liturgie wird zur Aufgabe der Liturgiewissenschaft, denn die vielfältige Mitwirkung des Menschen am Gottesdienst ist jetzt hinsichtlich Theologie und Gestaltgebung zu reflektieren.

– Indem man die Teilnahme der Gläubigen an der Liturgie hervorhebt, verändert sich die Wahrnehmung des Gottesdienstes noch in anderer Weise. Die Illusion einer in sich statischen, unveränderlichen Liturgie, die auch historisch eine Fiktion ist, zerbricht. Das Konzil spricht sich implizit für eine mit dem glaubenden Menschen sich wandelnde Liturgiefeier aus. Da sich die Fähigkeiten des Menschen zum Gebet und zur Liturgiefeier, aber auch seine Frömmigkeit und sein Glaube verändern, ist auch mit Konsequenzen für die Gestalt der Liturgiefeier zu rechnen. Wie immer sich das in der Praxis auswirkt, grundsätzlich ist von einer Offenheit der Kirche für Veränderungen in der Liturgie auszugehen. SC 21 nennt neben dem Unveränderlichen in der Liturgie die „Teile, die dem Wandel unterworfen sind“. Liturgiereform wird damit zum Thema der Liturgiewissenschaft (Liturgiereformen/167). Sie hat die entsprechenden Prozesse historisch zu reflektieren und theologisch-kritisch auf Zukunft hin zu begleiten. Sie muss sich mit der Krise des Gebets beschäftigen und für die Menschen der Zeit offen sein. Sie muss sich im Hinblick auf die Liturgie mit der Frage nach der zeitgenössischen Gotteserfahrung auseinander setzen und so die Kirche schützen vor einem allein systemimmanenten Denken. (Zur Liturgiewissenschaft als kritisch reflektierender theologischer Disziplin vgl. Häußling/147, 148 u. 150.)

(Randnotiz: Liturgiereformen)

– Einfluss auf die Entwicklung der Liturgiewissenschaft nahm auch der Aufbruch in der innerchristlichen Ökumene, machte sich doch das Zweite Vatikanische Konzil – vor allem in „Unitatis redintegratio“, dem Dekret über die Ökumene – das Bemühen um die Einheit der Christen zu einem zentralen Anliegen. Auch von der Liturgiekonstitution gingen Impulse für die Ökumene aus (vgl. schon SC 1), indem sie die Liturgie für Reformen öffnete, sie in die Heilsgeschichte einordnete und mit dem dialogischen Verständnis von Liturgie das Heilshandeln Gottes in der Liturgie betonte. Zugleich nahm die Konstitution Einflüsse aus den Kirchen der Reformation auf, so z. B. für die Gewichtung der Wortverkündigung, desgleichen Einflüsse aus der Orthodoxie; hier wäre etwa die stärkere Betonung der Pneumatologie zu nennen (Berger/125; dazu auch Fischer/135 und Schulz/193). Dokumente, die nach dem Konzil von den christlichen Kirchen gemeinsam erarbeitet wurden, wie „Das Herrenmahl“ (1978 [Herrenmahl/77]) oder „Taufe, Eucharistie und Amt“, die Lima-Erklärung (1982 [Taufe/199]), konnten vielfach Konvergenzen im Bekenntnis herausarbeiten, die sich auch in der Liturgie auswirkten. Das Wissen um das Gemeinsame und das Interesse am Eigenen der anderen Kirchen wuchs. Für die Liturgiewissenschaft, die innerhalb der Liturgiegeschichtsforschung schon auf eine längere Beschäftigung vor allem mit den orthodoxen und orientalischen Kirchen zurückblicken konnte, begann eine Entwicklung, die heute in Richtung auf eine ökumenische Liturgiewissenschaft hin weitergeführt wird (Lurz/172; Kranemann/162).

(Randnotiz: Ökumene)

– Neben dem Verständnis von innerchristlicher Ökumene revidierte das Konzil das Verhältnis der katholischen Kirche zum Judentum und entwickelte eine neue Israeltheologie (Kranemann/163). Dies fand in der Konzilserklärung „Nostra aetate“ seinen Ausdruck, die sich mit dem Verhältnis zu den nichtchristlichen Religionen befasst, und in vielen Folgedokumenten, in Veränderungen der Liturgie, insbesondere der entsprechenden

(Randnotiz: Liturgie und Judentum)

Karfreitagsfürbitte. Betont wird der bleibende Bund Gottes mit Israel; Gemeinsamkeiten in Theologie und Spiritualität werden gesucht, Kenntnis und Achtung des Judentums gefördert. Diese Revision des Verhältnisses zum Judentum, die in ihrer Bedeutung vor dem Hintergrund einer jahrhundertelangen Unterdrückungsgeschichte und der Shoah zu sehen ist, betrifft das neue Israelbild der Liturgietheologie, den Umgang mit jenen biblischen Texten, die auch in der Synagoge gelesen werden und erfordert unter anderem die Eindeutigkeit des Bekenntnisses zum einen Gott im trinitarischen Beten. Die Revision wirft zudem ein neues Licht auf die Liturgiegeschichte, vor allem auf die jüdischen Ursprünge christlicher Liturgie, auf Austauschbeziehungen und Abgrenzungen zwischen jüdischem und christlichem Gottesdienst. Ein weites Arbeitsfeld mit vielfältigen Fragestellungen tat sich auf und beeinflusste die Hermeneutik der Liturgiewissenschaft (Gerhards/138). Die Marginalisierung der jüdischen Liturgie durch die Liturgiewissenschaft der ersten Hälfte des 20. Jahrhunderts wird zunehmend überwunden; allerdings finden die Liturgien des zeitgenössischen Judentums immer noch zu wenig Beachtung.

Glaubenskrise – Das kirchliche und gesellschaftliche Umfeld, in dem heute in weiten Teilen Westeuropas Liturgie gefeiert wird, hat sich in den Jahrzehnten seit dem Konzil tiefgreifend verändert. Verallgemeinernd wird man für das deutsche Sprachgebiet zunächst die weitgehende Auflösung des zuvor sehr homogenen katholischen Milieus mit seiner engen Bindung an die Liturgie und einer sehr lebendigen Frömmigkeitspraxis nennen müssen. Die damit verbundene, zumindest über mehrere Generationen selbstverständliche Tradierung des Glaubens und der Liturgie geriet bereits seit den fünfziger Jahren des 20. Jahrhunderts in die Krise. Der Wegfall der Durchorganisation des religiösen Lebens (Altermatt/113: 43) tangierte auch die Liturgie, was sich langfristig in einem drastischen Rückgang der Teilnahmefrequenz am sonntäglichen Gottesdienst und – in unterschiedlichem Maße – an den anderen Sakramenten äußerte. Langfristig problematischer ist die Entfremdung vieler Gemeindeglieder von der Liturgie der Kirche; die Voraussetzungen für eine „tätige Teilnahme" sind häufig nicht mehr gegeben. So wirkt sich die Säkularisierung nicht nur im gesellschaftlichen Umfeld, sondern auch in den Kirchen aus. Zugespitzt wird man von einer Gottes- und Glaubenskrise sprechen müssen, die vor der Liturgie nicht Halt macht.

Nicht kodifizierte Rituale – Zugleich ist außerhalb der Kirchen eine neue Religionsproduktivität zu beobachten. Sie äußert sich auch in einer Wiederentdeckung der Rituale, nicht nur durch okkulte und esoterische Zirkel, sondern in ganz unterschiedlichen Bereichen der Gesellschaft. Die kirchliche Liturgie ist betroffen, insofern sich zunehmend – vor allem für die Eheschließung und das Begräbnis, aber auch schon für die Namensgebung – nichtchristliche Lebenswenderituale etablieren. Sie werden zu einer Herausforderung für die kirchliche Liturgie. Eine heute schon zu beobachtende Konsequenz ist die Pluralisierung der kirchlichen Liturgie, die zunehmend nicht mehr auf die Hochformen der Sakramente begrenzt ist. Neue Gottesdienstformen entwickeln sich, die auf Lebenssituationen und Teilnehmergruppen bezogen und häufig den Sakramentalien vergleichbar sind. (Beispiele für verschiedene Segnungsgottesdienste und christliche Feiern mit Ungetauften finden sich in: Gott feiern/91.)

– Zudem verändern sich die Erwartungen an Rituale, die nicht mehr einfach als vorgegeben akzeptiert, sondern im Kontext von Individualisierung als persönlicher Ausdruck derer, die an diesem Ritual beteiligt sind, verstanden werden (biographische Prägung). Dieses Ritualverständnis unterscheidet sich dort von der kirchlichen Liturgie, wo die Glaubensgemeinschaft der Glaubensüberlieferung verpflichtet ist und Liturgie im theologischen Sinne als Handeln Gottes, damit das in der Liturgie Gefeierte als Gabe an den Menschen betrachtet wird. Mit diesen knapp skizzierten Spannungen, die weit in den kirchlichen Binnenraum hineinreichen, tun sich für die Liturgiewissenschaft Fragen nach Objektivität und Subjektivität auf, nach der Dimension der Personalität im Gottesdienst, nach vorgegebener Gestaltung und Gestaltungsfreiheit usw. (Gerhards/323). Immer stärker treten neben den kirchlich verfassten Formen von Liturgie neue – kirchliche wie nichtkirchliche, religiöse wie säkulare – Rituale ins Blickfeld (Post/181).

Individualisierung

2.2.7.2 Konsequenzen für die Methodik des Faches

Die jüngere Methodendiskussion in Forschung und Lehre stellt die oben beschriebenen Aufgabenfelder der Liturgiewissenschaft nicht in Frage. Diskutiert werden vor allem die Gewichtung und die Zuordnung von historischer Forschung und Liturgietheologie einerseits und Liturgiepastoral andererseits. Kritisiert wird, dass im Zuge der Liturgiereform des 20. Jahrhunderts die Liturgiewissenschaft auf Kosten der Liturgietheologie und einer methodologisch ausdifferenzierten Liturgiegeschichtsforschung vielfach den Habitus einer Anwendungswissenschaft angenommen habe. Die Konzeption neuer Gottesdienstmodelle oder die Vermittlung liturgischer Handlungskompetenz sei dadurch vorrangige Aufgabe der Liturgiewissenschaft geworden. Gegenstand des Faches sei aber die theologisch verantwortete, wissenschaftliche Reflexion des Glaubens (Winkler – Meßner/205). Deshalb stellt man neben die historische und die systematisch-theologische Erforschung der Liturgie anstelle einer vorgeblich auf Praxiskonstruktion gerichteten Liturgiepastoral die „Kritische Liturgiewissenschaft", die den tatsächlichen Gottesdienstvollzug an der Lex orandi zu messen und Kriteriologien für die Gottesdienstgestaltung zu entwerfen habe (Meßner/33: 25 f.).

Theoriedefizit

Grundsätzlich ist festzuhalten, dass der Vielfalt des liturgischen Geschehens und der unterschiedlichen Liturgiefeiern in Geschichte und Gegenwart, in Ost und West eine einzige Untersuchungsperspektive nicht angemessen wäre. Liturgiewissenschaft ist deshalb immer auf multidisziplinäre Forschungsperspektiven sowie auf Inter- und Intradisziplinarität angewiesen (Post/180).

Liturgiegeschichtsforschung

Die Geschichte der Liturgie wird durch die Liturgiewissenschaft nicht mehr allein als verschriftlichte Liturgie (Handschrift oder gedrucktes Buch) untersucht, wiewohl in den liturgischen Handschriften und Büchern wesentliche Aspekte christlicher Liturgie festgehalten sind. Vielfältigere Zugänge zur Liturgiegeschichte werden gesucht. Die unterschiedlichen gesellschaftli-

Neue
Herangehensweisen

chen und kirchlichen Faktoren bei der Entstehung dieser Quellen (Produktion) sind zu berücksichtigen, ihre nach Region, Zeit und Teilnehmergruppe sehr unterschiedlichen Rezeptionen zu beachten. Die Erkenntnis, dass Bild, Gesang, Raum, Gewand, liturgisches Gerät usw. mindestens ebenso entscheidend für das liturgische Handlungsgeschehen sind wie Texte, ist auch für die Liturgiehistorie grundlegend. Die Liturgie besteht aus komplexen Ritualen, die mit einem entsprechend differenzierten Instrumentarium zu untersuchen sind.

Liturgie besteht nicht allein aus der römischen Liturgie; auch kann sie nicht allein auf der Ebene der verschiedenen Liturgiefamilien beschrieben werden (vgl. dazu Kap. 3). Fokus kann ebenso die gottesdienstliche Situation in der einzelnen Diözese, Stadt oder Kirche sein. Eine Idealliturgie kann beschrieben werden, also das, was die jeweilige Kirche in ihren liturgischen Büchern und Anweisungen zur Liturgie als Norm formuliert. Untersuchungsgegenstand ist aber ebenso die tatsächliche liturgische Praxis. Gefragt wird dann, wie die konkrete gottesdienstliche Praxis sich gestaltet hat. Die Liturgiehistorie beschäftigt sich zudem nicht allein mit dem Handeln des Klerus, sondern auch mit monastischen Gemeinschaften und mit Laien, die in durch die Jahrhunderte variierender Form an der Liturgie teilnehmen. Jeder der Partizipanten des Gottesdienstes mit seiner jeweiligen Teilnahmeform kann ins Blickfeld treten. Zugleich werden nicht nur liturgische Hochformen wie beispielsweise die Liturgie der Sakramente oder des Breviers bzw. der Tagzeitenliturgie berücksichtigt, sondern z. B. auch Andachten, Heiligenverehrung und Prozessionen, die in vielen Epochen der Liturgiegeschichte die für den Glauben der Menschen eigentlich prägenden Vollzüge des Gottesdienstes waren.

Weitung des Fragehorizontes: kontextuelle Forschung

Liturgiewissenschaft lässt sich deshalb nicht ausschließlich philologisch betreiben. Mentalitäts- und sozialgeschichtliche Zugänge müssen ebenso einfließen wie kirchen- und religionsgeschichtliche Herangehensweisen, um den unterschiedlichen Dimensionen des Gottesdienstes gerecht zu werden. Für die liturgiegeschichtliche Beschäftigung mit der Messe ist nicht allein interessant, mit welchen Texten eines Messbuches eine Kirche oder der Klerus dieser Kirche betete; auch die Lebensumstände der Menschen in einer agrarischen, urbanen oder industriellen Kultur, ihre Weltsicht oder Weltanschauung, die jeweilige kirchliche Lehre über die Liturgie, der Stellenwert religiöser wie säkularer Rituale usw. prägen das gottesdienstliche Geschehen mit. Eine kontextuelle Liturgiegeschichtsforschung wird dieser Vieldimensionalität gerecht.

Von den bereits beschriebenen Ansätzen der Liturgiegeschichtsforschung haben die Vergleichende Liturgiewissenschaft sowie die historisch-genetische Methode bis heute Bestand. Die inhaltliche Gestaltung dieser Methoden variiert allerdings gegenüber der Forschungsgeschichte und entwickelt sich in der Gegenwart.

Philologie, Ritenkritik, Konfliktgeschichte

Für die *Vergleichende Liturgiewissenschaft* liegen aus jüngerer Zeit sehr unterschiedliche Konzepte vor. Gabriele Winkler beschreibt ein philologisches Untersuchungsprogramm, das nach Strukturen, Texten und historischen Entwicklungen der östlichen und westlichen Liturgie fragt (Winkler – Meßner/205). Aus der eigenen Begrifflichkeit heraus sollen die jeweiligen Riten erklärt werden. Mit dem Vergleich der Liturgien will man nicht nur

Entwicklungsstränge der Liturgiegeschichte nachzeichnen, man gelangt auch zur Ritenkritik. Robert Taft tritt für eine Weitung des Untersuchungsfeldes ein, wenn er neben der Untersuchung kirchlich approbierter Texte und Riten die Erforschung der tatsächlichen Liturgiefeier und die Berücksichtigung des soziokulturellen Umfeldes anmahnt und damit eine rein philologische Perspektive erheblich überschreitet (Taft/197: 254). Karl-Heinrich Bieritz skizziert das Modell einer Vergleichenden Liturgiewissenschaft, die als Konfliktgeschichte zu betreiben sei und unter Einbezug theologischer wie gesellschaftlicher Motive den Um-, Ab- und Aufbrüchen in den unterschiedlichen Traditionen der Liturgiegeschichte nachzugehen habe (Bieritz/127: 454).

Für die Eucharistiefeier vergleicht Winkler Texte und Ritenstrukturen etwa der Hochgebete, um zu Aussagen über theologische Prägungen, Abhängigkeiten und Entwicklungen zu gelangen. Mit Taft fragt man, wie Eucharistie in den verschiedenen Liturgiefamilien tatsächlich gefeiert wurde und welche Motive es dafür gab. Mit Bieritz vergleicht man die Veränderungen in den Eucharistiefeiern der einzelnen Kirchen, um gerade über das Verstehen der liturgietheologischen Brüche zu einem gegenseitigen Verständnis der verschiedenen Liturgien zu finden.

Auch die Frage nach der Entwicklung eines Ritus, also die *historisch-genetische* Forschung, behält ihre Bedeutung, indem sie das Werden der gottesdienstlichen Vollzüge nachzuzeichnen sucht. Diese Methode schließt sich eng den liturgischen Formularen an und fragt nach den strukturellen und inhaltlichen Grundlinien. Allerdings wird sie ihrem Gegenstand dort nicht gerecht, wo sie sich ausschließlich mit philologischen Fragestellungen auf Texte konzentriert, aber die Rezeption und Performanz der Liturgie beiseite lässt. Auf diese Weise lässt sich zum Beispiel nicht erfassen, dass ein liturgischer Ritus möglicherweise über Jahrhunderte seine schriftlich fixierte Form nicht geändert hat, während ihm aufgrund gewandelter Voraussetzungen in Kirche, Theologie und Gesellschaft längst neue Bedeutungen zugemessen wurden. Historisch-genetische Forschung ist deshalb um Methoden zu erweitern, welche die tatsächliche Performanz der Liturgie beschreiben können (Lurz/276).

Text, Rezeption, Performanz

Darüber hinaus sind *kirchengeschichtliche* Zugänge zu nennen; sie interpretieren die unterschiedlichen Liturgiefeiern im Rahmen des kirchlichen Lebens. Untersucht werden die Bedeutung der Liturgie für die verschiedenen kirchlichen Lebensfelder, Veränderungen der Liturgie durch Vorgaben von Konzilien und Synoden, Deutungen der Liturgie in Theologie und Frömmigkeit, die Funktion der Liturgie für den Glauben der Kirche usw.

Daneben wendet die Liturgiegeschichtsforschung eine Vielzahl unterschiedlicher Methoden an, die sich im weiteren Sinne der Kultur- und Sozialgeschichte zuordnen lassen. Weil ein entsprechender Diskurs fehlt, aber auch wegen der besonderen Anforderungen des Untersuchungsgegenstandes trifft man in liturgiegeschichtlichen Untersuchungen häufig auf einen Methodenpluralismus. Eine klare methodische Zuordnung begegnet selten. Insbesondere *religionsgeschichtlichen* Fragestellungen wird nachgegangen, welche die Liturgie im Kontext der konkreten Religiosität untersuchen, das heißt religiöse Äußerungen einer Epoche selbst sprechen lassen und vor diesem Hintergrund Phänomene der Liturgie interpretieren. Arnold

Methodenpluralismus

Angenendt hat wiederholt zeigen können, wie beispielsweise die archaisch-religiöse Vorstellung des Gebens und Nehmens („do ut des"; der Mensch gibt Gott etwas und erhält von Gott dafür eine Gnadengabe) sich in den Bußtarifen des mittelalterlichen christlichen Bußwesens oder im Opfercharakter der Messe auswirkte, wie etwa die mittelalterliche Juridisierung von Ritualen eine Verrechtlichung der Liturgie vorantrieb, die Vorstellung vom Verhängnischarakter des Rechts die Idee eines selbstwirksamen Ritus sowie möglicherweise auch die zunehmende Festschreibung einer ursprünglich freieren Liturgie förderte. Über die Ergebnisse religionsgeschichtlicher Forschung wird das Gespräch mit der Theologie gesucht, indem man den Stiftungscharakter des Christentums und seiner Liturgie zur Geltung bringt und nach der bleibenden christlichen Identität fragt (Angenendt/114, 115 u. 116).

Eine *mentalitätsgeschichtlich* interessierte Liturgiegeschichtsforschung sucht nach zeittypischen Vorstellungen, nach verborgenen Einstellungen und Handlungsdispositionen, nach bewusstseinsbestimmenden Faktoren, also im Unterschied zu den großen Ereignissen und ihrem Einfluss auf die Liturgie nach der Mentalität einer Epoche. Insbesondere Alltagsgeschichte und Volkskultur werden thematisiert. Damit eröffnen sich andere Themen und Quellen. Neben den festa chori, allein liturgisch begangenen, finden jetzt die festa fori, öffentliche Feste, besondere Aufmerksamkeit. Gegenüber der Ereignisgeschichte werden länger anhaltende Überzeugungen und Prägungen („longue durée") herausgearbeitet – ein Faktor, mit dem gerade für Liturgie und Liturgiereformen zu rechnen ist (Gy/144).

„Ritual Studies" Einen anderen Schwerpunkt setzen *kulturanthropologische* Ansätze in der Liturgiewissenschaft. Hier steht, angeregt durch die sehr vielfältigen „Ritual Studies" (vgl. die Anthologie Ritualtheorien/185; Post/108), die Untersuchung von Ritual und Symbol im Vordergrund. Unter der Bezeichnung „Ritual Studies" werden Forschungsprojekte unterschiedlicher Provenienz und mit unterschiedlicher Methodik gefasst, deren Gemeinsames die Beschäftigung mit dem Phänomen „Ritual" ist. Entsprechend vielfältig sind die Einschätzungen, welche Qualität von Ritualen („Hochrituale" oder Alltagsrituale) untersucht werden sollte, ob Rituale unveränderlich sind oder nicht, wie sich Ritual und Mythos, Ritual und Sakralität, Ritual und Macht zueinander verhalten und dergleichen mehr. Die Beziehung zwischen dem Vollzug des Ritus und der sozialen Struktur der ihn vollziehenden Gesellschaft, die verschiedenen Bedeutungen, die einem Ritus beigemessen werden, und das Verhältnis von Performanz und Text zählen zu den Themen eines solchen Zugangs (Stringer/194). Auch liturgische Rituale als Kulturphänomene werden auf ihre Funktionsweise hin und in ihrer Bedeutung hinsichtlich der Konstruktion von Wirklichkeit befragt. Die Ritual Studies eröffnen der Liturgiewissenschaft einen neuen Zugang und neue Einsichten zur Liturgie als Ritual; sie erweitern vor allem auch die Methodik des Faches.

Eine *geistesgeschichtliche* Erforschung der Liturgiegeschichte, die an den entscheidenden geistigen Leitvorstellungen einer Epoche und ihren Auswirkungen auf die Liturgie interessiert ist, betrieb man seit den Arbeiten von Anton Ludwig Mayer nicht mehr. Viele Faktoren des geistesgeschichtlichen Umfeldes der Liturgie hat man nicht oder kaum untersucht, was sich für die Liturgiegeschichtsforschung als Handikap erweist.

Liturgietheologie

Die katholische Liturgiewissenschaft begreift Liturgie heute, unbeschadet aller unterschiedlichen Deutemodelle, als ein von Gott her ermöglichtes, pneumatisches, also als geistliche Wirklichkeit zu verstehendes Geschehen zwischen Gott und den Menschen. Liturgie ist Feier des Pascha-Mysteriums Jesu Christi. Sie ist der Ort, an dem sich Kirche je neu konstituiert. Das wird in den gottesdienstlichen Feiern zeichenhaft erfahrbar (Formen der Gemeindepartizipation; Amt im Dienst an der Gemeindeversammlung; Einbindung der Gemeinden in die ecclesia catholica durch Fürbitte, Interzession, gemeinsame Ordnung des Gebets). Liturgie ist eng verwoben mit der zeugnishaften Weitergabe des Glaubens (Martyria) und dem gelebten Glauben für andere (Diakonia). Zusammen bestimmen diese drei Grundvollzüge die Identität von Gemeinde. Liturgie ist damit bedeutsam für Existenz und Leben des Christen, die aus ihr gestärkt werden und immer neu zu ihr hinführen.

> Liturgie als geistgewirktes Geschehen

Die Theologie der Liturgie beschäftigt sich deshalb nicht allein mit der Theologie der Feier sakramentlicher Liturgien und damit im engeren Sinne der inneren Verfasstheit der Liturgie. Da in der Liturgie Gottesbeziehung, Kirchesein und Identität des Christseins realisiert werden, formuliert die Liturgietheologie eigenständige Beiträge z. B. zur Anthropologie, Christologie, Ekklesiologie (Liturgische Theologie/170).

Dass die Liturgie Feier des Glaubens und damit rituelle Realisierung der Beziehung zwischen Gott und Mensch ist, macht es für die Liturgiewissenschaft zwingend, Liturgie in explizit theologischer Perspektive zu reflektieren. Mehr noch: Die Liturgie selbst soll wieder zu einer Quelle der Theologie werden (Liturgie/165). Der Alten Kirche war das vertraut; die Orthodoxie kennt bis heute einen wesentlich stärkeren Rückgriff der Theologie auf die Liturgie als locus theologicus, als das im Westen der Fall ist (Felmy/134: 1–24). Das II. Vatikanum wies einer neuen Qualifizierung des Gottesdienstes den Weg, als es diesen als Quelle und Höhepunkt kirchlichen Tuns bezeichnete (SC 10; LG 11). Man unterscheidet zwischen einer liturgischen Theologie und einer Theologie der Liturgie; beiden eignet ein ganz unterschiedliches Fragespektrum.

Die *liturgische Theologie,* wie sie von dem orthodoxen Theologen Alexander Schmemann (Schmemann/189) entworfen wurde und unter anderem von Aidan Kavanagh (Kavanagh/156), dem evangelischen Theologen Gordon W. Lathrop (Lathrop/164) und Reinhard Meßner (Meßner/177) vertreten wird, geht vom Glaubensgeschehen und den Glaubenserfahrungen aus, die in der Liturgie gemacht werden und aus denen der christliche Glaube lebt. Der Theologie kommt die Aufgabe zu, dieses pneumatische Geschehen zu reflektieren. Einem von Tiro Prosper von Aquitanien († um 455) stammenden Axiom zufolge, wonach die Regel des Betens die Regel des Glaubens bestimmt („legem credendi lex statuat supplicandi" [DH 246]), geht es um das Verhältnis von Lex orandi und Lex credendi: Der liturgische Ritus begründet eine Glaubensnorm (Stuflesser/195: 23–26). Kavanagh bezeichnet die Liturgie als „primary theology" (theologia prima). In der Liturgiefeier handelt Gott im Heiligen Geist. Nach Kavanagh stammt die Liturgie wie die Heilige Schrift von Gott. Sie ist das Fundament aller Reflexion, der „secondary theology" (theologia secunda), und das Konstitutivum einer Theologie, die insbe-

> Liturgische Theologie

sondere nach den Handlungsvollzügen der Liturgie, nach Wort und Symbol fragt. Aus dem zentralen Glaubensvollzug, also letztlich aus der Doxologie, soll eine Theologie entwickelt werden, die nicht durch eine liturgiefremde Hermeneutik gleichsam gefiltert oder verfremdet wird. Der liturgischen Theologie wird paradigmatische Bedeutung für die gesamte Theologie beigemessen.

Theologie der Liturgie

Davon abzusetzen ist eine *Theologie der Liturgie,* die sich deutlich vom vorigen Ansatz unterscheidet. Anhand von Vorgaben aus der Systematischen Theologie wird eine Theologie entwickelt, deren Kennzeichen der Rückgriff auf die Liturgie als Grundvollzug des Christseins ist. Es handelt sich um eine Theologie *der* Liturgie, nicht *aus der* Liturgie. Der Methodist Geoffrey Wainwright folgt beispielsweise im ersten Teil seiner „Doxology" dogmatischen Traktaten, wenn er nacheinander Gottesbild, Christus, Heiligen Geist und Kirche behandelt (Wainwright/203). Edward J. Kilmartin legt eine trinitarische Theologie der christlichen Liturgie vor und orientiert sich dabei an der Systematischen Theologie. Entscheidend ist für ihn aber auch, dass gerade im Gottesdienst das Erlösungsgeschehen in Christus mitgeteilt wird (Kilmartin/158). Josef Wohlmuth hat eine mystagogische Christologie entwickelt, die Texte und Vollzüge der Liturgiefeier zu ihrer Grundlage nimmt, wählt aber als hermeneutischen Zugang eine aus der zeitgenössischen Philosophie stammende Ästhetik (Wohlmuth/208). Bei ihm kommt es zum Gespräch zwischen Systematik und Liturgie, wofür man die Liturgie und damit die ästhetische Gestalt des Glaubens zum Ausgangspunkt nimmt. Beachtliche Arbeiten zur Liturgietheologie hat Emil Joseph Lengeling vorgelegt (ausgewählte Aufsätze in: „Liturgie – Dialog zwischen Gott und Mensch" [Lengeling/101]). Sein Anliegen war die theologische Reflexion des nachvatikanischen Reformwerkes und insbesondere die theologische Durchdringung der gemeindlichen Liturgiefeier. Nicht zuletzt Studien von Liturgiewissenschaftlern wie Lengeling nahmen Einfluss auf die Entstehung der Liturgiekonstitution.

Eine liturgische Theologie reflektiert und argumentiert ganz aus der Liturgie heraus, während die Theologie der Liturgie Vorgaben folgt, die nicht der Liturgie entlehnt sind. Beide Ansätze besitzen Stärken. So bietet vor allem die liturgische Theologie einen originären Beitrag innerhalb der Theologie und radikalisiert die Feststellung, die Liturgie sei Quelle des Glaubens. Aufgrund der Bedeutung der Liturgie für die Kirche müsste dieser Strang der Theologie deutlich zu Gehör gebracht werden. Er müsste zugleich in anderen theologischen Disziplinen stärker wahrgenommen werden, um verschüttete Dimensionen theologischer Traditionen neu zur Geltung zu bringen. Letztlich kann die Liturgiewissenschaft, nimmt sie ihre theologische Aufgabe ernst, den doxologischen Charakter der Theologie im Bewusstsein verankern.

Allerdings dürfen die Grenzen beider Ansätze nicht übersehen werden. So stellt sich die Frage, ob und inwieweit nicht auch die Theologia prima Konstruktion einer Theologia secunda ist, folglich die liturgische Theologie unter nicht reflektierten Voraussetzungen steht. Der Nachteil der Theologie der Liturgie besteht darin, dass ihre Kriterien nicht unmittelbar aus der Liturgie stammen. Doch bietet sie mehr Raum zur kritischen Distanz gegenüber der Liturgie.

Beide Formen der Theologie greifen aber den besonderen Charakter und die Geschehensdichte der Liturgie auf. Die Brennpunkte, zwischen denen sie sich bewegen, sind zum einen die Praxis der Liturgie, der gegenüber sie eine reflektierende Haltung einnehmen, und zum anderen die theologische Theorie, deren Grenzen sie mit Blick auf die Doxologie bewusshalten. Das reflektierende Erschließen der Feier und der Verweis auf das gegenüber aller Reflexion je größere Mysterium kennzeichnet eine solche Theologie als mystagogische Theologie (Schilson/188: 234).

Aufgabenstellung jeder Liturgietheologie und letztlich der Liturgiewissenschaft insgesamt ist zudem die ökumenische Orientierung (Liturgiewissenschaft und Kirche/169). Sie ist theologisch begründet. Gemeint ist damit nicht allein Interdisziplinarität zwischen den Theologien verschiedener konfessioneller Provenienz. Im Mittelpunkt jeder christlichen Liturgie steht die Feier des Christusmysteriums. Diese Feier entfaltet sich in den unterschiedlichen historisch gewachsenen Ausdrucksformen der verschiedenen christlichen Kirchen. Nach Friedrich Lurz nimmt die ökumenische Liturgiewissenschaft die Perspektive des Verstehens ein, geprägt von der „Hermeneutik einer anderen Liturgie" (Lurz/172: 280). Das den Christen gemeinsame Glaubensfundament veranlasst dazu, die Liturgie der je anderen Kirche zu reflektieren und verstehen zu wollen. Es bietet zugleich den Maßstab, um die theologische Legitimität und Qualität der verschiedenen Liturgien zu beurteilen und Defizite zu verdeutlichen, aber auch um Vielfalt würdigen zu können. Wahrnehmung und Verständnis anderer Liturgien, Untersuchung von Genese, Struktur und Theologie sowie kritische Auseinandersetzung, die zugleich Selbstkritik im Hinblick auf die Ökumene impliziert, sind Aufgabenstellungen einer solchen ökumenischen Liturgiewissenschaft, die sich der Spannung von Vielfalt und Einheit verpflichtet weiß.

Ökumenische Liturgiewissenschaft

Pastoralliturgik

Pastoralliturgik wäre – schaut man auf ihre Wurzeln und auf das heutige Selbstverständnis der Liturgiewissenschaft – missverstanden, würde man ihr Aufgabenfeld als Praxisgestaltung umschreiben. Vielmehr geht es um die Entwicklung einer Kriteriologie, die der Praxisbegleitung dienen kann. Die anthropologisch gewendete Theologie, die sich mit dem Zweiten Vatikanischen Konzil zum prägenden theologischen Paradigma entwickelt hat, versucht, die Offenbarung Gottes vom Menschen her zu verstehen. Mit der Anthropologie hat innerhalb der Theologie die Beachtung der Humanwissenschaften zugenommen. Auch die Liturgiewissenschaft fragt stärker als zuvor nach dem Menschen, der in der Liturgiefeier vor Gott tritt. Liturgie wird als Kommunikation zwischen Gott und den Menschen sowie zwischen den versammelten Menschen verstanden, wobei humanwissenschaftliche Kommunikationsmodelle aus theologischen Gründen nur in einem analogen Sinne aussagekräftig sind. Der Mensch und seine Teilnahme an der Liturgie werden sogar als Paradigma der Liturgie bezeichnet (Häußling/149: 41–43). Damit hat zugleich ein intensiver Dialog mit verschiedenen Humanwissenschaften eingesetzt, so in der Vergangenheit mit der Soziologie, der Linguistik und der Psychologie. Die menschliche Erfahrung wird als Dimension des Gottesdienstes entdeckt und mithilfe humanwissenschaft-

Praxis begleitende Kriteriologie

licher Erkenntnisse reflektiert. Gefragt wird nach den Bedingungen menschlichen Feierns, religiösen Sprechens, menschlicher Versammlung, nach der Theorie der Zeichen usw. Allgemeiner kann man sagen, dass im Dialog mit den Humanwissenschaften Kriterien zur Untersuchung der Liturgiefähigkeit des Menschen sowie zu Möglichkeiten und Voraussetzungen einer Liturgie, die Gebetsordnung der Gegenwart sein soll, formuliert werden. Erkenntnisse für den Gottesdienst können gewonnen werden, die mit historischen oder theologischen Fragestellungen allein nicht zu erbringen wären. Diese Heuristik ist aber nur dann als im engeren Sinne liturgiewissenschaftlich zu bezeichnen, wenn sie das liturgietheologische Grundgeschehen berücksichtigt, da nur so das Spezifikum der Liturgie, zuerst Geschehen von Gott her zu sein, zur Geltung gebracht werden kann.

Einbezug der Humanwissenschaften

Die Pastoralliturgik konnte in der jüngeren Vergangenheit unter anderem die Relevanz von Symbolik und Zeichenhaftigkeit für die Liturgie neu aufweisen, Kriterien für die Gestaltung liturgischer Räume erarbeiten und Modelle für die Inkulturation der Liturgie vorlegen. Hierbei flossen Erkenntnisse der Humanwissenschaften ins Gespräch mit der Liturgietheologie ein.

Die heutige Aufgabenstellung der Pastoralliturgik besteht darin, den fortwährenden Inkulturationsprozess der Liturgie zu analysieren, vor dem Hintergrund von Liturgiegeschichte und -theologie zu reflektieren und seine Umsetzung in der Gegenwart wissenschaftlich zu begleiten. Die Aufgabe besteht demnach in der Reflexion der aktuellen gottesdienstlichen Vollzüge und in der Erarbeitung von Kriteriologien für die Gestaltgebung und Revision der Liturgie. Man untersucht Kommunikationsebenen, Handlungskompetenzen, die Ästhetik der Liturgie, das Verhältnis von Kultur und Liturgie und die Rolle der Liturgie im kirchlichen Leben. In der zweiten Hälfte des 20. Jahrhunderts bediente man sich verstärkt sozial- und humanwissenschaftlicher Ansätze und Instrumentarien, um die theologische und die anthropologische Dimension des Handlungsfeldes Gottesdienst angemessen reflektieren zu können. Neuerdings nutzt man auch die Empirik, um zu Aussagen über die feiernde Gemeinde, ihr Verhalten und ihre Erwartungen zu gelangen (Meffert/175). Um Sprachgestalten und Sprachprozesse in der Liturgie analysieren zu können, greift man auf Methoden der Linguistik zurück (Merz/176) und erschließt mit den Mitteln der Semiotik die nonverbale Kommunikation (Bieritz/29). Unter Einbezug psychoanalytischer Überlegungen untersucht man das Symbolgeschehen des Gottesdienstes und fragt nach Konvergenzen von Gottesdienst und menschlicher Lebenswirklichkeit (Odenthal/107). Der Methodenpluralismus korrespondiert mit dem der Praktischen Theologie. Er hängt mit dem Anspruch zusammen, als wesentliche Dimension gottesdienstlicher Feiern menschliche Erfahrungen zu untersuchen. Das Ziel besteht darin, überlieferte, also vorgängige Erfahrungen (Tradition) und empirisch fassbare und beschreibbare Erfahrungen der Gegenwart (Situation) zum Zweck innovativer Gestaltung auf neue Erfahrungen hin zu reflektieren (Gärtner – Merz/137).

Interdisziplinarität und theologisches Proprium

Das Problem, vor dem die Pastoralliturgik bei ihrem Rückgriff auf nichttheologische Methoden und Ansätze steht, ist deren Verhältnis zur Theologie. Verschiedene Verhältnisbestimmungen sind möglich: Die nichttheologischen Wissenschaften werden der Theologie untergeordnet („Ancilla"-Paradigma) oder als ganzes Theoriegebäude durch die Theologie rezipiert

(„Fremdprophetie"-Paradigma). Alternativ versucht man mit dem Paradigma der „konvergierenden Optionen", das auf Gleichberechtigung, Dialogfähigkeit und Annäherung zwischen Theologie und Humanwissenschaften zielt, durch Integration verschiedener Wissenschaften Interdisziplinarität zu ermöglichen. So könne die Liturgiewissenschaft als Teil der Praktischen Theologie der Liturgie als symbolischer Vermittlung von Offenbarung Gottes und menschlicher Erfahrung wissenschaftlich gerecht werden (Gerhards – Odenthal/139). Demgegenüber wurde von anderer Seite eine vorgängige Klärung des theologischen Propriums der Liturgiewissenschaft eingefordert, die als solche für die Interdisziplinarität mit den Humanwissenschaften konstitutiv sei. Als Glaubenswissenschaft reflektiert das Fach die Liturgie als Glaubensvollzug, der sich auf die Selbstoffenbarung Gottes in Christus bezieht. Der damit verbundene Wahrheitsanspruch müsse auch in der Interdisziplinarität zum Tragen kommen (Stuflesser – Winter/196). Das widerspricht dem Prinzip der konvergierenden Optionen aber nicht, da sich diese auf die Wahrnehmung und Beschreibung symbolischer Vermittlung beziehen (Odenthal/107).

2.3 Wie interpretiert man Liturgie?

Liturgiewissenschaft arbeitet hermeneutisch, will also Liturgie interpretieren und zu ihrem Verständnis beitragen. Sie beschäftigt sich mit Sprachhandlungen aus verbalen und nonverbalen Elementen unterschiedlicher Herkunft und verschiedener historisch-kultureller Provenienz, die sich wechselseitig durchdringen. Sie untersucht mit Liturgiefeiern wie Taufe, Firmung, Eucharistie, Tagzeitenliturgie, Festen wie Weihnachten oder Ostern oder einer Benediktion komplexe Kommunikationssituationen: An ihnen partizipiert eine nach anthropologischen wie theologischen Kriterien gegliederte Gemeinschaft in sehr differenzierter Weise; sie werden als Geschehen zwischen der Versammlung der Gläubigen, der Gemeinde, der Kirche einerseits und Gott andererseits begangen und sind in sich nach Sinn- und Funktionseinheiten strukturiert; über die jeweilige Feier hinaus sind sie in das Gesamt kirchlicher Liturgie eingebunden.
Hermeneutik der Liturgiewissenschaft

Die Liturgie bedient sich sehr unterschiedlicher Kommunikationsmittel: des verbalen Textes, des Gesangs und der Musik, der Gestik, Mimik und Bewegung, des Raumes, der Farbe, des Geräts etc. Anders ausgedrückt: Sie greift auf Verbalität, Bildausdruck, Klanglichkeit und Körperlichkeit zurück (Volp/202: 1, 154 f.). Keines dieser Kommunikationsmittel steht für sich; jedes ist in eine größere liturgische Sinnstruktur eingebunden. Liturgie geht nie nur in Text auf. Sie greift auf die genannten vielfältigen Kommunikationsmittel zurück und bindet zugleich den Menschen mit allen Kommunikations- und Sinnesmöglichkeiten in dieses Geschehen ein. Auch die – beispielsweise in den liturgischen Büchern – verschriftlichte Form von Liturgie, die diese Ausdrucksmittel natürlich beachtet und beschreibt, erfasst nur bestimmte Aspekte von Liturgie. Eigentliches Untersuchungsobjekt ist letztlich die Performanz des gottesdienstlichen Geschehens. Es geht um den Vollzug des Gottesdienstes und die mit ihm verbundenen Erfahrungen. Um die Liturgie in dieser Perspektive verstehen zu können, sind neben der Theologie je
Semantik, Syntaktik, Pragmatik

nach Fragestellung Frömmigkeit, Spiritualität und Mentalität, sozialer und kultureller Kontext etc. einzubeziehen.

Die Begriffe „Performanz" und „performativ" werden heute, etwa in den Kulturwissenschaften, in vielfältiger Weise verwendet (Performanz/179). Sie sind für die Liturgiewissenschaft von elementarer Bedeutung, weil sie Grundvollzüge der Liturgie erfassen. Zunächst wird damit eine *selbstwirksame Sprachhandlung* bezeichnet. Der Begriff bezeichnet aber auch die *dramatische Performanz* (Tambiah/198: 230). Die Teilnehmer an einem Ritual verwenden für Dramatisierung und Darstellung ganz unterschiedliche Medien; zugleich verbindet sich für die Mitwirkenden mit solcher Art von Performanz intensive Erfahrung. Es geht um darstellendes Handeln. Auch dieser Aspekt von Performanz ist für eine Liturgie wie die Osternacht mit ihren zahlreichen verbalen und nonverbalen dramatischen Elementen zu beachten. Solche Rituale sind Ereignisse, die unter anderem menschliche Wahrnehmung verändern, die als Spielrahmen („framing") eine Metakommunikation ermöglichen, innerhalb derer andere Handlungen und Botschaften verstanden werden können, die Aktivitäten mit Wirkung sind (Bell/123: 72–76).

Die Liturgiewissenschaft fragt also nach der Semantik, Syntaktik und Pragmatik der verschiedenen Elemente der Sprachhandlung „Liturgie". Sie untersucht die Bedeutung der liturgischen Elemente, ihre innere Struktur und ihre Einbindung in Teile oder ins Ganze einer Liturgiefeier sowie ihre Wirkung und ihren Gebrauch in und durch die Liturgie. Eine liturgiewissenschaftlich sinnvolle Annäherung an Quellen des Gottesdienstes kann sehr unterschiedlichen Fragestellungen folgen. Diese bestimmen die jeweilige Methodik und das konkrete Vorgehen. Doch einige Schritte sind unverzichtbar, wenn man sich mit Liturgien der Gegenwart und der Geschichte beschäftigt. Anhand einiger Elemente aus der Taufliturgie werden sie im Folgenden erläutert.

Erste Annäherung an die Quelle

Eine Interpretation der genannten Elemente muss verschiedene Fragestellungen bearbeiten. In jedem Fall geht es bei einem Text gleich welcher Sorte zunächst um eine adäquate, philologischen Standards folgende Untersuchung der Quelle als solcher. Bei einem liturgischen Text, gleichgültig, ob es sich um Liturgien der Geschichte oder der Gegenwart handelt, stehen am Anfang die Übersetzung bzw. die Analyse der muttersprachlichen Sprachgestalt und die Bestimmung des literarischen Genus. Sprache ist in der Liturgie keine Äußerlichkeit, sondern eines der wesentlichen Kommunikationsmittel. Immer ist die sprachliche Form auch auf ihre Sinnbedeutung hin zu befragen. Die Übersetzung bzw. sorgfältige Untersuchung der Sprachgestalt macht auf diese sprachlichen Züge aufmerksam (vgl. Kap. 5.3). Bei einer Zeichenhandlung wird man sich entsprechend um eine genaue Beschreibung bemühen, um sie wirklich erfassen zu können. Zudem ist die Bedeutung der Quelle kritisch einzuschätzen: Wer steht hinter dieser Quelle? Wer ist, soweit dies bei liturgischen Texten überhaupt zu eruieren ist, ihr Verfasser? Welche Funktion hat sie? An wen wendet sie sich und von wem wird sie gebraucht? Gerade im Umgang mit Liturgica ist Quellenkritik notwendig. So ist die Quellensorte zu klären: Handelt es sich um ein liturgisches Buch im Sinne einer Zusammenstellung liturgischer Texte und notwendiger Handlungsabläufe wie beispielsweise in einem Taufrituale? Dient das Buch wie ein Liber ordinarius der Beschreibung liturgischer Handlungsabläufe? Will die Schrift, wie der Name „Kirchenordnung" schon andeutet, kirchliches Leben ordnen und eine Idealliturgie beschreiben? Nicht nur für historische Quellen wird nach deren Rezeption zu fragen sein. Gerade Liturgica tradieren (auch) Traditionsbestände, die möglicherweise für die liturgische Praxis ohne Bedeutung (gewesen) sind. Der kritische Umgang mit der Quelle schützt also möglicherweise vor Fehleinschätzungen der tatsächlichen liturgischen Praxis.

Je nach Fragestellung interessiert die Geschichte von Text und Zeichenhandlung. Gerade liturgische Texte können, da sie in einen fortwährenden Traditionsprozess eingebunden sind, als „lebendige Literatur" bezeichnet werden. Für die Geschichte, vor allem die Genese von Text und Handlung, ist nach Entstehungsort und -zeit sowie nach der ursprünglichen Gebrauchssituation zu fragen. Die katholische Kindertaufliturgie der Gegenwart kennt mit der Stirnsignierung des Säuglings, mit Litanei und Fürbitte, dem Gebet um Befreiung (Exorzismus) und der Salbung mit Katechumenenöl Texte und rituelle Handlungen, deren Genese, Funktion und gegenwärtige Bedeutung man wissenschaftlich erst richtig erschließt, wenn man ihre Geschichte kennt. Ihr ursprünglicher Ort ist der Katechumenat der Erwachseneninitiation. Als sich aus deren Ritus die Säuglingstaufe entwickelte, blieben die genannten Elemente erhalten. Kennt man diesen Hintergrund, kann man diese Sprachhandlungen heute als katechumenal interpretieren. Damit gelangt eine für die christliche Initiation unverzichtbare Dimension ins Blickfeld.

> Geschichte der liturgischen Sprachhandlung

Zu fragen ist also nach möglichen Entwicklungen und Funktionsveränderungen der Texte und Handlungen, weil sie erklären können, warum ein Text oder ein Zeichen an dieser und jener Stelle verwendet wird, und weil eine solche diachrone Betrachtung das Verständnis erleichtert. Aber auch der kultur- und theologiegeschichtliche Hintergrund der Texte und Handlungen ist zu untersuchen. So trägt die Kenntnis theologiegeschichtlicher Diskussionen zum Verständnis christologischer oder pneumatologischer Aussagen in liturgischen Texten bei. Bei den genannten Taufriten ist das Wissen um die religions- und theologiegeschichtliche Bedeutung von Exorzismen hilfreich, um deren Funktion, Entwicklung und ihre Veränderung in der Moderne verstehen zu können. Grundsätzlich ist in der Liturgie damit zu rechnen, dass Elemente aus der Glaubenstradition in späterer Zeit unter anderen sozialen, kulturellen und geistlichen Voraussetzungen praktiziert, also in anderer Glaubenssituation neu rezipiert werden.

Die Einbindung des Textes in die größere rituelle Einheit oder das Gesamtritual ist zu untersuchen. Es ist also nach den Faktoren zu fragen, die über die Verbalität hinaus die Performanz der Liturgie bestimmen. Wer spricht, wer hört den Text? Von welchen Gesten wird er begleitet? Welche Körperhaltungen (Sitzen, Knien, Stehen) werden eingenommen? An welchem Ort im Raum wird die Sprachhandlung vollzogen? Die genannten Vollzüge der Taufliturgie kennen mehrere Sprechende und Handelnde. Neben dem Priester oder Diakon sind Eltern und Paten und die übrigen Gemeindemitglieder beteiligt. Aufnahme in die Gemeinde und Eintritt in die Kirche wird im Handeln der Gemeindemitglieder vollzogen, die hier als Angehörige der „Gemeinschaft der Heiligen" partizipieren. Zum gesprochenen Text hinzu treten expressive Zeichenhandlungen. Sie sind für die Interpretation unverzichtbar, denn sie tragen zum Handlungsgeschehen der Liturgie bei. Die

> Die einzelne Sprachhandlung als Teil des Gesamtrituals

Liturgie realisiert, was sie zuspricht. Durch die Signation mit dem Kreuzzeichen wird die Zueignung des Täuflings an Christus vollzogen. Die Handausstreckung zum Gebet um Befreiung symbolisiert die Segens- und Schutzfunktion, die für den Täufling von Gott gegenüber dem Bösen erbeten wird. In der Ölsalbung wird die Stärkung mit der Kraft Christi, von der das Gebet spricht, in einer Zeichenhandlung erfahrbar. Dass dieser Abschnitt der Liturgie noch nicht am Taufort stattfindet, unterstreicht seinen katechumenalen Charakter. Ihm kommt im Gesamtritual die Funktion der Vorbereitung auf das eigentliche Taufgeschehen zu. Im größeren liturgischen Kontext lassen sich dann auch die Charakteristika der verschiedenen Salbungen innerhalb der Taufe erklären.

Die liturgische Sprachhandlung im außerliturgischen Umfeld

Mitgeprägt wird Liturgie durch das gesellschaftliche und kirchliche Umfeld. Sozial- und Mentalitätsgeschichte, Religions- und Frömmigkeitsgeschichte, gesellschaftliche und pastorale Realitäten der Gegenwart haben Einfluss darauf, wie Liturgie gefeiert wird. In welchem kulturellen Umfeld hat beispielsweise die Säuglingstaufe ihren Platz? In einer durch Volkskirchlichkeit geprägten Gesellschaft ist die Taufe Unmündiger selbstverständlich; unterstützende kirchliche Milieus erleichtern die Eingliederung des Neugetauften. In einer säkularisierten oder stark durch Konfessionslosigkeit bestimmten Gesellschaft verliert die Säuglingstaufe möglicherweise zugunsten der Erwachsenentaufe an Normalität. In einer Gesellschaft, in der religiöse Traditionen präsent sind, können überkommene liturgische Formulare mit eigener Sprach- und Bilderwelt möglicherweise leichter mitvollzogen werden als dort, wo eine Vertrautheit mit solchen Traditionen nicht mehr gegeben ist. Sowohl für die Geschichte als auch für die Gegenwart sind für die Untersuchung von Liturgien solche Voraussetzungen mitzubedenken.

Das gilt auch für die Bedingungen hinsichtlich Theologie und Frömmigkeit, unter denen die Liturgiefeier steht. Die Neuentdeckung der Erwachseneninitiation im späten 20. Jahrhundert, angestoßen unter anderem durch das II. Vatikanum, warf ein neues Licht auf den gesamten Bereich der Initiation. Sehr unterschiedliche Formen der einen Taufe (Säuglingstaufe, Eingliederung von Kindern im Schulalter, Erwachseneninitiation) werden nebeneinander praktiziert und beeinflussen sich auch wechselseitig in ihrer Praxis. Andererseits können durch Veränderungen von Theologie und Frömmigkeit Riten obsolet werden. Einzelne Elemente können – mit Konsequenzen für die Liturgiefeier – von den Mitfeiernden als problematisch oder inakzeptabel empfunden werden, etwa der alte Taufexorzismus, das Gebet um Befreiung vom Bösen in der Kindertaufe. Um solche Faktoren, welche die Liturgie und ihre Mitfeier wesentlich prägen, erfassen zu können, ist also das Umfeld zu beschreiben, in dem diese Liturgie gefeiert wird und das die Kommunikationssituation wesentlich mitbestimmt.

Die liturgietheologische Bedeutung der Sprachhandlung

In einem weiteren Schritt ist nach der Bedeutung des Textes zu fragen. Die Struktur des Textes, Begrifflichkeit, Grammatik, Stilistik, Rhetorik usw. sind zu beachten. Bei einer biblischen Lesung (Perikope), einer Antiphon, einem Hymnus oder einer Oration wird man sehr unterschiedliche Strukturen beobachten können, die aber für den Sinn des jeweiligen Textes von Bedeutung sind.

Am Beispiel des Gebetes um Befreiung vom Bösen aus der Taufliturgie sei das verdeutlicht. Einer der Auswahltexte lautet:

„Zel.: Herr, allmächtiger Gott, du hast deinen eingeborenen Sohn gesandt und durch ihn den Menschen, die in der Sünde gefangen waren, die Freiheit der Kinder Gottes geschenkt.
Wir bitten dich für diese Kinder. Du weißt, daß sie in dieser Welt der Verführung ausgesetzt sein werden und gegen die Nachstellungen des Teufels kämpfen müssen. Entreiße sie durch die Kraft des Leidens und der Auferstehung deines Sohnes der Macht der Finsternis. Stärke sie mit deiner Gnade und behüte sie allezeit auf dem Weg ihres Lebens durch Christus, unseren Herrn.
Alle: Amen" (Feier der Kindertaufe/48: Nr. 19A).

Der Text weist eine klare Struktur auf. Er beginnt mit einer Prädikation, die an das Handeln Gottes in der Heilsgeschichte erinnert. Ihr folgt eine ausführliche Bitte, die durch Christus an Gott gerichtet wird. Das Gebet schließt mit einer formelhaften Akklamation der Gemeinde. Das Tempus der Prädikation ist das Perfekt – Vergangenheitsform, während in der Bitte als Tempora Präsens und Futur verwendet werden. Das Gebet spielt also verschiedene sprachliche Zeitebenen und auf diesem Wege zugleich Zeitebenen der Heilsgeschichte ein: Handeln Gottes in Vergangenheit, Gegenwart und Zukunft. Weder die Abfolge der Strukturelemente – zuerst Lobpreis und Dank, dann Bitte – noch die Verwendung der Zeitformen ist belanglos. Über die verschiedenen Sprachmittel artikuliert sich ein Glaubensgeschehen. Der zweite Teil des Gebets wird deutlich mit der Einleitung „Wir bitten dich" markiert. Die drei Bitten sind sprachlich parallel formuliert und bilden inhaltlich eine Klimax. Verschiedene Sprachebenen sind zu erkennen, die das Glaubensgeschehen anzeigen: Das Gebet richtet der Zelebrant an Gott, aber die Gemeinde muss dem in der Schlussakklamation zustimmen; es handelt sich um ein Gebet der Gemeinde („Wir"-Form). Die Formulierung „durch Christus" weist Christus als den Mittler des Gebets aus. Zugleich wird das Gebet für andere, hier die unmündigen Kinder, gesprochen. Handelndes Subjekt ist Gott, den man bittet, durch Christus den in der Sünde befangenen Menschen zur Freiheit zu führen. Das Gebet ist Ausdruck der Begleitung des Menschen durch die Kirche.

Es gibt kaum Beschreibungen der Methodik und der Arbeitsweise der Liturgiewissenschaft. Lesenswert für die wissenschaftliche und aszetische Erschließung von Messformularen sind immer noch die Hinweise von Wintersig/206. Einen Überblick über neuere englischsprachige, italienische und deutsche wissenschaftliche Ansätze bietet neben eigenen, an Beispielen demonstrierten Überlegungen De Zan/132. Hinweise zu wichtigen Quellensorten und ihrer Einschätzung hat Meßner/33: 35–54 zusammengestellt.

3. Geschichtliche Skizze zur römischen Liturgie

3.1 Liturgiegeschichte als zentrale Aufgabe der Liturgiewissenschaft

Im vorangehenden Kapitel wurden die Wurzeln der Liturgiewissenschaft in der Historie dargelegt. Indirekt kamen dabei die Probleme zur Sprache, die beim Versuch eines liturgiehistorischen Abrisses entstehen. Diese gründen darin, dass es *„die* Liturgie" nicht gibt. Es gibt vielmehr eine Vielzahl von Feier-Formen und Institutionen innerhalb unterschiedlicher ekklesialer und lokalkirchlicher Traditionen. Der Versuch einer systematischen Betrachtungsweise stößt schnell an seine Grenzen. Historisch-kritische Betrachtung, welche die einzelnen Entstehungsschichten einer Liturgie rekonstruiert, kann – wenn man sie verabsolutiert – den Eindruck hervorrufen, es handele sich bei der gewachsenen römischen Liturgie um einen „Trümmerhaufen". Im Falle des Canon Romanus, des Eucharistiegebets, hat man dies explizit behauptet – zu Unrecht, wie man heute weiß (Schmitz/297). Eine solche Betrachtungsweise krankt stets an einer Reduktion der anzulegenden Parameter, die erst in ihrer gegenseitigen Ergänzung dem Gegenstand gerecht werden: Liturgie erschöpft sich nicht in der Gestalt der darin verwendeten Worte; sie lebt vielmehr im Kontext der Feier, die ihrerseits eingebettet ist in einen kulturellen Gesamtzusammenhang. Daher sind Zeugnisse der Mentalitäts- und Frömmigkeitsgeschichte (Lurz/276) wesentliche Quellen heutiger Liturgiegeschichtsschreibung.

Wohl kaum eine Zeit war so sehr um Geschichte bemüht wie die gegenwärtige. Mit großem Aufwand feiert man alle nur erdenklichen runden Jubiläen. Die Quantität dabei geht oft auf Kosten der Qualität. Diese dem Historismus des 19. Jahrhunderts vergleichbare „postmoderne" Tendenz entspringt wohl der Tatsache, dass die derzeitigen naturwissenschaftlichen Umwälzungen radikal in Frage stellen, was die Identität der historisch fassbaren Größen von Individuum und Gesellschaft ausmacht. Diese Art von Umgang mit der Vergangenheit hat freilich etwas Beliebiges an sich. Man schätzt das Alte, nur weil es alt ist, und macht sich kaum die Mühe, es in seinem eigentlichen Kontext verstehen zu wollen.

Die gegenwärtige Hochschätzung des Alten erweist sich weitgehend als eine Reaktion auf die Geringschätzung alles Traditionellen in der Nachkriegszeit. In dieser Zeit distanzierte man sich bewusst von der Vergangenheit, und zwar auf allen Ebenen des Lebens. In Deutschland mag die Verdrängung der jüngsten Vergangenheit in der Zeit des Wiederaufbaus für diese Entwicklung mitverantwortlich gewesen sein; erst äußere Umstände bremsten im Laufe der siebziger Jahre diese Tendenz.

Zeitgeschichtlich fiel die Liturgiereform im Anschluss an das Zweite Vatikanische Konzil mit dieser „zweiten Aufklärung" zusammen. Mit 200-jähriger Verspätung übernahm die katholische Kirche erstmals einige Positionen der europäischen Aufklärung, dies ausgerechnet zu einem Zeitpunkt, als Aufklärung an sich ins Zwielicht geriet (Salmann/294: 100 f.). Papst Johannes XXIII. hatte mit seinem Leitwort „aggiornamento", das man mit Offenheit der Kirche gegenüber der Welt im Sinne einer neuen Inkulturation übersetzen könnte, einen freilich oft missverstandenen, aber doch entscheidenden Impuls gegeben. Eines der Missverständnisse war die in dieser Zeit verbreitete Ansicht, die Kirche könne und solle sich, völlig unabhängig von ihrer Vergangenheit, neu orientieren. Geschichte wurde als ein Ballast angesehen, den es abzuschütteln galt. Die Beschäftigung mit der Geschichte wurde in dieser Zeit mitunter damit legitimiert, dass sie eine Art Negativfolie darstelle, vor der man die neue Kirche bzw. die neue Liturgie zu entwerfen habe. Dabei legte man nicht selten eine Verfallshypothese zugrunde, nach der auf das „goldene Zeitalter" der Patristik das „finstere Mittelalter" folgte, bis hin zur „starren Einheitsliturgie" in der Zeit zwischen Trient und II. Vatikanum. Diese liturgiehistorische Betrachtungsweise wird heute radikal in Frage gestellt (Angenendt/115). Die Liturgiereform des Zweiten Vatikanischen Konzils ging gegenüber solch extremen Positionen von der Prämisse aus, dass die Liturgie „einen kraft göttlicher Einsetzung unveränderlichen Teil und Teile, die dem Wandel unterworfen sind" (SC 21) enthält.

Über vier Jahrzehnte nach der Verabschiedung der Liturgiekonstitution wird man sicher einige Tendenzen der Liturgiereform als Tribut an den damals herrschenden Zeitgeist hinterfragen müssen (vgl. Monographien zum 25-jährigen und 40-jährigen Jubiläum der Konstitution: Gottesdienst/244; 40 Jahre Liturgiekonstitution/251; Liturgiereform/272; Zukunft der Liturgie/307; Gottesdienst in Zeitgenossenschaft/245). Man bewegt sich vielfach zwischen zwei Extremen: auf der einen Seite die rationalistische Ablehnung der geschichtlich gewordenen Gestalt der Liturgie, auf der anderen die mehr oder weniger emotional bestimmte, von konservativen Kreisen oft vehement betriebene nostalgische Beschwörung eines Liturgie-Ideals, das es in Wirklichkeit nie gegeben hat (Odenthal/285). Gegenüber diesen extremen Positionen muss die Liturgiewissenschaft zünftige Liturgiegeschichte betreiben (Liturgiereformen/167). Nur aufgrund von gewissenhaft aufgearbeiteter Historie und ihrer sachgerechten Deutung kann eine Antwort auf die Frage versucht werden, wo die Grenze zwischen dem Unaufgebbaren und dem Wandelbaren in der Liturgie verläuft.

Geschichtlichkeit ist in Bezug auf den christlichen Gottesdienst keine sekundäre Kategorie. Vielmehr ist sie ein Wesenszug, der mit dem Wort „anamnesis" (lat. memoria – Gedächtnis, Erinnerung) zu umschreiben ist. Dies ist zunächst ein religionsgeschichtlich konstantes Phänomen des Kultischen. Riten haben die Aufgabe, Markierungspunkte im Leben des Einzelnen und der Gemeinschaft zu setzen. Sie vergegenwärtigen zentrale Ereignisse mythologischer oder stammesgeschichtlicher Art, die konstitutiv für die Gemeinschaft sind. Im Unterschied zu anderen Religionen bezieht sich die Offenbarungsreligion der Bibel aber nicht primär auf mythische, also vor- oder außerzeitliche Geschehnisse, sondern auf die konkrete, irreversible Geschichte Gottes mit den Menschen. Nach dem christlichen Verständnis ist diese Geschichte in der Person und dem Lebenswerk Jesu Christi zu ihrem unüberbietbaren und definitiven Kulminationspunkt gelangt. Die Begeg-

Geschichtlichkeit als wesentliche Dimension des christlichen Gottesdienstes

nung mit dem gekreuzigten und auferstandenen Herrn bildet die Mitte jeder kultischen Vergegenwärtigung durch die Kirche. Die Art und Weise, wie die Liturgie diese Vergegenwärtigung bewirkt, ist bereits im alttestamentlichen Judentum, vor allem in der Festtradition des Pesach, vorgebildet (Leonhard/271). In der Feier der Liturgie wird nicht einfach ein Gedächtnis äußerer Art gehalten; vielmehr gehen die Mitfeiernden in die Geschichte ein, sie werden „Zeitgenossen Gottes". Im Unterschied zur mythologisch bestimmten Religion ist christliche Liturgie kein völliges Abstrahieren von der Gegenwart. Da Gott selbst in die Menschheitsgeschichte eingetreten ist, selbst Geschichte gemacht hat, ist er mit seinem Heilsangebot jederzeit gegenwärtig. Das eröffnet der Glaubensgemeinschaft ein Hoffnungspotential auf eine Zukunft mit Gott. Die Liturgie der Kirche hat die Aufgabe, Gegenwart, vergegenwärtigte Vergangenheit und erwartete Zukunft miteinander in Beziehung zu setzen. Geschichtlichkeit ist zweifellos eine Wesensdimension christlichen Gottesdienstes, was zu seiner kosmischen Einbindung nicht im Widerspruch steht (Gerhards/242).

Kirche und Kultur   Die Kirche fand in der Geschichte ihrer Ausbreitung nirgends einen kulturfreien Raum vor, den sie völlig unabhängig hätte füllen können. Vielmehr war sie mit entwickelten Kulturen konfrontiert, die ihrerseits religiöse Systeme mit entsprechenden rituellen Vollzügen entfaltet hatten. Die erste Begegnung, diejenige mit der hellenistischen Kultur, fiel zeitlich mit der Absetzung vom jüdischen Wurzelboden zusammen. Hier fand nun der erste, schon in der Bibel nachvollziehbare Verschmelzungsprozess statt. Es sollte nicht der letzte sein. Auch in späterer Zeit, etwa bei der Mission des fränkisch-germanischen Raums, blieb die christliche Religion kein unverändertes Importgut. Sie verband sich vielmehr mit bodenständigen Formen von Kultur und Religion, was zu neuen Ausdrucksformen des Religiösen führte. Dieses Prinzip hat sich im Laufe der Kirchengeschichte freilich nicht immer durchgehalten. Häufig ging die Christianisierung in späterer Zeit mit einer Zerstörung der bodenständigen Kulturen einher. Erst im Lauf des 20. Jahrhunderts begann ein Umdenken.

Adaption, Akkomodation, Inkulturation   Die verschiedenen Stadien bzw. Weisen der Annäherung und Verschmelzung sollen im Folgenden begrifflich geklärt werden (Collet/219).

Unter *Adaption* versteht man die Übernahme bodenständiger Elemente (z. B. Fruchtbarkeitsrituale), wobei sie umgedeutet und in das Syntagma der christlichen Liturgie integriert werden. Dazu gehören z. B. Flurprozessionen antik-paganer Provenienz oder Segnungen aus der Religiosität der Völker nördlich der Alpen. *Akkomodation* meint eine eher äußere Anpassung der christlichen Liturgie an das Verständnis der jeweiligen Bevölkerung, etwa die Angleichung liturgischer Gewänder an kulturelle Traditionen Afrikas oder Asiens. *Inkulturation* schließlich meint eine neue Weise der Verschmelzung, die als das eigentlich erstrebenswerte Ergebnis der Begegnung zweier gleichwertiger Partner zu verstehen ist. Dies bedeutet einen tieferen Eingriff in die Substanz von Texten, Riten und Symbolen, bis hin zur Diskussion über die Anpassung der Materie der eucharistischen Gestalten an die kulturellen Gegebenheiten (Chupungco/217 u. 218).

Inkulturation als beständiger Auftrag   Das Christentum westlicher Prägung gilt nur in Europa als wirklich inkulturiert. In Bezug auf die römisch-katholische Kirche eröffnete erst das Zweite Vatikanische Konzil die Möglichkeit, alle bodenständigen authentischen

Ausdrucksformen (Symbole, Gesten, Tanz, Musik und Gesang) einzubeziehen. Man darf diesen Prozess aber nicht als einmal geschehen und als für alle Zeiten abgeschlossen betrachten. Vielmehr ist Inkulturation eine beständige Aufgabe der ganzen Kirche an allen Orten, da der Transfer des christlichen Erbes jeweils neu zu geschehen hat und da sich infolge der Globalisierung jede Kultur in einem sich ständig beschleunigenden Wandlungsprozess befindet (Meyer/280; Liturgy in a Postmodern World/273). Der Auftrag der Inkulturation liegt im Wesen des Christentums selbst begründet, das in der Welt, aber nicht von der Welt ist. Die damit verbundene Spannung wurde oft zur einen oder anderen Seite aufgelöst: Weltflucht und Angleichung, Gettoisierung und synkretistische Nivellierung stellen stete Versuchungen der Kirche dar. Der folgende Überblick will zeigen, auf welche Weise die Liturgie zu verschiedenen Zeiten ihre Identität im Wandel gesucht hat. Er kann sich nur mit dem römischen Ritus befassen, blendet also andere Liturgiefamilien vor allem des Ostens weitestgehend aus. Auch für den römischen Westen können im Folgenden nur einige wesentliche Stationen der Liturgiegeschichte skizziert werden. Einen Überblick ermöglichen einige neuere Monographien (Wegman/304; Metzger/279), verschiedene weiter ausholende Beiträge in Lexika und Handbüchern sowie ein Kompendium, das die Liturgiegeschichte des Westens unter dem Aspekt von Liturgiereformen behandelt (Liturgiereformen/167).

3.2 Jüdische Liturgie und urchristlicher Gottesdienst

3.2.1 Jüdischer Gottesdienst im Umfeld Jesu

Über den christlichen Gottesdienst kann man nicht sprechen ohne Bezugnahme auf den alttestamentlichen und jüdischen Gottesdienst (Jüdische Liturgie/252; Trepp/300; Wick/305; Identität durch Gebet/444; Dialog oder Monolog/222; Kontinuität und Unterbrechung/264). Kontinuität und Diskontinuität prägen das Verhältnis Jesu und der frühen Kirche gegenüber dem jüdischen Gottesdienst. Zunächst ist kurz zu skizzieren, worin die Grundelemente des jüdischen Gottesdienstes bestanden.

Der Gottesdienst zur Zeit Jesu kennt drei verschiedene Orte mit unterschiedlichen Kulthandlungen. An erster Stelle ist der Tempel mit dem durch die Priester vollzogenen Opferkult zu nennen. Es gab verschiedene Entwicklungslinien und Vorstufen, auf die hier nicht eingegangen werden kann. Mit der Wiedererrichtung des Tempels in nachexilischer Zeit hat sich die priesterschriftliche Auffassung durchsetzen können, nach welcher der Opferkult vor allem Sühneritual ist. Dieses Sühneritual gipfelt in der jährlichen Feier des großen Versöhnungstages (vgl. Lev 16).

Eine zweite Stätte jüdischen Gottesdienstes zur Zeit Jesu bildet die Synagoge. Erste Synagogen entstanden infolge der Zentralisierung des Kultes in Jerusalem. Die Synagogen dienen vor allem der gottesdienstlichen Zusammenkunft am Sabbat mit Verlesung des Gesetzes, Bekenntnis zu dem einen Gott und gemeinsamem Gebet. Von den Pharisäern wird die Synagoge dem Tempel und seinem Kult zugeordnet. Dies geschieht durch den strengen Ritualismus, wie er in Sabbatvorschriften und Reinheitsgeboten

Elemente des jüdischen Gottesdienstes

zum Ausdruck kommt. Jesus setzt sich mit dieser legalistischen Auffassung auseinander.

Der dritte und wichtigste „Kultort" der jüdischen Religion ist die Familie, der private häusliche Bereich. Das persönliche und familiäre Gebet prägt das ganze Leben: den Tagesablauf (dreimaliges Beten am Morgen, am Mittag und am Abend) und das gemeinsame Mahl, welches durch das Gebet des Hausvaters einen rituellen Charakter erhält. Besonders rituell ausgeprägt sind Sabbat- und Paschamahl.

Der häusliche Bereich steht nicht isoliert von den übrigen Orten des Kultes: Sabbatmahl und Paschamahl sind mit Synagoge bzw. Tempel verbunden. So spielt in der Chronologie der Passion Jesu der Zeitpunkt des Schlachtens der Paschalämmer im Tempel eine große Rolle (Joh 19,14).

Jesu Verhältnis zum jüdischen Kult: Kontinuität ...

Jesus verhält sich gegenüber dem Gottesdienst seiner Zeit zunächst als ein gläubiges Mitglied des Volkes Israel. Deutlich konturieren die Kindheitsgeschichten seine Herkunft. An Jesus vollzieht sich genau das, was vom Gesetz her vorgeschrieben ist: die Beschneidung (Lk 2,21) und die Darstellung im Tempel (Lk 2,22–24). Auch im späteren Verhalten Jesu finden sich zunächst Elemente der Kontinuität. So berichtet das Johannes-Evangelium viermal davon, dass er zum Tempel hinaufzieht. Die Wallfahrt nach Jerusalem spielt, angefangen von der Kindheitsgeschichte bis zur Passion, eine entscheidende Rolle im Leben Jesu.

Einen hohen Stellenwert nimmt für Jesus der Synagogen-Gottesdienst ein. Er nimmt nicht nur daran teil, er nimmt auch das Recht des jüdischen Mannes in Anspruch, aus der Schrift zu lesen und sie zu deuten (Mk 1,21; 1,39; 6,2; Mt 9,35; Lk 4,15; Joh 6,59). Allerdings ist hier bereits der Ansatz zur Kritik und zur Abwendung von den herkömmlichen jüdischen Kultgebräuchen und der traditionellen Schriftauslegung zu erkennen (Lk 4,28 f.).

Auch im privaten Bereich scheint Jesus sich weitgehend auf der Linie der jüdischen Tradition zu befinden. Freilich ordnet er bestimmte Übungen, wie Almosengeben, Beten und Fasten, in die Gottesbeziehung ein. Wo diese Übungen der Selbstgerechtigkeit dienen, kritisiert er sie radikal (Mt 6,2 f.).

... und Neuansatz

Gerade vor dem Hintergrund dieser primären Kontinuität werden der Neuansatz und die Radikalität der Veränderung einiger Elemente deutlich. Die Radikalität des Neuen liegt letztlich im Anspruch Jesu begründet, dass sich in ihm die Verheißungen des Alten Bundes erfüllen, dass mit ihm die Gottesherrschaft angebrochen ist. Damit fallen bestimmte religionsgeschichtliche Rahmenbedingungen fort. An erster Stelle ist die radikale Trennung von Rein und Unrein in der jüdischen Religion zu nennen. Die Forderung „Ihr sollt heilig sein, denn ich bin heilig" (Lev 11,45) wurde nach jüdischem Verständnis durch Opfer und die Erfüllung bestimmter Vorschriften gewährleistet. Sie war an priesterliches Wirken gebunden und gipfelte im großen Versöhnungsfest. Jesus setzt diese Unterscheidung außer Kraft (Mk 7,1). Damit ist der für die Antike allgemein gültige Trennungsstrich zwischen dem Sakralen und dem Profanen grundsätzlich aufgehoben. Dies kommt in den Wundererzählungen zum Ausdruck, wenn Jesus nicht nur Krankheiten heilt, sondern auch Sünden vergibt. Dementsprechend setzt er sich über die Kultgesetze, wie z.B. die Einhaltung des Sabbats, hinweg. Er ist „Herr auch über den Sabbat" (Mk 2,28).

In besonderer Weise äußert sich die Haltung Jesu zum Gottesdienst in seinem Verhältnis zum Tempel. Das Wort von Zerstörung und Wiederaufbau des
Tempels weist auf die Spiritualisierung der Tempelidee hin. Die von allen
Evangelisten geschilderte Austreibung der Händler aus dem Tempel ist als Zeichenhandlung zu deuten: In der eschatologischen Erfüllungszeit soll der Tempel nur noch Stätte der Anbetung sein. Auf derselben Linie zu sehen ist das prophetische Wort von der Zerstörung des Tempels sowie die Schilderung vom
Zerreißen des Vorhangs in der Todesstunde Jesu (Mk 15,38). Mit dem Selbst-
opfer Jesu sind alle stellvertretenden Opfer überholt, ist ein für alle Mal Sühne
geleistet, die durch Glauben wirksam wird (Röm 3,25). Der „Kult" ist nun
nicht mehr an einen bestimmten Ort gebunden, sondern ereignet sich stets
dort, wo zwei oder drei in seinem Namen versammelt sind (vgl. Mt 18,20).

Jesu Verhältnis zum Tempel

Aus dem bisher Gesagten lassen sich einige Ansätze frühchristlichen Gottesdienstes erkennen. In erster Linie ist wohl das Vaterunser zu nennen (Mt
6,9–13), das, wenn es auch vom Inhalt her ein ganz und gar jüdisches Gebet
ist, gleichwohl die Bitte um das kommende Reich zum vordringlichen Anliegen christlichen Betens macht (Müller/448). Dieser eschatologische Zug
kann als Charakteristikum der frühen Kirche insgesamt angesehen werden. Er
kommt vor allem in der frühchristlichen Mahlfeier zum Ausdruck, die in dieser Perspektive als die liturgische Neustiftung Jesu zu betrachten ist. Dennoch
stellt die Eucharistiefeier der Kirche keine „Wiederholung" des Letzten
Abendmahls dar, dessen exakten rituellen Verlauf wir nicht kennen. Für das
theologische Verständnis der christlichen Eucharistie sind auch die anderen
Mähler Jesu heranzuziehen: das Mahl mit Zöllnern und Sündern sowie die
wunderbaren Speisungen. Letztere tragen mit dem Dankgebet und dem Ritus
der Austeilung eindeutig liturgische Züge (Mk 6,39). Danach entlässt Jesus
die Menge und erweist sich damit als Gastgeber. Jesus schenkt Gemeinschaft,
wobei die begrenzte Dauer der irdischen Feier ein Hinweis auf die einst
geschenkte unbegrenzte Mahlgemeinschaft im kommenden Reich ist.

Frühchristlicher Gottesdienst

3.2.2 Die Anfänge des christlichen Gottesdienstes

Das Verhältnis von jüdischer und christlicher Liturgie lässt sich nicht auf
eine einfache Formel bringen. Generell ist davon auszugehen, dass jüdische
wie christliche Liturgie in den überlieferten Gestalten Neukonstruktionen
darstellen, die – teils voneinander unabhängig, teils in gegenseitiger Beein-
flussung oder in negativer Abgrenzung – aus älterem Material geschaffen
wurden. Zur Diskussion stehen das Paradigma der Antithese, das Mutter-
Tochter-Modell sowie das der „Zwillingsbrüder" (Gerhards/236; Dialog
oder Monolog/222). Die neuere Forschung tendiert zum dritten Modell,
dem „Jakob-Esau-Paradigma", wobei auch dieses keineswegs unwidersprochen ist. Es hat aber den Vorzug, unter dem grundsätzlichen Gesichtspunkt
des Gemeinsamen die Ambivalenzen einbeziehen zu können. Das Verhältnis von jüdischer und christlicher Liturgie ist um vieles komplizierter als bisher angenommen. Zwar steht außer Frage, dass die meisten christlichen Traditionen jüdische Wurzeln haben. Doch ist oft ungewiss, welche jüdischen
Traditionen im Einzelnen die christliche Liturgie beeinflussten und wann
dies geschah. Ferner ist davon auszugehen, dass die liturgischen Formen des
Christentums und des rabbinischen Judentums sich ungefähr zur gleichen

Modelle für das Verhältnis zwischen jüdischer und christ-licher Liturgie

Zeit herausgebildet haben, und dies nicht selten auf der Grundlage gemeinsamer biblischer und nachbiblischer (jüdischer) Wurzeln. Zudem waren die überkommenen Formen und Formeln einem ständigen Entwicklungsprozess unterworfen, dessen Verlauf wechselseitige Reaktion und Interaktion impliziert haben kann. „Es ist zum Beispiel klar, dass in der Art und Weise, wie bestimmte christliche Gruppierungen eine ursprünglich jüdische Tradition gestaltet haben, eine antijüdische Tendenz spürbar wird. Andererseits aber kann man nicht ausschließen, dass manchmal auch das Umgekehrte der Fall gewesen ist. Es ist nicht ausgeschlossen, dass bestimmte jüdische rituelle Formen in Reaktion auf oder gegen bestimmte Entwicklungen im Christentum entstanden sind" (Rouwhorst/293: 44).

Grenzen der Gemeinsamkeit

Der selbstverständliche Umgang mit dem alttestamentlich-jüdischen Erbe lässt die Diskontinuität des christlichen Gottesdienstes gegenüber dem jüdischen leicht übersehen. Zunächst einmal setzen die Christen das fort, was sie als Juden gelernt haben: das fortwährende Lesen und Wiederlesen der Schrift. Diese wird nun jedoch christologisch interpretiert. Man erspürt in den Schriften des AT verborgene Hinweise, die parakletisch die Erfahrung mit Jesus von Nazareth deuten. Die gottesdienstliche Versammlung impliziert aber nicht ein Sichzurückziehen auf einen heiligen Bezirk; vielmehr ist im eschatologischen Verständnis der frühen Christen die ganze Welt geheiligt. Der Hebräerbrief reflektiert diese vollkommen neue Situation der Zeit nach Christus.

Vor allem im heidenchristlichen Bereich wird neben dem anamnetischen und parakletischen Charakter der katechetische Effekt des Wortgottesdienstes betont (vgl. 1 Kor 14). Dies leuchtet ein, wenn man bedenkt, dass der den Juden geläufige Traditionszusammenhang fehlt. Aber gleich, ob es sich um Juden- oder Heidenchristen handelt: Gemeinsam ist allen Christen die anamnetische Feier der Auferstehung Jesu am Sonntag beim Herrenmahl. Diese setzt die Begegnung mit Christus im Wort voraus (vgl. die Emmaus-Erzählung Lk 24,13–35), vermittelt aber eine Erfahrung, die das Wort allein nicht geben kann – die Erfahrung einer sakramentalen Begegnung.

Der regelmäßigen Teilnahme an den täglichen und sonntäglichen gottesdienstlichen Versammlungen geht die fundamentale „Erleuchtung" durch die Taufe voraus. (Erleuchtung, φωτισμός, ist die Bezeichnung der griechischen Kirche für dieses Sakrament.) Auch hier geschieht die sakramentale Handlung nicht ohne entsprechende vorherige Unterweisung; dies wird innerhalb der Apostelgeschichte in der Erzählung von der Taufe des Kämmerers deutlich (Apg 8,26–40). Die sakramentale Begegnung ist Höhe- und Wendepunkt zugleich. Ähnlich wie Christus in der Emmaus-Erzählung entschwindet, so entschwindet den Blicken des Neugetauften hier der Apostel.

Gottesdienstliche Formeln im NT

Das NT enthält eine Fülle von gottesdienstlichen Formeln. Es spricht wiederholt vom Singen der Psalmen, Hymnen und Oden (1 Kor 14,26; Eph 5,12; Kol 3,16). Man kann dies als Hinweis auf die charismatisch geprägte Grundstimmung der frühen Christen werten. Was die Gebete betrifft, so sind sie in dieser Zeit noch nicht wörtlich festgelegt, sondern entsprechen wohl der jeweiligen Herkunft der Betenden.

Spezifisch christliche Gebetsformen

Erst nach und nach entwickeln sich spezifisch christliche Gebetsformen, die sich von denen des Judentums zu unterscheiden beginnen. Was den Adressaten des Gebets betrifft, so behielten die Christen sicher weiterhin die jüdische Gebetsrichtung bei; aber man betet nun im Namen Jesu und durch Christus. Freilich finden wir im NT auch Hinweise auf Anrufungen Jesu, wobei die in der Geheimen Offenbarung bezeugte Anbetung des Lammes den neutestamentlichen Schlusspunkt einer Entwicklung markiert: Die zunächst ganz auf Gott gerichtete himmlische Liturgie wird zu einer Liturgie, die Gott und das Lamm feiert (Offb 4–5). Vor allem im Bereich des Hymnus entwickelt sich, wie die folgenden Jahrhunderte zeigen, eine besondere Christozentrik christlichen Betens.

3.2.3 Jüdischer und christlicher Gottesdienst

Von einer „Erbfolge" (Gerhards/236) von der jüdischen zur christlichen Liturgie kann also nicht die Rede sein. Die Zerstörung des Jerusalemer Tempels muss für die jüdischen Gemeinden als eine ähnlich einschneidende Erfahrung angesehen werden wie der Tod Jesu für die Jüngergemeinde. In beiden Fällen entstanden Neukonstruktionen, die freilich alte Institutionen aufgriffen. Hier gibt es Elemente der jüdischen Liturgie vor dem Jahre 70, mit denen spätere jüdische wie christliche Traditionen in Kontinuität stehen.

Das Verlesen Heiliger Schriften übernahm die Kirche von der Synagoge als Wesensbestandteil in ihre Gottesdienste. Die „graphai" sind zunächst – wie könnte es anders sein – die Schriften der hebräischen Bibel und der Septuaginta. Mit der Zeit kommen die apostolischen Briefe und die Evangelien hinzu. Niemals hat die Kirche auf die Schriften des ersten Testaments verzichtet, wenngleich sie ihnen regional und temporär einen sehr unterschiedlichen Stellenwert zumaß.

Heilige Schriften im Gottesdienst

Die biblischen Bücher sind Textgrundlage nicht nur der Lesungen, sondern auch der Gesänge. Dabei gab es wohl durch die Geschichte hindurch eine Dialektik zwischen Biblizismus und freier Dichtung. Die schon im NT anzutreffenden und in nachbiblischer Zeit stark zunehmenden Christuslieder, von denen auch der Pliniusbrief spricht, wurden immer wieder zurückgedrängt: in der Frühzeit in antignostischer Abwehr, in der Katholischen Reform aufgrund zentralistischer Bestrebungen. Alttestamentliche Texte, besonders die Psalmen, bilden nicht nur den Grundbestand der Stundenliturgie (die ja einmal das Gebet aller war im Sinne der jüdischen Gebetstradition!), sondern auch der wechselnden Gesänge bei der Messe, die rein zeitlich, insbesondere aber ästhetisch den akustischen Code der gesungenen Messe dominierten.

Im Zuge der Liturgiereform nach dem Zweiten Vatikanischen Konzil hat man die ursprüngliche inhaltliche und strukturelle Nähe des christlichen Betens zum jüdischen erkannt und bei der Reform wiederherzustellen versucht. Dies gilt insbesondere für das Herzstück liturgischen Betens, das eucharistische Hochgebet und dessen Parallelen und Derivate in praktisch allen sakramentlichen Feiern (Sakramente und Segnungen). Dabei besitzt die dreifache bzw. doppelte Struktur – Lobpreis/Dank und Bitte – weniger strukturelle als inhaltliche Relevanz. Dies veranschaulicht ein wichtiges Parallelgebet, die jüdische Birkat Ha-Mazon, das Dankgebet nach dem Mahl. Eine der zahlreichen Rezensionen lautet:

Parallelen jüdischen und christlichen Betens

Lob:	1. „Gepriesen bist du, o Herr, unser Gott, König des Alls, der du die ganze Welt mit Güte, mit Gnade und Barmherzigkeit nährst. Gepriesen bist du, o Herr, der du alle ernährst.
Dank:	2. Wir danken dir, o Herr, unser Gott, daß du uns auserwählt hast, ein gutes und schönes Land zu besitzen, den Bund, die Thora, Leben und Nahrung. Für alle diese Dinge danken wir dir und preisen deinen Namen ewiglich. Gepriesen bist du, o Herr, für das Land und für die Nahrung.
Bitte:	3. Übe Barmherzigkeit, o Herr, unser Gott, an deinem Volk Israel und an deiner Stadt Jerusalem, an deinem Tempel und an deiner Wohnung, an Zion, deinem Ruheort, und an dem großen und hohen Heiligtum, über dem dein Name ausgerufen ist.
	Mögest du das Königreich Davids in unseren Tagen wiederaufrichten und Jerusalem bald erbauen. Gepriesen bist du, o Herr, der du Jerusalem wieder erbauen wirst" (Talley/298: 99).

Im jüdischen (wie im christlichen) Beten geht es um Bundeserneuerung. Gottes Heilshandeln in der Geschichte wird preisend vergegenwärtigt (Gott ist es, der Nahrung schenkt), worauf die Bitte um Fortsetzung des göttlichen Engagements bis hin zur eschatologischen Vollendung (Tischgemeinschaft im Reich Gottes) folgt. In der Eucharistie nimmt ein besonderer Passus – Mahlbericht und Anamnese von Tod und Auferstehung Jesu – Bezug auf das Stiftungsereignis – ein literarischer Topos, der in alttestamentlichen und jüdischen Gebeten Vorläufer und Parallelen hat. Offen ist nach wie vor die Frage, ob und in welcher Weise die jüdische Festtradition des Pesach und die Feierform des Pesach- bzw. Sabbatmahls Einfluss auf die Gestalt der christlichen Eucharistiefeier nahmen. Möglicherweise gibt es auch Parallelen zur Toda, dem Bekenntnisopfermahl; doch hält sich die neuere Forschung in der Behauptung von Abhängigkeiten sehr zurück.

Parallele Zeichenhandlungen Die andere zentrale Zeichenhandlung, die Taufe, hat neben der Johannestaufe (Mt 3,13–17 parr) ein, wenn auch eher vages, Pendant im Tauchbad der Proselyten, wie es im Judentum praktiziert wird. Auch hier ist auf die andere Sinngebung durch die christliche Theologie seit Paulus hinzuweisen.

Letztlich finden wir nahezu alle Zeichenhandlungen der christlichen Liturgien in analoger Form im Judentum. Dies gilt für Salbungen und Handauflegung, für Besprengungen ebenso wie für die Symbolik des Lichtes, die – wiederum in christologischer Umdeutung – aus dem jüdischen Brauchtum in den christlichen Abendgottesdienst und von dort auch in die Osternachtfeier übernommen wurde.

Versammlung Die fundamentale Dimension christlichen Gottesdienstes aus jüdischer Wurzel ist die der Versammlung. Die Pfingsterzählung bringt dies klar zum Ausdruck. Zwar übernahm das Christentum die strenge Regelung einer Mindestzahl von zehn Männern (!) nicht, hielt aber stets – zumindest in der Theorie – an der Notwendigkeit der Versammlung fest. Hingewiesen sei auf die semantische Nähe der Bezeichnungen „Synagoge" und „Ekklesia": Beide leiten sich von griechischen Begriffen ab, die Wortfeldern für „sich versammeln" angehören.

Struktur des liturgischen Jahres Eine weitere bedeutende Parallele besteht in der Makrostruktur des liturgischen Jahres, wie es sich teilweise in Übernahme, teilweise in bewusster Abgrenzung vom Judentum entwickelt hat. Neben der durchlaufenden Sieben-Tage-Zählung und der Folge von Sabbat und Sonntag sei vor allem auf die Pesach-Oster-Tradition hingewiesen (Auf der Maur/213). Christliche Osterfeier ist ohne Bezug auf das Exodusgeschehen nicht denkbar; dieses prägt die christliche Kar- und Osterliturgie in all ihren Entwicklungsstufen. Freilich gilt auch hier: Christliche Tradition führt – wo sie lebendig ist – zu neuen Verschmelzungen und Synthesen, die den Zusammenhang mit dem Judentum mitunter fast unkenntlich machen.

3.2.4 Frühchristliche Liturgie im Zeugnis ausgewählter Quellen

Direkte liturgische Quellen der frühen Zeit sind selten; ein Bild dieser sehr komplexen Epoche der Liturgiegeschichte ist daher nur schwer zu gewinnen (vgl. als derzeit besten Überblick Meßner/278). Doch verbirgt sich in den Schriften der Kirchenväter und auch in außerchristlichen Dokumenten eine Reihe von Hinweisen. Ein solches Dokument stellt z.B. der Brief des Statthalters Plinius dar, den dieser im Jahr 112 an Kaiser Trajan richtete: „Sie (die gefangen genommenen Christen) versicherten mir, daß ihre Schuld oder Verfehlung allein darin bestand, daß sie regelmäßig [wörtlich: gewöhnlich] an einem bestimmten Tag vor dem Anbruch des Tages zusammenkamen. Sie sangen dann abwechselnd ein Lied zu Christus, ihrem Gott. … Danach gingen sie wieder auseinander; sie trafen sich wieder, um ein Mahl zu halten, ein normales unverdächtiges Mahl" (Jungmann/254: I, 23). Die kurze Notiz löste eine nie beendete Diskussion aus, welcher Art die beiden hier geschilderten Versammlungen sind: Handelt es sich um einen morgendlichen Wortgottesdienst und eine abendliche Eucharistiefeier oder um eine Eucharistiefeier am Morgen und eine Agape am Abend? Von Interesse ist das Zusammenkommen am Morgen und am Abend. Dies hängt einerseits sicher mit den soziokulturellen Rahmenbedingungen zusammen; doch andererseits enthält der Zeitansatz eine immanente Symbolik, die von den Christen entsprechend verwendet wurde. Dies ist auch erkennbar am „Phos hilaron", einem Lichthymnus aus der Zeit der Märtyrerkirche, der bis heute allabendlich in den Kirchen des Ostens erklingt:

Randnotiz: Zeitpunkt der Versammlung

„Licht, freundlich leuchtend aus heiliger Herrlichkeit des unsterblichen Vaters, des Himmlischen, Heiligen, Seligen: Du, Jesus Christus! / Wir kommen zur Stunde, da die Sonne untergeht, vor Augen das Licht, am Abend entzündet, singen wir Lob dem Vater und dem Sohn und Gottes Heiligem Geist. / Würdig bist Du, zu allen Zeiten besungen zu werden, mit frommen Stimmen, Gottes Sohn, Du gibst das Leben; deshalb verherrlicht dich das All."

Dem Lichthymnus liegt die Symbolik des Lichtes in zweifacher Hinsicht zugrunde: als das „natürliche" Licht der untergehenden Sonne und als das „künstliche" der bei Anbruch der Dunkelheit herein getragenen Lampe (Plank/288). Der hier zitierte Hymnus gehört zum täglichen Beten der Christen. Neben diesem täglichen Rhythmus hat sich schon von Anfang an ein zweiter entscheidender Rhythmus herausgebildet, die wöchentliche Feier des Erlösungsmysteriums in der Eucharistie.

Randnotiz: Lichtsymbolik

Fester Bestandteil ist die Eucharistiefeier bereits in der ältesten erhaltenen Kirchenordnung, der Didache, der „Lehre der Zwölf Apostel", datiert etwa auf das Jahr 100. Die Abfassungszeit entspricht also derjenigen der Spätschriften

Randnotiz: Didache: Mahlfeier ohne Einsetzungsbericht

des NT. In der Didache als Kirchenordnung (Didache/223) finden sich viele Bestimmungen zur Liturgie, angefangen von der Taufe über das Wochenfasten, das tägliche Gebet, Bekenntnis und Versöhnung bis hin zur Eucharistie. Allerdings ist umstritten, ob die darin überlieferten eucharistischen Gebete sich auf eine Eucharistiefeier im engeren Sinn beziehen oder doch nur auf religiös geprägte Gemeinschaftsmähler judenchristlicher Kreise (Agape). Jedenfalls fehlt diesen Texten der Bezug auf die Einsetzung beim Letzten Abendmahl und auf die Passion, was möglicherweise als Hinweis auf die Pluralität frühchristlicher Liturgiebräuche zu deuten ist (Meßner/446; Ebenbauer/437). Die Struktur entspricht derjenigen jüdischer Mahlgebräuche: je ein Lobspruch über Brot und Wein mit einer abschließenden Bitte (Did 9) sowie ein dreiteiliges Dankgebet nach dem Mahl, ähnlich dem jüdischen Dankgebet (Did 10).

Did 9:

1   Was aber die Eucharistie betrifft, sagt folgendermaßen Dank:
2   Zuerst beim Kelch:
    „Wir danken dir, unser Vater,
    für den heiligen Weinstock Davids, deines Knechtes,
    den du uns offenbar gemacht hast durch, Jesus, deinen Knecht.
    Dir sei Herrlichkeit in Ewigkeit!"
3   Beim gebrochenen Brot:
    „Wir danken dir, unser Vater,
    für das Leben und die Erkenntnis,
    die du uns offenbar gemacht hast durch Jesus, deinen Knecht.
    Dir sei Herrlichkeit in Ewigkeit!
4   Wie dieses gebrochene Brot zerstreut war auf den Bergen und zusammengebracht eines geworden ist, so soll zusammengeführt werden deine Kirche von den Enden der Erde in dein Reich; denn dein ist die Herrlichkeit und die Macht durch Jesus Christus in Ewigkeit."
5   Doch niemand soll essen und trinken von eurer Eucharistie außer denen, die auf den Namen des Herrn getauft sind. Denn auch darüber hat der Herr gesagt: „Gebt das Heilige nicht den Hunden!" (Didache/223: 121.123)

Eucharistische Feier   Die Grundstrukturen der eucharistischen Feier stehen spätestens seit der Mitte des 2. Jahrhunderts fest. Um das Jahr 150 beschreibt Justin die Eucharistiefeier in seiner ersten Apologie (Kap. 65). Es wird berichtet, dass der Neugetaufte vom Bad in die Versammlung der Gläubigen hineingeführt wird. Nach dem gemeinsamen Gebet erfolgt ein Friedensgruß. Sodann werden dem Vorsteher Brot und Wein mit Wasser gebracht.

„[Er] nimmt es und sendet Lob und Preis dem Allvater durch den Namen des Sohnes und des Heiligen Geistes empor und spricht eine lange Danksagung dafür, daß wir dieser Gaben von ihm gewürdigt worden sind. Ist er mit den Gebeten und mit der Danksagung zu Ende, so gibt das ganze Volk seine Zustimmung mit dem Worte ‚Amen'. (…) Nach der Danksagung des Vorstehers und der Zustimmung des ganzen Volkes teilen die, welche bei uns Diakonen heißen, jedem der Anwesenden von dem verdankten Brot, Wein und Wasser mit und bringen davon auch den Abwesenden" (Justin/256: 80).

Im folgenden Kapitel betont Justin die Besonderheit dieses Mahles. Gemäß den Abendmahlsberichten der Evangelien wird es auf die Stiftung Jesu zurückgeführt; auch die Einsetzungsworte werden erwähnt. Möglicherweise sind sie in dieser Zeit noch nicht in das Dankgebet der eigentlichen Feier eingefügt, wie verschiedene liturgische Zeugnisse (Didache, ostsyrische Apostelanaphora) nahe legen (Meßner – Lang/447). Die Eucharistie wird verstanden als ein im Heiligen Geist vollzogenes, von eschatologischer Hoffnung auf die Wiederkunft des Herrn getragenes Tun. Daneben gibt es die von Paulus geprägte Christusanamnese, die zum beherrschenden Motiv wurde (Meßner/446). Die beginnende Herausbildung hierarchischerer Strukturen wird durch das charismatische Element noch kontrastiert, wie etwa die Erlaubnis der Feier der Eucharistie durch nicht ordinierte Propheten in der Didache zeigt (Did 10,7). Wichtig ist hier, wie bei Justin, die Abgrenzung von den Ungetauften. Innerhalb der Glaubensgemeinschaft besteht noch eine relativ große Freiheit; so konnte der Vorsteher der liturgischen Feier Gebetstexte improvisieren (Budde/216).

Gegenüber vergleichbaren Dokumenten zeichnet sich die „Apostolische Überlieferung" durch eine Fülle von Gebetstexten und eine detaillierte Schilderung der verschiedenen Gottesdienste und ihrer Inhalte aus (vgl. zum Forschungsstand: Comparative Liturgy/220: 583–622). Die Einzigartigkeit dieses Dokuments besteht wohl vor allem darin, dass es am Übergang zwischen euchologischer Freiheit und textlicher Fixierung der liturgischen Gebete steht. In späterer Zeit, als das Christentum sich von den städtischen Zentren mehr und mehr auf das Land auszubreiten beginnt, wächst die Tendenz zur Fixierung liturgischer Texte und zur Orientierung an liturgischen Zentren.

Singulär ist die Wirkungsgeschichte vor allem im Bereich der orientalischen Kirchen. Dies gilt z. B. für die Struktur der eucharistischen Hochgebete, die hier wesentlich größere Ähnlichkeiten mit dem in der „Traditio Apostolica" überlieferten Text aufweisen als der spätere Canon Romanus.

Die „Traditio Apostolica" zeigt eine bereits stark entwickelte liturgische Binnenstruktur, die freilich noch die Offenheit und Spontaneität der Anfangszeit spüren lässt. Die Grundzyklen von Tag (Stundengebet), Woche (Eucharistiefeier) und Jahr (Osterfeier) sind bereits ausgebildet. Der hier noch relativ offene Rahmen wird in späterer Zeit gefüllt werden. Besondere Bedeutung erhält die christliche Initiation aufgrund der Tatsache, dass das Christentum sich gegenüber zahlreichen äußeren Einflüssen abgrenzen muss. Die Initiation steht am Ende einer ca. dreijährigen Vorbereitungszeit, dem Katechumenat, die durch eine Vielzahl von Unterweisungen sowie durch Gottesdienstversammlungen mit unterschiedlichen Riten (Prüfungen, Exorzismen mit Handauflegung) geprägt ist. Auf eine längere erste Phase, zu der man erst nach einer Eignungsprüfung zugelassen wird, folgt eine zweite zur unmittelbaren Vorbereitung auf die Initiationsfeier mit einer Bewährungsprüfung, Exorzismen, einem Reinigungsbad und Tauffasten. Die Initiationsfeier (TA 21, anscheinend noch nicht an die Osternacht gebunden, jedoch bereits am Ende einer Vigil) umfasst drei rituelle Schwerpunkte: (1) Taufbad mit vorangehender und nachfolgender Salbung am Taufwasser, (2) Handauflegung und Stirnsalbung in der Kirche durch den Bischof, (3) anschließende Taufeucharistie (Traditio Apostolica/299: 185 f., vgl. auch die Schemata von Katechumenat und Initiationsfeier, ebd. 183 und 190). Nach der Taufe kann eine vertiefende Erklärung durch den Bischof stattfinden – möglicherweise ein Hinweis auf die später bezeugte mystagogische Phase.

Initiationsriten

3.3 Die Entstehung des römischen Ritus

3.3.1 Von der griechischen zur lateinischen Liturgiesprache

Die Identität des römischen Ritus, der sich parallel zu zahlreichen anderen Riten des Ostens und Westens herausbildet, hängt eng damit zusammen, dass in Rom bis zur zweiten Hälfte des 4. Jahrhunderts die Sprache der Liturgie schrittweise vom Griechischen zum Lateinischen überging (vgl. Kap. 5.3). Die mit dem Wechsel der Liturgiesprache verbundene Inkulturation in ein neues Denken äußert sich, was die römische Liturgie betrifft, z. B. in der Struktur des Kanons. Wenn man die Anaphora der „Traditio Apostolica" neben den Canon Romanus legt, erkennt man gravierende Unterschiede. Die Anaphora der „Traditio Apostolica" trägt, neben ihrer prägnanten Kürze, das Merkmal inhaltlicher und formaler Geschlossenheit. Der Text ist gedanklich klar durchkonstruiert und folgt dem Redeschema, wie es bereits in alttestamentlichen Gebetsformularen überliefert ist: Lobpreis, Dank und Bitte. Der römische Kanon, uns allerdings erst in der Textgestalt des späten 6. Jahrhunderts zugänglich, trägt dagegen deutliche Züge redaktioneller Bearbeitung. Er entspricht einem anderen gebetspsychologischen Ansatz. Die einzelnen Teile des Kanon (d. h. der Gebete nach Präfation und Sanctus) sind symmetrisch um das Zentrum, die Verba Testamenti (Abendmahlsanamnese), gelagert, wobei diese durch relativischen Anschluss grammatikalisch von der vorhergehenden Epiklese abhängig sind. Entscheidend ist in dieser Perspektive die oft wiederholte Bitte um Annahme des Opfers. Trotz seiner Besonderheiten entspricht der Canon Romanus in seiner ursprünglichen Aussage der allgemeinkirchlichen Eucharistieüberlieferung (Meßner/ 277; Schmitz/297).

Die Eigenart der Sprache römischer Liturgie kommt vor allem in der Gestalt der Kollekte, d. h. des römischen Vorstehergebets, zum Vorschein. In großer Prägnanz werden Glaubensaussagen zur Sprache gebracht. Die rhetorischen Floskeln entstammen teilweise der römischen Rechtsrhetorik, wenngleich biblische Bezüge häufiger vorkommen, als es zunächst den Anschein hat (vgl. Kap. 5.2 und 5.3).

3.3.2 Quellen altrömischer Liturgie

Im Zeitraum zwischen dem Ende des 4. und dem 7. Jahrhundert nahm die altrömische Liturgie Gestalt an. Die bedeutendsten Schöpfer liturgischer Formeln waren die Päpste Leo der Große (440–461) und Gelasius I. (492–496). Gregor der Große (590–604) war als Schöpfer und Reformer der Liturgie wohl weniger bedeutend, als sein Ruf glauben lässt (Heinz/249). Nach ihm ist der gregorianische Choral benannt, da er die Kirchenmusik geordnet hat, auch hier indes, ohne kompositorisch tätig gewesen zu sein.

Liturgie vor Gregor
dem Großen

Die Gestalt der Liturgie vor Gregor dem Großen ist nur schwer fassbar. Es gibt keine offiziellen Ausgaben, wie wir sie heute kennen. Die älteste Weise der schriftlichen Fixierung von Gebetsformularen geschah in sog. libelli, d. h. Blattsammlungen, die im Archiv des Bischofs von Rom aufbewahrt wurden (vgl. im Anhang 2.4 „Die Entwicklung der Bücher zur Messliturgie"). Daraus wurde nach einem sehr unvollkommenen Monatsschema eine

Sammlung zusammengestellt, die unter dem Namen „Sacramentarium Leonianum" bekannt geworden ist. Dieses Buch hat freilich mit Leo dem Großen unmittelbar nichts zu tun, so dass sich die Benennung nach dem Bibliotheksort Verona heute durchgesetzt hat: Sacramentarium Veronense. Der Kompilator stellte dieses Material nicht für Rom zusammen, verarbeitete aber fast ausschließlich römische Formulare; deswegen stellt diese Sammlung ein wertvolles Dokument stadtrömischer Liturgie dar. Eine Reihe von Formeln geht neben den bereits erwähnten Päpsten Leo und Gelasius auf Papst Vigilius (537–555) zurück; die Sammlung ist demnach auf die Zeit danach zu datieren.

Sacramentarium Veronense

Freilich handelt es sich beim Sacramentarium Veronense noch nicht um ein eigentliches Sakramentar. Als Sakramentar wird ein Buch bezeichnet, in dem – hauptsächlich für die Eucharistiefeier, aber auch für andere gottesdienstliche Handlungen – die je gleichbleibenden („Kanon") und die je nach der Tagesfeier wechselnden amtlichen Gebete des Liturgen aufgezeichnet sind. Es stellt das „Rollenbuch" für den Gottesdienstleiter dar, neben dem für die Vollgestalt der Messe noch weitere Bücher notwendig waren: Lektionar (für die Lesungen aus den biblischen Büchern außer den Evangelien), Evangeliar (für die Evangeliumslesungen) und Antiphonarium (für die Texte mit den wechselnden Gesängen, meist aus Psalmversen). Aus all diesen Büchern entstand mit der Durchsetzung der „Privatmesse" (d. h. der Messfeier ohne direkte Beteiligung einer Gemeinde) im Hochmittelalter das Plenarmissale, in dem alle für die Feier der Messe notwendigen Texte zusammengefasst waren (vgl. Anhang 2.4).

Sakramentar

Ein Sakramentar im beschriebenen Sinne war das sog. Sacramentarium Gregorianum, dessen Urform nicht mehr erhalten ist, jedoch aus den späteren Abkömmlingen einigermaßen rekonstruiert werden kann. Es entstand möglicherweise zu Beginn des Pontifikats Gregors des Großen. Erhalten geblieben ist es aufgrund der Tatsache, dass Karl der Große sich durch Papst Hadrian I. eine Revision des Sacramentarium Gregorianum aus der Zeit Gregors II. (715–731) zusenden ließ, das sog. Aachener Urexemplar. Diesem fügte man aufgrund der geänderten Bedürfnisse der fränkischen Reichskirche Anhänge hinzu.

Sacramentarium Gregorianum

Der in der Forschung umstrittenste Sakramentartyp ist das sog. Sacramentarium Gelasianum. Das Gregorianum, so nimmt man an, ist nicht das älteste römische Sakramentar. Als Vorläufer gilt das Sacramentarium Gelasianum Vetus, erhalten in einer um 750 entstandenen Abschrift. Trotz seiner Benennung geht das Formular nicht auf Gelasius I. zurück, was daraus ersichtlich ist, dass es viele nichtrömische Elemente enthält. Nach neueren Forschungsergebnissen ist das Gelasianum ein Sakramentar für die presbyterale (d. h. Pfarr-)Liturgie, eingeführt Mitte des 7. Jahrhunderts an den römischen Titelkirchen (d. h. den Pfarrkirchen). Es steht ergänzend neben der gregorianischen Sakramentartradition, die den Papstgottesdienst, also den Gottesdienst des römischen Bischofs, repräsentiert und deshalb nur ein geringes Maß an Messformularen enthält. Verbreitet wurden die späteren Fassungen des Gelasianums, sog. Mischtypen, die römisches und gallisches Liturgiegut miteinander verbinden.

Sacramentarium Gelasianum

Der Textbestand der Liturgie, wie er in den Sakramentarien und den anderen Büchern niedergelegt ist, bildet freilich nur einen Teil der Gesamt-

Gottesdienstliche Text- und Rubrikenbücher

gestalt. Woher erfahren wir von den rituellen Vollzügen? Tatsächlich enthielten die ältesten römischen Liturgiebücher nur Texte, aber kaum Rubriken. Als die ursprünglich einfachen Zeremonien im Zuge der Entwicklung des Kirchenjahres und der sakramentalen Riten immer reicher ausgestaltet wurden, besonders aber, als man die römische Liturgie im Karolingerreich zu übernehmen begann, wurde die Kodifizierung der bis dahin nur mündlich tradierten Gepflogenheiten notwendig. Nun entstanden Sammlungen mit den rituellen Vollzügen (Ordines), die zum Teil Elemente aus Ländern nördlich der Alpen enthalten. Man muss also Sakramentarien und Ordines parallel lesen, um die literarisch fassbare Gestalt der Messfeier vor Augen zu haben. Tatsächlich blieb dieses Nebeneinander nur eine Zeit lang bestehen. Aus den beiden Grundtypen, den Textbüchern und den Rubrikenbüchern, bildeten sich mit der Zeit neue liturgische Bücher heraus, nun differenziert je nach Gottesdienstart. Das erste dieser Bücher war das um 950 in Mainz entstandene, aus den Ordines entwickelte Römisch-Deutsche Pontifikale (Pontificale romano-germanicum), das die Ottonen nach Rom brachten, wo es den Grundstock des späteren Pontificale Romanum bildete. Dieses enthielt die bischöflichen Zeremonien mit den dazugehörigen Texten. Daneben entstand das Caeremoniale Episcoporum, ein ausschließlich die rituellen Abläufe beschreibendes Buch. Für die priesterlichen liturgischen Vollzüge bildete sich das Rituale heraus, das die Beschreibungen von Sakramentenhandlungen mit den entsprechenden Gebeten enthält. Die Bücher für die Schriftlesungen waren zunächst für die jeweiligen Rollenträger konzipiert: das Epistolar oder Lektionar mit den biblischen Lesungen außer den Evangelien für den Lektor, das Evangeliar (bzw. Evangelistar) für den Diakon. Im Laufe des Hochmittelalters fasste man die Texte der Messliturgie aus Sakramentar, Ordines, Lesungsbüchern und Büchern mit den Gesangstexten zu einem einzigen Buch zusammen, dem Plenarmissale. Dasselbe gilt für das spätere Brevier, in dem die Tagzeiten mit den im Sakramentar, in den Lektionarien sowie im Antiphonale enthaltenen Texten zusammengestellt sind.

Bücher für den Gesang

Die Bücher für den Gesang (Antiphonarium, Cantatorium) überliefern zunächst nur die Texte; die Kantillationsweisen und Melodien wurden mündlich tradiert. Erst im 9. und 10. Jahrhundert kommen neumierte Handschriften auf, die allerdings nicht die exakten Melodieverläufe wiedergeben, sondern die Akzentuierung des oratorischen Vollzugs regeln.

Als weitere sekundäre Bücher sind zu nennen: das Martyrologium mit den hagiographischen Texten, das Kalendarium mit den örtlich verschiedenen Festkalendern und das Benediktionale, das anders als das Rituale keine Sakramentenfeiern, sondern lediglich Segnungen (Benediktionen) enthält.

Aus diesen Entwicklungsprozessen lässt sich ablesen, dass sich die Liturgie aus einer eher schlichten Grundform zu einem komplizierten Gebilde entwickelt hat. Dasselbe gilt für die anderen Komponenten, z. B. für die Gewänder und die zeremoniellen Abläufe. Die Änderung des Gesamtbildes ist bereits in der Regierungszeit Kaiser Konstantins zwischen 312 und 337 grundgelegt.

Die Gesetzgebung Konstantins, die den kirchlichen Würdenträgern Privilegien einräumte, führte mit der Zeit zu einer Übernahme des kaiserlichen Hofzeremoniells in den Raum des christlichen Gottesdienstes. Die Liturgie

wird zu einer Inszenierung der hierarchisch strukturierten Kirche. Man übernimmt – ähnlich wie die orthodoxe Kirche in Byzanz – die imperialen Symbole und Rituale, wobei diese zum Abbild einer himmlischen Thronzeremo-
nie uminterpretiert werden. Dementsprechend kamen Insignien und Wür-
denzeichen auf, welche die liturgische Gewandung und die Inszenierung
vor allem der bischöflichen Gottesdienste bis heute prägen. Dabei maß man
dem Bischof von Rom eine besondere Stellung zu, erkennbar etwa in der
Beschreibung des römischen Stationsgottesdienstes: eine typisch römische,
aus Prozessionen und vielfältigem liturgischem Gedenken zusammenge-
setzte Organisationsform, in die nicht nur die Mikrostruktur des einzelnen
Kirchenraumes, sondern auch die Makrostruktur der Kirchenstadt einbezogen ist (Häußling/145).

Übernahme von Symbolen des kaiserlichen Hofzeremoniells

3.3.3 Die römische Bischofsmesse um das Jahr 700

Von den erwähnten Ordines Romani enthält der in der Ausgabe von Michel
Andrieu mit der Nummer 1 bezeichnete Ordo eine detaillierte Beschreibung der Papstmesse um das Jahr 700. Diese Beschreibung zeigt anschau-
lich das Erscheinungsbild der inzwischen voll ausgebildeten Liturgie
(Andrieu/209; Meyer/2: 196–199, Schema: 198; Klauser/258).

Am frühen Morgen reitet der Papst mit seinem Gefolge von der Residenz
im Lateran zu der jeweiligen Kirche, der sog. Statio, die in der vorangehenden Feier als der Ort des nächsten päpstlichen Gottesdienstes benannt worden war. Diese Stationskirchen verzeichnete das Römische Messbuch bis
zum jetzigen Missale als ein Relikt der stadtrömischen Herkunft dieser Liturgie. In dem festlichen Zug führt man die für die Liturgie notwendigen
Bücher, Gefäße, Geräte und Tücher mit. In der Stationskirche sind bei
Ankunft des Papstes die Teilnehmer der Feier bereits versammelt.

Statio

In der Apsis, auf den Bänken rechts und links vom bischöflichen Thron,
sitzen die Bischöfe und die Presbyter. Die Schola Cantorum hat in ihrem
Chor vor der Apsis Aufstellung genommen. Vor den Chorschranken stehen
die Kreuzträger mit den sieben Stationskreuzen, die den Gläubigen aus den
verschiedenen Regionen der Stadt vorangetragen worden sind. Im Quer-
schiff und im oberen Teil des Mittelschiffs besetzen die Mönche, die Non-
nen, die Mitglieder des römischen Adels ihre besonderen Plätze. In den
übrigen Teilen der Schiffe befindet sich, nach Geschlechtern geordnet, das
christliche Volk. Die Gläubigen haben ihre Opfergaben, Brot und Wein,
mitgebracht, um sie dem Bischof und den Klerikern bei der Opferung zu
überreichen.

Ist der festliche Zug bei der Stationskirche angekommen, empfängt der
betreffende Vorsteher des Gotteshauses den Papst, und dieser begibt sich,
gestützt von einem Diakon, in die Sakristei im Eingangsbereich. Dem Papst
werden nun in einem umständlichen byzantinischen Zeremoniell die Ober-
kleider abgenommen, und man legt ihm die mitgeführten liturgischen Pontifi-
kalgewänder an: Albe mit Gürtel, Schultertuch, eine kürzere innere und eine
weitere Oberdalmatik sowie die Kasel (Planeta). Zuletzt legt ihm ein Diakon
das Pallium über die Kasel um den Hals und befestigt sie mit Gewandnadeln.
Nach einer Reihe von vorbereitenden Riten folgt das Zeichen zum Beginn,
durch das Anzünden der sieben Leuchter signalisiert, die von sieben Akoly-

Ablauf einer Papstmesse

then getragen werden. Nun stimmt die Schola die Antiphon zum Einzug an. Zur Zeremonie des Einzugs gehört ein interessantes Intermezzo: Zwei Akolythen bringen eine Kapsel, in der einige Stücke des in der zuletzt gefeierten Papstmesse konsekrierten Brotes aufbewahrt sind. Der Papst grüßt diese Fragmente (fermentum) mit einer Verneigung und entscheidet dann, wie viel davon er bei der Eucharistiefeier verwenden will. Diese Teile werden in den eucharistischen Kelch gesenkt; sie sollen den Zusammenhang der zeitlich getrennten Feiern dokumentieren. Um die Zusammengehörigkeit der unterschiedlich lokalisierten Gottesdienste in der Stadt zu bekunden, bringt man vor der Kommunion je ein Fragment des vom Papst konsekrierten Brotes in die einzelnen römischen Bezirkskirchen, wo die diensttuenden Presbyter es bei ihrer eigenen Eucharistiefeier in gleicher Weise verwenden. Nach dem Introituspsalm begibt sich der Papst an seinen Platz in der Apsis, wo er, nach Osten gewandt, den Gesang der Litanei des Kyrie eleison verfolgt. Die Zahl der Anrufungen ist zur damaligen Zeit noch nicht festgelegt. Sie enden dann, wenn der Papst ein Zeichen gibt. Darauf stimmt er das Gloria an. Der Wortgottesdienst besteht aus Epistel, Responsum und Evangelienverkündigung. Der dazu bestimmte Diakon küsst dem Papst die Füße und lässt sich den noch heute üblichen Segen geben. Dann zieht er in feierlicher Prozession zum Ambo, von dem aus er das Evangelium verkündet. Nach der Verehrung des Buches schließt der Wortgottesdienst. Predigt und Fürbittgebet fehlen in dieser Beschreibung; letzteres war bereits zwei Jahrhunderte zuvor aus der römischen Messe verschwunden. Das Credo hingegen gehörte noch nicht zur Liturgie; erst im 11. Jahrhundert wurde es eingeführt.

Der eucharistische Teil der Messfeier beginnt mit dem Opfergang. Der Klerus sammelt bei den einzelnen Gruppen der Gläubigen die mitgebrachten Gaben ein. Die Gaben der Aristokratie nimmt bezeichnenderweise der Papst entgegen. Begleitet wird dieser Akt vom Gesang der Schola, abgeschlossen durch das Gabengebet des Papstes. Nun begeben sich die Kleriker in den Altarraum und nehmen ihre Plätze ein. Die Gemeinde ist bei der Papstliturgie zu dieser Zeit bereits vom aktiven Geschehen ausgeschlossen. Nur die Kleriker stimmen in den Gesang des Dreimal-Heilig ein. Auch wird das Hochgebet nicht mehr so laut gesprochen, dass es überall verstanden werden kann. Lediglich im Chorraum wird es zu hören gewesen sein.

Im Vorfeld der Kommunion nimmt die Brotbrechung großen Raum ein, da man zu dieser Zeit noch gewöhnliches Brot verwendet. Die Kommunion geschieht in strenger hierarchischer Ordnung: erst der Papst, dann die Speisung des Klerus, schließlich die Speisung der Gemeinde. Diese empfängt die Kommunion möglicherweise auf ihren Plätzen, so dass eine eigentliche Kommunionprozession der Gläubigen nicht mehr stattfindet, ähnlich wie auch die Gabenprozession in erwähnter Weise reduziert worden ist.

3.3.4 Wesenszüge der römischen Liturgie

Die Papstliturgie stellt die rituell am reichsten entfaltete Form stadtrömischer Liturgie dar. In den Pfarrkirchen wurde der Gottesdienst schlichter gefeiert. Die weitere Entwicklung des römischen Ritus zeigt aber, dass man bis hin zu möglichst genauen Kopien (z. B. in Fulda) gern an der Form des Papstgottesdienstes Maß nahm. Auch die presbyteralen Gottesdienste, von deren ursprünglicher Gestalt man so gut wie nichts weiß, haben Züge der hier beschriebenen Liturgie angenommen. Die Grundzüge der römisch-lateinischen Messe liegen bereits fest:

1. Betonung der hierarchischen Ordnung durch Insignien, rituelle Abläufe (Prozessionen) und Ehrenbezeigungen;
2. Profilierung der priesterlichen Amtsgebete (die drei Kollektengebete, eucharistisches Hochgebet);
3. juridischer Sprachstil der Gebete sowie weitgehender Verzicht auf poetische Elemente;
4. Zurücktreten der Verkündigungsdimension (Reduktion der Lesungen, Ritualisierung des Lesungsvollzugs, Verzicht auf die Homilie);
5. schrittweiser Abbau der Rolle der Gläubigen (Schola Cantorum als Raum im Raum, Verzicht auf das Gläubigengebet, Verzicht auf die Gabenprozession der Gläubigen, Rückgang der Gläubigenkommunion und Verbot der Kelchkommunion für die Gläubigen).

Grundzüge der römisch-lateinischen Messe

Im Lauf der späteren Geschichte bewertete man diese Grundzüge ambivalent. Auch heute bedient man sich zur festiven Ausgestaltung von Gottesdiensten weitgehend jener Formen, die aus dem päpstlichen römisch-byzantinischen Hofzeremoniell stammen. Die in der späteren Geschichte herausgebildeten volksfrommen Formen (z.B. Lieder, Litaneien, Prozessionen) wurden nicht oder kaum in die „offizielle" Liturgie integriert. Auf der anderen Seite bestechen an der römischen Liturgie die klare Strenge und der hohe geistige Anspruch. Das Gefüge aus Texten, Gesängen, Symbolen und Riten stellt ein „Gesamtkunstwerk" dar, das seinesgleichen sucht.

3.4 Liturgische Zentren der Spätantike

3.4.1 Die Jerusalemer Liturgie

Der eigentliche Wurzelgrund christlicher Liturgie liegt nicht in Rom, sondern in Jerusalem. Jerusalem ist der Ursprung, wenn auch unter den fünf Patriarchaten Antiochien und später Konstantinopel/Byzanz ihm den Rang abgelaufen haben und Alexandrien und Rom ungleich einflussreicher waren. Kirchenpolitisch zwar war Jerusalem nur ein Ehrenpatriarchat; liturgie- und frömmigkeitsgeschichtlich aber hatte es den anderen Zentren eines voraus: die heiligen Stätten. Diese prägten nachhaltig die Liturgie in Ost und West, indem man Jerusalems Topographie und Ritenorganisation adaptierte.

Bedeutung Jerusalems und der heiligen Stätten

Entscheidender Motor der Austauschbeziehungen waren die Wallfahrten ins Heilige Land, die seit Konstantin sprunghaft zunahmen und durch zahlreiche Pilgerberichte literarisch belegt sind. Der für die Liturgiewissenschaft bedeutendste ist der Pilgerbericht einer spanischen Nonne namens Egeria. Er stellt im ersten Teil ein Itinerar dar, im zweiten eine ausführliche Schilderung der Liturgie vor allem der heiligen Woche in Jerusalem in den Jahren 383/384 (Egeria/224).

Der Wandel des Liturgieverständnisses zeigt sich vor allem an der Karliturgie, die von Jerusalem aus die Liturgie aller Liturgiebereiche des Ostens und Westens bestimmt hat. Diese verändert sich in der Zeit des großen Pilgerandrangs einschneidend. Aus der ursprünglich symbolisch-heilsgeschichtli-

Historisierender Nachvollzug

chen Feier der Osternacht entwickelt sich ein „Drama der Erlösung" im Sinne eines historisierenden Nachvollzugs (Klöckener/259: 218) – im Grunde eine Konsequenz der Entwicklung von der Märtyrer- zur Massenkirche. Die Organisation der Liturgie reagiert also auf die geänderten Zeitumstände. Liturgie, Katechese und Volksfrömmigkeit gehen eine Synthese ein, wobei die Dramaturgie der Evangelien und die Topographie der heiligen Stätten tonangebend sind.

Israel-Wallfahrt und Kirchenjahr

Die Konsolidierung des Pilgerwesens und die Herausbildung des Kirchenjahres finden tatsächlich zur selben Zeit statt. Egeria bezeugt dies in ihrem zweigeteilten Bericht. Verschränkungen weisen auf die Affinität von Wallfahrt und Kirchenjahr hin, so die Prozessionen beim Fest der Darstellung des Herrn, am Palmsonntag und während der ganzen heiligen Woche. Das genuin christliche Wallfahrtsmotiv ist die Anamnese der Mysterien Christi. Die theologische Begründung leitet sich von der Inkarnation des Logos her. Die Zeitgleichheit der Entstehung der Heilig-Land-Wallfahrt und des Kirchenjahres, das nun mit den Christusfesten zu einer jährlich wiederholten „Pilgerfahrt zu den heiligen Stätten des Glaubens" wird, wäre demnach nicht bloß zufällig.

Wallfahrt und Wortgottesdienst

Auch für die antike Wallfahrt gibt es Hinweise auf eine religiös motivierte Ordnung des Weges, welche die Pilgerreise als ein existentiell-religiöses Gesamtgeschehen erfahrbar macht. Hinweise bietet das Itinerar der Egeria, das wichtige liturgische Elemente enthält, so eine an vielen Stationen des Pilgerweges bezeugte „Andacht", die aus Gebet, Lesung, Psalm und Gebet besteht (vgl. z. B. Egeria/224: 14,1). Dies ist die klassische Struktur des Wortgottesdienstes, wie Josef Andreas Jungmann sie (allerdings ohne Eröffnungsgebet) als liturgisches Formschema beschrieben hat: Lesung – Gesang – Gebet als Idealtyp der katabatisch (herabsteigend), diabatisch (verwandelnd) und anabatisch (aufsteigend) zu denkenden Dynamik des Wortgottesdienstes (Jungmann/255).

Darüber hinaus spielt die Initiation im Zusammenhang mit den Wallfahrtsstätten eine bedeutende Rolle. Es scheint so, als ob die Pilgerreise eine Art Sonder-Katechumenat, eine komprimierte Mystagogie, darstellte. Jedenfalls verkürzte sich die Zeit der Vorbereitung und Vertiefung gegenüber dem normalen Cursus am Wallfahrtsort beträchtlich. Auch war man dort nicht an die festen Tauftage gebunden.

3.4.2 Die Liturgien der Patriarchate des Ostens

Antiochien, Ostsyrien, Konstantinopel

Die entscheidenden Prägungen im Osten des römischen Imperiums gingen von zwei Zentren aus: Antiochien (später Konstantinopel/Byzanz) und Alexandrien. Antiochien ist zunächst von Jerusalem beeinflusst, dessen Eucharistiegebet (Jakobusanaphora) es übernimmt. Die Sprache ist griechisch, doch gibt es semitisches Hinterland. Das Semitische wird im ostsyrischen Einzugsgebiet bestimmend, wo sich im 5. Jahrhundert eine eigene, die sog. nestorianische Kirche bildet. Ihr zentrales eucharistisches Hochgebet, die Anaphora der Apostel Addai und Mari, ist dadurch gekennzeichnet, dass es keine Einsetzungsworte enthält (Meßner – Lang/447; Gerhards/243). Westsyrien wird bald von Byzanz beherrscht, doch gibt es reorientalisierende Kulturkräfte (Jakob Baradai). Konstantinopel (Byzanz) wird 451 auf dem Konzil von Chalkedon der Vorrang eingeräumt. Sein Einflussbereich weitet sich immer mehr aus. Ursprünglich stand Konstantinopel unter antiochenischem Einfluss. Im Mittelalter kommen im Bereich der Tagzeitenliturgie wiederum Jerusalemer Traditionen zum Zuge.

Verwandt mit der byzantinischen Liturgie ist die Liturgie Armeniens, dessen christliche Ursprünge bis ins frühe 4. Jahrhundert zurückgehen. Armeniens Liturgie enthält aber auch alte Elemente syrischer Provenienz. Das armenische Lektionar von Jerusalem (5. Jh.) ist eine herausragende liturgiegeschichtliche Quelle insbesondere für die Ordnung der Schriftlesungen im Gottesdienst. Zu erwähnen ist aufgrund ihres Alters und ihrer relativen Selbständigkeit auch die Liturgie Georgiens. Zur Zeit der Slavenmission und der Herausbildung neuer orthodoxer Kirchen in den Ländern Osteuropas liegt die Gestalt der byzantinischen Liturgie hinsichtlich der Texte, Riten und Strukturen weitgehend fest. Weiterentwicklungen gibt es in späterer Zeit vor allem im Bereich des liturgischen Gesangs. *Armenien, Georgien*

Alexandrien bildet wiederum eine eigenständige Tradition. Ursprünglich ebenfalls griechischsprachig, wechselt die Sprache der Liturgie zum Koptischen über. Nach der Trennung von der Reichskirche (451) entsteht eine parallele melkitische (byzantinische) Hierarchie. Die alexandrinische Tradition weist in manchen Punkten auffällige Parallelen mit der römischen auf. Von dieser ägyptischen Tradition war auch die äthiopische Kirche abhängig; sie bildete aber eigenständige Traditionen aus, so unter Einbeziehung judaisierender Elemente. *Alexandrien*

3.4.3 Die nicht-römischen westlichen Liturgien

Aufgrund der beherrschenden Stellung Roms im Westen des Imperiums werden die alten, mitunter sehr eigenständigen westlichen Liturgiefamilien kaum wahrgenommen, zumal sie weitgehend der Vergangenheit angehören (vgl. zum eucharistischen Beten: Prex Eucharistica/290). Eine genuin lateinische Tradition bestand in Afrika, deren bekanntester Exponent der hl. Augustinus ist. Die Entwicklung des eucharistischen Betens in patristischer Zeit von Tertullian und Cyprian bis Fulgentius lässt sich jetzt deutlicher verfolgen (Klöckener/260). Fraglich sind nach wie vor die Zusammenhänge der afrikanischen Liturgie mit der des Ostens (Alexandrien) und des Westens (Rom/ Mailand, Spanien und Gallien). *Afrika*

Die altgallische Liturgie bildete zunächst eine eigenständige Tradition. Viele Elemente (z. B. im Bereich des Stundengebets) wurden aus dem Osten (Cassian) „importiert". Einzelheiten aus der späten Patristik überliefern Caesarius von Arles und Gregor von Tours. Die meisten erhaltenen liturgischen Quellen seit etwa dem 8. Jahrhundert (z. B. Missale Gothicum, Missale Gallicanum Vetus) enthalten bereits römisches Material. Durch die Reformen der Karolingerzeit ging die altgallische Eigenliturgie unter, wobei manches später in den neogallikanischen Liturgiebüchern des 17./18. Jahrhunderts wieder auflebte. *Gallien*

Demgegenüber hat sich dank der Initiative des Kardinal Ximenes (um 1500) die altspanische (mozarabische) Liturgie bis heute erhalten, zumindest in einer Kapelle der Kathedrale von Toledo. Hier ist der orientalische Einfluss noch stärker als in der gallischen Liturgie zu spüren. Die Eloquenz der Gebetstexte unterscheidet sich deutlich von der Prägnanz entsprechender römischer Formulare. *Spanien*

Mailand Als einzige der nichtrömischen westlichen Liturgien ist die der Kirche Mailands nach wie vor lebendig. Sie ist zwar mit der römischen nicht zuletzt durch spätere Angleichungen verwandt, hat jedoch genuine Traditionen, z. B. im Bereich des eucharistischen Hochgebets, bewahrt (Triacca/301). Auch hier ist die orientalische Prägung stärker als in Rom.

Keltische (britanni-
sche) Liturgie Schließlich ist die keltische (britannische) Liturgie zu nennen, die jedoch nur in Spuren fassbar ist (Stowe-Missale). Liturgiesprache war zumindest in Teilen das Keltische. Viele der Abweichungen des angelsächsischen Ritus, aus dem manches in die anglikanische Liturgie übergegangen ist, erklären sich jedoch aus der Vielfalt diözesaner Bräuche, wie sie auch innerhalb des römischen Ritus bestand.

3.5 Die Adaption römischer Liturgie nördlich der Alpen

3.5.1 Dogmengeschichtliche Hintergründe: Die Abwehr des Arianismus

Die römische Liturgie konnte sich offenbar lange Zeit weitgehend unabhängig von den Irritationen südlich und nördlich der Alpen, der Völkerwanderung und ihren Folgen, entwickeln. Auf Dauer blieb sie von äußeren Einflüssen jedoch nicht verschont. Um den tiefgreifenden Wandel in späterer Zeit zu verstehen, muss man bei den dogmengeschichtlichen Voraussetzungen der Eigenart nichtrömischer Liturgie und Spiritualität ansetzen.

Doxologie als
Konfessionsmerkmal Die Ursachen der folgenschweren Entwicklung im Westen liegen im Osten der Kirche: in den Auseinandersetzungen um den Arianismus, der Anlass zur Dogmenentwicklung im 4. und 5. Jahrhundert war. Während dort aufgrund der terminologischen Festlegungen und der entsprechenden Bekämpfung gegnerischer Ansichten zumindest innerhalb des Imperiums die Einheit des Glaubens gewahrt werden konnte, übernahmen im Westen um die Mitte des 4. Jahrhunderts die Goten von Byzanz den arianischen Glauben. Dessen Kernpunkt bildete die Aussage, dass der Sohn dem Vater nur ähnlich sei, also von geringerer göttlicher Würde als der Vater. Der Geist wurde noch niedriger angesiedelt. Eine nicht unwesentliche Rolle in den arianischen Auseinandersetzungen spielte die Doxologie, der trinitarische Lobpreis am Ende der Gebete. Bis in das 4. Jahrhundert hinein war die sog. heilsökonomische Doxologie üblich: „Ehre sei dem Vater durch den Sohn im Heiligen Geist." Wie Basilius in seiner Schrift über den Heiligen Geist bemerkt, gab es schon seit alter Zeit die andere, die drei göttlichen Personen gleichordnende Doxologie, wie sie heute noch üblich ist: „Ehre sei dem Vater und dem Sohn und dem Heiligen Geist." Beide Formeln konnten durchaus gleichzeitig verwendet werden, solange man sie als doxologische und nicht als dogmatisch-argumentative Redeformen auffasste. Doch stützten sich die Arianer auf die ökonomische Formel, um die Unterordnung von Sohn und Geist unter den Vater zu begründen. Demgegenüber beriefen sich die Orthodoxen auf die andere Formel, da sie, ontologisch verstanden, als Argument der Gleichwesentlichkeit aller drei göttlichen Personen gelten konnte. Mit der Zeit wurde die Formel zum Konfessionsmerkmal: Die Arianer verwendeten die alte heilsökonomische Formel weiter, während die Orthodo-

xen bzw. Katholiken die wiederentdeckte und wieder eingeführte gleichordnende Formel gebrauchten (Jungmann/253).

Der im Gotenreich übernommene Arianismus hielt sich in Spanien bis
gegen Ende des 6. Jahrhunderts. Religionspsychologisch gesehen sind die
Abweichungen von der orthodoxen Lehre durchaus verständlich. Der Arianismus kann als der Versuch gedeutet werden, die Menschheit Christi
gegenüber der allzu mächtigen göttlichen Komponente zu wahren. Man
leugnet zwar nicht das Dogma der Menschwerdung, doch ist diese leichter
zu denken, wenn der Logos (der Sohn) auf einer tieferen Stufe als der Vater
steht. Auf der gegnerischen Seite bestand dagegen die Tendenz, Christus mit
Gott schlichtweg gleichzusetzen. Doch mögen im Westen weniger theologische Spekulationen die Triebfeder zu solchen Entwicklungen gewesen sein
als katechetische Vereinfachungen.

Konsequenzen der Arianismusdebatte für das Christusbild

3.5.2 Der Wandel des Christusbildes und seine frömmigkeitsgeschichtlichen Folgen im Hinblick auf liturgisches Gebet und Festzyklen

Die skizzierten christologischen und trinitätstheologischen Entwicklungen
führen mit der Zeit zu einem tiefgreifenden Wandel des Christusbildes. Bis in
das 4. Jahrhundert hinein war das Interesse nicht auf die Person, sondern auf
die von der Person untrennbare Heilstätigkeit gerichtet. Das Christusbild entsprach dem Osterkerygma, d. h. der Verkündigung, dass Christus Sünde und
Tod im Ostersieg überwand. Die auf Christus Getauften fühlten sich dem
neuen Leben einverleibt. Aufgrund der Solidarität Christi mit der Menschheit
waren die Christen auf diese Weise ihrem Herrn untrennbar verbunden. Mit
der Erhöhung der Menschheit Christi verband man die Erhöhung der gesamten Menschheit. Dieser österliche Zug ist dem Grundbestand der römischen
Liturgieformulare eigen (Haunerland/247). Außerhalb des unmittelbaren Ein-
flussbereiches der römischen Liturgie zeichnete sich jedoch ein Wandel ab.
Da die Arianer die Unterordnung des Sohnes unter den Vater betonten, hob
der antiarianische Gegenstoß Christus so weit empor, dass er mit der
Menschheit nur noch wenig gemeinsam hatte. Ähnlich wie in den doxologischen Formeln der Ostkirche sah man auch hier Christus primär als Gott. In
dieser Perspektive ist er nicht mehr der Weg, also die Vermittlung von
Mensch zu Gott und von Gott zu Mensch, sondern er wird ganz zum Ziel-
punkt der Verehrung. Wie Josef Andreas Jungmann aufgezeigt hat, äußerte
sich dies unter anderem im Adressatenwechsel des liturgischen Gebets.

Adressatenwechsel des liturgischen Gebets

Dieser Adressatenwechsel hing mit der erwähnten Veränderung der Doxologie zusammen. War in der Frühzeit das liturgische Beten vornehmlich durch Christus an
den Vater gerichtet, so setzte sich in den Gebieten der gegen den Arianismus gerichteten Bewegung die Anrede an Christus mehr und mehr durch. Ähnlich wie die
gleichordnende Doxologie hatte auch dies Vorbilder in der frühen christlichen Tradition. Doch nun wurde Christus nicht aufgrund seiner Solidarität mit den Menschen
angeredet, sondern aufgrund seiner Gleichwesentlichkeit mit dem Vater (Jungmann/
342; dazu Gerhards/229).

Frömmigkeitsgeschichtlich äußerte sich die Entwicklung darin, dass man
Christus als den Furcht gebietenden Herrscher ansah. Dementsprechend ver-

mehrten sich Gebete, welche die Sündhaftigkeit der Liturgen thematisieren (Apologien). Der Gedanke der zweifachen ontologischen Gleichheit (eines Wesens mit dem Vater – eines Wesens mit uns Menschen) ging mehr und mehr verloren. Die Verbindung zwischen Christus und den Gläubigen wurde nur noch als eine moralische gesehen (vgl. dazu Angenendt/210 u. 211). Seit dem Frühmittelalter ist der zentrale Bezugspunkt christlicher Identität nicht mehr wie in der Alten Kirche die durch die Initiation bewirkte existentielle Gemeinschaft mit dem Gekreuzigten und Auferstandenen, sondern die Buße.

Vom Paschageschehen isolierte Feier der Menschwerdung

Der Betonung der Göttlichkeit Jesu entsprach andererseits das gesteigerte Interesse am Geheimnis der Menschwerdung. Das auf dem Konzil von Ephesus 431 verkündete Dogma von der Gottesmutterschaft Mariens wollte in keiner Weise die Menschlichkeit Jesu schmälern. De facto hat es aber insofern dazu beigetragen, die Menschheit gegenüber der Gottheit unterzubetonen, als man nun die wunderbaren Umstände der Geburt hervorhob und feierte. Dabei ordnete man die Menschwerdung nicht mehr dem Pascha-Geschehen zu, sondern sah sie mehr und mehr isoliert. Liturgiehistorisch äußerte sich dies in der Herausbildung eines eigenen Weihnachtszyklus als Parallele zum Osterzyklus (Auf der Maur/3, 154–185). So wurde das Epiphaniefest zum zweiten Tauftermin und erhielt eine 40-tägige Bußzeit. Ein Relikt ist die Zählung der Sonntage nach Epiphanie (in der katholischen Kirche bis zur Liturgiereform des II. Vatikanums). Analog zum Weihnachtszyklus bildete sich ein eigener Pfingstzyklus heraus. Die drei ursprünglich christologisch geprägten Hauptfeste des Kirchenjahres erfuhren nun eine trinitarische Deutung.

Aufwertung einzelner Geschehnisse aus dem Leben Jesu

Durch die Nivellierung des Paschamysteriums und die Betonung anderer Inhalte leistete man einer gesonderten Betrachtung der einzelnen Mysterien aus dem Leben Jesu Vorschub. Die einzelnen Geschehnisse wurden nicht mehr von der Mitte her gedeutet, sondern erhielten ein Eigengewicht. Dahinter stand durchaus das Bestreben, die Substanz der Menschheit Jesu zu wahren. Doch wurde diese nun isoliert betrachtet und verlor ihre Heilsbedeutung, die nur im Zusammenhang mit dem Dogma von der Menschwerdung Gottes zu sehen ist. Es blieb der Gedanke der Exemplarität, der sich in ähnlicher Weise in der Heiligenverehrung ausbreitete. Auch diese verlor ihre ursprüngliche, in den ersten Jahrhunderten der Märtyrerkirche noch gesehene Beziehung zum Paschamysterium. Hier ersetzte eine moralische Tugendlehre die Thematik von Tod und Leben, der biblische Gedanke der Nachfolge (ἀκολουθία/sequela) wurde abgelöst durch den der Nachahmung (μίμησις / imitatio).

Inkulturation

Dieser frömmigkeitsgeschichtliche Wandel kann nicht einfach als Degenerierung einer ursprünglichen Hochform gedeutet werden. Er ist vielmehr die Konsequenz eines Inkulturationsprozesses. Dass dies im Zusammenhang mit den arianischen Auseinandersetzungen geschah, erklärt manche Deformation. Ein positiver Zug dieser Frömmigkeit insgesamt ist die größere Nähe zu Fragen der konkreten Lebensgestaltung. Das sakramentale Denken der römischen Liturgie blieb in vieler Hinsicht abstrakt. Die fränkisch-deutsche Mentalität versuchte, die Aussagen der Schrift und der Liturgie zu konkretisieren. Dadurch ging zwar vieles an theologisch-heilsgeschichtlicher Weite der Väterzeit verloren. Gleichzeitig entstand aber eine neue Synthese, die kraftvoll genug war, um das Erbe der römischen Liturgie zu integrieren und über den zeitweiligen Niedergang der Stadt Rom hinweg zu bewahren.

3.5.3 Der Fortbestand der römischen Liturgie

Nach Gregor dem Großen trat in der Entwicklung der römischen Liturgie ein Stillstand ein. Nur noch wenige Elemente, vornehmlich aus dem Orient, wurden hinzugefügt. Es fehlte die gestalterische Kraft, den Zyklus des liturgischen Jahres in der Zeit nach Pfingsten zu schließen. Dasselbe gilt für die Sakramentenliturgie, die bis auf die Tauffeier wenig entfaltet war. Schon vorher hatten sich demgegenüber, vor allem in der keltischen Liturgie, zahlreiche andere, vielfach vom Orient inspirierte Riten entwickelt. In der Karolingerzeit fand eine bemerkenswerte Verschmelzung statt. Anlässlich seiner Krönung im Jahre 754 wollte König Pippin die gregorianische Liturgie Roms in seinem Reich einführen. Bei der Ausdehnung des Reiches war es unter den damaligen Umständen jedoch unmöglich, alle Kirchen mit den entsprechenden Büchern zu versorgen. So nutzte man weiterhin die alten Bücher, nur gelegentlich durch römische Elemente ergänzt. Der politische Gedanke war, das Nebeneinander von altgallischen und römischen Bräuchen zu beseitigen und mit einer einheitlichen Liturgie die Einheit des Reiches zu stärken. Karl der Große, der die Politik seines Vaters durchsetzen wollte, erbat sich von Rom neue Bücher. Man übersandte ihm ein zwar prächtiges, aber inzwischen schon veraltetes und insofern unvollständiges Exemplar des Gregorianums (das bereits erwähnte „Aachener Urexemplar"), als es nur die päpstlichen Stationsgottesdienste enthielt. In Aachen hatte man den Missstand wohl bald erkannt. Außerdem wollte man die römische Liturgie durchaus den Bedürfnissen der eigenen Tradition anpassen, z. B. durch Hinzufügen von Segnungsriten und Festen. Benedikt von Aniane, der Hoftheologe Karls, stellte nun aus den noch vorhandenen Mischsakramentaren Pippins die Formulare zusammen, die er in der römischen Vorlage nicht finden konnte. Er fügte diese Formulare dem römischen Bestand in einem Anhang bei. Dieser bestand nun nicht mehr aus rein römischem Formelgut, sondern enthielt aufgrund der Mischtypen auch einiges an altgallischer Liturgie.

Bedeutung der Karolinger für die Erhaltung der römischen Liturgie

In der Folgezeit verkümmerte das kirchliche und liturgische Leben in der „Ewigen Stadt". So ist es letztlich dem politischen Kalkül der Karolinger zu verdanken, dass die stadtrömische Liturgie, zumindest in ihren wesentlichen Grundzügen, erhalten blieb. Doch behandelte man diese nicht wie eine Reliquie, sondern unterwarf sie, auch aufgrund ihrer politischen Bedeutung, einer kreativen Umwandlung.

Der Beitrag fränkisch-deutscher Liturgie bestand weniger im Erhalten als im Weiterentwickeln der stadtrömischen Elemente. Zumindest in ihrer entfalteten Form sind die eindrucksvollsten Feiern der heutigen Liturgie – die Feiern der Karwoche, der Kirchweihe und der Ordinationen – nicht römischen, sondern fränkisch-deutschen Ursprungs. Die Integrationskraft entfaltete sich dadurch, dass man die römischen Elemente mit den bereits vollzogenen Synthesen von orientalischen und bodenständigen Elementen verband. Die formelhaft statische Liturgie Roms wurde dabei in vielfacher Hinsicht dramatisiert. So entstand z. B. die Palmprozession am Sonntag vor Ostern aus Jerusalemer Vorlagen (Felbecker/456; Gerhards/233; Odenthal/284). Diese wurden aber nicht einfach kopiert, sondern – etwa durch die Schaffung neuer Hymnen – ausgestaltet. War die römische Liturgie fast ausschließlich aus biblischen Elementen konzipiert, so gewann nun der freie

Weiterentwicklung römischer Elemente

Hymnus, der freilich oft auf Bibelstellen Bezug nimmt, mehr und mehr an Bedeutung.

Die Genera können dabei sehr unterschiedlich sein. So wird aus orientalischen Vorbildern der Gesang der Improperien des Karfreitags konzipiert (Gerhards/232). Dramaturgische Elemente jener Zeit sind auch die gesteigerten Rufe des „Ecce lignum" bei der Kreuzverehrung und des „Lumen Christi" in der Osternacht. Diese Tendenz zur Dramatisierung aus Jerusalemer Vorbildern entspricht offenbar dem Bedürfnis nach Veranschaulichung, das der römischen Liturgie an sich fremd war. Durch die Übernahme der Struktur der römischen Liturgie war man allerdings zunächst in ein Korsett geschnürt, das kaum Entfaltungsspielräume bot. Doch befand man sich noch in einem Prozess lebendiger Liturgieentfaltung. So wurde die geschlossene, in ihrer Prägnanz beeindruckende Form der römischen Liturgie gesprengt. Dies geschah durch Erweiterungen, d. h. durch Texteinschübe, in das vorgegebene Raster (Tropierung). Durch den Wechsel von biblischen (Psalmen) und freien poetischen Elementen entstand oft eine spannungsreiche, dramatische Form. Eine andere Weise der Erweiterung der ursprünglichen römischen Liturgie ergab sich aus dem Hinzufügen weiterer Elemente. Vor allem ist hier die Sequenz zu nennen, die an die bestehenden Gesänge zwischen den Lesungen angehängt wird (Sequenz = Folge, der Anschluss an den Halleluja-Ruf). Am bekanntesten ist wohl die bis heute gebräuchliche Ostersequenz, die bereits ein fortgeschrittenes Stadium der Dramatisierung der Liturgie darstellt. Es handelt sich um die Kombination eines hymnischen Lobpreises auf das Osterlamm mit dem Osterspiel, der Visitatio sepulchri, die Anlass zu weiterer szenischer Entfaltung gab (Gerhards/241).

3.5.4 Kontinuität und Wandel der „römischen" Liturgie

Gründe für ein Auseinanderklaffen von Theologie und Liturgie

Der beschriebene Paradigmenwechsel lässt sich theologisch folgendermaßen deuten: Von ihrer Herkunft her stellt Liturgie den Anspruch, die Verwirklichung des Dargestellten zu sein. Das Eigentliche liegt nicht hinter den Dingen, sondern kommt notwendigerweise in den Dingen zum Ausdruck. Nur wenn die Kirche feiert und insofern sie feiert, kann das Erlösungswerk hier und heute gegenwärtig werden. Dies ist der Grund, weshalb die Christen der Märtyrerzeit ihre sonntäglichen Versammlungen zur Eucharistiefeier so hoch einstuften. Die Theologen (im Westen vor allem Ambrosius) fassten diese Eigenart in sog. mystagogischen Katechesen in Worte. Terminologisch mussten freilich die dargestellte Sache (sakramentale Gnade) und die Darstellung (Liturgie) auseinander gehalten werden. Faktisch führte dies zu einer Unterscheidung von „wesentlichen" und „unwesentlichen" Elementen der liturgischen Feier. Als wesentlich betrachtete man mehr und mehr den durch den Priester gültig vollzogenen liturgischen Akt. Die Versammlung, d. h. die physische Präsenz der übrigen Beteiligten, wurde nicht mehr für notwendig erachtet. Dies geht, in gallischen Klöstern schon seit sehr früher Zeit, mit der Praxis der Privatmesse als Normalform der Messfeier einher (Angenendt/ 211). Die feierliche Messe unter Versammlung des Volkes hatte dem qualitativ nichts hinzuzufügen. Das Plus lag im Quantitativen, d. h. im Zeremoniell, das für das Zustandekommen der Sache an sich nicht als notwendig galt. Das Zeremoniell geriet zur bloßen Darstellungsform, die sich mehr und mehr vom dargestellten Inhalt löste. Hierin ist ein Grund für die zunehmend sich durchsetzende allegorische Liturgieerklärung und das Auseinanderklaffen von Theologie und Liturgie zu sehen. Im weiteren Umfeld dieser Entwicklung des Frühmittelalters, die im Hochmittelalter zum Abschluss kam, ist der erwähnte dogmengeschichtliche Wandel zu sehen: die Abkehr vom heilsgeschichtlichen Denken zugunsten einer ontologisch-statischen Konzeption (Angenendt/212).

Dem hier nur angedeuteten liturgischen Befund entspricht ein architektonischer Wandel. Die ursprünglich auf den Hauptaltar bezogene Anlage der Basilika entwickelte sich im Verlauf des Mittelalters zu einer differenzierten Raumgestalt, die eine Fülle von Einzelaltären als Gedächtnisorte aufwies. Damit hatte sich eine Akzentverlagerung vollzogen: Der Altar wird nicht aufgrund der dort stattfindenden Messfeiern zum heiligen Ort, sondern er zieht als heiliger Ort die Ehrung durch die tägliche Messe auf sich. *(Akzentverlagerung in der Architektur)*

Mittelalterliche Quellen berichten des Weiteren von komplexen Organisationen, welche die Kloster- und Stiftskirchen einer Stadt im Laufe des Kirchenjahres zu Orten einer den gesamten Kosmos des christlichen Glaubens darstellenden Stadtliturgie machten. Damit ging eine doppelte Inversion einher: die Klerikalisierung der Klöster und die Monastisierung des Stadtklerus. Die Quellen berichten freilich auch davon, wie schwer es war, den Anspruch der Kirchenstadt aufrechtzuerhalten. Dies führte seitens der Gläubigen zu sog. Paraliturgien, volkstümlichen „Ersatzformen", in denen sich authentisches religiöses Gefühl ausdrückte. Insbesondere waren das die zahlreichen Prozessionen und Andachten mit vielfältigen muttersprachlichen Elementen, die indes mit dem Gemeinschaftsgeist der alten römischen Liturgie nicht mehr viel gemeinsam hatten. Es folgte die Zeit einer ganz auf das Individuum bezogenen Religiosität, die in diesem Licht auch die alten Formen der tradierten römischen Liturgie las. *(Stadtliturgie und paraliturgische Ersatzformen)*

3.6 Grundzüge der Liturgie im Hoch- und Spätmittelalter am Beispiel der Liturgie der Stadt Köln

Die mittelalterliche Liturgie mit ihrer komplexen Geschichte und ihren vielfältigen Verästelungen lässt sich nicht auf knappem Raum beschreiben. Grundzüge der Liturgiegeschichte des Früh-, Hoch- und Spätmittelalters werden deshalb hier anhand eines Beispiels, der Liturgiegeschichte der Stadt bzw. des Erzbistums Köln, nachgezeichnet (dazu: Kölnische Liturgie/263). Die „Kölnische Liturgie" ist in vielem paradigmatisch für die mittelalterliche Liturgie insgesamt: Sie verkörperte eine respektable Eigentradition, die (anders als die Mailänder Liturgie) zwar innerhalb des römischen Ritus verblieb, sich aber weit über die Tridentinische Reform hinaus bis ins 19. Jahrhundert behauptete.

Wie bereits dargestellt, erlangte die römische Liturgie eine hohe politische Bedeutung für die Reichspolitik. Das betraf nicht nur die Texte, Riten und Gesänge, sondern auch den Kirchenraum, dessen prominente Vertreter man nach römischen Vorbildern gestaltete. So bildete das Westwerk des alten Kölner Doms, der Petruschor, die Confessio von Alt-St. Peter in Rom ab. Anleihen an die großen Vorbilder in Rom und im Heiligen Land gab es aber auch schon unabhängig von der karolingischen Reichsreform.

Zu fragen ist hier nach den Triebkräften für die Entwicklung dessen, was als „Kölnische Liturgie" bezeichnet wird. Hier ist zum einen das benedikti- *(Klosterliturgie und Stadtliturgie)* nische Mönchtum zu nennen, mit dessen Hilfe die karolingische Reform durchgesetzt wurde. Aber auch Klerikergemeinschaften, die nach der Kanonikerregel lebten, sowie Frauenklöster sorgten für den Fortbestand einer regen Liturgie. Die Stadt wurde im Frühmittelalter zum liturgischen Großraum, die einzelnen Kirchen mit ihren Gemeinschaften bildeten eine Kirchenfamilie. Wiederum spielte die Orientierung an Rom, Motor bereits der karolingischen Reform, eine große Rolle, was sich in ottonischer Zeit fortsetzte.

Kathedralliturgie und römische Zelebrationsrichtung

In Rom bildete sich die Kurie mit eigenem Zeremoniell heraus und wurde zum Vorbild für die Liturgie der Universalkirche, verbreitet später vor allem durch die Franziskaner. Im Kölner Dom entwickelte sich eine prachtvolle Kathedralliturgie, nicht zuletzt aufgrund besonderer Privilegien. Wie in Rom gab es eine Zeit lang drei Klassen von Kardinälen, in Köln waren es Kardinalpriester, Kardinaldiakone und Kardinalsubdiakone. Eine Besonderheit bildete die „römische Zelebrationsrichtung" über den Altar hinweg nach Osten in Richtung Kirchenschiff (versus populum), so im westlichen Petruschor des alten Kölner Doms, der die Situation im alten römischen Petersdom abbildete. Die „römische Zelebration" war den Kölnern so wichtig, dass man sie bis ins 16. Jahrhundert hinein auch im neuen Dom, am Hochaltar in der Ostapsis, für den Bischof beibehielt (Gerhards/235; Lang/269).

Orientierung an Rom und Jerusalem: – Das Stationskirchenwesen

Die Rom-Orientierung kommt besonders in der Stationsliturgie zum Ausdruck, so etwa in der Weihnachtsliturgie, bei der die Kölner Kirche St. Maria im Kapitol eine besondere Rolle spielte. Für die Stationsliturgie des päpstlichen Zeremoniells waren ursprünglich die Stationen Maria Maggiore in der Nacht, St. Anastasia in der Morgenfrühe und St. Peter am Tag vorgesehen. Im 12. Jahrhundert begann in Köln die Christnacht mit der Matutin im Dom. Noch während ihres Verlaufs bestieg der Erzbischof eine Sänfte und ließ sich nach Maria im Kapitol tragen. Mit ihrem Dreikonchenchor ist der Bau des 11. Jahrhunderts eine freie Kopie der Geburtskirche in Bethlehem. In St. Maria im Kapitol feierte der Erzbischof die nächtliche Weihnachtsmesse.

Nach deren Abschluss ließ ihm die Äbtissin von St. Maria im Kapitol ein weißes Maultier zuführen. Der Erzbischof ritt auf dem weißen Maultier, begleitet von Klerus und Volk, zur Kirche St. Cäcilien, um dort die missa in aurora zu feiern. Dort erhielt er einen Schimmel, auf dem er zum Dom zur dritten Weihnachtsmesse ritt. Im Dom erwartete ihn der möglichst vollzählig versammelte Kölner Klerus. Am Ende wurde das Evangelium von Epiphanie verlesen, seit 1164 durch die Anwesenheit der Gebeine der „Drei Könige" besonders eindrücklich. Daraus erklärt sich die Bezeichnung „Königsamt" für die dritte Weihnachtsmesse neben „Engelamt" und „Hirtenamt" für die beiden ersten (Das Lob Gottes im Rheinland/274: 28 f.).

– Die Prozessionen

Den Rheinländern war die Bedeutung der Prozession als ganzheitliches, sinnenfreudiges Geschehen immer vertraut. Die meisten großen Kirchengebäude sind Prozessionskirchen. Dabei spielt nicht nur die West-Ost-Achse eine Rolle. In der Basilika St. Maria im Kapitol sind die Seitenschiffe als Prozessionsgänge um die Dreikonchenanlage herumgeführt, was eindrucksvolle Prozessionen ermöglicht. Der Kölner Dom bietet eine Fülle von Prozessionswegen, wie sie in den alten Quellen bezeugt sind, wenn auch einige davon sich erst nach Fertigstellung des Langhauses hätten entfalten können.

Die Prozessionen im Raum hängen eng mit den Gedenkorten, den Patrozinien, zusammen; die Prozession sucht diese Orte nicht nur auf, sondern bringt sie im Gesamtkomplex des Kirchengebäudes und der anderen Stadtkirchen in eine sinnenhaft-sinnvolle Beziehung.

Die Prozessionen prägten das geistliche Leben der Stadt hauptsächlich in der Zeit vom Frühjahr bis zum Sommer. Die Bittprozessionen sind zu nennen – die Litania maior am Markustag (25. April) und die Litaniae minores am Montag, Dienstag und Mittwoch der Bittwoche (vor Christi Himmelfahrt). Seit 1264 gab es die Fronleichnamsprozession, die in Köln freilich lange Zeit mit der Stadtkölnischen Gottestracht am zweiten Freitag nach Ostern konkurrierte; erst nach Aufklärung und Säkularisation, in der Zeit der Restauration, kam die Kölner Fronleichnamsprozession zur vollen Entfaltung. Eine solche Fülle theophorischer Prozessionen (d. h. unter Mitführung der konsekrierten Hostie) gab es in Köln, dass man sie durch autoritative Eingriffe glaubte eindämmen zu müssen (Schlierf/296; Trippen/302).

Das Beispiel der Palmsonntagsfeier ist besonders aussagekräftig. Die gallikanische Festorganisation geht auf Jerusalemer Bräuche der Spätantike zurück, die den triumphalen Einzug Jesu in Jerusalem mimetisch darstellen, und verbindet sich mit dem römischen passionszentrierten anamnetischen Gottesdienst zu jener bipolaren Feier, wie wir sie noch heute kennen. Statio ist St. Gereon. Für Köln ist als lokales Proprium die Predigt des Bischofs in der Kirche Maria Ablass belegt. Eine Besonderheit ist ferner das Mitführen des Petrusstabs, einer kostbaren Reliquie. Aus diesem Grund tritt eine Reihe von Antiphonen des Petruspatroziniums des Doms zu den festtagsbezogenen Gesängen hinzu. Der in der Reliquie sich manifestierende apostolische Anspruch des Kathedralpatroziniums wird so über den Dom hinaus in die Stadt getragen. Odenthal resümiert: „Die Einfügung der Antiphonen zu Ehren des hl. Petrus zeigt, dass die Kölner Domkirche nun selbst durch ihren auf Rom deutenden Reliquienbesitz, den Stab des hl. Petrus, die Liturgie prägt und gestaltet" (Odenthal/284: 292). Besonders beliebt war in der Kölner Erzdiözese die Statio ad Crucem, die auch die Tridentinische Reform überdauerte, bis sie der Zentralisierungstendenz des 19. Jahrhundert zum Opfer fiel.

Ein Proprium kölnisch-rheinischer Liturgie ist der Reliquienkult. Er ist untrennbarer Bestandteil der hier nach wie vor ausgiebig geübten Wallfahrten. In St. Maria im Kapitol verehrte man seit 1304 eine crux miracolosa am zentralen Kreuzaltar, in deren Brustcorpus ein Reliquienkästchen gefunden worden ist. Kultbild und Andachtsbild fallen hier in eins. Auch der Lettner diente zum Zeigen der reichen Reliquienschätze (vgl. auch Legner/270: 134). Reliquienkult

Von den mittelalterlichen Consuetudines sind keineswegs nur die Gebäude als äußere Hüllen erhalten geblieben. Vielmehr lassen sich Relikte der Stationsliturgie bis in die Gegenwart hinein feststellen. So wird im Rheinland bis heute die „Römerfahrt" als eine neuzeitliche Adaption der Siebenkirchenwallfahrt gepflegt. In Köln spielen die „Gottestracht" sowie die hier erstmals abgehaltene Fronleichnamsprozession nach wie vor eine große Rolle. Im Zusammenhang mit dem Domjubiläum 1998 belebte man die Wallfahrt im Chorumgang des Domes wieder. Eine für die kölnische Liturgie charakteristische Gattung sind die Hymnen, etwa der Prozessionshymnus für den Ostertag „Salve festa dies" (vgl. Das Lob Gottes im Rheinland/274: 131 f.), und Sequenzen wie die von der Übertragung der Reliquien der Heili- Fortleben mittelalterlicher Traditionen gen Drei Könige „Maiestati sacrosanctae" (ebd. 137f.). Prozessionen und Hymnengesang gelten als Erbe aus der Zeit der gallikanischen Liturgie.

Weitgehend untergegangen ist mit der Säkularisation das gemeinschaftliche Offizium, sofern es klösterliche Gemeinschaften nicht neu aufgegriffen haben. Wie reichhaltig sich das gemeinschaftliche Offizium im Hochmittelalter entfaltet hatte, ist anhand der Stiftskirche St. Aposteln aufgearbeitet. Auch hier orientiert sich die Liturgie am römischen Aufbau, wie Amalar von Metz (ca. 775 bis ca. 850) ihn kodifizierte, gestaltet sich im Detail aber nach örtlichen Gegebenheiten (Odenthal/283).

3.7 Die Liturgie in der Zeit der Reformation und der Katholischen Reform

3.7.1 Die Hypothek des Mittelalters

Trennung von Theologie und Volksfrömmigkeit

Amalar hielt sich 813 bis 814 in Byzanz auf, wo er mit den Schriften des Pseudo-Dionysius wohl die allegorische Messerklärung kennen lernte (Pseudo-Dionysius/291). Er sah darin eine Möglichkeit, die an sich fremde römische Liturgie im karolingischen Reich zu verbreiten. Waren die Theologen vorher darum bemüht, den Inhalt der Liturgie zu vermitteln, so entwickelte sich nun eine Weise der Messallegorese, die keinerlei Rücksicht auf die tatsächlichen Inhalte nimmt. Merkwürdigerweise haben sich die großen mittelalterlichen Theologen dem nicht widersetzt. Der Grund scheint in der Tatsache zu liegen, dass die Inhalte der Liturgie nicht Gegenstand theologischer Reflexion waren. Die Liturgie diente lediglich als Darstellungsebene des geglaubten Heils. Dieses ereignet sich im Grunde genommen unabhängig vom liturgischen Tun. Liturgie wird mehr und mehr zu einem geistigen Schauspiel, an dem die Gläubigen nur noch äußerlich teilnehmen und von dessen Früchten sie nurmehr geistig kosten. Auf diese Weise konnten das Drama des Messopfers und der Akt der Kommunion völlig unabhängig voneinander betrachtet werden. Auf der Strecke blieb dabei die Liturgie mit ihrem Anspruch, sowohl intellektuell als auch emotional auf den Menschen zu wirken und ihn als Person aktiv in das Geschehen einzubeziehen. Bestand bei der mystischen Schau des Pseudo-Dionysius noch der Anspruch, die gesamte Wirklichkeit des geglaubten Mysteriums erfassen zu können, so wird dieses Mysterium im Mittelalter aufgeteilt in eine für den Intellekt erfassbare kategoriale Größe und eine zur mystischen Versenkung gedachte Emotionalität. Die klassische Liturgie war für beide Formen ungeeignet. Blieb sie für die scholastische Theologie mehr oder weniger ganz aus dem Spiel, so stellte sie für die Mystik lediglich eine Art Rahmen dar, den man mit neuen Elementen füllte. Die neue Spiritualität setzte nicht mehr an der Lautgestalt etwa des (leise gesprochenen) Hochgebets an, sondern an der Schaugestalt der erhobenen Hostie. An dieser Stelle konnten sich neue Formen emotionaler Frömmigkeit entfalten; der theologische Gehalt der liturgischen Überlieferung lag indessen weitgehend brach.

Hinwendung zur irdischen Gestalt Jesu

Starke Impulse gingen im Mittelalter von den Bettelorden aus. Mit Franz von Assisi verbindet man die Krippenfrömmigkeit und die besondere Liebe zum Gekreuzigten. Diese Hinwendung zur irdischen Gestalt Jesu war letztlich durch die spiritualistische Tendenz häretischer Gruppen motiviert, der man eine massive Schöpfungstheologie entgegensetzte, wie sie sich z. B. im Sonnengesang des Franziskus äußert. Es ging darum, das Dogma von der Menschwerdung Gottes zu wahren. Doch war dies nicht mehr in der Weise jener symbolischen Zusammenschau der an sich gegensätzlichen Aussagen möglich, wie Antike und noch das frühe Mittelalter es vermocht hatten. Stattdessen versenkte man sich nun in eine emotionale Betrachtung der einzelnen Begebenheiten aus dem irdischen Leben Jesu. Um aber seine Gottheit zum Ausdruck zu bringen, erhob man Jesus und in der Folgezeit auch Maria in eine übermenschliche Sphäre.

Literarischer Ausdruck dieser sich in der Gotik verbreitenden Geisteshaltung ist eine individualistische Poesie. Es entstanden die lateinischen und teilweise schon muttersprachlichen Cantiones, erbauliche Lieder, die der emotionalen Betrachtung dienten und keine oder kaum theologische Relevanz besaßen. Nunmehr ist die Trennung von Theologie und Volksreligiosität vollzogen. Die Konsequenzen dieser Entwicklung sind unübersehbar. Sie sind zum einen liturgiegeschichtlich zu fokussieren: Volk und Klerus werden immer stärker voneinander getrennt. Den Laien durfte nur der Ritus, nicht der Inhalt des Kanons erklärt werden. Dementsprechend entwickelten sich in dieser Zeit eine spezifische Laienspiritualität sowie eigene Formen von Gemeindegottesdiensten neben der offiziellen Liturgie, z. B. Predigtgottesdienste und Kommunionfeiern, Prozessionen, Andachten. Der liturgieeigene Anspruch wurde durch die Gestalt des Gottesdienstes nicht mehr abgedeckt. Vielmehr verlagerte er sich in andere Formen, vor allem in die Architektur der gotischen Kathedralen mit ihrer Bilderwelt. Die Kathedralen sind in ihrer Funktion aber ebenfalls nicht mehr eindeutig, sondern aufgeteilt in eine Fülle von Einzelräumen (z. B. Seitenkapellen, Chorumgänge, abgetrennte Altarbezirke). Die Symbolik des Gesamtbaus drückt zwar noch die Einheit aus, doch entspricht der darin gefeierte Gottesdienst diesem Anspruch kaum mehr.

3.7.2 Das vorreformatorische Jahrhundert

Die Phasen zwischen den durch die kirchlichen Autoritäten gesteuerten Reformen werden oft als innovationsfeindlich dargestellt. Es wäre jedoch verfehlt, das vorreformatorische Jahrhundert nur unter dem Paradigma des Verfalls zu betrachten. Diese Zeit galt in liturgiehistorischer Hinsicht als dekadent, weil man als Parameter die Texte vor allem der priesterlichen Vollzüge zugrunde legte, deren Neuordnung am Vorabend der Reformation in der Tat dringlich war. Nach neuerer Erkenntnis war das vorreformatorische Jahrhundert auf seine Weise höchst produktiv und innovativ, jedoch weniger in Bezug auf das Hören als auf das Schauen. Dies zeigt etwa die unüberschaubare Zahl von Bildern, Figuren und Flügelaltären, die nicht etwa von den Reichen, sondern von eher armen Leuten gestiftet wurden (Angenendt/115). Zweifellos gibt es in dieser Zeit eine Tendenz zur Veräußerlichung. In der kirchlichen Kultur lässt sich dies an der Spätgotik ablesen, die immer mehr auf das Dekorative und Vordergründige abhob. Gegentendenzen, die in reichem Maße vorhanden sind, trugen ausschließlich individualistische Züge. Nicht das Bemühen um die Reform der kirchlichen Struk-

Innovation im Bereich des Schauens

turen, sondern der Rückzug in die Innerlichkeit war für viele das Gebot der Stunde. Die Devotio moderna trug denn auch mitunter agnostische Züge, wie sie sich z. B. in der „Nachfolge Christi" des Thomas von Kempen finden lassen. Vor diesem Hintergrund könnte man annehmen, diese Zeit hätte keine reformerischen Kräfte hervorzubringen vermocht. Denn dazu bedurfte es ja der Einflussnahme, nicht zuletzt auch der entsprechenden Positionen, um einen Reformimpuls politisch durchzusetzen. Doch lässt sich zeigen, dass es in jener Zeit durchaus Versuche dieser Art gegeben hat, denen indes kein Erfolg beschieden war. Ein solcher Reformversuch zweier italienischer Benediktinermönche soll im Folgenden exemplarisch vorgestellt werden (Gerhards/239).

3.7.3 Ein Reformprojekt am Vorabend der Reformation: Der Libellus ad Leonem X (1513)

Die beiden Autoren des „Libellus ad Leonem X" von 1513, Paolo Giustiniani (1476–1528) und Vincenzo Quirini (1479–1514), gehörten dem Kamaldulenserorden an, einer nach Camaldoli benannten Reformgründung des Benediktinerordens, die koinobitisches (gemeinschaftliches) und eremitisches (Einsiedler-)Mönchtum miteinander zu verbinden suchte. Der Lebenskontext der beiden Autoren war die städtisch geprägte Renaissance-Kultur Italiens zwischen Venedig und Rom. Die umfangreiche Schrift richtet sich an den neu gewählten Medici-Papst Leo X. (1513–1521). Mit seinem Amtsantritt verbanden sich große Erwartungen, vor allem in Bezug auf das 1512 einberufene Laterankonzil, von dem man sich die lang ersehnte Kirchenreform erhoffte. Diese Hoffnungen erfüllten sich allerdings nicht, da das damalige Papsttum mehr oder weniger Spielball der europäischen Großmächte war.

Bildung und Kenntnis der Heiligen Schrift

Ein wesentliches Anliegen des Reformvorhabens lag im Versuch, das Glaubenswissen der Christen zu fördern. In erster Linie solle dies, um die Qualität der Predigt zu verbessern, durch eine bessere theologische und vor allem biblische Bildung des Klerus geschehen. Die Kenntnis der Heiligen Schrift müsse auf breiter Ebene gefördert werden, weshalb der Papst seine Bibliotheken allen Gläubigen öffnen solle.

Übersetzungen in die Muttersprache

Ein Problem der beginnenden Neuzeit war der ausschließliche Gebrauch der lateinischen Sprache in Wissenschaft und Kirche. Nun stellten die Autoren aber fest, dass selbst die Priester des Lateinischen nicht mehr mächtig seien. Deshalb regten sie an, die Heilige Schrift in die Muttersprachen zu übersetzen.

Anliegen: Ethos und Lob Gottes

Wenn die Liturgie in der Muttersprache gefeiert werde, dann – so glaubten die Autoren – fördere dies die Kenntnis der göttlichen Vorschriften und die Sittlichkeit unter den Menschen. Den beiden Benediktinern ging es dabei nicht allein um Belehrung und Erbauung, sondern auch um das zweckfreie Lob Gottes in der jeweiligen Muttersprache. Die anscheinend positiv wahrgenommene Erfahrung ritueller Vielfalt in der Jerusalemer Grabeskirche nahmen sie zum Vorbild möglicher Vielfalt innerhalb der weltweiten römischen Kirche. Der Modernitätsgedanke, der aus dem Libellus spricht, liegt im Entdecken der Bedeutung des Wortes hinter der phonetischen und syntaktischen Struktur der Sprache. Offensichtlich handelte es sich hier um eine Gegenströmung zur „Schaulust" des Mittelalters, die mitunter zur Veräußerlichung degeneriert war. Die damit verbundene partikuläre und individuelle Beliebigkeit, der Subjektivismus, wird als Gefahr angesehen. Das Gegenmittel ist aber nicht ein Objektivismus der sprachlichen Identität, sondern die zentralistische Steuerung von Bibelübersetzungen und die Vereinheitlichung des Ritus. Die Verfasser sehen im Wort der Verkündigung und des Gebets eine Möglichkeit der Unterweisung, wobei Muttersprachlichkeit eben mehr ist als reine Information. Dies kommt in der Emphase auf das Gotteslob zum Ausdruck, dem ja nach der Regel des Heiligen Benedikt nichts vorzuziehen sei (Benediktusregel/215: 43). Eingeschränkt werden sollen die in jener Zeit verbreiteten Partikularriten, vor allem die der Orden. Dies ist zu Beginn des 16. Jahrhunderts infolge des neu aufgekommenen Buchdrucks eine reale Möglichkeit. Der zentralistische Zug, der nicht einmal vom Konzil von Trient in dieser Rigidität beansprucht wurde – man schaffte die Ritenvielfalt nicht ab –, steht in auffallendem Gegensatz zu der Forderung, die Landessprachen zuzulassen. Doch ist dies kein Widerspruch. Es ging den beiden Kamaldulensern um die geistliche Nahrung aus den Quellen des Glaubens, in erster Linie aus der Bibel, dann aber auch aus der Liturgie, die ihrerseits biblisch zentriert ist. Giustiniani selbst ist in späterer Zeit als Übersetzer der Bibel ins Italienische in Erscheinung getreten. Der Libellus ist aus dem Impuls der Ordensreform hervorgegangen und lässt Elemente der Ordensspiritualität in das Reformprogramm für die gesamte Kirche einfließen. Reform heißt in diesem Sinne das Anstreben einer strengeren Observanz.

Die Reformvorschläge dieser Schrift sind Kind ihrer Zeit und in vieler Hinsicht, etwa in Bezug auf das Verhältnis der römischen Kirche zu den anderen Kirchen und Religionen, äußerst bedenklich. Als universalkirchliches Konzept konnte sich der Libellus mit einem solch asketischen Anspruch kaum durchsetzen. Er blieb weitgehend folgenlos, stellt jedoch in der Kette von Reformversuchen zwischen Mittelalter und Zweitem Vatikanischen Konzil ein wichtiges Glied dar.

3.7.4 Die Liturgiereform der Reformatoren am Beispiel der Abendmahlsliturgie

Zu den auffälligsten Merkmalen der reformatorischen Liturgien gehört der Gebrauch der Volkssprache. Allerdings hat sich auch das Lateinische teilweise noch lange Zeit gehalten, meist in gemischtsprachigen Gottesdiensten (deutsch: Lesungen, Predigt, Gebet, Gemeindelied; lateinisch: Chorgesänge).

Die differenzierte Landschaft der evangelischen liturgischen Ordnungen ergibt sich aus der Vorgehensweise der Reformation, die von der weltlichen Obrigkeit gegen den Willen der Bischöfe durchgeführt wurde. Die den weltlichen Territorien entsprechenden Kirchenordnungen hingen in ihrer Gestalt oft von Zufälligkeiten ab. Generell lassen sich die evangelischen Abendmahlsordnungen in zwei große Gruppen unterteilen (Pahl/286 u. 287; Lurz/275; Handbuch der Liturgik/31: 207 ff.; 247 ff.). Die eine ist dadurch charakterisiert, dass sie von der vorgefundenen Form der lateinischen Messe ausging, wie sie in der betreffenden Gegend ausgeformt war. Die zweite Gruppe, die nicht mehr „Messe" genannt wird, knüpfte an die in den südwest-

Zwei Arten evangelischer Abendmahlsordnungen

deutschen Städten aufgekommenen sog. Prädikantengottesdienste an. Da die Messe vor der Reformation meistens ohne Predigt gehalten wurde, entwickelte sich ein eigener Predigtgottesdienst in der Muttersprache außerhalb der Messfeier. Zu seinen Elementen gehörte auch das wiedergewonnene Allgemeine Gebet (Fürbittgebet). Parallel zu dieser außerliturgischen Form des Wortgottesdienstes entwickelte sich die ebenfalls schlichte, volkstümliche Form der Gemeindekommunion. Diese war eher katechetisch konzipiert und prägte ihrerseits eine Reihe von evangelischen Abendmahlsordnungen. Diese Tatsache gibt Aufschluss über die merkwürdige Parallelität der Kleriker- und Laienliturgien am Vorabend der Reformation. Auch da, wo die Gestalt der römischen Messe den Abendmahlsordnungen als Grundform diente, übernahm man sie nicht unverändert. Auch hier galt der Grundsatz: Keine Messe ohne Predigt. Dies führte zum Einfügen eines neuen Ordinariumstückes, der Abendmahlsvermahnung. Es handelt sich um eine im Wortlaut festgelegte Abendmahlshomilie und -paränese, ähnlich den Modellansprachen der Weiheliturgien, die seit dem Pontifikale des Durandus aus dem 13. Jahrhundert üblich waren. In den Abendmahlsordnungen übernahm die Abendmahlsvermahnung zusammen mit dem Allgemeinen Gebet freilich weitgehend Funktionen des Kanons, des Eucharistiegebets. Ein zweiter Grundsatz der reformatorischen Liturgie war: Keine Messe ohne Kommunion der Gemeinde, und zwar unter beiderlei Gestalt.

Anliegen reformatorischer Liturgie

Die entscheidenden Eingriffe der Reformatoren betrafen in erster Linie den Kanon. Dieser betonte zusammen mit dem Offertorium aus reformatorischer Sicht das Opferhandeln der Kirche und damit das fromme Werk der Menschen und stellte die Priesterrolle zu stark heraus. Erhalten blieben aufgrund ihrer biblischen Legitimation oft allein die Einsetzungsworte, die nun als Verheißung aufgefasst wurden, deren Erfüllung Christus und nicht dem Priester als Konsekrator zuzusprechen sei. Auch die Präfation mit dem Sanctus blieb als Rühmung weitgehend erhalten. Nach der Auffassung der Zeit gehörte dieser Teil ja nicht zum Hochgebet, sondern stellte eine Vorrede dar. Insgesamt war man bestrebt, die Eucharistie stiftungsgemäß zu vollziehen. Nach anfänglichen Versuchen, den ganzen Kanon evangelisch umzuformen, führte dies schließlich fast überall zu seiner völligen Entfernung. Manche seiner Funktionen wurden auf andere Elemente wie die bereits erwähnte Vermahnung verlagert, auf das Allgemeine Gebet, das Vaterunser, auf Gemeindegesänge einschließlich Sanctus und Agnus Dei. Dies galt vor allem für den an die Messfeier anknüpfenden Typ. So entstand eine biblisch elementarisierte, für die Gemeinde fassliche evangelische Abendmahlsliturgie. Die oberdeutschen Ordnungen dagegen, die sich nicht an der Messfeier orientierten, brachten wesentliche Elemente wie Danksagung und preisendes Bekenntnis auf andere Weise zur Geltung, z.B. im einleitenden Abendmahlsgebet, im besonders ausgeprägten Lobgebet zum Schluss oder im eingefügten Credo.

Proprium des evangelischen Abendmahlsverständnisses

Eine eindeutige Zuordnung der beiden Typen zur lutherischen bzw. reformierten Konfession ist nicht möglich, wenn auch der laikale Abendmahlstyp der reformierten näher steht; denn beide Formen haben sich ja aus Vorgaben der mittelalterlichen Kirche entwickelt. Ein gemeinsamer inhaltlicher Nenner liegt in der Vergebung der Sünden, die als Gabe im Abendmahl empfangen wird. So kommt es zu betonten Ausformungen von Vorbereitungsgottesdiensten und Akten gemeinsamer Buße im Kontext des Abendmahls, wie dem ausdrücklichen Sündenbekenntnis und der offenen Schuld. Das Abendmahl selbst wird so als Siegel der Vergebung für den Einzelnen verstanden. Da bei Luther Sündenvergebung und Rechtfertigung austauschbare Begriffe sind, kann man in der rechtfertigungstheologischen Zuspitzung das Proprium des evangelischen Abendmahlsverständnisses sehen, das auch in den Liturgien zum Ausdruck kommt. Andere Aspekte, z. B. jener der Communio, der Ostercharakter oder der eschatologische Aspekt, treten demgegenüber in den Hintergrund. Der Verzicht auf die Feierdimension zugunsten des Rechtfertigungsmotivs führt letztlich zu einer eher düsteren Färbung der evangelischen Abendmahlsliturgie. So wird die Abendmahlsvermahnung in Anknüpfung an die Ermahnung des Paulus zum würdigen Genuss des Herrenmahles (1 Kor 10,11) teilweise zu einer umfangreichen Bußpredigt ausgeweitet, die wohl abschreckende Wirkung gehabt haben dürfte. Deutlicher werden im Unterschied zu vergleichbaren mittelalterlichen Gebeten freilich der Gemeinschaftsaspekt der Sünde und damit der Verpflichtungscharakter des Mahles.

Bei der diachronen Betrachtung einer einzigen Abendmahlstradition, z. B. der anglikanischen, lassen sich gewisse Konstanten feststellen. So findet ein Wechsel zunächst der Sprache, dann der Struktur statt. Einen ähnlichen Befund zeigen bereits die Abendmahlsordnungen Martin Luthers:

Die lateinische Formula Missae von 1523 ist noch stark dem Ordo Missae verpflichtet. Zwei Jahre später verfasste Luther die deutsche Messe, eine schlichte Gottesdienstform, die „um der einfältigen Laien willen" nötig erschien. Die Präfation ist hier durch eine Vaterunser-Paraphrase ersetzt, die auch die Funktion der Kanonbitten übernimmt. Die Vaterunser-Paraphrase geht über in eine anamnetisch gefärbte Abendmahlsvermahnung. Einsetzungsworte und Kommunion sind miteinander verschränkt. Die Verba Testamenti werden im Evangelienton rezitiert und erhalten – nun ganz aus dem Gebetszusammenhang herausgelöst – Proklamationscharakter. Während der Austeilung wird, neben anderen Dankliedern, das deutsche Sanctus gesungen, das deutlich den Biblizismus Luthers zum Ausdruck bringt. Dankgebet und Segen schließen die Feier ab.

Aus diesen Beobachtungen lassen sich einige Gesetzmäßigkeiten reformatorischer Liturgiereform herleiten. Eine davon bestand in der Vorherrschaft der Verkündigung; diese brachte die Muttersprachlichkeit und sprechende Formen mit sich. Ein zweiter Grundzug war der liturgische Ausdruck des reformatorischen Rechtfertigungsgedankens, wobei man jeglichen Anschein von Werkgerechtigkeit vermied, zu der man den katholischen Opfergedanken zählte. Alle „verdächtigen" Elemente der römischen Messe wurden demgemäß eliminiert. Insgesamt kann man zwei geradezu gegenläufige Bewegungen feststellen: Ging es einerseits darum, den Gottesdienst volksnäher zu gestalten – daher auch die Übernahme paraliturgischer Grundformen –, so führte andererseits die theologische Akzentuierung zu einer Entfremdung. Der Verzicht auf volksnahe Feierelemente brachte eine Strenge mit sich, die vielen als nicht akzeptabel erschien. Dies werde nur teilweise durch volkstümliche Elemente wie das Kirchenlied gemildert.

Gesetzmäßigkeiten reformatorischer Liturgiereform

3.7.5 Das Liturgieverständnis der Katholischen Reform

Mit der Reformation und der daraus entstehenden Konfessionsbildung waren fruchtbare Ansätze einer Inkulturation der römischen Liturgie gestoppt (Haunerland/248; Gerhards/234). Die Ansätze bestanden im Einfügen volkssprachlicher Gesänge an bestimmten Stellen der Messfeier.

Erste Reformansätze So gab es an Hochfesten Zwischenstrophen (Tropen) zu den Sequenzen (z. B. das Lied „Christ ist erstanden" als Tropus der Ostersequenz „Victimae paschali laudes" sowie Lieder nach der Predigt und nach der Wandlung). An diese Bräuche anknüpfend versuchten Einzelpersönlichkeiten wie der Bautzener Domdechant Johann Leisentrit (1527–1586) und Georg Witzel in Mainz (1501–1573), weitergehende Vorstellungen hinsichtlich der Verwendung der Volkssprache in der katholischen Messliturgie zu realisieren. Dies wurde aber aufgrund der sich verschärfenden konfessionellen Abgrenzungstendenzen bald unmöglich.

Konzil von Trient und Barock Das Konzil von Trient (1545–1563) hielt an der durchgehend lateinischen Messe fest; doch konnten sich regionale Sonderbräuche aus vorreformatorischer Zeit behaupten.

Im Barock stößt man auf eine bunte Vielfalt von Möglichkeiten mehr oder weniger volksnaher Liturgie. Da gibt es zum einen die volle Prachtentfaltung des barocken Pontifikal- oder Festgottesdienstes, ein Schauspiel mit opernhafter Inszenierung. Daneben aber entwickelten sich Formen volkstümlichen Gottesdienstes, z. B. die in dieser Zeit prachtvoll ausgestaltete Fronleichnamsprozession. Insgesamt bestand das Bedürfnis, Festfreude zu artikulieren. Dies geschah im eigentlichen eucharistischen Gottesdienst und in der Vesper durch Spezialisten, Chorsänger und Instrumentalisten. Problematisch wurde es da, wo solche fehlten. Ein mehr schlecht als recht gesungenes Choralamt konnte das Bedürfnis nach Feierausdruck nicht befriedigen. Vor allem in Diasporagebieten gerieten die Katholiken angesichts der evangelischen Konkurrenz in Zugzwang. Dort war man gewohnt, den gewünschten musikalischen Ausdruck durch Gemeindelieder zu erzielen.

Kirchenlied Nicht aus grundsätzlichen Erwägungen, sondern durch Einsicht in die pastoralen Erfordernisse wurden im Lauf des 17. Jahrhunderts die strengen Bestimmungen bezüglich der Muttersprachlichkeit im Gottesdienst gelockert. Einen Meilenstein stellte das Mainzer Cantual von 1605 dar, eines der verbreitetsten Gesangbücher der Zeit. Im Vorwort heißt es, viele Laien hätten jetzt größeres Interesse daran, im Gottesdienst zu singen, als bloß schweigend das Leiden Christi zu betrachten oder den Rosenkranz zu beten. So wird erlaubt, zumal in ärmlicheren Gemeinden, an verschiedenen Stellen den Chorgesang durch Gemeindelieder zu ersetzen.

Charakteristika der gegenreformatorischen Liturgiereform In der gegenreformatorischen Liturgiereform sind unterschiedliche Stoßrichtungen zu unterscheiden. Gegenüber der reformatorischen Leugnung des Opfercharakters der Messe wurden all jene Elemente gefördert, die diesen Charakter betonten. Dazu gehörte auch die Hervorhebung des besonderen Priestertums. So sollte den Laien der Inhalt des Kanons verborgen bleiben. Dementsprechend war auch keine wirkliche Beteiligung der Gläubigen am Messgeschehen vorgesehen. Dieser zentralistischen und klerikalen Sicht der Liturgie standen andere Tendenzen gegenüber, geprägt vor allem von pastoralen Einsichten der gegenreformatorischen Mission. Diese versuchten, den volksnahen evangelischen Formen katholischerseits Entsprechendes gegenüberzustellen. Anknüpfungspunkte waren Sondertraditionen aus vorreformatorischer Zeit, die aufgrund der relativ toleranten Ausführungsdekrete Trients erhalten geblieben waren. Diese baute man in Richtung auf ein deutsches Hochamt aus, wie es gegen Ende der Barockzeit in einigen Gebieten möglich wurde. Freilich blieb es auch hier weitgehend beim Nebeneinander von Priester und Gemeinde. Während die Gemeinde das mehr oder weniger passende deutsche Lied sang, sprach der Priester den vorgeschriebenen lateinischen Messtext. Dieser Typ von Messfeier hielt sich auch in der Aufklärungszeit und verkörpert sich beispielsweise in Franz Schuberts „Deutscher Messe". Nimmt man die anderen sog. paraliturgischen Gottesdienstformen hinzu, so kann man aufs Ganze gesehen jedoch sagen, dass es der Katholischen Reform gelungen ist, einen zeitgemäßen liturgischen Ausdruck zu finden, der das Verlangen des Volkes nach Beteiligung erfüllte und zugleich die dogmatische Integrität wahrte, wie sie von Trient gefordert war. Neben den erwähnten Möglichkeiten der aktiven Teilnahme der Gläubigen, die natürlich nicht überall gegeben waren, ist die optische Dimension des Gottesdienstes zu nennen. Nach den Wirren des 30-jährigen Krieges entstand ein großes Verlangen nach Repräsentation und Fülle. Die barocken Kirchenräume kamen diesem Verlangen entgegen. Sie boten dem Volk, was ansonsten nur den gehobenen Schichten vorbehalten war. So konnte sich im Schauen, das nun durch keine Chorschranken und Lettner mehr verstellt war, eine – wenn auch weitgehend passive – Teilnahme verwirklichen. Aktive Beteiligung ermöglichten die zahlreichen Andachten, Prozessionen und Wallfahrten.

3.8 Liturgische Reformansätze der Aufklärungszeit

Eine wichtige Voraussetzung für die Reformansätze der Aufklärungszeit war das Entstehen der modernen Liturgiewissenschaft mit ihrer systematischen Erforschung und Herausgabe alter liturgischer Quellen. In der mitunter vernichtenden Kritik der Aufklärungsliturgik warf man nicht selten die extremen und die moderaten Ansätze jener Zeit in einen Topf. Tatsächlich muss man die herausragenden Vertreter vor dem Vorwurf in Schutz nehmen, sie hätten die Liturgie allein aus dem Menschlichen heraus entwickelt, dabei aber unterlassen, sie aus dem Göttlichen zu bilden. Dem Geist der Zeit entsprechend fehlte freilich bei manchem Liturgiker eine Theologie der Liturgie, welche die äußeren und inneren Elemente organisch miteinander zu verbinden vermocht hätte. Dieses Auseinanderklaffen der sichtbaren Seite und der dahinter verborgen geglaubten Wirklichkeit gründete letztlich noch im äußeren Gepränge der barocken Prachtentfaltung. Die Aufklärungszeit zog daraus die Konsequenzen, indem sie die Prachtentfaltung demontierte, indes ohne bis zur eigentlichen Dimension des Symbols vorzustoßen.

3.8.1 Zielsetzung und Reforminhalte der Liturgik der Aufklärungszeit

Orte der Erneuerung
Umfangreiche Reformen und Erneuerungen der Liturgie ereigneten sich zwischen 1750 und 1850 unter dem Einfluss der Aufklärung sowohl in der katholischen Kirche als auch in den Kirchen der Reformation (vgl. dazu Ehrensperger/225). Zentren waren katholischerseits die Erzbistümer Breslau, Konstanz und Mainz.

Einzelne Bischöfe und Generalvikare verantworteten und initiierten die Reformen, die fast ausschließlich vom Klerus betrieben wurden. Intensivierungen der Priesteraus- wie -fortbildung gehören zu diesem Reformprogramm hinzu. Eine umfangreiche Literatur gibt heute noch einen Eindruck von dessen Umfang und Intensität. Foren der Information und Diskussion über die Liturgie waren vor allem Zeitschriften wie das „Diöcesanblatt für den Clerus der Fürstbischöflich Breslauer Diöces" (1803–1820), das „Archiv für die Pastoralkonferenzen in den Landkapiteln des Bisthums Konstanz" (1804–1827) mit seinem Vorläufer, der „Geistlichen Monatschrift mit besonderer Rücksicht auf das Bisthum Constanz" (1802/03) oder die in Linz herausgegebene „Theologisch-Praktische Monathschrift zunächst für Seelsorger" (1802–1811). (Einen Überblick geben Aufklärungskatholizismus/214; Kohlschein/ 159; Kranemann/267.)

Anliegen der Reformen
Das Ziel der Reformen war erstens, eine im Sinne des Glaubens belehrende Liturgie zu schaffen, die den Menschen zur Wahrheit und Tugend führen sollte. Förderung der Liebe zu Gott und dem Nächsten, aber auch Bereicherung von Religionskenntnissen werden als Aufgaben einer Liturgie zugesprochen, die ganz im Geiste der Aufklärung den Menschen auf einen höheren Stand des Sittlichen führen soll. Dafür aber reicht eine äußerliche Mitfeier des Gottesdienstes nicht; vielmehr muss der Gläubige am inneren Wert der Liturgie teilhaben.

Eine in dieser Weise konzipierte Liturgie bedarf zweitens der Sinnlichkeit oder, wie es zeitgenössisch heißt, der Erbauung. Die erbauliche Liturgie soll den Menschen mit Vernunft und Empfindung ansprechen und so die Wirksamkeit der Liturgie erhöhen.

Ein dritter Begriff, der immer wieder auftaucht, ist „Zweckmäßigkeit". Die Liturgie muss so beschaffen sein, dass sie ihren Zweck verwirklichen kann. Erkennbar werden soll die Stiftung durch Christus; Würde, Harmonie und Feierlichkeit werden gefordert. Man unterscheidet zwischen dem Unveränderlichen im Gottesdienst, das man auf Christus und die Apostel und auf kirchliche Vorschrift zurückführt, und dem Veränderlichen und Temporären.

Die Liturgie verkündet, dass derjenige, der Christus, dem Erlöser, folgt – Christus wird auch als vorbildlicher Mensch und als Lehrer angesehen –, seine Glückseligkeit verwirklichen wird. Der Mensch vertraut auf Gott, denn bei Gott vollenden sich Tugendhaftigkeit und Glückseligkeit.

Die Reform der Liturgie betrifft vor allem das Rituale (zuletzt Keller/257) sowie Gesang- und Gebetbücher (Der große Sänger David/221), weniger Breviere (Koch/261; Gahn/228) und offensichtlich nicht das Messbuch insgesamt. Eine Neuerung war die starke Gewichtung der Gemeindevesper (Popp/289; Kohlschein/262). Die Liturgiker der Aufklärung förderten die regelmäßige Sonntagspredigt und wollten das liturgische Leben auf die Pfarrgemeinde konzentrieren. Wallfahrten und Prozessionen wurden zugunsten des Pfarrgottesdienstes stark beschnitten. Ähnliches gilt für Benediktionen, die unter dem Verdacht standen, Ausdruck des Aberglaubens zu sein. Die überarbeiteten oder auch neu konzipierten liturgischen Bücher folgen zum größeren Teil eng diözesanen Traditionen. Die lateinischen Texte wurden fast durchgängig ins Deutsche übertragen – ein entscheidendes Merkmal dieser Reform. Besonderes Interesse galt auch den liturgischen Zeichen, denen man mehr Deutlichkeit verleihen wollte. Für verschiedene Seelsorgssituationen und für unterschiedliche Teilnehmer an der Liturgie bot man, besonders im Bereich der Ansprachen, Textvarianten an. Daran ist ein weiteres Ziel dieser Reform abzulesen: Um den Zweck der Liturgie zu erreichen, sollten die Gläubigen verständig an der Liturgie teilnehmen können. Muttersprachlichkeit und Variationsmöglichkeiten in den liturgischen Büchern arbeiteten dem zu. Als aber dies in ein Verhältnis von Religionslehrer (Priester) zu Schüler (Gläubige) umschlug, übertrug sich einerseits das dem aufgeklärten Absolutismus in anderen gesellschaftlichen Bereichen vertraute Hierarchie- und Autoritätsverhältnis auf die Liturgie. Insofern es andererseits liturgische Bücher den Laien ermöglichten, die Liturgie zu verstehen und sich dem Gebet des Priesters anzuschließen, kann man eventuell von einer Emanzipation der Laien sprechen.

Zur Liturgiegeschichte dieser Zeit gehört, dass sich Gläubige den Reformen widersetzten und Neuerungen bisweilen mit Druck durchgesetzt wurden. Die Liturgie der Aufklärung war nie unumstritten; auch in späterer Zeit erfuhr sie heftige Kritik. Erst im Laufe des 20. Jahrhunderts fand die Liturgiewissenschaft zu einem differenzierten Bild.

3.8.2 Die Synode von Pistoia: Geistesgeschichtliche Hintergründe und Reformprogramm

Ein bemerkenswertes Beispiel für Liturgiereform im Geiste der Aufklärung stellt die Synode von Pistoia 1786 dar. Die geistesgeschichtlichen Hintergründe der Synode von Pistoia sind in den Auswirkungen des französischen Jansenismus im Italien des 18. Jahrhunderts zu suchen (Gerhards/238). In gewisser Weise war der Jansenismus die Spätfolge der unterdrückten Reformation in Frankreich. Dogmatisch handelt es sich um den Versuch einer Wiederaufnahme des Augustinismus, vor allem in den Fragen der Gnadenlehre und der Prädestination. In der praktisch-ethischen Konsequenz führt dies zu einem moralischen Rigorismus, gegenüber dem das dogmatisch-spekulative Interesse in Italien deutlich in den Hintergrund tritt. Der moralische Rigorismus war vorzüglich geeignet, eine allgemeine Kirchenreform durchzuführen, wie sie zu dieser Zeit überfällig erschien.

In Österreich standen die Josephinischen Reformen (Hollerweger/250) Modell für den Reformversuch in der Toskana. Zu diesem gab Leopold II. den Anstoß, Sohn Maria Theresias von Österreich, der etwa ein Vierteljahrhundert lang Souverän in Florenz war, bevor er 1790 den Kaiserthron in Wien bestieg. Der kirchliche Partner Leopolds für sein Reformprogramm war Bischof Cipione de' Ricci (1741–1810), der während seines Studiums in Rom von jansenistischem Geist geprägt wurde. 1780 wurde Ricci zum Bischof von Pistoia und Prato ernannt. Von hier aus sollte ein umfassendes Kirchenreformprogramm für die ganze Toskana durchgeführt werden.

Hintergründe

Anliegen

Leopold von Toskana war bestrebt, das Verhältnis von Staat und Kirche im Sinne der Josephinischen Reformen neu zu ordnen. Dazu wollte man das konziliare Prinzip gegenüber dem kurialen Zentralismus stärken, insbesondere durch regelmäßiges Abhalten von Synoden auf verschiedenen Ebenen. Um die Reform in die Wege zu leiten, sandte Leopold mit Datum vom 26. Januar 1786 den Bischöfen der Toskana eine Rahmenordnung für die Kirchenreform zu, die sog. „Punti Ecclesiastici". Sie behandelten fast alle Bereiche des Gottesdienstes: Messe, Stundengebet, Sakramentenspendung, Andachten, Prozessionen und sonstiges Brauchtum. So heißt es z. B., dass es notwendig sei, die öffentlichen Gebete zu verbessern, wenn sie der Lehre der Kirche widersprechende Aussagen enthalten. Eine der Hauptaufgaben der Synoden sei es, sich der Reform der Breviere und Missalien zuzuwenden, indem man falsche und irrige Aussagen beseitigt und dafür sorgt, dass innerhalb eines Jahres die ganze Heilige Schrift gelesen werde. Insbesondere wird eine Reform des gesamten Stipendien- und Ablasswesens angeregt. Ein besonderes Merkmal aufklärerischer Reform ist die Abschaffung der vielen Feiertage, deren Zahl inzwischen tatsächlich zum sozialen Problem geworden war. Weitere Reformimpulse betreffen die Reliquien- und Heiligenverehrung sowie detaillierte Anweisungen für den Kirchenschmuck. Die heiligen Handlungen haben allein den Zweck, das Volk zur wahren und aufgeklärten Andacht zu führen.

Die „Punti Ecclesiastici" des Landesfürsten waren dem Bischof von Pistoia und Prato ein willkommener Anlass, Ernst zu machen mit der Reform des gesamten kirchlichen Lebens, die er seit langem anstrebte. So berief er eine Diözesansynode ein, die vom 18. bis 28. September 1786 in Pistoia stattfand. Das verabschiedete Dekret über das Gebet enthält zahlreiche Aussagen über die Liturgie. Folgende Aspekte stehen im Vordergrund:

Pistoia: Zentrale Aussagen
– Orientierung an der Zeit der Patristik

Wie in der alten Kirche soll unter Beteiligung der Gläubigen an Ostern und Pfingsten wieder eine feierliche Taufliturgie abgehalten werden. Insgesamt versucht man, eine übertriebene eucharistische Frömmigkeit auf das Maß altchristlicher Eucharistieverehrung zurückzuschneiden.

– Teilnahme der Gläubigen an der Liturgie

Fundamental ist die Aussage der Synode, dass die Gläubigen Mitopfernde bei der Messe sind: Die Liturgie ist eine gemeinsame Handlung von Priester und Volk. Daraus werden einige Folgerungen abgeleitet, die heute selbstverständlich erscheinen: Die Riten der Liturgie sollen vereinfacht werden; die Liturgie soll stets mit lauter Stimme und in der Muttersprache der Gläubigen vollzogen werden; außerdem sollen Bücher verfasst werden, die zum Mitlesen für die Gläubigen den Messordo in der Volkssprache enthalten. Eine weitere Konsequenz des Prinzips der Teilnahme der Gläubigen an der Liturgie ist die Spendung der Kommunion an die Mitfeiernden in jeder Messe.

– Der liturgische Raum

Was die Ausgestaltung des liturgischen Raums anbetrifft, soll nur ein Altar in der Kirche sein, auf dem keinerlei Bilder und Reliquien stehen dürfen. Reliquien und Bilder werden nur als Zeichen der zukünftigen Auferstehung gedeutet. Freilich bleibt der Zusammenhang zum Inhalt rein äußerlich. Bilder sind für die Synode bloß Bücher-Ersatz für Analphabeten, die an bestimmte Heilsereignisse erinnern sollen. Dementsprechend lässt man nur belehrende und erbauliche Bildthemen zu.

– Die Revision der liturgischen Bücher

Die Synode greift die Forderungen der Punti Ecclesiastici bezüglich der Revision von Brevier und Missale auf. Die darin enthaltenen „Lügen" und andere Unzulänglichkeiten seien zu tilgen. Die Lesungen des Breviers seien so einzurichten, dass während eines Jahres die ganze Bibel gelesen wird. Die gesamte Reform des öffentlichen Gebets der Kirche dient dem Ziel, dem Volk die geeigneten Mittel an die Hand zu geben, um seine Stimme mit der ganzen Kirche zu vereinen.

Insgesamt zeigt das Reformprogramm von Pistoia beachtliche Ansätze, die man als Vorläufer der liturgischen Erneuerung im 20. Jahrhundert ansehen könnte. Tatsächlich war eine Reform nach der barocken Überfülle dringend notwendig. Dies betraf z. B. die Überzahl an Heiligenfesten, Novenen, Oktaven, Wallfahrten, Prozessionen usw. Die Missbräuche im Zusammenhang mit Ablässen, Benefizien und Stipendien waren offenkundig. Es ging um eine Konzentration auf das Wesentliche: Der Sonntag sollte als zentraler christlicher Feiertag wiederhergestellt werden. Mittelpunkt der christlichen Gemeinschaft sollte die Pfarrei sein, womit man individualistischen Heilsvorstellungen entgegentrat. So legte die Synode Wert darauf, dass die Liturgie in einem Wechselbezug zum Leben stehen solle.

Gesamttendenz

Das ehrgeizige Reformvorhaben scheiterte an inneren und äußeren Faktoren. Man könnte sich der Meinung vieler Historiker anschließen, dass das Reformprogramm von Pistoia Episode geblieben sei. Doch stimmen viele Forderungen der Synode von Pistoia mit denen der späteren Liturgischen Bewegung überein, z. B. was die Bedeutung der Gläubigenkommunion innerhalb der Messe, die Stellung der Volkssprache und die „tätige Teilnahme" beim Opfer anbetrifft. Neben zeitbedingten Forderungen artikulierten die Aufklärer alte Anliegen des Mittelalters und vor allem der Reformationszeit. Dass die Reformansätze von Pistoia scheiterten, hat biographische und geschichtliche Gründe. Es waren wohl die falschen Protagonisten, und es war die falsche Zeit, die für eine wirkliche liturgische Erneuerung nicht reif war. Dafür bedurfte es weiterer Voraussetzungen, von denen im Folgenden die Rede ist.

Gründe für das Scheitern

3.9 Liturgische Strömungen im Zeitalter der Restauration

Die Gleichzeitigkeit unterschiedlicher Geistesströmungen macht eine einheitliche Beurteilung der Zeit zu Beginn des 19. Jahrhunderts schwierig. Zu bedenken sind vor allem die Säkularisation und ihre Folgen (z. B. das Ende der Klosterliturgie, die Aufhebung der geistlichen Herrschaften und ihrer Musikkultur) sowie die Spätfolgen der Französischen Revolution und der napoleonischen Wirren. Geistesgeschichtlich machen sich schon Gegenströmungen bemerkbar. Wirksam bleiben jedoch einzelne Anliegen der Aufklärung: bessere Belehrung und Bildung für Klerus und Volk, autoritäre Regelungen für Kunstschaffen und Kunstübung sowie die Betonung der Verantwortlichkeit der Ortsbischöfe.

Aufklärung und Romantik

Daneben machen sich Tendenzen der Romantik breit: der Hang zum Historismus und zur Restauration des idealisierten Mittelalters, das Aufgreifen nationalistischer Leitbilder und das Aufkommen ökumenischer Ideen mit dem Ziel nationaler Kircheneinheit.

Gegenströmungen

Schließlich bilden sich aber auch antiromantische Reformtendenzen heraus: zentralistische Orientierung der katholischen Kirche an Rom, die neuerliche Verfestigung konfessioneller Trennungen sowie eine radikale Abgrenzung der Kirche gegenüber der als kirchen- und glaubensfeindlich empfundenen Welt.

Die hier summarisch angeführten Tendenzen lassen die ungeheuren Spannungen dieses Jahrhunderts erahnen. Im Folgenden sollen besonders die zeitbedingten Auswirkungen auf die Kirchenmusik bedacht werden, da vor allem in diesem Bereich Neuerungen denkbar waren (Gerhards/230; Koch/468; Jaschinski/465). Die Texte und Riten standen im Gegensatz dazu nach den Reformversuchen der Aufklärung nicht zur Debatte. Sie waren durch die teilweise erst jetzt durchgeführte Tridentinische Reform „für alle Zeiten" festgelegt. Auch der Kirchenraum änderte sich kaum; zwar griff der Historismus auf die mittelalterliche Formensprache zurück und schuf teilweise beeindruckende Raumensembles, doch blieb das Raumprogramm im Wesentlichen das der Katholischen Reform.

3.9.1 Die Kirchenmusik als „heilige Kunst"

Entfernung der Kirchenmusik von der Liturgie

Die Kirchenmusik war im frühen 19. Jahrhundert einer zweifachen Gefahr ausgesetzt: zum einen der Gefahr der Verweltlichung, zum anderen der Gefahr geistlicher und künstlerischer Verarmung, sofern die Kirchenmusik gemäß radikal-aufklärerischen Richtlinien verändert worden war. Im Allgemeinen versuchte man diesen Gefahren mit formalen und stilistischen Reformen zu begegnen und forderte eine „heilige Tonkunst". Damit ging die Idealisierung der alten Musik einher. Gegenüber dieser galt die zeitgenössische Musik als theatralisch verflacht, weltlich und lasziv. Hinter der Suche nach dem reinen kirchenmusikalischen Stil verbirgt sich ein Drama, dessen Folgen bis heute nachwirken: die völlige Trennung von weltlich und geistlich. Das moralisch-asketische religiöse Gefühl der Romantiker ließ eigentlich keine kirchenmusikalische Entfaltung in der Liturgie zu. Dies gilt in ähnlicher Weise auf evangelischer wie auf katholischer Seite. Dafür entwickelte sich in den bürgerlichen Konzertsälen ein neuer Stil der geistlichen Konzerte, dessen Beginn mit der Wiederaufführung der Matthäus-Passion von Felix Mendelssohn-Bartholdy anzusetzen ist. Werke wie das „Deutsche Requiem" von Johannes Brahms sind eigens für den Konzertsaal geschrieben und nicht mehr liturgisch verwurzelt. Eine wirkliche Erneuerung der Kirchenmusik konnte – jedenfalls aus damaliger Perspektive – von dieser Seite nicht kommen. Sie setzte eine Rückbesinnung auf die Grundlagen des christlichen Glaubens voraus.

Johann Michael Sailer

Einer der wichtigsten Vordenker in dieser Richtung war Johann Michael Sailer (1751–1832). Sailer prägte, vor allem durch seinen großen Schülerkreis, nachhaltig die gesamte Reform des 19. Jahrhunderts. Die von ihm ausgehenden Impulse beruhten auf einer liturgietheologischen Grundlegung, die einerseits der katholischen Aufklärung verpflichtet war, andererseits bereits die Grundlinien zur späteren Restauration enthielt. Nach seiner Auffassung muss alle wahre Religion eine doppelte sein: eine innere und eine äußere. Wahre Religion hat sich daher in Kunst bzw. Kult zu äußern. Umgekehrt muss auch alle wahre und heilige Kunst wie jede Liturgie Offenbarung

Gottes und zugleich Offenbarung des Glaubens sein. Kunst und Liturgie sind also notwendige Konsequenzen der Religion als Offenbarung. Daneben hat Kunst die Aufgabe, belebend nach innen zu wirken. Offenbaren und Beleben sind für Sailer Grundfunktionen aller Liturgie und der wahren Religion überhaupt.

Aus den allgemeinen Erkenntnissen zog Sailer Konsequenzen in Bezug auf die Gestaltung des Gottesdienstes, der für ihn Tun der ganzen Kirche ist. Deshalb ist auch der Volksgesang von liturgischer Relevanz. Dies bedeutete bei ihm freilich nicht, dass zu festlicheren Anlässen nicht der Chor den Gesangspart übernehmen könnte. Sosehr er für die Verwendung der Muttersprache in der Liturgie eintrat, setzte er diese doch nicht absolut. Diese Ausgewogenheit ist charakteristisch für Sailer. So zeigte er sich reserviert gegenüber den übertriebenen Forderungen der Aufklärer nach Einfachheit; diese dürfe nicht in Simplizität ausarten. In solchen Anschauungen Sailers zeigt sich eine integrative Auffassung von Liturgie, wie sie sich erst ca. 100 Jahre später im Zuge der Liturgischen Bewegung entfalten konnte. Dennoch blieben die Ausführungen Sailers nicht ohne – freilich ambivalenten – Erfolg.

3.9.2 Die Entwicklung der Kirchenmusik im 19. Jahrhundert

Mit der Berufung Sailers in das Domkapitel von Regensburg 1821 entstand dort ein Zentrum liturgischer Erneuerung. Die Persönlichkeit, mit der sich die Verwirklichung Sailerscher Ideen verband, war der schlesische Arzt und begabte Musikliebhaber Carl Proske. Sailer bestellte ihn 1830 zum unbezahlten Verantwortlichen für die Dommusik. Nach Sailers Tod reiste Proske zweimal nach Italien, um echte liturgische Musik dort zu sammeln, wo sie seiner Meinung nach noch unverstümmelt zu finden war. König Ludwig I. und die Regierung in München unterstützten das von Proske angeregte Reformprogramm der Musik, das sich indes gegen den Widerstand des Domkapitels zu behaupten hatte. Es war die Zeit, in der der Regensburger Dom und andere Kathedralbauten des Mittelalters vollendet wurden. Man wünschte in dem neuen Gehäuse eine ähnlich reine Musik zu entfalten, wobei man auch diese fälschlicherweise mit der Gotik gleichsetzte. So war man der Ansicht, dass der einfache Choral – höchstens mit Orgelbegleitung – dem gotischen Dom am ehesten angemessen sei.

Dass die Reformansätze der Kirchenmusik im 19. Jahrhundert liturgietheologisch motiviert waren, zeigte sich in der weiteren Entwicklung. Diese stand unter dem Einfluss des Sailerschülers und Liturgikers Franz Xaver Schmid († 1871), der 1832 eine zweibändige Liturgik publizierte; sie wurde vom Regensburger Kreis eifrig studiert und zur Begründung der Reformen herangezogen. Schmid unterscheidet darin Zeremonien im engeren Sinne, die der Zelebrant auf Befehl der Kirche zu vollziehen hat, und gottesdienstliche Handlungen der Gläubigen, die lediglich der Zustimmung der Kirche bedürfen. Vor allem in der zweiten Auflage 1840 wurden die Neuansätze weiter ausgeführt in Richtung zentralistischer und kleruszentrierter Vorstellungen sowie einer Juridisierung der Liturgie.

Hiermit ist von liturgischer Seite das Fundament für die später autoritär durchgeführten Reformen des Cäcilienvereins gelegt. Im Ansatz propagierte Schmid durchaus gültige Erkenntnisse über das Wesen von Kirchenmusik

Suche nach der „reinen Musik"

Musik als Teil der Liturgie

und Liturgie, die der alten römischen Tradition entsprachen. Die Kirchenmusik besitzt demnach nicht nur dienende Funktion, sondern bildet einen integrierenden Teil der gesamten Liturgie. Insbesondere die Menschenstimme ist ein lebendiges Organ des christlichen Gottesdienstes. Damit ist ihr Einsatz vom Mysterium der Liturgie selbst gefordert und dient nicht bloß ihrer Verschönerung.

Restaurative Tendenzen, Juridisierung des Liturgiebegriffs

In der gemeinsamen Abwehr antikirchlicher liberaler Angriffe von verschiedener Seite entwickelte sich um die Mitte des Jahrhunderts jedoch zunehmend ein kämpferisches katholisches Bewusstsein, das die Erneuerung der katholischen Kirche durch restaurative Tendenzen förderte. Hinsichtlich Liturgie und Kirchenmusik bezog man sich dabei auf die Reformen in Regensburg. Unübersehbar ist eine zunehmende Juridisierung des Liturgiebegriffs. Liturgie besteht demnach wesentlich aus Zeremonien, die durch Rubriken (verstanden als liturgische Gesetze) festgelegt und angeordnet sind.

Franz Xaver Witt – Liturgie als priesterlicher Dienst

Diese Grundideen wurden durch Franz Xaver Witt (1834–1888), den Gründer und ersten Präsidenten des Allgemeinen Cäcilien-Verbandes (ACV), programmatisch und organisatorisch umgesetzt und für die Zukunft wirksam gemacht. Ähnlich wie Proske hatte auch Witt in erster Linie die Erneuerung der Liturgie im Auge. Es ging ihm darum, die Kirchenmusik wieder in den Gottesdienst einzugliedern. Witt vollzog eine scharfe Trennung zwischen der äußeren Gestalt und dem inneren Wesen der Feier, dem Opfer Christi. Der priesterliche Dienst bildet die Brücke von diesem inneren Wesen zum äußeren Vollzug. So ist Liturgie ein priesterlicher Dienst. Das verstand Witt aber nicht im Sinne des Priestertums aller Getauften, sondern nur in Bezug auf das Weihepriestertum, das allein zur Feier befähigt sei. Konsequenterweise wollte Witt, wie alle Cäcilianer, nur Männer (möglichst Kleriker) und Knaben im Gottesdienst singen lassen. Die Gläubigen haben in dieser Konzeption keinerlei Einfluss auf das gottesdienstliche Geschehen. Sie sind Teilnehmer, während der Chor Mitwirkender ist. Der Chor vertritt nicht die Rolle des Volkes, da das Volk im Gottesdienst gar keine Rolle spielen kann. Dies führte zur Unterscheidung zwischen „liturgischen und nichtliturgischen Gottesdiensten". Nur in „Messen", die nicht den Richtlinien für den Gesang unterlagen, den sog. Privatmessen des Priesters, war Gemeindegesang in der Volkssprache zulässig.

3.9.3 Die Cäcilienbewegung und zunehmende Zentralisierung

Zentralistische Tendenzen

Bei Franz Xaver Witt macht sich der geistesgeschichtliche Wandel im katholischen Deutschland des 19. Jahrhunderts bemerkbar. Witt verschärfte zentralistische Tendenzen, indem er den Bischöfen das Recht zur Ordnung der Liturgie absprach. Demgemäß wurde der ACV zu einem Organ, das die Einhaltung der liturgischen und kirchenmusikalischen Vorschriften Roms überwachte. Dazu sollten die bis dahin unsystematisch zusammengestellten Bestimmungen in ein kirchenmusikalisches Gesetzeswerk integriert werden. Gemäß einem privaten, aber weit verbreiteten Handbuch – „Die Kirchenmusik nach dem Willen der Kirche" von Paul Krutschek – war der Volksgesang in der Liturgie nicht nur abzulehnen, sondern sollte gänzlich ausgerottet werden. Das eigentliche Gotteslob bestehe nicht in der musikalischen Gestalt, sondern im akribischen Befolgen der Gesetze.

Bei genauerem Hinsehen handelte es sich hier um eine Aufkündigung all jener Inkulturationsprozesse, die sich seit der Übertragung oder Übernahme römischer Liturgie in andere Länder je ereignet hatten. So wird der gregorianische Choral als der liturgische Gesang im strengen Sinne angesehen. Es ging den Cäcilianern aber nicht um die Frage der Authentizität, um die sich klösterliche Studienzentren vor allem in Frankreich bemühten. Es ging lediglich um eine von Rom autorisierte Ausgabe des Chorals; nur sie konnte liturgischen Rang beanspruchen. Im Grunde räumte man dem Choral jedoch bloß formal die hohe Stellung ein. Künstlerisch sah man die polyphonen Kunstwerke – nicht zuletzt die mitunter fragwürdigen Eigenschöpfungen der Cäcilianer – als höherwertig an.

Dennoch wäre es falsch zu behaupten, die Cäcilienbewegung hätte sich nicht um liturgische Bildung bemüht. Im Gegenteil: Es ging dieser Bewegung darum, die tatsächlich weitgehend defizitäre Situation von Liturgie und Kirchenmusik zu verbessern. Organisatorisch geschah dies durch die Herausbildung von kirchenmusikalischen Zentren und die flächendeckende Einführung des ACV. Dieses Reformprojekt gelang. Überall wurden Kirchenchöre gegründet. Allgemein hob sich das kirchenmusikalische Niveau, selbst dasjenige des Volksgesangs.

Gregorianischer Choral

Liturgische Bildung, Kirchenchöre

3.9.4 Von der Restauration zur Liturgischen Bewegung

Die Entwicklung der Kirchenmusik im 19. Jahrhundert ist ein gutes Beispiel dafür, wie sehr Reformen Kind ihrer Zeit sind. Roter Faden war die Erkenntnis, dass Kirchenmusik bzw. Kirchengesang integrierender Bestandteil feierlicher Liturgie ist, insofern sich diese recht eigentlich nur im gesungenen Vollzug entfaltet. Die Beurteilung der Kirchenmusik hing dabei jeweils von der Bestimmung ab, worin Liturgie bestehe. Den Frühcäcilianern ging es darum, die Kirchenmusik aus ihrer Verselbständigung und Verweltlichung wieder in den eigentlichen liturgischen Raum hineinzuholen. Da man unter Liturgie den Gottesdienst der ganzen Kirche verstand, also auch der Gläubigen, war der Gemeindegesang als gottesdienstlicher Gesang durchaus erwünscht, und der Chor nahm in festlichen Gottesdiensten lediglich eine Stellvertreterrolle ein. Am Ende der Entwicklung, nach Etablierung der Cäcilienbewegung, war die Kirchenmusik als Bestandteil der Liturgie restituiert. Die Juridisierung und exklusive Herausstellung des priesterlichen Dienstes der Liturgie führte aber konsequenterweise zu einer Klerikalisierung des Chors mit der fatalen Folge, dass entsprechend dem damaligen Verständnis den Frauen keine Mitwirkungsmöglichkeit mehr gegeben war. Diese Position wurde 1903 in die Kirchenmusikinstruktion Papst Pius' X. übernommen. Merkwürdigerweise steht gerade dieser Papst, der zunächst die Zentralisierung und Juridisierung von Liturgie und Kirchenmusik verkörperte, zugleich für den Wendepunkt: die grundlegende liturgische Erneuerung im 20. Jahrhundert.

3.10 Die Liturgische Bewegung und Erneuerung

3.10.1 Persönlichkeiten und Zentren der Liturgischen Bewegung

Wurzeln der Liturgischen Bewegung

Die Liturgische Bewegung gehört zu den komplexesten Phänomenen der Kirchengeschichte des 20. Jahrhunderts. Dies zeigt sich schon beim Versuch, ihren Beginn festzumachen. Unwillkürlich gerät man immer weiter in die Geschichte zurück, wenn man deren Wurzeln aufdecken will. Sie liegen teilweise im 16. Jahrhundert, also in der Zeit der Reformation und Katholischen Reform. Wichtige Impulse kamen auch aus der Aufklärungszeit. Die eigentlichen Vorläufer der Liturgischen Bewegung finden sich freilich im zweiten und im letzten Drittel des 19. Jahrhunderts. Wie dargelegt, führten gerade der Zentralismus und die Rom-Orientierung zu einer neuen Beschäftigung mit der alten Liturgie. In Frankreich und Deutschland kam es zu Übersetzungen des Messbuches. Merkwürdigerweise war also der Aufbruch im 20. Jahrhundert eine Frucht der restaurativen Tendenzen im 19. Jahrhundert. Wichtige Zentren dieser Restauration waren französische und belgische Benediktinerklöster, die sich aus ihrer Tradition heraus um die wahre Erneuerung der Kirchenmusik und damit der gesamten Liturgie bemühten.

Tra le sollecitudini

Ganz diesem Geiste verhaftet ist die Kirchenmusikinstruktion (Motu Proprio) mit dem Titel „Tra le sollecitudini" (Inter sollicitudines), herausgegeben von Papst Pius X. am 22. November 1903, kurz nach seinem Amtsantritt. Die Bedeutung dieser Schrift liegt darin, dass sie der Kirchenmusik einen liturgischen Stellenwert zuweist. Der Papst erkannte die spirituelle und damit gesamtreligiöse Bedeutung der Kirchenmusik als eines Wesensbestandteils der Liturgie. Um das kirchliche Leben zu erneuern, bedurfte es seiner Meinung nach zunächst einer Erneuerung des Gottesdienstes.

„Da es nun Unser lebhaftester Wunsch ist, daß der wahrhaft christliche Geist in jeder Hinsicht aufblühe und bei allen Gläubigen erhalten bleibe, müssen Wir zuallererst für die Heiligkeit und Würde des Gotteshauses sorgen; denn dort versammeln sich ja die Gläubigen, um diesen Geist aus seiner ersten und unentbehrlichen Quelle zu schöpfen: aus der tätigen Teilnahme an den hochheiligen Mysterien und am öffentlichen feierlichen Gebet der Kirche" (Dokumente zur Kirchenmusik/74: 25; vgl. Kirchenmusik im 20. Jahrhundert/467).

Diese Aussage ist von kaum zu überschätzender Bedeutung: Nach langer Zeit erkennt ein päpstliches Dokument wieder den Gottesdienst als Quelle des Glaubens an. Er ist nicht nur ein Zeremoniengefüge, mit dem sakramentale Feiern vorschriftsmäßig zu vollziehen sind, sondern Ort der unmittelbaren Begegnung der Gläubigen mit dem Herrn. Das Wort von der tätigen Teilnahme sollte beim II. Vatikanum zu einem der Schlüsselbegriffe liturgischer Erneuerung insgesamt werden.

Das Mechelner Ereignis

Diese Kirchenmusikinstruktion hob die bis dahin eher privaten Versuche, die Gläubigen an die Liturgie heranzuführen, in einen offiziellen Status. Noch war den meisten die Bedeutung dieser Aussage nicht bewusst. Den Durchbruch der Liturgischen Bewegung brachte erst das sog. Mechelner Ereignis vom 23. September 1909. Schlüsselfigur war ein junger Dogmatikprofessor aus der Abtei Mont César, Dom Lambert Beaudin (Fischer/226). Dieser sollte auf einem Katholikentag in Belgien sein Konzept von Liturgie und Seelsorge vortragen. Er musste feststellen, dass Liturgie dort nicht etwa unter dem Oberbegriff „Glaubenserziehung und -verwirklichung", sondern unter dem Oberbegriff „Kunst" subsumiert wurde. Im Hintergrund stand der Gedanke, Liturgie sei nichts anderes als eine fromme Zeremonie. Trotz der schlechten Vorzeichen konnte Beauduin sein Anliegen auf dem Katholikentag durch die Stimme eines anderen verbreiten: durch den Historiker Gottfried Kurth, der eine nicht im vollen Wortlaut erhaltene Festrede hielt. Darin heißt es unter anderem u. a.:

„Die Kirche lehrt uns auch die Sprache, in der man mit Gott reden muß. In der Liturgie findet sich die ganze Herrlichkeit des göttlichen Wortes. Liturgie ist der Gipfel alles menschlichen Dichtens und Denkens. Sie spricht vor Gott die Nöte und den unendlichen Jammer des Menschendaseins aus. Wenn es eine Erklärung für die Kirchenflucht so vieler Christen gibt, so ist es ganz bestimmt die Unzulänglichkeit der Gebete, die sich an die Stelle der schönen, alten, überkommenen Liturgie gesetzt haben. Am Tag, an dem das heilige Buch auf dem Altar aufgehört haben wird, für die Menge ein unverständliches Buch mit sieben Siegeln zu sein, am Tag, an dem alle wieder in ihm den Schlüssel zu dem finden, was der Priester am Altare Gott vorträgt, an jenem Tag wird ein großer Teil derer, welche die Gotteshäuser verlassen haben, zurückkehren" (Fischer/226: 207 f.).

Das „Mechelner Ereignis" erwies sich als eine Art Schleuse, die einer fruchtbaren pastoralliturgischen Arbeit in Belgien und Deutschland den Weg öffnete. Es verwundert nicht, dass die Liturgische Bewegung zeitgleich mit anderen inner- und außerkirchlichen Aufbrüchen begann. Im Hintergrund stand die positive Einschätzung, den Menschen durch entsprechende Aufklärung und Belehrung zum Guten führen zu können – eine Einschätzung, die im Ersten Weltkrieg freilich einen herben Dämpfer erhielt.

Mit dem „Mechelner Ereignis" ist zunächst einmal nur ein punktueller und eher formaler Gesichtspunkt dessen benannt, was die Liturgische Bewegung ausmacht. Sie ist so vielgestaltig und differenziert wie ihre Protagonisten. Mindestens drei Flügel lassen sich unterscheiden (Neunheuser/282):
- die benediktinische Richtung (die belgischen Klöster Mont César und Maredsous sowie in Deutschland die Klöster Beuron und Maria Laach),
- die mit der Jugendbewegung parallel laufende Liturgische Bewegung (Romano Guardini, Burg Rothenfels, Haus Altenberg),
- die vor allem in Österreich initiierte, pfarrlich zentrierte volksliturgische Bewegung (Pius Parsch in Klosterneuburg; das Leipziger Oratorium).

Drei Flügel innerhalb der Liturgischen Bewegung

Romano Guardini unterschied vier Phasen der Liturgischen Bewegung (Schilson/295):
- In einer ersten Phase ging es schon im 19. Jahrhundert um die Wiedergewinnung des aus patristischer und hochmittelalterlicher Zeit überlieferten, in den liturgischen Büchern noch erkennbaren Gutes.
- In einer zweiten Phase ging es in einem akademischen und benediktinischen Umfeld um eine Art Restauration, um die Herausbildung einer idealen Liturgie, zu der das Volk keinen Zugang haben konnte.
- So kam es zu einer dritten Phase, die von den Zentren des volksliturgischen Apostolats und von der Jugendbewegung getragen wurde. Es ging darum, die neuen Erkenntnisse in die Praxis der Gemeinden zu überführen. Hierbei spielte das Problem der Muttersprache eine zentrale Rolle, so

Vier Phasen der Liturgischen Bewegung (nach Guardini)

dass man vielleicht von einer ersten Form der Inkulturation sprechen könnte.

– Nach Meinung Guardinis sollte mit dem Zweiten Vatikanischen Konzil eine vierte Phase einsetzen, in der man sich der Frage zuwenden müsse: „Wie ist der echte liturgische Vorgang geartet – im Unterschied zu anderen religiösen Vorgängen, dem individuellen und dem sich frei bildenden Gemeinschaftsvorgang der ‚Volksandacht'? Wie ist der tragende Grundakt gebaut? Welche Formen nimmt er an? Welche Fehlgänge bedrohen ihn? Wie verhalten sich die Anforderungen, die er stellt, zur Struktur und zum Lebensbewußtsein des heutigen Menschen? Was muß geschehen, damit dieser ihn in echter und redlicher Weise lernen könne?" (Guardini/246: 15). In diesem berühmten Beitrag am Anfang der Liturgiereform stellte Guardini wiederum die Frage nach der Liturgiefähigkeit des modernen Menschen, die er bereits zu Beginn der Liturgischen Bewegung aufgeworfen hatte (Gerhards/231).

Voraussetzungen der Liturgiereform des Zweiten Vatikanischen Konzils

Zu den Voraussetzungen der Liturgiereform des Zweiten Vatikanischen Konzils gehören folgende Impulse aus der Liturgischen Bewegung (vgl. dazu auch Kap. 2 „Geschichte, Profil und Methoden des Faches Liturgiewissenschaft" und Kap. 4 „Theologie der Liturgie" in diesem Band):

– die Entdeckung der spirituellen Reichtümer der Liturgie (Solesmes): Sie hängt zusammen mit dem Wiedererstarken des Benediktinertums, zunächst in frankophonen, später auch in deutschsprachigen Abteien. In Frankreich wirkten sich die (antigallikanische) Rom-Orientierung und die damit verbundene Entdeckung der alten Quellen römischer Liturgie inspirierend aus;

– die Entdeckung der Rolle der Gläubigen (Pius X., Lambert Beauduin): Nicht mehr nur der gültige und erlaubte Vollzug stand im Mittelpunkt; vielmehr sollte die fruchtbare, qualifizierte Teilnahme der Gläubigen das geistliche Leben der Kirche fördern;

– die Entdeckung der Mysteriengegenwart (Odo Casel): Gegen einseitige und damit unzureichende opfer- und sakramententheologische Konzepte konnte sich die Mysterientheologie des Maria Laacher Benediktiners Odo Casel erfolgreich durchsetzen. Damit waren die Voraussetzungen für eine Theologie der Liturgie geschaffen, die Liturgie als feiernde Vergegenwärtigung verstand;

– die Entdeckung der Kirche als Mysterium (Romano Guardini): In Überwindung eines rein juridischen Kirchenverständnisses gelangte das Bild des „mystischen Leibes" der Kirche ins Blickfeld. Die Liturgie soll dieser unsichtbaren Wirklichkeit erfahrbaren Ausdruck verleihen, wie dies z. B. auf Burg Rothenfels eingeübt wurde;

– die Entdeckung der Pfarrei als primärer Verwirklichungsort von Kirche (Athanasius Wintersig; Pius Parsch; Leipziger Oratorium): Hier ging es um Erneuerung der Kirche aus dem Geist der Liturgie. In vielen pfarrlichen Zentren mit oft bemerkenswerten Kirchenbauten wurden neue gemeinschaftliche Erfahrungen von Kirche vermittelt;

– die Entdeckung der österlichen Mitte der gesamten Liturgie (Pius XII.): Die gesamte Liturgie mit all ihren Facetten findet ihre Sinnmitte im Pascha-Mysterium des gekreuzigten und auferstandenen Christus. Dieses in der jetzigen Liturgie transparent gemachte Prinzip wurde von Papst Pius XII. in Erinnerung gerufen.

3.10.2 Prinzipien und Resultate der Liturgiereform des Zweiten Vatikanischen Konzils

Dies ist nicht der Ort, um das gesamte Programm der Liturgiereform zu erläutern. Das Augenmerk wird sich im Folgenden einer wichtigen Frage zuwenden: Welches Kirchenbild stand hinter den Reformen und wie äußert sich dies in heutiger Liturgie? Die Liturgische Bewegung vollzog einen qualitativen Fortschritt von einer juridischen hin zu einer organischen Sicht der Kirche. Dies wurde kirchenamtlich durch die Enzykliken Mystici Corporis Christi (1943) und Mediator Dei (1947) von Pius XII. ratifiziert. Aufgrund dieser Verlautbarungen sowie der Karwochenreform der fünfziger Jahre durch denselben Papst erhielt die Liturgische Bewegung einen erneuten Stimulus, der unmittelbar in die Vorbereitung des II. Vatikanums führte.

Das für die nachkonziliare Liturgiereform konstitutive Konzilsdokument ist die Liturgiekonstitution „Sacrosanctum Concilium" (vgl. im Anhang 4 die kommentierende Literatur). Sie wurde von den Konzilsvätern am 4. Dezember 1963 mit 2147 Ja-Stimmen bei nur 4 Nein-Stimmen als erstes Dokument des Konzils verabschiedet.

Vorangegangen war dem Konzil eine Vorbereitungsphase, in der die Weltkirche um Vorschläge und Wünsche für die Konzilsberatungen mit Blick auf eine Erneuerung der Kirche gebeten wurde. Die Fuldaer Bischofskonferenz schlug u.a. eine Revision von Kalender und Kirchenjahr vor, um die Mitte des Kirchenjahres, das Christusmysterium, wieder deutlicher hervortreten zu lassen. Die Perikopenordnung sollte revidiert, das Allgemeine Gebet erneuert, die Kelchkommunion zu bestimmten Anlässen auch für Laien möglich werden. Die Messfeier „versus populum" wurde angesprochen. Das Brevier sollte den Möglichkeiten der Seelsorge angepasst werden, die Riten der Erwachsenen- und Kindertaufe reformiert, gute Erfahrungen mit der Volkssprache bei einer Erneuerung der Liturgie berücksichtigt werden (Wagner/303: 50). Ähnliches findet sich in einem Votum des Berliner Kardinals Julius Döpfner für die Christen in der DDR. Hier wurde auf die Situation der ostdeutschen Diaspora hingewiesen: Das geistliche Leben der Gläubigen verlange tätige Teilnahme an der Liturgie. In der unmittelbaren Vorbereitung vor und während des Konzils durchlief die Konstitution einen komplizierten und zum Teil spannungsreichen Diskussionsprozess.

Die Liturgiekonstitution ist folgendermaßen aufgebaut (vgl. auch die Übersicht im Anhang 4): Einem Vorwort (Art. 1–4) folgt ein erstes und grundlegendes Kapitel mit „„Allgemeinen Grundsätzen zur Erneuerung und Förderung der heiligen Liturgie" (Art. 5–46); es umfasst ein Drittel der Konstitution. Die weiteren Kapitel handeln von der Eucharistie, den übrigen Sakramenten und den Sakramentalien, vom Stundengebet, vom liturgischen Jahr, von der Kirchenmusik, von der sakralen Kunst, vom liturgischen Gerät und Gewand. Ein Anhang mit einer Erklärung des Konzils zur Kalenderreform beschließt das Dokument.

Aufbau der Liturgiekonstitution

Die Konstitution enthält wichtige neue theologische Akzentsetzungen. Ausgangspunkt ist die Vorstellung, dass die Liturgie Quelle des Glaubens und des christlichen Lebens sein soll. Dem entspricht das dialogische Verständnis der Liturgie mit ihrem katabatischen, diabatischen und anabatischen Charakter (vgl. SC 5; 7) und die Zentrierung aller Liturgie im Pascha-

Theologische Anliegen

mysterium Christi (vgl. SC 5 u. ö.). Die Liturgiekonstitution trägt mit dem Konzept der „tätigen Teilnahme" eine neue Intensität und neue Formen der Mitfeier der Gläubigen in die Liturgie ein. Liturgie wird als Feier der ganzen Kirche und aller Gläubigen profiliert. Das Dokument gewichtet die Rolle der Heiligen Schrift in der Liturgie neu (vgl. SC 24), räumt der Muttersprache größeren Raum in der Liturgie ein (vgl. SC 36), fordert aber auch eine Erneuerung der liturgischen Zeichen. Große Bedeutung misst die Konstitution der liturgischen Bildung und liturgiewissenschaftlichen Ausbildung zu. Akkulturation und Inkulturation, damit auch explizite Austauschprozesse zwischen Liturgie und Kultur, werden ermöglicht. Schließlich werden in SC 25 eine zügige Revision der liturgischen Bücher und damit die praktische Umsetzung der Liturgiekonstitution befohlen. Dies hat man nach dem Konzil rasch in Angriff genommen, wie einige wichtige Bücher zeigen: 1969 erschien der Ordo baptismi parvulorum, 1970 das Missale Romanum, 1971/72 die vierbändige Liturgia horarum. Für das deutsche Sprachgebiet folgten ebenso zügig u. a. 1971 die Feier der Kindertaufe, 1975 das Messbuch, dem schon eine Studienausgabe vorausgegangen war, 1978 das dreibändige Stundenbuch (Klöckener/42).

Participatio actuosa und Kirchenbild

Einige der theologischen Akzente der Konstitution sollen eingehender erläutert werden. Vom Prinzip der „tätigen Teilnahme" der Gläubigen an der Liturgie (participatio actuosa) war bereits die Rede. Die Liturgiekonstitution erweitert es um eine neue Dimension, die sie mit dem Wandel von einem „christomonistischen" zu einem „pneumatologischen" Kirchenbild begründet, wie ihn das II. Vatikanum herausgearbeitet hatte. Das pneumatologische Bild legt die Betonung auf die pfingstliche Gemeinschaft der Glaubenden mit ihren vielfältigen Charismen. Demgegenüber betont das christomonistische Bild das Institutionelle, die Hierarchie und die kirchlichen Strukturen; es sieht die Kirche primär als Fortsetzung der Inkarnation Christi.

In der abendländisch-westlichen Kirche hat sich das christomonistische Verständnis auf Kosten des pneumatologischen durchgesetzt. Dies hatte unter anderem die Konsequenz, dass der Gottesdienst immer mehr zu einer Amtshandlung des Klerus wurde. Die religiöse Ausdrucksmöglichkeit des Volkes war in den Bereich am Rand oder ganz außerhalb der Liturgie verbannt. Das II. Vatikanum vollzog in der Kirchenkonstitution und den darauf aufbauenden Dokumenten einen grundlegenden Wandel der Perspektive, vorbereitet, aber noch nicht ausgeprägt in der Liturgiekonstitution. Wenn das Konzil seit der Konstitution über die Kirche „Lumen Gentium" von Kirche spricht, dann setzt es nicht mehr bei der Hierarchie an, sondern bei der Gesamtheit des Volkes Gottes (LG 2). Somit ist das Subjekt der Aktionen der Kirche nicht mehr exklusiv die Hierarchie. Dies gilt in besonderer Weise für die Liturgie der Kirche. Wenn eine Gemeinde Gottesdienst feiert, dann ist Subjekt dieses Gottesdienstes nicht die abstrakte Gesamtkirche, sondern die vor Ort versammelte Gemeinschaft, in der sich Kirche als weltweite Communio ausdrückt. Diese eucharistische Ekklesiologie wurde in LG 26 explizit übernommen.

In Bezug auf das Prinzip der „tätigen Teilnahme" bedeutet dies: Es geht nicht mehr um Teilnahme an einem fremden Geschehen, sondern um die je eigene Teilnahme an einer Wirklichkeit, zu der man selber gehört, deren Teil man ist. Die Versammlung ist und bleibt nach katholischem Verständnis freilich hierarchisch gegliedert, doch ist der Klerus nun nicht mehr eine dem Volk gegenübergestellte Größe, sondern Teil des Volkes und Rollenträger wie andere auch.

Eine weitere folgenschwere Konsequenz der Überbetonung des inkarnatorischen Prinzips lässt sich für die Zeit vor dem II. Vatikanum an der Struktur der liturgischen Feiern ablesen. Liturgie war hier, verknappt ausgedrückt, gleichsam eine Veranstaltung, in der Gnaden zugeteilt werden. Nach altkirchlichem Verständnis ist diese Wirklichkeit aber primär eine von Gott im Heiligen Geist geschenkte und kann daher nur im Zusammenhang von Lobpreis, Dank und Bitte erfahren werden. Lobpreis und Dank aber verschwanden ganz oder teilweise aus dem Beten der abendländischen Liturgie, insbesondere aus der Feier der Sakramente. Selbst für das eucharistische Hochgebet gilt: Die in der Präfation ausgedrückte Danksagung wurde lange Zeit nur als eine Vorrede zum Eigentlichen verstanden. Im Kontext der Bitte wurden die Einsetzungsworte als indikative Formeln (entsprechend als „Wandlungsworte" bezeichnet) noch einmal isoliert. Diesem sakramentalistischen Denken entsprach der Wegfall der Verkündigungsdimension: Die Kirche versammelte sich nicht mehr, um Gottes Heilstaten zu verkündigen und zu preisen, da sie glaubte, im Besitz dieses Heils zu sein. Mit dem Verlust der Versammlungsdimension war zugleich auch verbunden, dass man den Bezug zur Gegenwart verlor. Die naturhafte Vorgegebenheit von Mensch und Welt wurde nicht ernst genommen und konnte deshalb auch nicht auf Gott hin transparent gemacht werden.

Gefahr einer Überbetonung des inkarnatorischen Prinzips

Die Liturgiereform nach dem II. Vatikanum versuchte, diese Entwicklungen behutsam zu korrigieren: Dem Versammlungscharakter wird nun in allen liturgischen Feiern ein hoher Stellenwert eingeräumt, die Wortverkündigung auf der ganzen Linie aufgewertet. Im eucharistischen Hochgebet und an anderen Stellen kommen der Gegenwartsbezug und das Schöpfungsmotiv in stärkerem Maße zum Tragen. Insgesamt bietet die Liturgie Freiräume, in denen Gegenwartserfahrungen der vor Ort versammelten Gruppe oder Gemeinde auf verschiedene Weise zum Ausdruck gebracht werden können.

Versuch einer Korrektur

Die Neuerungen in der Liturgietheologie lassen sich exemplarisch an den Auswirkungen auf den liturgischen Feierraum ablesen (Gerhards/237 u. 479):

Auswirkungen auf den Raum der liturgischen Feier

- Konzentration auf einen einzigen, freistehenden Altar unter Verzicht auf Seiten- oder Nebenaltäre (möglich geworden durch die Einführung der Konzelebration): Dies entspricht dem Anliegen einer „christozentrischen Kirchenkunst" der Liturgischen Bewegung, wonach die Gemeinde sich um den Christus symbolisierenden einen Altar versammelt;
- Trennung von Altar und Aufbewahrungsort der Eucharistie (Tabernakel), der nun in einer eigenen Kapelle aufgestellt werden kann: Feier der Eucharistie und eucharistische Frömmigkeit außerhalb der Messe werden stärker unterschieden, zumal die Gläubigen die Kommunion aus der in der jeweiligen Messe konsekrierten Spezies empfangen sollen;
- Einführung eines festen Ortes der Wortverkündigung (Ambo) im Altarbereich, wodurch die Kanzel im Kirchenschiff obsolet wird: Die Aufwertung der Wortverkündigung sollte durch die Wiedereinführung des Ambos einen sichtbaren Ausdruck finden. Die außerliturgisch verwendete Kanzel schien dazu in den meisten Fällen nicht geeignet. Mitunter werden auch

Orte für die Aufbewahrung des Evangeliars (bzw. des Lektionars oder der Bibel) geschaffen;

– Einführung eines festen Priestersitzes für die Gottesdienstleitung: In dieser Maßgabe findet die Gestalt der Eucharistiefeier als strukturierte Versammlung sichtbaren Ausdruck;

– Änderung des Kommunionritus (Kommunionprozession), wodurch die Kommunionbänke funktionslos werden, deren ursprüngliche Funktion als Abschrankung des Chorbereichs ebenfalls nicht mehr notwendig erscheint: Altar- und Gemeinderaum sollen unterschieden, aber nicht getrennt sein. Der Kommunionempfang in Prozessionsform sollte den Gemeinschaftsaspekt hervorheben, was oft aber nicht so empfunden wird;

– Funktionsänderung des Taufsteins aufgrund der Bestimmung, das Wasser in jeder Feier außerhalb der Osterzeit zu weihen. Damit verbunden ist die Verlagerung des Taufortes vom Eingangsbereich ins Angesicht der Gemeinde: Da die Taufe als Feier wieder ins Blickfeld getreten ist, erhält der Taufort einen neuen Stellenwert, insbesondere dort, wo Erwachsenentaufen gefeiert werden. Wünschenswert sind in diesem Zusammenhang auch Aufbewahrungsorte für die heiligen Öle;

– Änderung der Bußpraxis, Einführung von Beichtzimmern und Reduzierung der Beichtstühle: Mit der Einführung der Bußgottesdienste ging der Rückgang der Einzelbeichte einher. Ein angemessener Ersatz für den erst seit dem Barock üblichen Beichtstuhl wäre das einladendere Beichtzimmer. Die angemessene symbolische Präsentation des Sakraments der Versöhnung ist eine weithin ungelöste Aufgabe.

3.10.3 Grenzen der Reform und Zukunftsperspektiven

Zusammentreffen von Liturgiereform und Gesellschaftsreform in Deutschland

Seit den 1950er Jahren setzte keimhaft eine Erosion tradierter Frömmigkeit ein. Als die Liturgiereform begann, waren die Entwicklungen hin zu einer Pluralisierung und Individualisierung, zur Aufweichung von Glaubenstraditionen und zum Rückgang der gottesdienstlichen Praxis bereits zu beobachten. In Westdeutschland traf die Reform – zeitgleich mit der Studentenrevolte der sechziger Jahre – auf eine Gesellschaft im Umbruch. Die Infragestellung von Autoritäten färbte auch auf den kirchlichen Binnenraum ab. Skepsis und Abneigung gegenüber tradierten und als autoritär empfundenen Ritualen werden die Skepsis auch gegenüber kirchlichen, gerade liturgischen Ritualen gefördert haben. Die Überbetonung des Verbalen, die Ablehnung von Feierlichkeit und ein sehr freier Umgang mit „amtlich" vorgegebenen liturgischen Texten hat man zu den Trends des liturgischen Lebens der frühen siebziger Jahre gezählt (Fischer/227: 122–124). In der DDR traf die Liturgiereform auf ein autoritäres politisches Regime, das den Religionsgemeinschaften eine freie Entfaltung erschwerte und das kirchliche Leben stark reglementierte und einschränkte. Einzelne Elemente der nachkonziliaren Liturgie (z. B. Vollzahl der Lesungen im Wortgottesdienst der Messe, Gabenprozession in der Eucharistie) scheinen in den jetzigen östlichen deutschen Bundesländern besser umgesetzt worden zu sein.

Will man die nachkonziliare Liturgiegeschichte systematisieren, so fallen bei allen regionalen Unterschieden mehrere Etappen auf (Kranemann/266

u. 268). Die erste Etappe, die in die Zeit unmittelbar nach dem Konzil fällt, ist durch Experimente mit der neuen Liturgie geprägt. Neue Lieder und Texte entstehen, auch Hochgebete und Orationen, die neben den vorgesehenen liturgischen Büchern verwendet werden; die Neugestaltung liturgischer Räume wird angegangen, die liturgische Bildung intensiviert. Bemerkenswert ist der rasche Mentalitätswechsel: Die Liturgie, die kurz zuvor noch stark durch Rubriken reglementiert war, wurde zum Ort der Kreativität und Gestaltung. Die Rolle der Laien im Gottesdienst, auch der Frauen, veränderte sich. Mit Blick auf das gewandelte Rollenverständnis kann man fragen, ob sich über die Liturgie das Rollenverständnis von Katholikinnen und Katholiken nicht insgesamt verändert hat. Aus theologischer Perspektive hätte sich dann aus der Liturgie ein neues Selbstverständnis der Getauften entwickelt.

Etappen nachkonziliarer Liturgiegeschichte
1. Liturgie als Ort der Kreativität …

Zur nachkonziliaren Liturgiegeschichte gehört auch die Entstehung von Gruppen, welche die Gottesdienstreform, zugleich auch das II. Vatikanum insgesamt ablehnten. Sie traten (und treten) vor allem dafür ein, dass die sog. „Tridentinische Messe" auch weiterhin gefeiert werden sollte.

… aber auch Ablehnung der Liturgiereform

Eine zweite Reformetappe verbindet sich mit der Einführung der neuen liturgischen Bücher (Klöckener/42). Der Reformprozess erhielt dadurch, dass er gleichsam verschriftlicht wurde, eine neue Verbindlichkeit und einen wesentlich stärkeren Einfluss in der Weltkirche. In Deutschland fallen in diese Zeit die Würzburger Synode der westdeutschen Bistümer, die 1975 einen „Beschluß Gottesdienst" vorlegte (Beschluß Gottesdienst/75), und die Pastoralsynode der katholischen Kirche in der DDR (Konzil und Diaspora/265). Die ostdeutsche Synode hat keinen eigenen Beschluss zur Liturgie formuliert, thematisiert aber in verschiedenen Dokumenten diesen Bereich. Regionale Unterschiede in der Rezeption der Liturgiereform sind zu erkennen, zugleich aber deutliche Gemeinsamkeiten, die man als Tendenz zur Ausdifferenzierung des religiösen und liturgischen Lebens beschreiben kann: Es gibt verschiedene Weisen der Teilnahme an der Liturgie. Die Verbindlichkeit des Gottesdienstes und der gottesdienstlichen Ordnungen wird von den Gläubigen unterschiedlich eingeschätzt. Die Weitergabe des Glaubens befindet sich im Umbruch.

2. Verschriftlichung und neue Verbindlichkeit

Eine dritte Etappe verbindet sich mit der Überarbeitung und Revision der nachkonziliaren deutschsprachigen liturgischen Bücher. Erfahrungen der nachkonziliaren Reform sollen in diese revidierten Bücher einfließen. Sie sind ein Zeichen dafür, dass der innerkirchliche Prozess der Revisionen und Reformen nicht beendet ist. Die 1992 in zweiter Auflage erschienene „Feier der Trauung" lässt exemplarisch deutlich werden, dass man Liturgie in Deutschland am Ende des 20. Jahrhunderts immer seltener in einem volkskirchlichen Umfeld feiert. Das Buch enthält nun auch Texte für die Trauung mit einem nichtgetauften Partner, der an Gott glaubt, bzw. mit einem nichtgläubigen Partner und geht auf den Nichtgetauften bzw. Nichtgläubigen in der Liturgie entsprechend ein (Feier der Trauung/51: 30 f.; 79–111). Allerdings haben sich gegen Ende des vergangenen Jahrhunderts innerkirchliche Spannungen um die Liturgie verschärft. Einerseits sind römisch-zentralistische Tendenzen auf Kosten der Ortskirchen und neue Engführungen kirchlicher Ordnungen zu beobachten, andererseits führen unbewältigte Probleme der Liturgiepastoral dazu, dass die Akzeptanz gottesdienstlicher Ordnungen weiter aufgelöst wird und man alternative Gottesdiensttexte und -ordnungen

3. Revision nachkonziliarer liturgischer Bücher

verwendet. Wie der Reformweg sinnvoll auch mit neuen Formen des Gottesdienstes beschritten werden könnte, zeigen Beispiele aus dem Bereich der Tagzeitenliturgie. Im Erzbistum München-Freising sind entsprechende Bücher für die Gemeindeliturgie entwickelt worden; sie kombinieren die traditionelle Gebetsordnung und neue Feierformen sowie Texte (Morgenlob – Abendlob/281; Ringseisen/292).

4. Missionarisches Verständnis – Öffnung der Liturgie für religiös Indifferente

Eine vierte Etappe setzt mit der Wiederentdeckung des missionarischen Selbstverständnisses der Kirche ein (Zeit zur Aussaat/306). Die Möglichkeiten von Religion im öffentlichen Raum werden stärker wahrgenommen, dies auch für kirchliche Liturgie und offenere Feierformen. Auch in diesen Feierformen soll die Kirche als Angebot des Glaubens allen offen stehen. Man sucht nach Gottesdienstformen, die sich auch für religiös indifferente Gruppen eignen, zugleich aber das Pascha-Mysterium als Mitte christlichen Gottesdienstes nicht verleugnen (Gott feiern/91). Mit solchen neuen Formen religiösen Rituals verbinden sich ekklesiologische Optionen: Versteht sich die Kirche als kleine, zurückgezogene Schar oder will sie Kirche inmitten der Gesellschaft und in Dialog mit ihr sein?

Gleichzeitig verschärft sich angesichts der knapp werdenden Finanzmittel die Problematik des Erhalts bestehender Kirchenräume. Fragen der Erweiterung des Nutzungsspektrums, der Umnutzung oder gar des Abrisses beschäftigen seit der Jahrtausendwende immer mehr deutsche Diözesen und Landeskirchen. Wird es gelingen, eine wirkungsvolle Präsenz des Christlichen im öffentlichen Raum zu erhalten? Werden die mit den Kirchengebäuden verbundenen Chancen einer stärkeren dialogischen Einlassung der Christen auf eine plurale Gesellschaft erkannt und genutzt?

Probleme im Umgang mit der Liturgie

Keiner würde behaupten, mit der Liturgiereform des II. Vatikanums sei ein Idealzustand erreicht. Im Gegenteil: Die Probleme mit der Liturgie scheinen eher gewachsen zu sein. Neben den genannten gesellschaftlichen Rahmenbedingungen hängt dies innerkirchlich wohl auch damit zusammen, dass ein integratives Kirchenbild, das Charisma und Amt in harmonische Beziehung zueinander setzt, noch nicht gefunden ist. Die meisten Schwierigkeiten in den Pfarreien (z. B. mit ihren Kirchenräumen) lassen sich auf dieses Spannungsverhältnis zurückführen. Die wieder aufgelebte Diskussion über die Neuordnung der Kirchenräume und die Zelebration „versus populum" ist dafür ein Indiz (Communio-Räume/475; Richter/490). Doch bedeutet der vom Konzil eingeschlagene Weg einen so epochalen Wandel, dass er im Verlauf von ein oder zwei Generationen kaum vollzogen werden kann.

4. Theologie der Liturgie

Liturgie artikuliert und kommuniziert in ritueller Form christliche Glaubensüberzeugungen. Sie ist ein Feiergeschehen, an dem der Glaube der Kirche ablesbar ist. Darauf weist das Axiom „Lex orandi – Lex credendi" hin (vgl. Kap. 2.2.7.2). Zugleich bedarf sie immer neu der theologischen Reflexion, um innerhalb vielfältiger Deutungen, die an sie herangetragen werden, ihre sinnstiftende Mitte nicht zu verlieren. Damit ist die Theologie der Liturgie angesprochen, in die das folgende Kapitel einführt. Es nimmt seinen Ausgangspunkt bei der Liturgiefeier als menschlicher Versammlung, die sich von Gott gerufen weiß und unter ganz spezifischen Voraussetzungen steht (4.1). Es arbeitet das dynamische Gottesbild der Liturgie heraus, das dem Gottesdienst als Begegnungsgeschehen zwischen Gott und Mensch entspricht (4.2). Die Liturgie wird als Feier des Pascha-Mysteriums Christi (4.3), eine der zentralen Aussagen heutiger Liturgietheologie, und als ein immer geistgewirktes Geschehen (4.4) interpretiert. Theologie, Christologie und Pneumatologie der gottesdienstlichen Feiern sind folglich zu thematisieren. Die Anteilhabe der Liturgie an der Heilsökonomie Gottes (4.5) sowie das Zueinander von irdischer und himmlischer Liturgie (4.6) sind darzustellen. Liturgie ist Verherrlichung Gottes, zugleich aber auch Heiligung des Menschen. Darum ist auch das Menschenbild der Liturgie Gegenstand der Liturgietheologie (4.7). Schließlich ist das Verhältnis von Liturgie und christlicher Lebenspraxis zu erfragen (4.8).

4.1 Liturgie als Versammlung vor Gott

4.1.1 Versammlung als anthropologisches Phänomen

Das Grundgeschehen der christlichen Liturgie kommt mit dem anthropologischen Phänomen „Versammlung" in den Blick. Unter „Versammlung" versteht man zunächst das Zusammenkommen von Menschen zu einem bestimmten Zweck. Nach Gruppe, Anlass und Zielsetzung wird eine solche Versammlung unterschiedlich gestaltet. Ihr Handeln folgt bestimmten Regeln, ist also standardisiert und wiederholbar. Sie ist durch die Ordnung der Rollen und Formen charakterisiert. Schließlich ist sie für die jeweilige Gruppe als kommunikative Handlung notwendig, verweist also über das hinaus, was unmittelbar ersichtlich ist. Insbesondere für religiöse Versammlungen lassen sich häufig Stereotypisierungen des Sprach- und Zeichengeschehens und damit Formalisierungen beobachten. Wiederholbarkeit, die Verwendung feststehender sprachlicher Ausdrücke und Formeln sowie festgelegter Symbole und Handlungen u.a. sind zu nennen (Lang/100). Die grundsätzliche Regelung der Handlungsabläufe und die Zielsetzung ermöglichen erst Versammlung als Geschehen in Gemeinschaft. Religiöses Versammlungsgeschehen tendiert notwendigerweise zur Ritualisierung; es ist

Religiöse Versammlungen allgemein

wiederholbar, kann in der Wiederholung bestimmte Inhalte repräsentieren und ermöglicht aufgrund des wiederkehrenden Rituals eine wie auch immer geartete Partizipation der jeweiligen Gruppe.

Besonderheit der christlichen liturgischen Versammlung

Auf dieser Ebene lassen sich bereits die liturgische Rollenverteilung sowie die Zuweisung von Texten, Zeichen und Handlungen an Rollenträger, die Konstituierung von kirchlicher Gemeinschaft aus der Liturgiefeier und die Vermittlung sozialer Beziehungen sowie einer spezifischen Weltsicht aus der liturgischen Versammlung erklären. Zentrale Wesenszüge der christlichen Liturgie, etwa dass Gott ihr Initiator ist, dass Christus als Subjekt der Versammlung handelt und der Mensch durch die Liturgie Wandlung erfährt, lassen sich allerdings nicht allein anthropologisch ableiten, sondern sind theologisch zu begründen, wie zu zeigen ist. Dabei wird deutlich werden, dass hinsichtlich der liturgischen Versammlung, in die sich Menschen von Gott durch Christus gerufen wissen und in der sie mit und durch Christus auf den Anruf Gottes antworten, Anthropologie und Theologie Hand in Hand gehen.

4.1.2 Liturgie als von Gott gerufene Versammlung

Christusbezug

Versammlungen mit gottesdienstlichem Charakter begegnen bereits im AT und NT. So berichtet das NT vielfältig von Versammlungen zu Gebet und Gottesdienst (Apg 4,5; 12,12; 1 Kor 5,4; 14,23), insbesondere zur Eucharistie (Apg 20,7 f.; 1 Kor 11,17 f. 33; 14,26). Charakter, Ort der Zusammenkunft und Umstände können variieren, doch eines bleibt erkennbar gleich: Diese Versammlungen sind immer auf Christus bezogen. Besonders deutlich wird das in der Eucharistie, die im Bewusstsein der Christusgegenwart gefeiert wird, wie nachdrücklich in der Emmausperikope (Lk 24,13–35) erzählt wird. Im Hintergrund der verschiedenen Versammlungen steht die Zusage der Gegenwart Christi, „wo zwei oder drei in meinem Namen versammelt sind, da bin ich mitten unter ihnen" (Mt 18,20). Wenn es über die Taufe heißt, sie geschehe im Namen Jesu (Apg 10,47) und entfalte als solche ihre reinigende Wirkung (1 Kor 6,11), wird der Bezug zu Christus sichtbar. Liturgie ereignet sich nach dem NT jeweils im Namen Jesu Christi, des Gottessohnes. Was in den liturgischen Vollzügen geschieht, wird in seinem Wert daran bemessen, ob es dem gefeierten Ereignis, der Offenbarung Gottes in Jesus Christus, angemessen ist. In 1 Kor 11,27 wird dieser Zusammenhang für das Herrenmahl deutlich. Wer unwürdig vom Brot isst und aus dem Kelch des Herrn trinkt, macht sich an Leib und Blut Christi schuldig, damit an Christus, der sich am Kreuz hingegeben hat. Vom Christusgeschehen lässt sich liturgische Versammlung demnach nicht lösen. Das Sich-Versammeln im Namen Jesu wie beständiges Lobpreisen und Beten sind für die Ekklesia der Christen konstitutiv (Hucke – Rennings/340; Berger/311).

Versammlung im AT: Initiative Gottes

Die christliche Versammlung liegt damit auf einer Linie mit jenen im AT genannten Versammlungen (קהל הרה), die Gott einberuft, so besonders eindrücklich der göttliche Auftrag an Mose nach Dtn 4,10: „Ruf mir das Volk zusammen." Ex 19,7 erzählt von der Zusammenkunft der Ältesten des Volkes, die von Gott aufgetragen ist (Ex 19,6). Auf Befehl Gottes, hier durch Mose überbracht, versammelt sich das Volk, um Gottes Wort zu hören. Ähnlich ruft Mose nach Dtn 5,1 das Volk zusammen, um ihm die von Gott gegebenen Gebote weiterzugeben. Nach Neh 8,3 hört das versammelte Volk auf das von Esra verkündete Gesetz Gottes. Hier begegnet also ein Typus von Versammlung, der mit Blick auf Versammlungsform, Rollenverteilung, Ritualisierung usw. üblichen Schemata menschlicher Versammlung folgt, aber als Spezifikum die Initiative Gottes kennt.

Im NT lebt dieser Strang für die gottesdienstlichen Versammlungen fort, doch ist nun Christus derjenige, auf dessen Auftrag hin man zusammenkommt (vgl. 1 Kor 11,24f.) bzw. dessen Name über der jeweiligen Versammlung und ihrer Handlung steht. Mehr noch: Nach Mt 18,20 ist Christus selbst in dieser Versammlung gegenwärtig (vgl. auch Mt 28,20). Damit erst bekommt sie ihre eigentliche Qualität: Gegenwart Christi bedeutet Gegenwart des Auferstandenen und seines Heilshandelns. Anlass und Inhalt, aber auch das primäre Subjekt des Gottesdienstes werden benannt. Was auch im Einzelnen im Gottesdienst geschieht, ereignet sich als Aktualisierung von Leiden, Tod, Auferstehung und Erhöhung Christi. Wie eng die Verbindung von Liturgie und Versammlung ist, kann man schon daran ablesen, dass man die Eucharistie bis ins Frühmittelalter auch als σύναξις (Versammlung) bezeichnet hat (Meyer/2: 39). Mit der dogmatischen Konstitution Lumen Gentium (LG 28) und dem Dekret über Dienst und Leben der Priester Presbyterorum ordinis (PO 5) taucht der Begriff in zwei Dokumenten des II. Vatikanums wieder auf.

NT: Gegenwart Christi und seines Heilshandelns

Die Liturgiekonstitution spricht davon, dass die Kirche niemals aufgehört habe, sich zur Feier des Pascha-Mysteriums zu versammeln (SC 6). Diese Versammlung wird als Fortführung des Heilswerkes Christi gedeutet, das in der Sendung des Sohnes durch den Vater wurzele, also bei Gott seinen Anfang nehme; Verkündigung der Botschaft und Vollzug des Heilswerkes „durch Opfer und Sakrament" haben ihren Platz in der Versammlung. Wie Mediator Dei 20, die Enzyklika Pius' XII. von 1947 zu Fragen der Liturgie, weist die Konstitution auf die Gegenwart Christi auch in der Versammlung hin (SC 7) und beschreibt Liturgie als Werk Christi und seines Leibes. Die Getauften versammeln sich zur Liturgie als Höhepunkt und Quelle kirchlichen Tuns (SC 10; LG 11).

Fortführung des Heilswerkes Christi

Auf dieser Linie liegen beispielsweise die eröffnenden Elemente und die entsprechenden Rubriken verschiedener heutiger Liturgiefeiern, die vom Anfang des jeweiligen Gottesdienstes her das folgende Geschehen und die Versammlung qualifizieren. Das Messbuch (Meßbuch/44: 323) sieht auf der Ebene zeichenhaften Handelns das Sich-Versammeln der Gemeinde, den Einzug von Priester und Assistenz unter begleitendem Gesang und die Verehrung des Altares (als Symbol für Christus) vor. Hier bereits wird realisiert, dass sich Menschen um Christus versammeln. Das Kreuzzeichen, das sich anschließt, drückt das in Wort und Gestus aus. Alle Anwesenden vollziehen dieses Zeichen mit, das zugleich über die begleitende Formel „Im Namen des Vaters und des Sohnes und des Heiligen Geistes" an die Taufformel erinnert, und stellen sich in ihrer Mitfeier unter das Signum Christi.

Liturgie als Dialog – bei Gottesdiensteröffnung …

Die kürzeste der vorgesehenen Begrüßungsformeln, vom Priester mit ausgebreiteten Händen als Begrüßungsgestus gesprochen und von der Gemeinde beantwortet, lautet: „Der Herr sei mit euch. – Und mit deinem Geiste." Andere Begrüßungen lauten: „Gnade und Friede von Gott, unserem Vater, und dem Herrn Jesus Christus sei mit euch" oder „Die Gnade unseres Herrn Jesus Christus sei mit euch" (vgl. Joh 20,21. 26 u. ö. bzw. 1 Kor 1,3 u. ö.).

… und in der
Tagzeitenliturgie

In Gruß und Gegengruß kommt das Geschehen zwischen Gott / Christus und den Menschen, das diese Versammlung konstituiert, zum Ausdruck.

Ähnliches lässt sich in variierenden Formen für andere Liturgiefeiern zeigen, so etwa für die Tagzeitenliturgie. Auf der Handlungsebene besitzt das Zusammenkommen und Versammeln von Menschen zur Liturgie Zeichencharakter. Aber auch die Gebetssequenzen, die diese Liturgie eröffnen, weisen die Versammlung als Versammlung vor Gott aus. Die erste Tageshore beginnt mit dem Invitatorium aus Ps 51(50),17: „Herr, öffne meine Lippen. – Damit mein Mund dein Lob verkünde." Wer mit diesem Vers den Tag beginnt, bedenkt sich und sein Leben vor Gott, vergegenwärtigt sich die eigene Distanz zu Gott und weiß sich auf dessen Gnade angewiesen. Auch wenn die Eröffnungselemente der Stundenliturgie andere sind als diejenigen der Messe, das Ziel, die Versammlung auf Gott hin zu orientieren, ist beiden gemeinsam (Häußling/334).

4.1.3 Liturgiefeier in gegliederter Versammlung

Participatio und hierarchische Struktur

Die liturgische Versammlung wird in den ntl. Quellen als geschwisterliche Versammlung beschrieben, ist aber dennoch nach Aufgaben und Diensten gegliedert (Kirchschläger/347; Wie weit trägt das gemeinsame Priestertum?/385). Der Leitungsdienst einerseits und ein Handeln der anwesenden Gläubigen andererseits schließen einander aber keineswegs aus, denn das Umgreifende ist die Versammlung im Namen Jesu Christi. Christus selbst vollzieht sein Heilswerk für die Menschen und feiert mit der Gemeinde. Die Menschen, die in der Liturgie handeln, partizipieren am Tun Jesu Christi. Diese Partizipation kann sehr unterschiedliche Formen haben, muss aber immer in der Sendung Christi stehen und von ihr her legitimiert sein. Das gilt insbesondere für den liturgischen Leitungsdienst, der im NT mit der Gemeindeleitung verbunden ist: gehandelt wird für und mit der Gemeinde (Kirchschläger/346).

Innerhalb der Liturgie feiernden Gemeinde, näherhin in den Feiern der Sakramente, unterscheidet man demgegenüber heute für die eine Gemeinde das Leitungsamt, die liturgischen Dienste und die übrigen Gemeindemitglieder. Die Basis, um an der Liturgie voll und ganz teilnehmen zu können, ist die Initiation. Die liturgischen Handlungen sind „Feiern der Kirche, die das ‚Sakrament der Einheit' ist; sie ist nämlich das Volk, geeint und geordnet unter den Bischöfen" (SC 26). Jeder Gläubige wird mit seinem Charisma für die Feier der Liturgie „in Dienst genommen"; Ordination, Beauftragung, Mittragen der Feier durch die übrigen Gläubigen sind unterschiedliche Weisen, wie und mit welcher Verpflichtung die verschiedenen Charismen beansprucht werden. Zugleich öffnet SC 26 die Möglichkeit, dass Laien auch ohne Priester liturgische Handlungen vollziehen, was für Tagzeitenliturgie (SC 84; 100), Sakramentalien (SC 79) und Wortgottesdienst (SC 35,4) exemplifiziert wird. Für jede liturgische Feier, gleich ob von Ordinierten oder Laien geleitet, gilt, dass „jeder, sei er Liturge oder Gläubiger, in der Ausübung seiner Aufgaben nur das und all das tun [soll], was ihm aus der Natur der Sache und gemäß den liturgischen Regeln zukommt" (SC 28).

4.1.4 Hören und Antworten als menschliche Grundaktionen in liturgischer Versammlung

Liegt die Initiative der liturgischen Versammlung bei Gott, so auf Seiten des Menschen das Hören und das Antworten auf das von Gott Zugesprochene. Der (qua Taufe initiierte) Mensch ist also als handelndes Subjekt in die Liturgie einbezogen. Die liturgische Versammlung ist weder Selbstzweck noch auf sich konzentriert, sondern auf Gott ausgerichtet, der sich in Jesus Christus geoffenbart hat. Hören und Antworten sind deshalb menschliche Grundaktionen in der liturgischen Versammlung. Die Sonntagseucharistie als eine Form von Liturgie lässt in ihrer Eröffnung erkennen, was dabei im Mittelpunkt steht. Der Einführung schließen sich – nach dem Schuldbekenntnis – Kyrie, Gloria und Tagesgebet an. Kyrie und Gloria hängen eng zusammen; sie sind Ausdruck der Verherrlichung des Kyrios Christus, was unter anderem im Gesang und im Stehen der Gemeinde hörbar und sichtbar wird. Sie gehören mit zum Ersten, was die Versammlung als Ganze in dieser Liturgie artikuliert. Dass dies in der Liturgie zum Teil formelhaft geschieht, darf nicht den Blick für das dahinter stehende personale Geschehen verdecken. Das Formelhafte, das allgemeiner bleibt und das Individuelle stärker übersteigt als frei formulierte Texte, kann sogar den individuellen Mitvollzug und die persönliche Rezeption erleichtern, weil es nicht auf das Konkrete festgelegt ist.

In der Liturgie wird der Mensch mit seiner Existenz von Gott betroffen. Ihm selbst wird von Gott Heil zugesprochen. Das kann beispielsweise im Kollektengebet, dem Tagesgebet, realisiert werden. Nach der Gebetseinladung („Lasset uns beten") sollte nach alter Tradition Raum für das stille Gebet der Gläubigen sein; mit der „Collecta", dem sammelnden und deshalb knappen Gebet, beschließt der Priester den Gebetsakt. In der heutigen liturgischen Praxis ist diese Verbindung von gemeinschaftlichem und individuellem Gebet allerdings häufig nicht mehr erkennbar.

Das Antworten der Gemeinde kann so vielfältige Gestalt annehmen wie die liturgischen Versammlungen selbst. Neben Dank und Lobpreis treten Bitte und Klage, so dass auch in den akklamierend-anbetenden Formen den Lebensrealitäten der Versammelten Rechnung getragen wird.

Unverzichtbar ist für alle liturgischen Sprach- und Handlungsakte, dass die Dimension der Kommunikation zwischen Gott und Mensch in der liturgischen Handlung selbst zu erkennen und zu erfahren ist. Aus theologischen Gründen sind deshalb die Kommunikationsebenen hinsichtlich Stil und Adressierung der Gebetshandlungen durchzuhalten, dies nicht aus Formalismus heraus, sondern um des eigentlichen liturgischen Geschehens willen. Feierform und Sinngehalt korrespondieren einander. Gerade eine mystagogische, also sich gleichsam im Vollzug selbst erschließende und weitgehend selbst sprechende Liturgie erfordert in sich Stimmigkeit. Mit Blick auf die Liturgie als Gemeinschaftsgeschehen ist eine solche Klarheit der Formen und Vollzüge wichtig, damit nicht der Kern des Geschehens aus dem Blick gerät.

Begegnung von Gott und Mensch

Auch dieser Aspekt von Versammlung ist für die verschiedenen Liturgiefeiern unverzichtbar, wie die Tagzeitenliturgie belegt. Sprachliche und nichtsprachliche Elemente bestimmen die Eröffnung. Im Versammeln konstituiert sich die betende Gemeinde, die sich bereits in den Eröffnungsrufen als um den Herrn versammelte Gemeinde bekannt und sich vergegenwärtigt hat, dass ihr Lobpreis und damit auch ihre Versammlung von Gott ermöglicht ist. In manchen monastischen Gemeinschaften ist vor der Tagzeitenliturgie eine „statio" üblich, eine Versammlung etwa im Kreuzgang, bei der die verschiedenen Aspekte liturgischer Versammlung sichtbar werden:

> „Weil etwas gemeinsam zu tun ist, findet man sich zusammen; weil das gemeinsame Handeln aber Beten und Hören ist, sammelt sich der einzelne zum gemäßen Dienst mit und in der Gemeinschaft. […] Dem Sammeln folgt die Prozession zum Ort der Tagzeitenliturgie. […] Erst jetzt, nach der Hinwendung zueinander und der Abstimmung miteinander, erfolgt die gemeinsame Hinwendung zu Gott im eröffnenden Dialog des Gebetsrufes" (Häußling/334: 263 f.).

4.1.5 Versammlung der Gemeinde – Versammlung der Kirche

Ekklesiale Dimension der liturgischen Versammlung

Liturgische Versammlung meint immer mehr als die einzelne Versammlung hier und jetzt. Sie besitzt eine ekklesiale Dimension, insofern über sie Kirche auferbaut wird (Gemeinde, Ortskirche, Universalkirche). Auch das stellt die liturgische Versammlung nochmals unter eigene Voraussetzungen, einerseits diesen ekklesialen Bezug zu realisieren, andererseits das je Eigene in Glaubensleben und Liturgie zu artikulieren, auch um es in die Universalkirche einbringen zu können. Zugleich verbürgt die Kirche aufgrund ihrer Apostolizität das bleibende Heilsgeschehen für die Liturgie. Die Kirchlichkeit liturgischer Versammlung, d. h. die Feier in der Gebetsordnung der Kirche, ist für eine liturgische Versammlung unverzichtbar.

Initiation als Hineinnahme in das Volk Gottes

Schon die Initiationsfeiern sind nicht Aufnahmeriten in eine bestimmte Gemeinde, auch wenn sie im Gemeindekontext gefeiert werden und die Gemeinde der primäre Erfahrungsraum von Kirche ist. Sie gliedern vielmehr in das Volk Gottes ein und haben also vor allem auch ekklesiologische Bedeutung, denn die Kirche als Ganze ist von dieser Initiation betroffen. Zur gleichen Aussage kommt man, wenn man den christologischen Aspekt der Taufe, die Eingliederung in Christus, hervorhebt, denn Christus ist nicht ohne seinen Leib, die Kirche (vgl. 1 Kor 12,12 f.; Eph 5,23).

Außerdem ist gerade bei der Taufe nicht zu übersehen, dass die Kirche aus ihr lebt. Die Pastorale Einführung der Feier der Kindertaufe (Feier der Kindertaufe/48: 5) nennt die Taufe „das sakramentale Band, das alle zusammenhält, die dieses Zeichen empfangen haben", und hebt als Zeichen, in dem das zum Ausdruck kommt, das (vom Bischof geweihte) Chrisam hervor.

Eucharistiefeier als Feier der gesamten Kirche

Für die Eucharistie lässt sich in gleicher Weise zeigen, dass über die Gemeinde hinaus die Feiernden sich der Orts- und Universalkirche verbunden wissen, mehr noch: dass sich aus der Communio der feiernden Gemeinden Kirche aufbaut und Kirche sich in den Eucharistie feiernden Gemeinden realisiert. Die Interzessionen (von lat. intercedere = Fürsprache einlegen) im eucharistischen Hochgebet sprechen diese wechselseitige Beziehung aus: „Beschütze deine Kirche auf ihrem Weg durch die Zeit und stärke sie im Glauben und in der Liebe: deinen Diener, unseren Papst N., unseren Bischof N. und die Gemeinschaft der Bischöfe, unsere Priester und Diakone, alle, die zum Dienst in der Kirche bestellt sind, und das ganze Volk deiner Erlösten" (3. Hochgebet; Meßbuch/44: 497). Die am Ort feiernden Christen wissen sich mit Papst, Bischof und allen Gläubigen zur Eucharistie versammelt.

Die Interzessionen sind Repräsentanz der ganzen Kirche in der jeweiligen Eucharistiefeier.

Die Liturgiekonstitution unterstreicht die Einheit des liturgischen Lebens im Bistum mit dem Bischof im Mittelpunkt. Kirche werde in besonderer Weise dann sichtbar, wenn das ganze Volk voll und tätig an der Liturgie teilnehme: „in der Einheit des Gebets und an dem einen Altar und unter dem Vorsitz des Bischofs, der umgeben ist von seinem Presbyterium und den Dienern des Altars" (SC 41).

Die eucharistische Ekklesiologie, die vor allem der orthodoxen Theologie viele Impulse verdankt (Felmy/134: 146–168), bringt diesen ekklesialen Rang der Eucharistie wie das Gewicht der einzelnen feiernden Gemeinden zum Ausdruck (Thaler/200). In der Eucharistie wird Kirche auferbaut. Christus selbst schafft hier im Heiligen Geist Kirche als seinen Leib. Was Kirche ist, definiert sich demnach von der Eucharistiefeier her. Kirche verwirklicht sich in der eucharistischen Gemeinschaft, in der eucharistischen Gemeinschaft wird Kirche konstituiert. „Ein Brot – ein Leib" ist mit 1 Kor 10,17 der theologische Leitgedanke dieser Ekklesiologie, die freilich nicht auf die Eucharistie begrenzt ist, sondern sich auch im Leben des Christen niederschlagen soll.

Die eucharistische Ekklesiologie hat auch in den Dokumenten des II. Vatikanums Aufnahme gefunden, wie LG 3 belegt: „Sooft das Kreuzesopfer, in dem Christus, unser Osterlamm, dahingegeben wurde (1 Kor 5,7), auf dem Altar gefeiert wird, vollzieht sich das Werk unserer Erlösung. Zugleich wird durch das Sakrament des eucharistischen Brotes die Einheit der Gläubigen, die einen Leib in Christus bilden, dargestellt und verwirklicht (1 Kor 10,17). Alle Menschen werden zu dieser Einheit mit Christus gerufen, der das Licht der Welt ist: Von ihm kommen wir, durch ihn leben wir, zu ihm streben wir hin." (zu weiteren theologischen Konsequenzen vgl. das sog. Münchener Dokument „Das Mysterium der Kirche und der Eucharistie im Licht des Mysteriums der Heiligen Dreieinigkeit".)

Die ekklesiologische Dimension ist nicht nur für Taufe und Eucharistie konstitutiv, sondern für jede Liturgiefeier. Gestalt gewinnt sie nicht nur in Gebetselementen, insbesondere jenen, in denen Orts- oder Universalkirche genannt werden, sondern auch durch die in kirchlicher Vollmacht handelnden Leiterinnen und Leiter, die Gebetsordnung der Kirche u. a.

4.1.6 Aktualisierung von Heilsgeschichte in der liturgischen Symbolhandlung

Über Liturgie als Versammlungsgeschehen im oben beschriebenen Sinne lässt sich nur auf der Ebene des Symbols sprechen. Liturgiefeier ist symbolische Handlung, die das Gefeierte darstellt und an ihm Anteil gibt. Auch „Dialog" und „Kommunikation" geschehen allein im Modus des Symbols. Wie das Symbol hat die Liturgie die Eigenschaft, dass sie teilhaben lässt an dem, was sie darstellt, dass aber das, woran sie teilhat, als Ganzes und im Letzten zugleich noch entzogen bleibt. Wie dem Symbol eignet der Liturgie daher der Charakter des Bruchstückhaften und Fragmentarischen. Ordnet man die Symbolhandlung der Ästhetik des Glaubens zu, kann man von Partizipation am gefeierten Geschehen und entsprechend von Nähe zu Gott

Bezug zur Liturgie der Endzeit

reden, muss aber auch die im Symbol liegende Vorläufigkeit nennen, weil das Symbol eben nur Anteil gibt und nicht die göttliche Wirklichkeit als solche ist. So ereignet sich in der liturgischen Versammlung Gemeinschaft um Christus und um Gott; als solche ist sie vom Menschen personal mit Leben zu füllen. Die endgültige Verwirklichung dieser Gemeinschaft bleibt aber der himmlischen Liturgie vorbehalten. Im Symbolgeschehen nimmt die liturgische Versammlung jetzt schon Anteil an dieser Heilswirklichkeit (vgl. Hebr 12,22–24). „Für die liturgische Versammlung ist dieser Bezug zur endzeitlichen Liturgie unverzichtbar, doch die Teilnahme in Vollgestalt wird erst für die Zukunft erhofft" (März/358: 94). Die damit verbundene eschatologische Spannung muss jede liturgische Versammlung prägen, die sich auf dem Weg weiß und auf Erfüllung vertraut. Die Versammlung selbst wird zum Symbol der himmlischen Festversammlung. In der Liturgie wird die Heilshoffnung zur „Verheißungswirklichkeit" (Schierse/374: 203).

Das „Gloria" und das „Sanctus" verdeutlichen das Gesagte. Im Zitat der Engel nach Lk 2,14, mit dem der altkirchliche Hymnus einsetzt, bzw. Jes 6,3 und Offb 4,8 in der die Präfation beschließenden Akklamation klingt die himmlische Liturgie an, genauer: stimmt die irdische Liturgie in den Lobpreis der Engel ein. Die eingespielten biblischen Zitate markieren das Ineinander beider Liturgien (vgl. Kap. 4.6.1). Der Gesang des Gloria bzw. des Sanctus wird zur Symbolhandlung, die das Besondere dieser gottesdienstlichen Versammlung erfahrbar macht.

4.2 Theo-logie

Vielfalt in der Kommunikation mit Gott

Für die Theo-logie der Liturgie, also die Weise, wie die Liturgie Gott feiert und darin von Gott kündet (Kirchberg/345: Rede von Gott in der Rede zu Gott), können hier auf knappem Raum nur einige Aspekte genannt werden. Zudem findet man in der Liturgie auch keine in sich geschlossene, systematisch entwickelte Theologie, sondern in Wort und Handlung werden in der Mannigfaltigkeit eines rituellen Geschehens Partizipationen am Heilsgeschehen ermöglicht. Die Liturgie will keine Kommunikation über, sondern mit Gott ermöglichen. Die Vielfalt der Möglichkeiten, gerade in poetischen Formen und in Zeichenhandlungen in der Feier der Liturgie Gott zu verkünden und sich seiner Gegenwart zu vergewissern, ist Zeichen der Vielfalt Gottes, von der die Liturgiefeiern – je nach Lebenssituation, Zeit des Kirchenjahres usw. – reden und an der sie Anteil geben. Die Liturgie pflegt hier ein eigenes Sprachspiel. Sie definiert und systematisiert nicht, ist keineswegs als „gebetetes Dogma" zu verstehen, sondern ermöglicht immer neue Annäherungen und damit einen ganz eigenen Zugang zum Geheimnis Gottes.

4.2.1 Begegnung mit dem personalen Gott

Nähe und Entzogenheit Gottes

Liturgie ist ein Geschehen zwischen Gott und Mensch, das gängig mit Dialog, Kommunikation oder Begegnung beschrieben wird. Wie dies in den liturgischen Vollzügen geschieht, lässt erkennen, dass die Liturgie die Personalität Gottes voraussetzt. Das wird vor allem sichtbar, wenn Gott als Gegenüber, als „Du" angesprochen wird (Le Gall/352). Diese Du-Anrede setzt die Gegenwart von Sprechendem und Angesprochenem voraus. Das Ich und das Du sind mit ihrer Geschichte in diesen Dialog eingebunden. Die Personalität Gottes wird in der Liturgie vielfältig ausgesagt, so in Attributen wie „gütig", „allmächtig", „barmherzig", „treu", „allwissend", „allherrschend", „gnädig", „erhaben" oder in prädikativen Wendungen wie „Gott des Erbarmens", „Gott, unser Schöpfer und Erlöser", „Vater im Himmel", „Gott, du Licht der Völker", „Vater aller Gläubigen", „Du unwandelbare Kraft, du ewiges Licht", aber auch in Rufen wie „Komm", „Sei uns nahe", „Hilf uns", „Schenke uns ..." oder „Rüttle unser Herz auf" (alle Beispiele aus Orationen des Messbuches). Die Aussagen, die in der Anrede Gottes sichtbar werden, markieren bedeutsame theologische Unterschiede, vor allem wenn man Attribute wie „heilig", „himmlisch" „unsichtbar" oder „ewig" hinzunimmt. Sie zeugen von Nähe, wenn Gott als gütig, gnädig und barmherzig beschrieben wird; sie bringen die Dynamik dieser Beziehung und ihre Zielgerichtetheit zum Ausdruck. Ohne dass damit in Frage gestellt wird, dass Gott den Menschen zugewandt ist, zeigen sie aber auch seine Entzogenheit an, wenn sie Gott als „heilig", „himmlisch" oder „unsichtbar" bezeichnen. In den Attributen, die Gott beigemessen werden, kommt also schon das Besondere der Gottesbeziehung in der Liturgie zur Sprache: Der Mensch vertraut sich in der Liturgie dem nahen und zugleich fernen Gott an. Die zitierten Gebetsrufe drücken die Intensität und das Vertrauensvolle dieser Beziehung aus. Diese Spannung wie Fragilität, zugleich auch diese Erwartungshaltung müssen mitbedacht werden, wenn über Gottesbild wie Gottesbeziehung der Liturgie gesprochen wird. Schließlich darf der besondere Charakter des Verhältnisses von Gott und Mensch nicht übersehen werden: In der Liturgie geht es um die Begegnung zwischen Schöpfer und Geschöpf, die sich von zwischenmenschlicher Kommunikation markant unterscheidet. Deswegen kann Liturgie immer nur als ein analoges, sich annäherndes Sprachgeschehen verstanden werden.

4.2.2 Doxologische Gottesanrede

Die Gottesanreden der Liturgie sind doxologisch (von griech. δόξα, Ehre, Glanz, Herrlichkeit) formuliert, zumindest aber geprägt. In ganz unterschiedlicher Form kommt in ihnen der Lobpreis Gottes zum Ausdruck. Damit wird biblische Gebetssprache fortgeschrieben, die sich durch Prägnanz, Hymnik, Formalisierung usw. auszeichnet. Wesentliche Aspekte der Gottesbeziehung und zentrale Eigenschaften Gottes werden genannt; in ihnen klingt die dahinter stehende Heilsgeschichte an. Das doxologische Sprechen – hier zu unterscheiden vom Gebetselement „Doxologie" (vgl. Kap. 5.2.5.3) – spiegelt Gottesglauben wie Gotteserfahrung des Menschen wider. Die Doxologie ist die Gott angemessene Weise liturgischen Sprechens, genauer: ist Ausdruck der Gott zukommenden Anbetung und Verherrlichung.

> Fortschreibung biblischer Gebetssprache

Die zitierten Gebetsrufe sprechen Erwartung und Hoffnung gegenüber Gott aus und vermitteln etwas von der Spannung und auch den Konflikten, die in der Liturgie zur Sprache kommen können. Gebet und Liturgie sind auch mit der Ferne Gottes konfrontiert. Sie können der Raum sein, in dem der Mensch sich in Freiheit für Gott entscheiden kann. Die Mitfeiernden können aber auch diese Abwesenheit als Widerspruch erfahren zwischen einerseits dem zugesagten Heil und der Hoffnung, an ihm in der Liturgie bereits Anteil zu gewinnen, und andererseits den konkreten Welt- und Lebenserfahrungen. Gebetsrufe, Bitten, aber auch die Klage artikulieren das in der Liturgie. Sie sind als Glaubensäußerungen wahrzunehmen, setzen das beschriebene, als wahr erachtete Gottesbild voraus, das erst diese Kontrasterfahrungen möglich macht und zum Ringen um die Nähe Gottes ermutigt.

Doxologie kommt nicht nur im Gebet zur Sprache, sondern auch in anderen Akten der Verehrung Gottes in der Liturgie, so in Lesung, Bekenntnis, Gesang und Spiel.

Leiblicher Vollzug

Die doxologische Dimension der Liturgie würde verkürzt, wenn man sie auf verbale Äußerungen begrenzen würde. An der Kommunikation mit Gott ist der Mensch als ganze Person mit allen Äußerungsmöglichkeiten beteiligt. In Körperhaltungen und Gebetsgebärden wie beispielsweise dem Stehen oder Knien, dem Ausbreiten der Arme oder dem Falten der Hände (vgl. Kap. 5.2.6) bringt der Mensch sinnenhaft die Verehrung Gottes zum Ausdruck und wird gerade durch den leiblichen Vollzug von der Doxologie selbst geprägt.

4.2.3 Der Gott der Geschichte

Geschichtsmächtig-keit Gottes

Das Gebetsgeschehen weist Gott als denjenigen aus, der in der Geschichte des Menschen als Handelnder erfahren wird. Die liturgischen Texte bekennen Gott als geschichtsmächtig. Prädikationen wie Treue, Barmherzigkeit und Gnade, aber auch Bitten um sein Kommen und um seine Hilfe weisen auf Erfahrungen hin, die als Handeln Gottes gedeutet und bezeugt werden. Die Liturgie als ein Geschehen zwischen dem personalen Gott und der Gemeinde lebt aus der Glaubenserfahrung, dass Gott sich dem Menschen in seiner Geschichte als präsent und gegenwärtig erweist. Sie drückt diese Erfahrung in bilderreicher Sprache aus und ist dadurch für vielfältige Rezeption offen, die neue Erfahrungen (auch) im Lichte tradierten Gebets deuten kann. Die Liturgie selbst wird als Ort erfahren, an dem Gott in der Geschichte des Menschen handelt und an dem der Mensch ihm verehrend gegenübertritt.

Viertes eucharistisches Hochgebet

Das 4. eucharistische Hochgebet bringt diese heilsgeschichtliche Dimension des Gottesbildes der Liturgie sehr nachdrücklich zur Sprache. So heißt es in der Präfation: „Alles hast du erschaffen, denn du bist die Liebe und der Ursprung des Lebens. Du erfüllst deine Geschöpfe mit Segen und erfreust sie mit dem Glanz deines Lichtes" (Meßbuch/44: 502). Wichtig sind für das Gottesbild die Zeitebenen, die hier eine Rolle spielen: Schöpfung als uranfängliches Geschehen, der Segen Gottes als bleibende Gegenwart. Gott handelt in der Geschichte, die dieses Hochgebet als Heilsgeschichte qualifiziert. Die Brüchigkeit dieser Geschichte beschreibt ein Passus im Postsanctus, der Überleitung von der Präfation zur Epiklese: Zwar hat der Mensch durch sein Fehlverhalten die Freundschaft Gottes – ein Ausdruck großer Innigkeit – verloren, aber Gott hat ihn nicht fallen lassen, sondern ihm geholfen, ihn, Gott, zu suchen und zu finden. Das Hoffnungspotential, das sich mit der Gottesbegegnung in der Liturgie verbindet, wird hier sichtbar.

Dieses Hochgebet konkretisiert zudem, was Heilsgeschichte in der christlichen Liturgie umfasst. Das Postsanctus preist eingangs Gott für all seine Werke, um dann die Erschaffung des Menschen nach Gottes Bild, die Menschenfreundlichkeit Gottes, der sich in Jesus Christus dem sündigen Menschen erneut zuwendet, zu nennen und schließlich vom Heiligen Geist zu sprechen, der das Werk Christi weiterführe und vollende. Es geht um „Preisung des Wirkens Gottes in der Geschichte bis zu deren Vollendung" (Brakmann/314: 216). Die Liturgie feiert also, wenn sie des Wirkens Gottes in der Geschichte gedenkt, die Zeit von der Schöpfung bis zur Vollendung. Sie deutet diese, wie noch zu zeigen sein wird, in der hermeneutischen Perspektive des Christusereignisses (vgl. Kap. 4.3.2). Das Heilshandeln Gottes geht in der Liturgie dem Handeln des Menschen voraus. Die Liturgie verweist nicht nur auf Gott, sondern ist ein Ort, an dem mit aller Dringlichkeit Gott gesucht und er als Herr der Geschichte um seine Nähe angefleht wird.

4.2.4 Gottesbilder der Liturgie

Drei Gottesbilder stehen dominierend im Zentrum der Liturgie: der Schöpfer, der sich selbst Offenbarende, der Erlöser. Sie begegnen in den Sakramenten ebenso wie in der Tagzeitenliturgie und den Festen des Kirchenjahres, aber auch im Wortgottesdienst und in Benediktionen.

Gott wird gefeiert als Schöpfer. Das eben zitierte 4. Hochgebet bringt das in der Eucharistie, also in der Mitte christlicher Liturgie zum Ausdruck (weitere Beispiele bei Probst/367); die hier einschlägigen biblischen Lesungen aus Gen 1 und 2 verkünden das Schöpfungsgeschehen an unterschiedlichen Stellen der Liturgie, zentral v. a. in der Osternacht; Hochformen des Gebets wie Anrufung und Lobpreis Gottes über dem Wasser (Taufwasserweihe) und einzelne Orationen, aber auch Psalmen, Hymnen usw. erinnern an das Schöpfungsgeschehen. Neben den Dank an den Schöpfer tritt zugleich, wie in jedem Lobpreis, die Anerkennung Gottes, hier eben als des Schöpfers. Mit Dank und Lobpreis verbindet sich die Bejahung der Schöpfungswirklichkeit, was auch als Auftrag zur Bewahrung eben dieser Schöpfung verstanden werden muss. Doch Schöpfung bleibt in der Liturgie nicht Geschichte im Sinne eines vergangenen Geschehens; vielmehr wird sie in der vergegenwärtigenden Erinnerung der Liturgie zur Gegenwart der Menschen. Die Schöpfung ist Teil menschlicher Geschichte; die Feiernden wissen sich auf Gott als ihren Schöpfer verwiesen. Dies betrifft sie in ihrem Personsein, weil sie sich im Lob des Schöpfers ihrer eigenen Würde als Bild Gottes erinnern. Schließlich verwendet die Liturgie auch schöpfungstheologische Begriffe, um die eschatologische Neuschöpfung in Christus auszusagen. So heißt es in der Oration nach der Lesung von Gen 1,1–2,2 in der Osternacht: „Laß deine Erlösten erkennen, daß deine Schöpfung groß ist, doch größer noch das Werk der Erlösung, die du uns in der Fülle der Zeit geschenkt hast durch den Tod des Osterlammes" (Meßbuch/44: [87]).

Gott, der Schöpfer

Als zweites Bild muss dasjenige Gottes, der sich selbst in Jesus Christus geoffenbart hat, genannt werden. Es prägt die christliche Liturgie und findet in der Feier des Pascha-Mysteriums seinen dichtesten Ausdruck. In Leben, Leiden, Sterben, Auferstehen und Erhöhtwerden Jesu offenbart sich Gott. In ihm zeigt er sich den Menschen nahe, in ihm legt er sich selbst aus. Auch dies wird im Beispiel des 4. Hochgebets ausdrücklich gesagt: „Um deinen Ratschluß zu erfüllen, hat er sich dem Tod überliefert" (Meßbuch/44: 505).

Gott, der Sich-Offenbarende

Die schon genannten Zeitvorstellungen des Ineinanders von Heilsgeschichte und Heilsgegenwart werden im Kontext der Offenbarung in Christus auf die Heilsvollendung hin weitergeführt. So hat der Sohn vom Vater „als erste Gabe für alle, die glauben, den Heiligen Geist gesandt, der das Werk deines Sohnes auf Erden weiterführt und alle Heiligung vollendet". Wenn dann sofort anschließend gebetet wird: „So bitten wir dich, Vater: der Geist heilige diese Gaben", wird deutlich, dass die Gläubigen in Christus am endzeitlichen Heil schon Anteil haben (Meßbuch/44: 505 f.).

Gott, der Erlöser   Das dritte Gottesbild ist dasjenige Gottes als des Erlösers. Das 4. Hochgebet nennt sehr unterschiedliche Weisen, in denen dieses Erlösungshandeln Gottes erlebt wird: in der Hilfe, Gott zu suchen und zu finden; in der Sendung des Sohnes als des Retters; in dessen Auferstehung vom Tod; in der Gabe des Geistes. Begreift man Erlösung als Befreiung des Menschen aus ihn unterdrückenden, seine Entfaltung als Mensch hindernden Unheilszusammenhängen, dann entdeckt man in der Liturgie vielfältige biblische Erlösungsereignisse, die davon künden. Unterschiedliche literarische Genera und Zeichenhandlungen wie Salbungen, Handauflegungen, Segnungen usw. erinnern daran und sprechen das erlösende Handeln Gottes zu. Gott wird als derjenige verehrt, der Erlösung bringt. Noch deutlicher ausgesprochen wird aber die Hoffnung auf Teilhabe am Erlösungsgeschehen. Erinnerung göttlichen Handelns vollzieht, dass der Mensch hier und heute Teil der Erlösungsgeschichte ist, sowohl was die Heilsgeschichte als auch was die eschatologische Vollendung angeht. Wiederum gilt, dass die Doxologie Gottes als Erlöser zugleich auch diejenigen betrifft, die diese Doxologie artikulieren und sich dabei als schon Erlöste erfahren dürfen. Der Lobpreis des erlösenden Gottes ist in der christlichen Liturgie mit dem Christusbekenntnis verbunden. In Jesus Christus und seinem Leben hat sich das göttliche Erlösungswerk inkarniert: „Den Armen verkündete er die Botschaft vom Heil, den Gefangenen Freiheit, den Trauernden Freude" (Meßbuch/44: 505).

Der Sonntag als Zu-   Der Sonntag und seine Liturgiefeiern führen beispielhaft alle drei Gottesbilder zu-
sammenführung aller   sammen, ohne dass dies in einzelnen Texten explizit gesagt werden müsste. Der
drei Gottesbilder   Sonntag ist Erfahrungsraum Gottes als des Schöpfers, des sich in Jesus Christus selbst Offenbarenden und des Erlösers. Das kommt unter anderem in den verschiedenen Bezeichnungen, die der Tag mit langer Tradition trägt, zum Ausdruck. Er verbindet sich mit Schöpfung und Neuschöpfung in Christus (der erste Tag); er feiert das Offenbarwerden der Gottesmacht in Christus, das Pascha-Mysterium (der Herrentag); an ihm steht schließlich das Erlösungshandeln Gottes im Mittelpunkt (der achte Tag als Beginn der eschatologischen Zeit). Der Sonntag ist ein Beispiel dafür, wie Gottesbild und liturgisches Handlungsgeschehen so zusammenwirken, dass Ersteres in Letzterem erfahren wird. Er bietet einen „Zeitraum" für diese Erfahrung.

Segen – Lob Gottes   Auch die Benediktionen mit ihrer biblisch begründeten Schöpfungstheolo-
und Gabe Gottes   gie, Soteriologie wie Ekklesiologie (Heckel/337: 129) schaffen einen ästhetischen Erfahrungsraum Gottes, in dem der Schöpfer, der in Christus der Gott der Erlösung ist, in sinnenfälliger Form verkündet wird (Kaczynski/344: 242 f.). Der Segen, der dem Menschen zugeeignet wird, beruht auf dem heilschaffenden Handeln Gottes. Segnungen treffen vielfältige Lebenssituationen des Menschen; Gott wird in der Benediktion als derjenige verkündet, der im Leben des Menschen gegenwärtig ist. Ein dynamisches Gottesbild prägt die Liturgie. Gott ist Urheber und Garant des Segens. Dem korrespondiert, dass im Vordergrund Lob und Dank Gottes stehen, also gleichsam der Segen Gottes (Genitivus objectivus). Hier kommt die doppelte Bedeutung

des hebräischen „ברך", des griechischen „εὐλογεῖν" und des lateinischen „benedicere" zum Ausdruck: Segnen bedeutet demnach Lobpreis Gottes (Genitivus objectivus) wie auch Segen Gottes (Genitivus subjectivus) für den Menschen. Im Segen wird Dank gesagt für das Heil, das Gott dem Menschen bereits geschenkt hat, wird zugleich aber auch die eschatologische Erwartung auf die Vollendung des in Christus angebrochenen Heils zum Ausdruck gebracht. Zugesprochen wird der Segen dem Menschen von Gott her durch Jesus Christus (Heckel/337).

Beispielhaft sichtbar wird das in den Segnungen des Benediktionale wie etwa der Segnung von Erntegaben (Benediktionale/61: Nr. 10), die zunächst dem Schöpfer für Himmel und Erde dankt, die dann um den Segen für die empfangenen Gaben und zugleich um Erlösung für Hungernde und Arme bittet (und damit die Bitte für sich selbst mit der Bitte für den Nächsten verbindet) und die schließlich Lobpreis und Bitte über die Schlussdoxologie mit dem Christusgeschehen verbindet:

Beispiel: Segnung von Erntegaben

„Allmächtiger Gott, du hast Himmel und Erde erschaffen. Du hast dem Weltall eine Ordnung gegeben, die wir erkennen und bewundern. Du hast den Menschen dazu bestimmt, sich die Erde untertan zu machen, sie zu bebauen und ihren Reichtum recht zu nutzen. Wir freuen uns heute über die Ernte dieses Jahres. Segne diese Feldfrüchte, die wir dankbar aus deiner Hand empfangen haben. Laß auch die Armen und Hungernden den Reichtum deiner Güte erfahren und teilhaben an der Fülle deiner Gaben. Darum bitten wir durch Christus, unseren Herrn."

Die anschließende Rubrik sieht vor, dass der Zelebrant die Erntegaben mit Weihwasser besprengt. Im Handlungsgeschehen dieser Segnung (die weitere Gebetselemente und Schrifttexte umfasst) wird sichtbar, dass die Liturgie nicht diskursiv über Gott handelt, sondern in präsentativer Symbolik Erfahrungsräume eröffnen will.

4.3 Christologie

Im Mittelpunkt der christlichen Liturgie steht das Christusereignis: Leben, Leiden, Tod, Auferstehung und Erhöhung Jesu Christi. Das prägt alle christlichen Gottesdienste und bestimmt ihre Identität. Je nach Kirchenjahreszeit und nach Anlass der jeweiligen liturgischen Feier setzt die Liturgie unterschiedliche Akzente und erinnert an einzelne Ereignisse des Lebens Jesu; sie bekennt Christus als Gottesknecht, als Opferlamm, als Hohenpriester. Immer aber feiert sie in aller Differenzierung das eine Christusereignis.

Feier des einen Christusereignisses

In der Liturgie begegnet das Christusbekenntnis in besonders nachdrücklicher Weise. Hier wirkt die im Glauben wahrgenommene Heilsgeschichte in der Ästhetik von Text, Zeichen und Zeichenhandlung und ergreift den Gläubigen mit all seinen Sinnesorganen. So erklärt die Osternacht nicht in diskursiver Symbolik, dass Christus das Heil für die Menschen ist, sondern inszeniert dieses in präsentativer Symbolik im Zusammenspiel von Dunkel der Nacht und Licht der Osterkerze, im Geruch des Weihrauchs, in kantillierter Erinnerung an die Heilsgeschichte, im Exsultet und anderen Orationen (vgl. Kap. 4.7.4). Das Gefeierte ergreift den Menschen. Menschwerdung, Verkündigung, Tod und Auferstehung werden als rettendes Geschehen erfahren. Das

Lichtsymbolik der Osternacht

Christusereignis wird so erinnert, dass seine Gegenwartsbedeutung offenbar wird. In der Liturgiefeier wird dem Gläubigen daran Anteil gegeben.

Wandlung und Umkehr

Dem Christusereignis in der Liturgie zu begegnen, bedeutet für den Menschen Wandlung. Die diabatische Dimension der Liturgie, also der verwandelnde Übergang (Hahne/329: 235; Hahne/328), trägt zur Neuwerdung des Menschen bei. Im Gottesdienst wird dieses immer wieder von Gott erbeten. Zugleich ist von den Gläubigen „die Angleichung an Christus verlangt. Liturgisch handeln heißt: im Sinne und in der Kraft Christi handeln" und bedeutet im Letzten Umkehr und Veränderung (Hahne/329: 235).

Christliche Liturgie ist auch Erwartung der Wiederkunft Christi. Sie steht unter dem Eindruck, dass die Heilsgeschichte noch nicht vollendet ist, wie die Gemeindeakklamation im eucharistischen Hochgebet bekennt: „Deinen Tod, o Herr, verkünden wir, und deine Auferstehung preisen wir, bis du kommst in Herrlichkeit." Der altkirchliche liturgische Ruf „Maranatha" – „Komm, Herr Jesus" (vgl. 1 Kor 16,22; Offb 22,20) bringt diese Erwartung zum Ausdruck. Die Vollendung steht noch aus. Auch das gehört zur Glaubensästhetik der Liturgie, wie im Kirchenjahr erfahrbar ist. Karfreitag und Karsamstag müssen ausgehalten werden als Zeiten, in denen Verderbnis und Tod als Realitäten der Schöpfung besonders präsent sind (Wiese/386). Die Erwartung, dass sich die Verheißungen mit der Wiederkunft Christi erst noch vollenden, die Erfahrung des Ausstehenden gehört zum christlichen Hoffnungspotential. Soteriologie und Eschatologie, Lobpreis und Bitte bilden deshalb in der Liturgie eine Einheit und stehen eng beieinander.

4.3.1 Liturgisches Gebet „ad Christum" – „per Christum"

Gebet zu Gott, dem Vater

Hinter dem, was in der Liturgie geschieht, „muß letztlich der Vater aufleuchten als der all dies Wirkende" (Pahl/364: 256). Gerade in den Präsidialgebeten, also den Gebeten des Vorstehers, wird deutlich, dass sich die Gläubigen mit und durch Christus an Gott wenden (vgl. zu den historischen Implikationen Jungmann/342). Diese Gebete haben besonderen Rang in der Liturgiefeier, was auch in theologisch sorgfältigen Formulierungen zum Ausdruck kommen sollte. Gebete, die tritheistische Vorstellungen fördern und die Klarheit des monotheistischen Bekenntnisses, auch gegenüber Juden und Muslimen, verdunkeln könnten, sind generell, aber besonders hier undenkbar. Für die Messfeier ist deshalb festgelegt, dass das Hochgebet und die Orationen von der um Christus versammelten betenden Gemeinde an Gott gerichtet werden (AEM 32). Vor allem der längere Schluss des Tagesgebetes verdeutlicht das Gebet durch Christus (per Christum) zum Vater: „Das Tagesgebet endet mit dem längeren Schluß, und zwar: Wenn es an den Vater gerichtet ist: ‚Darum bitten wir durch (ihn), Jesus Christus, deinen Sohn, unseren Herrn und Gott, der in der Einheit des Heiligen Geistes mit dir lebt und herrscht in alle Ewigkeit'" (AEM 32).

Christus als Mittler des Gebets

Christus, der in der Einheit des Heiligen Geistes mit Gott lebt, ist der Mittler des Gebets. Diese Mittlerschaft entfaltet sich im Rahmen des Bekenntnisses zum dreieinen Gott. Auch die wenigen Gebete, die an Christus gerichtet sind, halten diese Theologie durch: „der du in der Einheit des Heiligen Geistes mit Gott dem Vater lebst und herrschest in alle Ewigkeit" (AEM 32).

Mit ‚Mittlerschaft' wird eine Aussage über Christus gemacht, die zwar kaum in der lehramtlichen Verkündigung Niederschlag gefunden hat, aber ins Zentrum der Christologie gehört (Schöttler/376). Christus ist Mittler zwischen Gott und Mensch, insofern er wahrer Mensch und wahrer Gott ist: In Christus ist Gott bei den Menschen, in Christus ist zugleich der Mensch bei Gott (Harnoncourt/332). Nach 1 Tim 2,5 ist einer der „Mittler zwischen Gott und den Menschen, der Mensch Christus Jesus". Nach Hebr 8,6; 9,15 ist er Mittler eines neuen Bundes. Entsprechend folgt die christliche Gebetsordnung der Offenbarung in umgekehrter, gleichsam antwortender Richtung, also durch Christus, in ihm und mit ihm (Wohlmuth/389: 94). Mit dem Attribut ‚Mittler' bewegt man sich also nicht nur im Zentrum der Christologie, sondern auch im Zentrum der Liturgie.

Adressat zumindest in den zentralen Gebeten der christlichen Liturgie ist gemäß dieser theologischen Überlegungen und nach den kirchlichen Bestimmungen letztlich immer der Vater, auch dort, wo erkennbar zunächst das Gebet an den Sohn gerichtet ist. Entweder wird er direkt angesprochen oder indirekt im Sohn der Vater verherrlicht. Immer wird das Bekenntnis zum einen Gott in drei Gestalten ausgesprochen.

Nicht anders als für das Messbuch sind auch Gebetstexte und -schlüsse in der Allgemeinen Einführung in das Stundengebet formuliert. Deutlicher noch als die AEM spricht AES 6 von der Mittlerschaft Christi im Gebet:

„Das Gebet zu Gott muß in Verbindung mit Christus geschehen, dem Herrn über alle Menschen und einzigen Mittler, durch den allein wir Zutritt zu Gott haben. Er schart die ganze Menschengemeinschaft um sich, so daß das Gebet Christi und das Gebet der ganzen Menschheit mit innerer Notwendigkeit verbunden sind. Denn in Christus und in ihm allein erreicht die ganze menschliche Gottesverehrung ihre heilbringende Kraft und ihren höchsten Sinn."

Christliches Gebet ist ohne Bezug auf Christus nicht möglich, ja wird erst in Verbindung mit Christus möglich. Der Mittler verschafft den Betenden Zugang zum Vater. Der Absatz der AES spricht vom Gebet Christi und vom Gebet der Menschen, die notwendig miteinander verbunden sein müssen, damit das Lob Gottes in Christus seinen höchsten Sinn erreicht.

Die Orationen der liturgischen Bücher halten diese Gebetstheologie weithin durch. Allerdings darf man mit Blick auf andere Traditionsstränge, wie sie beispielsweise die griechische Gregoriusanaphora repräsentiert, nicht übersehen, dass das Gebet „ad Christum" vor allem in Hymnen und im christlich gedeuteten Psalmengebet, in Akklamationen und dann natürlich im privaten Gebet seinen Platz hatte und hat. So kann für das christliche Gebet formuliert werden, dass das Gebet zu Christus unverzichtbar ist, wenn dabei im Blickfeld bleibt, dass es mit der Forderung nach trinitarischem Gebet in Einklang stehen muss (Gerhards/322: 250).

4.3.2 Liturgie als Feier des Pascha-Mysteriums

Mit dem Begriff „Pascha-Mysterium" wird das gesamte Heilsgeschehen in Jesus Christus zusammengefasst, an das die Liturgie erinnert, das sie als gegenwärtig feiert und in seiner Vollendung erhofft (vgl. SC 5).

Der Begriff „Pascha" ist zunächst vom atl. Pascha her zu verstehen. Es ist Zeichen des rettenden Handelns Gottes an Israel im Exodus, das in ritualisierter Form zu einem Element des kulturellen Gedächtnisses wurde, mithin für Israel identitätsstiftend wirkte. Für die Reflexion wie die Feier der christlichen Liturgie ist zu beachten, dass diese Tradition auch im Judentum bis heute fortlebt. Zugleich ist „Pascha" vom Christusereignis her zu verstehen, das als Erweis des Anbruchs des Gottesreiches ebenfalls in liturgisch ritualisierter Form gefeiert wird. Das Lamm des atl. Pascha wird auf Christus und seine Selbsthingabe am Kreuz gedeutet (zu den sehr differenzierten Interpretationen von „Pascha" in der Alten Kirche vgl. Auf der Maur/3: 69). Das Paschalamm des atl. Gottesvolkes verstehen die Christen als Typos des Erlösungshandelns Jesu Christi. Doch indem sie Christus, das neue Paschalamm, zugleich als Gottessohn proklamieren, wird die Hermeneutik des atl. Bundesvolkes überschritten.

Mit Blick auf das für Christen als Heilige Schrift indispensable Alte Testament und die Tatsache, dass bis heute das Judentum das Pascha feiert und die Pascha-Tradition lebendig hält, ist zu fragen, wie das Verhältnis der christlichen Lesart des Pascha zum atl. Pascha und seiner Rezeption im Judentum gedacht werden kann.

Für den Systematiker Josef Wohlmuth bindet die christliche Liturgie, die den neuen und ewigen Bund feiert, das Gedächtnis von Leiden und Auferstehung „in den Sinaibund und dessen prophetische Erneuerungsverheißung durch Verinnerlichung der Tora und radikale Sündenvergebung" ein (vgl. Jer 31,31-33). Eucharistie umfasst nach Wohlmuth dann nicht nur „die Zwischenzeit zwischen Jesu Geburt und dem Jüngsten Tag", sondern das christliche Heilsgedächtnis ist auszuweiten „auf die Bundeserwählung und deren Verheißungen, ja auf Schöpfung und Vollendung" (Wohlmuth/388: 205).

Der Systematiker Jürgen Werbick hebt hervor, dass mit der Feier des christlichen „Pascha-Mysteriums" das AT nicht überflüssig wird. Bei der Feier des Pascha-Mysteriums kann die Kirche vom weiteren Kontext der Erfahrung Israels nicht absehen, denn das Verständnis des Christusereignisses steht in diesem Überlieferungszusammenhang. Das Pascha Christi im Licht der Gotteserfahrung Israels zu verstehen, heißt zu erkennen, dass die Erfahrung der Treue Gottes in Jesus nicht ablösbar ist von der Erfahrung der Treue Gottes zu Israel (Werbick/384: 217).

Albert Gerhards weist auf die Karfreitagsfürbitte hin, die von der Treue der Juden zum Bund mit Gott spricht. Er hält es christlicherseits für notwendig, von einer Erneuerung des einen, ungekündigten Gottesbundes in Christus zu sprechen. Kirche und Israel sieht er in Weggenossenschaft, „der eschatologischen Sammlung im kommenden Reich entgegen" (Gerhards/236: 35).

Daniela Kranemann kommt vor diesem Hintergrund für die Dramaturgie der Feier des Pascha-Mysteriums zu dem Schluss, „Israel" werde „an dramaturgisch bedeutsamen Stellen der Liturgie nicht mehr als stummer Zeuge einer vom Christusereignis überstrahlten Vergangenheit gesehen, sondern als erster und lebendiger Teilhaber am großen Heilsdrama Gottes, das im Schöpfungs-Akt seinen Anfang nahm, in der Erwählung Israels am Sinai in seinen zweiten, großen Akt ging und sich zuletzt in Person und Wirken Jesu Christi auf die Völkerwelt hin öffnete, so dass fortan Christen und Juden gemeinsam seinen heilvollen Ausgang erhoffen und erwarten" (Kranemann/

350: 25). Dieses Fazit kann zugleich als theologisches Kriterium heutiger Liturgie gewertet werden.

Die Liturgie ist Feier des „Mysteriums". Der Begriff wird im AT zurückhaltend verwendet, weil er pagan-sakralen Ursprungs ist. Er begegnet in Dan 2,28 f. 47 und der frühjüdischen Apokalyptik im Sinne von Geheimnis, das Gott offenbart; mitgeteilt wird, „was am Ende der Tage geschehen wird" (Dan 2,28). „Mysterium" trägt hier eschatologische Bedeutung und verweist auf das Kommen der Gottesherrschaft. Das NT bezeichnet mit μυστήριον das Christusereignis. So weist der Begriff in Mk 4,11 par auf den Anbruch der Gottesherrschaft im Wirken Jesu hin. Entsprechendes schreibt Paulus vom „Geheimnis der verborgenen Weisheit Gottes" (1 Kor 2,7), das im Gekreuzigten geschichtlich offenbar geworden ist. Kol 2,2 versteht unter μυστήριον das Heilsgeschehen in Christus („das göttliche Geheimnis, das Christus ist") (vgl. auch Kol 1,27; Eph 3,4 f.; Eph 5,32). In ihm manifestiert sich der Heilswille Gottes. Das Mysterium bezieht sich also auf eine Wirklichkeit, die menschliches Denken übersteigt und unlösbar mit Offenbarung verbunden ist. Sie ist von Gott gnadenhaft gegeben. Jesus Christus ist das Geheimnis Gottes, in das die Gläubigen zu ihrem Heil einbezogen werden. In der Gemeinde, in der es verkündet wird, ist es gegenwärtig. Der Begriff bringt deutlicher als „sacramentum" (im Lateinischen ursprünglich für Fahneneid der Soldaten; Faber/320: 33) die heilsgeschichtliche Dimension der liturgischen Feier zum Ausdruck. „Mysterium" verweist also sowohl auf die präsentische als auch auf die eschatologische Dimension christlicher Liturgie sowie auf den Glauben, in der Feier der Liturgie am göttlichen Heilshandeln in Christus teilzuhaben (ebd. 26–28; vgl. Kap. 1.2).

Liturgie als Feier des „Mysteriums"

Indem Leiden, Tod, Auferstehung und Erhöhung Jesu Christi mit dem einen Begriff „Pascha-Mysterium" bezeichnet werden, kommt zum Ausdruck, dass die Liturgie insgesamt das eine Heilsmysterium Christi feiert. Die Liturgie kann also weder das Leben Jesu noch Leiden und Kreuz noch die Auferstehung ausblenden, wenn sie Christus personal in seiner ganzen Heilswirklichkeit verkünden und dem Menschen in seiner Gebrochenheit personale Begegnung mit Christus ermöglichen möchte. Vom Pascha-Mysterium her eignet der Liturgie eine Grundspannung zwischen Todesverfallenheit und Auferstehung, deren eschatologische Überwindung aufgrund des Christusereignisses erhofft werden kann.

Feier der ganzen Heilswirklichkeit

„Mysterium paschale" ist einer der Leitbegriffe der Liturgiekonstitution und kann als eine „Kurzformel" nachkonziliarer Theologie bezeichnet werden (Häußling/336). Ein Programm wird sichtbar: „Nicht (mehr) die Inkarnation ist als die alles bestimmende (weil offenbar ‚schon‘ abschließende) Heilstat anzusehen und zu verkündigen, sondern das ‚Paschamysterium‘" (ebd. 164). Letztlich wird zwar hier wie dort die eine Erlösung gefeiert. Während aber mit der Inkarnation eine statische Christologie die Präexistenz Christi und das Erhöhtsein betont (das Weihnachtsfest ist das markanteste Beispiel), kommt mit der Feier des Pascha-Mysteriums (wie beispielhaft das österliche Triduum zeigt) das Erhöhtwerden und damit eine dynamische, an Heilsgeschichte interessierte Christologie zum Ausdruck (Berger/312). Das Zentralereignis des christlichen Glaubens, seine Dynamik auch für das Leben der Gläubigen, die durch die Taufe am Heilsereignis Christi partizipieren, und die Erwartung der endzeitlichen Vollendung kommen mit dem Pascha-Mysterium in den Blick.

Die Liturgiekonstitution geht wiederholt auf den Begriff „Pascha-Mysterium" ein: Röm 6,4, spricht davon, dass der Mensch durch die Taufe in das Pascha-Mysterium eingefügt (SC 6), also ganz in dieses Heilsgeschehen hineingenommen werde („Geist der Kindschaft"). Diese Theologie fand unter anderem einen Ausdruck in Ausprägungen der altkirchlichen Taufliturgie, in denen durch das Hindurchgehen der Täuflinge durch das Taufbecken und ihr Untertauchen das Mitsterben und Mitauferstehen mit Christus rituell abgebildet wurde. In der heutigen Taufliturgie bemüht man sich um vergleichbar ausdrucksstarke Zeichenhandlungen.

Die Messfeier mit Wortverkündigung, Eucharistie, der Anbetung (adorare) und der Danksagung (gratias agere) wird als Versammlung zur Feier des Pascha-Mysteriums gedeutet (SC 6). Das Pascha-Mysterium ist die Mitte der Liturgie, von der aus alle Sakramente und Sakramentalien ihre Kraft ableiten (SC 61).

Hervorgehoben wird der Sonntag als der Ur-Feiertag, an dem sich die Gläubigen zur Feier des Pascha-Mysteriums versammeln sollen. Er ist „Fundament und Kern des ganzen liturgischen Jahres" (SC 106), das auf diese Weise als Ganzes in den Horizont des Mysterium paschale gestellt wird. Dies besitzt zentrierende Funktion für die Spiritualität und damit das Leben der Gläubigen (SC 107).

Auch in den verschiedenen Horen der Tagzeitenliturgie steht das Pascha-Mysterium im Zentrum und ist hermeneutischer Ort auch der rezitierten Schrifttexte (vgl. Kap. 5.1). Christus wird in seiner Proexistenz, also seiner Hingabe für die Menschen, als personal gegenwärtig gefeiert. Gerade diese Liturgie ist immer wieder gedeutet worden als Einstimmen der Kirche in das Gebet Christi zum Vater (vox Christi ad Patrem) wie als Gebet, das sich an Christus richtet (vox ecclesiae ad Christum) (Fischer/321: 87.24; zur Prägung der verschiedenen Feierformen durch das Pascha-Mysterium vgl. Pahl/365).

Die Vielzahl der Beispiele aus der Liturgie zeigt, wie SC – und die Liturgietheologie folgt dem – das „Pascha-Mysterium" auf die Liturgie insgesamt bezieht und in ihm das heilsgeschichtliche Ereignis benennt, das die sehr unterschiedlichen Liturgien feiern und an dem sie partizipieren. Würde man diese theologische Zentrierung in Frage stellen und das Pascha-Mysterium allein der Eucharistie zuordnen, wäre zum einen das Ineinander der verschiedenen Liturgiefeiern gefährdet, die alle Anteil haben an dem einen Heilsgeschehen; zum anderen käme nicht in den Blick, dass auch kleinere und einfache Feierformen die Partizipation an dem einen Christusmysterium ermöglichen.

4.3.3 Gegenwart Christi in der Liturgie

Durch die Tradition hindurch hat die Kirche an der Glaubensüberzeugung festgehalten, dass Christus in der Eucharistiefeier gegenwärtig ist. Dies kommt in den Feierformen zum Ausdruck, wie es beispielsweise am feierlichen Umgang mit dem Evangeliar oder mit den eucharistischen Spezies ablesbar ist. Im Hintergrund steht die Zusage der Gegenwart Christi an die Kirche (Mt 28,20: „Ich bin bei euch alle Tage bis zum Ende der Welt"), die im Bekenntnis der jungen christlichen Gemeinde widerklingt (Kol 1,27: „Christus ist unter euch, er ist die Hoffnung auf Herrlichkeit."). Die neutestamentliche Schlüsselstelle Mt 18,20 haben jüngere katholische Dokumente zur Liturgie ganz auf den Gottesdienst hin interpretiert (Mediator Dei 20; SC 7; zur Auslegungsgeschichte insgesamt: Luz/357: 53–55), weitergefasste Deutungen sind möglich. Die Gegenwart Christi ist jedenfalls eng mit der Liturgie als einer Grundfunktion der Kirche verknüpft (Eisenbach/319).

Die Gegenwart Christi in der Liturgie ist eine dynamisch-personale Aktualpräsenz.

Als biblisches Beispiel verdeutlicht dies die Emmauserzählung (Lk 24,13–35). Die Jünger begegnen dem auferstandenen Christus auf dem Weg nach Emmaus; er legt sich ihnen im Licht der Schriften aus; sie erkennen ihn als den Auferstandenen, als er ihnen das Brot bricht. In der Schriftauslegung („Brannte uns nicht das Herz in der Brust, als er … uns den Sinn der Schrift erschloss?" [Lk 24,32]) und im Brotbrechen („Da gingen ihnen die Augen auf, und sie erkannten ihn" [Lk 24,31]) wird Christus als personal gegenwärtig erfahren.

Die den Jüngern verheißene Gegenwart Christi ist durch die kirchliche Tradition insbesondere mit der Liturgie verbunden worden. Die Gegenwart Christi ist als Personalpräsenz in bestimmten Formen der Liturgie expressiv ausgesagt. In der Eucharistie ist es die Gegenwart unter den Gestalten von Brot und Wein, verbunden mit dem Deutewort „Das ist mein Leib", „Dies ist der Kelch des neuen und ewigen Bundes, mein Blut …". Die Ganzhingabe Christi wird hier als gegenwärtig erfahren. „Äußerlich wahrnehmbare irdische Lebendigkeit" und „konkreteste innere Lebenskraft" Christi begegnen in der Eucharistie (Welker/383).

Die Gegenwart Christi im Wort, der frühen Tradition vertraut (Nußbaum/363), legt SC 33 dahingehend aus, dass Christus selbst in der Liturgie die Frohe Botschaft verkündet. Gegenwart im Wort bedeutet „Selbstkunde". Im Kommunikationsgeschehen der Liturgie ist Wortverkündigung „Gottes-Kunde angesichts der Lebensgeschichten der Sprechenden und Hörenden" (Sattler/371: 140). Der Umgang mit dem Wort gestaltet sich entsprechend als komplexes rituelles Geschehen. Verkündigungsort (Ambo), Ankündigung der Lesung, Abschlussformel und Antwort der Gemeinde sowie (wie im Wortgottesdienst der Messe) das Responsorium bzw. Responsum nach den Lesungen der Tagzeitenliturgie, die Gestaltung des Buches mit den biblischen Texten und nicht zuletzt die Person, die die Texte vorträgt, drücken die besondere Würde des als Wort Gottes Verkündeten aus (Kranemann/349). | *Gegenwart Christi in der Wortverkündigung …*

Daneben kennen Tradition und Gegenwart die Präsenz Christi in der versammelten Gemeinde, die in den liturgischen Texten und Vollzügen sinnenfällig inszeniert wird. Deutlich spricht dies die Bitte eines Gabengebets aus: Der Sohn „selbst erfülle das Lobgebet, das wir über Brot und Wein sagen, mit seiner Hingabe und Liebe, damit dir gegeben werde, was dir gebührt" (Gabengebet zur Auswahl 4; Meßbuch/44: 349). Im Lobpreis der Gemeinde handelt Christus selbst, der in der Eucharistie gegenwärtig ist. Eine Liturgie mit dialogischen und kommunikativen Formen in der Wortverkündigung und der Mahlgemeinschaft entspricht dem. | *… und in der versammelten Gemeinde*

In der Liturgie geht es um die erfahrbare, liturgisch erinnerte irdische Wirklichkeit Jesu und die himmlische Wirklichkeit des Auferstandenen. | *Gegenwart und Entzogenheit*

Auch mit Blick auf die Gegenwart Christi ist das eschatologische „Schon und noch nicht" zu beachten, also die Gleichzeitigkeit von Nähe, personaler Gegenwart und Gemeinschaft mit Christus einerseits und Entzogenheit, Ferne und Distanz andererseits. Für das richtige Verständnis von „Personalpräsenz" ist dies zu berücksichtigen.

Aktualpräsenz

Die verschiedenen Aspekte dieser „Gegenwart" hat man theologisch-begrifflich zu fassen versucht. Der Begriff „Aktualpräsenz" – von „actio", also Gegenwart seines Handelns und Tuns – soll die sakramentale Vermittlung der Gegenwart Christi ausdrücken. Seine Gegenwart ist wirksam vermittelt durch Personen, Symbole und Zeichen. Man spricht von dynamischen Zeichen, in denen sich die Gegenwart Christi in der Liturgie ereignet. Zugleich bezeichnet Aktualpräsenz die durch den Heiligen Geist vermittelte Präsenz Christi. Der Geist erschließt und vermittelt den Gläubigen die Gegenwart Christi.

Aktualpräsenz wird näherhin gekennzeichnet als kommemorative Aktualpräsenz. Christus ist im Heute präsent. Diese Gegenwart Christi ist unabhängig von menschlicher Subjektivität; sie ist wiederum pneumatisch vermittelt. Im liturgischen Gedächtnis, der Anamnese, ereignet sich personale Begegnung mit dem Auferstandenen und Erhöhten.

Proleptische Finalpräsenz

Proleptische Finalpräsenz deutet die Antizipation der Vollendung in der Liturgie an. Hier wird die Parusie, die endzeitliche Wiederkunft Christi schon vorweg gefeiert und an diesem Heilsgeschehen Anteil gegeben. Damit verbindet sich zugleich Hoffnung auf das Wiederkommen Christi und das verheißene Erbe.

Realgedächtnis, Re-Präsentation

Das für die heutige Liturgietheologie grundlegende heilsgeschichtlich-personale Verständnis der Gegenwart Christi ist im 20. Jahrhundert neu entdeckt worden. Maßgebliche Studien dazu stammen von Odo Casel (vgl. Kap. 2.2.5.2 u. 3.10.1). Casel betont das Realgedächtnis, also die tatsächliche Gegenwart der Heilstat in der Liturgiefeier, nicht nur die Erinnerung an dieses Heilsgeschehen. In Liturgie und insbesondere Eucharistie geschieht aber nicht eine Wiederholung der Heilstat, sondern ihre Re-Präsentation. Das Kultmysterium ist

„nicht etwas neben dem Glauben und dem religiös-sittlichen Leben Stehendes …, das etwa Gnadengaben vermittelte oder gemeinschaftsbildende Funktionen innerhalb der sichtbaren Gemeinschaft der Kirche hätte. Gewiß ist auch dies seine Aufgabe; aber an erster Stelle ist das Kultmysterium die objektive und notwendige Darstellung und Gegenwärtigsetzung des Heilswerkes Christi, steht also insofern im Mittelpunkt der christlichen Existenz, so daß auch der Glaube in ihm zum symbolhaften, allgemein erkennbaren Ausdruck gelangt und das religiöse Leben aus ihm seine Kraft und seine Verpflichtung schöpft. Im Kultmysterium wird das Christusmysterium sichtbar und wirksam; es ist somit eine Art Fortsetzung und Weiterentfaltung der Oikonomia Christi, die ohne das Kultmysterium sich nicht allen Geschlechtern der in Raum und Zeit sich ausbreitenden Heilsgemeinde mitteilen könnte." (Casel/129: 194)

Casel versteht die Sakramente als rituelle Symboltaten, in denen sich der Heilsplan Gottes, der sich in Christus vollendet hat, zeigt und realisiert. Das Christusmysterium ist in der Liturgie als Kultmysterium in der Weise des Gedächtnisses gegenwärtig. Dieses Heilsgedächtnis bildete für Casel gleichsam den Kern der christlichen Liturgie. Es handelt sich um ein real bewirkendes, objektives Gedächtnis des Pascha-Mysteriums. Christus und seine Heilstat werden gegenwärtig. Die Liturgie begeht das christliche Mysterium in ritueller Form. Sie will die Heilstaten Gottes durch Symbole vergegenwärtigen. An deren Heil nimmt der Glaubende dann teil.

Angelus Häußling hat diese theologischen Aussagen im Kontext des ausgehenden 20. Jahrhunderts fortgeführt. Liturgie ist demnach „Gedächtnis eines Vergangenen und doch Befreiung in der Gegenwart". Der hier und jetzt Liturgie feiernde Mensch ist „Zeitgenosse der Heilstaten Gottes". Durch die Heilstat Christi erfährt er Wandlung, wird ein anderer und kann entsprechend leben. Im darstellenden Handeln der Liturgie, beispielsweise im Beten des Vaterunsers, des Benedictus oder des Magnificat, aber auch in Zeichenhandlungen wie der Wassertaufe, Salbung usw. klärt der Liturgie Feiernde seine eigene Rolle, indem er sich aus seiner Situation heraus mit den Leitgestalten der Heilsgeschichte identifiziert. Wer also das Magnificat singt, tritt in die damit verbundene Geschichte Mariens ein, deutet sein Leben von hierher und weiß sich wie Maria im Gegenüber zu Gott und seinem erlösenden Handeln (Häußling/335).

Der Liturgiefeiernde als „Zeitgenosse der Heilstaten Gottes"

Diese liturgietheologische Neuorientierung, die ihre Kriterien vor allem aus der Auseinandersetzung mit der Alten Kirche gewinnt, prägt zunächst die Enzyklika „Mediator Dei" von 1947, die in Art. 20 von der Gegenwart Christi „im hochheiligen Opfer des Altars, in der Person des seine Stelle vertretenden Priesters wie vor allem unter den Eucharistischen Gestalten" sowie „in den Sakramenten" und „im Lob Gottes und im Bittflehen zu ihm" spricht. Zusammen mit Überlegungen aus der Liturgischen Bewegung fand dies Niederschlag auch in den kirchlichen Dokumenten des II. Vatikanums und der Nachkonzilszeit. SC 7 spricht von der Gegenwart Christi generell in der Kirche, dann in besonderer Weise in der Feier der Liturgie. Genannt werden das Messopfer, die Person des Priesters und die eucharistischen Gestalten. Impulse der Liturgischen Bewegung werden aufgenommen, wenn von der Gegenwart im Wort und in der Versammlung der Gemeinde gesprochen wird (zu den Auseinandersetzungen bei der Abfassung dieses Artikels vgl. Jungmann/343: 20-23).

Wichtige nachkonziliare Dokumente wie die Allgemeine Einführung ins Messbuch (AEM) oder die 1967 veröffentlichte Eucharistie-Instruktion weisen, insbesondere was die Nennung der Gegenwart Christi in der Gemeinde angeht, eine andere Reihenfolge auf. AEM 7 schreibt:

Gegenwart Christi

„In der Meßfeier … ist Christus wirklich gegenwärtig in der Gemeinde, die sich in seinem Namen versammelt, in der Person des Amtsträgers, in seinem Wort sowie wesenhaft und fortdauernd unter den eucharistischen Gestalten."

Die Eucharistie-Instruktion „Eucharisticum mysterium" fügt ein Zitat aus der Enzyklika „Mysterium Fidei" Papst Pauls VI. von 1965 an: „die Gegenwart Christi unter den Gestalten ‚wird wirklich genannt, nicht im ausschließlichen Sinn, als ob die anderen Gegenwartsweisen nicht wirklich wären, sondern im hervorhebenden Sinn'" (DEL 907).

Damit wird die Aussage der Liturgiekonstitution zu den liturgischen Gegenwartsweisen präzisiert: Es geht um die eine und tätige Gegenwart des Herrn in der Liturgie.

Christus ist das Subjekt der Liturgiefeier. Zusammen mit seiner Kirche, dem Leib Christi, begeht er diese Feier. Die feiernde Kirche ist sichtbare

Christus als Subjekt der Liturgiefeier

Gestalt des personal gegenwärtigen Christus, sie ist in das Subjektsein Christi hineingenommen. „Kirche" aber umfasst alle Gläubigen. Die participatio actuosa der Getauften ist unabdingbar für die Feier der Eucharistie, weil nur so Kirche als Leib Christi Ausdruck und Ort der Gegenwart Christi sein und den gegenwärtigen Christus sichtbar machen kann.

4.4 Pneumatologie

4.4.1 Liturgie als geistgewirktes Geschehen

Gebet um die Gabe des Heiligen Geistes

Die westliche Theologie hat – anders als die Theologie des Ostens – die pneumatologische Dimension der Liturgie zu wenig profiliert (Felmy/134: 106–132). Dabei gehört das Beten um die Gabe des Geistes zu den elementaren Aspekten jeder Liturgie; die Pneumatologie stellt ein wesentliches Fundament der Liturgietheologie dar (Harnoncourt/331; Schütz/377). Darauf weist schon hin, dass SC 6, jener Artikel der Liturgiekonstitution, der das Pascha-Mysterium und seine Feier thematisiert, mit der (allerdings angehängt wirkenden) Feststellung schließt, dies alles geschehe in der Kraft des Heiligen Geistes. Die Gegenwart des Heilswerkes und der Heilstaten wird durch den Geist vermittelt. Für die nachkonziliare Liturgie ist damit gleichsam ein Programm vorgegeben, das immer noch einzuholen ist.

Die Pneumatologie der Liturgie fußt auf dem ntl. Zeugnis, das die Erfahrungsdimension des Geistes bereits im AT vorfindet, wesentlich aber auch durch die nachösterlichen Geist-Erfahrungen geprägt wird:

Der Auferstandene ist im Heiligen Geist inmitten der Gemeinde und zu ihrem Heil anwesend. Das Bekenntnis zu Christus geschieht aus dem Heiligen Geist (1 Kor 12,3). Das Leben des auf Christus Getauften ist Leben im Heiligen Geist (1 Kor 6,11; 12,3.13), unbeschadet der Tatsache, dass Paulus Leben „in Christus" und „im Geist" häufig nebeneinander nennt (vgl. etwa Röm 8,1–11). Der Mensch erfährt sich als neue Schöpfung im Heiligen Geist; er weiß sich als seinem Schöpfer verdankt. Der Empfang des Geistes verpflichtet zu einem entsprechenden Leben (Gal 3,1–5); dies wird als Frucht des Geistes gedeutet (Gal 5,19–26).

Nach Röm 8,15 ist die Basis aller Pneumatologie der Liturgie die Gabe des Geistes an den Christen in der Taufe. Wie die Apostel erst nach Pfingsten und damit nach der Gabe des Geistes ihre Sendung beginnen können, so ist es der „Geist der Gotteskindschaft", der Christen in das „Abba, Vater" einstimmen lässt (Röm 8,15; Gal 4,6). Mit Letzterem ist eine Gebetsanrufung gemeint, ob in liturgischer Form, muss offen bleiben.

Liturgie als Geistgeschehen

Der Geist Gottes befähigt den Menschen zum Gottesdienst. Liturgie ist also wesentlich Geistgeschehen. Die Versammlung von Menschen zur Liturgie und die Auferbauung der Versammlung zur Kirche ist ebenso ein pneumatisches Geschehen.

Natürlich weiß der Beter, was er erhofft und im Gebet von Gott erbittet; aber dafür, wie er beten soll und in welcher Weise er das Erbetene aussprechen kann, muss der Geist, den er in der Taufe erhalten hat (Röm 8,23), für ihn eintreten (Röm 8,26f.). Der Mensch als Teil der vergänglichen Schöpfung kann zu Gott nur angemessen beten in der Kraft des Heiligen Geistes.

Die Gabe des Geistes ist Geschenk (1 Thess 4,8; 1 Kor 12,7; 2 Kor 5,5; Röm 5,5), sie wird empfangen (Röm 8,15; 1 Kor 2,12; 2 Kor 11,4; Gal 3,2). Wer den Geist, „der aus Gott stammt", empfangen hat, kann zur Erkenntnis des von der Gnade Gottes Geschenkten gelangen (vgl. 1 Kor 2,12 f.). Ihm ist eine neue Wirklichkeit eröffnet, die vom Geist der Welt unterschieden wird. Für den Charakter von Liturgie als geistgewirktem Geschehen ist das ausschlaggebend: Das Grundgeschehen ist Gabe und Geschenk. Die Gegenwart Christi und die Hinwendung des Menschen zu Christus und durch Christus zu Gott geschehen im Heiligen Geist.

4.4.2 Doxologie, Epiklese, Anrufung

Zwei Gebetselemente, in denen das Wirken des Geistes in der Liturgie besonders nachdrücklich zur Sprache kommt, sind die Doxologie und die Epiklese (vgl. auch Kap. 5.2).

Doxologie bedeutet hier Lobpreis in trinitarischer Form, wie er z. B. verwendet wird

Kleine Doxologie

- als Abschluss des Tagesgebets in Messe und Tagzeitenliturgie: z. B. „Darum bitten wir durch [ihn], Jesus Christus, deinen Sohn, unseren Herrn und Gott, der in der Einheit des Heiligen Geistes mit dir lebt und herrscht in alle Ewigkeit …",
- als Abschluss des eucharistischen Hochgebets: „Durch ihn und mit ihm und in ihm ist dir, Gott, allmächtiger Vater, in der Einheit des Heiligen Geistes alle Herrlichkeit und Ehre jetzt und in Ewigkeit" oder
- am Ende der Psalmen und biblischen Cantica in der Tagzeitenliturgie: „Ehre sei dem Vater und dem Sohn und dem Heiligen Geist. Wie im Anfang, so auch jetzt und alle Zeit und in Ewigkeit".

Diese Gebetsformeln („Kleine Doxologie") haben im Zuge der christologischen Streitigkeiten in der Alten Kirche ihre heutigen Formen erhalten. Hier zeigt sich der innerkirchliche Versuch, das Verhältnis der drei Personen in Gott theologisch angemessen auszusagen (vgl. Kap. 3.5.1). Die Gleichrangigkeit der innertrinitarischen Personen soll nicht in Frage gestellt werden (Jungmann/342: 151–168).

Folglich wird in zentralen liturgischen Gebetsvollzügen der Heilige Geist genannt. Die Erwähnung der „Einheit des Heiligen Geistes" (unitas) bringt mehr als der Ehrerweis gegenüber dem dreieinen Gott die Heilsökonomie und damit das Handeln Gottes am Menschen zur Sprache. Der Geist wird als das Lebensprinzip der Kirche sichtbar. Die Kirche sieht sich in ihrem Gotteslob und damit in der Liturgie geeint durch den Heiligen Geist. Im eucharistischen Hochgebet bringt die Doxologie die Einheit von Christus und Kirche, aber auch die Einheit der Gläubigen in der Kirche zur Sprache, die geistgewirkt ist. Durch die Doxologie, die die Orationen beendet, wird neben der Verherrlichung des dreieinen Gottes dem Vater für sein Heilshandeln durch den Sohn im Heiligen Geist das Lob dargebracht. Zugleich vollzieht die Formel, dass die Kirche durch Christus im Heiligen Geist betet.

In der Einheit des Heiligen Geistes

Bei solchen liturgischen Formeln handelt es sich um sprachliche Standardisierungen, die auf knappem Raum zentrale Aussagen zum Gebet bündeln und die Wirklichkeit ausdrücken, die sich im Gebet konstituiert. Deshalb muss die Gemeinde auch dem hier Ausgesagten mit dem „Amen" zustimmen können, das Gebet gleichsam „ratifizieren" und es sich zu Eigen machen.

Die Epiklese („Anrufung"/„Herabrufung") ist jenes Gebetselement in Hoch- und Weihegebeten, aber auch in einigen Orationen, in denen Gott explizit um sein Handeln im Heiligen Geist angerufen wird. Man findet sie im eucharistischen Hochgebet, hier aufgeteilt in eine Gabenepiklese vor und eine Kommunionepiklese nach den Einsetzungsworten, in Anrufung und Lobpreis Gottes über dem Taufwasser, im Weihegebet der Ordination, im Segensgebet über die Brautleute usw. Hierbei handelt es sich um die jeweils zentrale Gebetshandlung der Liturgie. Die Epiklese ist Teil von Gebeten, denen konsekratorische Bedeutung zugesprochen wird. Dass dabei der Heilige Geist als die Gabe genannt wird, die Gott geben möge, unterstreicht die Bedeutung der Pneumatologie für die Liturgie.

Gerade die Epiklesen bringen zum Teil sehr bildhaft und dadurch nachdrücklich das Wirken des Geistes zum Ausdruck und lassen erkennen, dass der Mensch auf die Gabe des Geistes angewiesen ist. Im eucharistischen Hochgebet wird zunächst um die Heiligung der Gaben von Brot und Wein gebetet, „damit sie uns werden Leib und Blut deines Sohnes, unseres Herrn Jesus Christus" (3. Hochgebet; Messbuch/44: 494). Die Feiernden sollen Anteil erhalten an der Mahlgemeinschaft Christi, natürlich hier und jetzt, aber auch in der einstigen Vollendung bei Gott. In der Epiklese zeigt sich präsentische Eschatologie. Die Kommunionepiklese bittet um die Erfüllung mit dem Geist, „damit wir ein Leib und ein Geist werden in Christus" (3. Hochgebet; Meßbuch/44: 496), bittet also um Wandlung der Gläubigen, die im Geist zur Einheit finden sollen; aus der Eucharistie entsteht Kirche.

In der Taufwasserweihe (Erstes Formular; vgl. Anhang 1.2) wird um das Hinabsteigen der Kraft des Geistes in das Wasser gebetet, welches damit zu einem Zeichen des Geistes wird. Was hier mit „Kraft des Geistes" gemeint ist, macht der vorausgehende Katalog alt- und neutestamentlicher Paradigmen deutlich, die erzählen, wie Gott in der Heilsgeschichte im Zeichen des Wassers gewirkt hat.

Wenn jetzt um die Gabe des Geistes gebetet wird, dann ist die Heilsgeschichte mitgemeint: die Wasser der Schöpfung, die heiligende Kraft besaßen; die Vernichtung des alten und die Hervorbringung des neuen Menschen in der Sintflut; die Befreiung aus Knechtschaft, wie sie Israel im Durchzug durch das Rote Meer erfahren hat; die Taufe Jesu, in der die Sünden der Menschen abgewaschen wurden; Blut und Wasser aus der Seite Jesu am Kreuz, Ursprung und Leben der Kirche; der Taufbefehl an die Jünger.

Die Geistgabe ist mit der Hoffnung verbunden, der Mensch als Ebenbild Gottes werde durch Wassertaufe und Geistgabe neue Schöpfung. Die Epiklese formuliert die Bitte, „daß alle, die mit Christus in seinen Tod hineinbegraben sind durch die Taufe, mit ihm auferstehen zum ewigen Leben" (Feier der Kindertaufe/48: 38). Die Vitalität des pneumatologischen Geschehens, das Lebenswirklichkeit verändert, kommt gerade in diesen Paradigmen zum Ausdruck: Altes wird vernichtet, Neues entsteht; Strukturen der Unterdrückung werden zerschlagen, Freiheit wird geschenkt; der Mensch wird von seiner Schuldverhaftung reingewaschen; aus dem Kreuzestod und damit dem Osterereignis entsteht die Kirche, die unter dem Sendungsauftrag Jesu steht, d. h. verkünden, taufen und die Heilsgeschichte weitergeben soll.

Untergang und Neuschöpfung werden nebeneinander genannt und lassen die Ambivalenz des Geistwirkens deutlich werden. Schließlich bittet das Hochgebet um die Auferstehung zum ewigen Leben durch das Mitbegrabenwerden mit Christus und beschreibt die Taufe als Transitusereignis, das sich in der Kraft des Heiligen Geistes vollzieht.

Ähnlich ist das erste Segensgebet über die Brautleute formuliert, das an die Erschaffung von Mann und Frau, den Bundesschluss mit Israel und die Erneuerung des Bundes durch das Kreuzesgeschehen erinnert, um dann die Gabe des Heiligen Geistes für diese Ehe zu erbitten: Einheit, Bewahrung und Reifung der Liebe und Förderung in allem Guten. Gerade dort, wo von der Lebensmitte der Ehe die Rede ist, wird also um den Geist Gottes gebetet (Feier der Trauung/51: 45–51).

Das Weihegebet für die Priesterweihe, das in seinem Aufbau vergleichbar strukturiert ist, verdeutlicht, dass der Heilige Geist Lebensprinzip der Kirche ist. Nach alt- und neutestamentlichen Paradigmen wird unter anderem für die Neupriester mit Blick auf die Wirkung ihres Verkündigungsdienstes um die Gnade des Heiligen Geistes gebetet (Weihe des Bischofs/55: 92). Die Vollmacht dazu vermittelt die Geistgabe.

Zwar kennt die katholische Liturgie Anrufungen des Geistes in Form von Hymnen, Sequenzen, dann auch Akklamationen, Antiphonen und Responsorien, in denen der Heilige Geist in persona angerufen und um sein Kommen gebeten wird, doch keine Orationen, die unmittelbar an den Geist gerichtet sind. Ein Beispiel für die Vielfalt der Anrufungen bietet das Pfingstfest. Die Dynamik des Geistgeschehens bringt nachdrücklich die MagnificatAntiphon (1. Vesper) zur Sprache. In ihr kommt die doppelte Bedeutung des Pfingstfestes zum Ausdruck: Geistausgießung und – in der Konsequenz – Sammlung des eschatologischen Glaubensvolkes: „Komm, Heiliger Geist, erfülle die Herzen deiner Gläubigen und entzünde in ihnen das Feuer deiner Liebe, du, der du über alle Grenzen der Sprachen hinweg die Völker in einem Glauben sammelst" (Stundenbuch/59: 2, 521). Andere Antiphonen besingen das Wirken des Geistes in der Kirche und die Befähigung zur Verkündigung („Alle wurden erfüllt vom Heiligen Geist, und sie begannen zu reden." [2. Vesper, 3. Antiphon]; Stundenbuch/59: 2, 536) wie zur Sündenvergebung, die geistgegeben sind („Empfangt den Heiligen Geist. Wem ihr die Sünden nachlaßt, dem sind sie erlassen." [Benedictus-Antiphon]; Stundenbuch/59: 2, 527).

Anrufungen des Geistes (Beispiele)

4.4.3 Handauflegung und Salbung als darstellendes Handeln

Zeichenhandlungen, in denen das Gebet um den Geist und das Wirken des Geistes zum Ausdruck kommt, sind Handauflegung und Salbung. Dies gilt nicht per se; es bedarf der Interpretation durch Gebets- oder Begleittexte, damit diese Zeichen als darstellendes Handeln für die Geistdimension der Liturgie verstanden werden können. Es ist nicht nebensächlich, dass in beiden Fällen ein Zeichen mit der Hand vollzogen wird. Dies kann zum einen auf die Übertragung von Kraft hindeuten, zum anderen sowohl anthropologisch als auch theologisch Zuwendung, Schutz, Heilung und Ermutigung vermitteln, aber auch Besitzergreifung oder Identifikation anzeigen. Die

Bedeutung der Hand in Zeichenhandlungen

Hand steht für die Aufnahme von zwischenmenschlichem Kontakt, der hier Abbild der Kommunikation zwischen Gott und Mensch ist.

Handauflegung und -ausstreckung

Die Handauflegung als Geistmitteilung begegnet uns bereits in Dtn 34,9: Josua ist vom Geist der Weisheit erfüllt, denn Mose hatte ihm die Hände aufgelegt. Das NT bezeugt eine entsprechende Praxis in Teilen der Gemeinden für die Initiation (Apg 8,14–18; 19,3–7), für die Betrauung mit einem Amt (Apg 6,1–7; 13,1–3; 14,23; 1 Tim 4,14; 2 Tim 1,6) und für die Heilung durch Geistgabe (Apg 9,12–17), die dann auch zur Verkündigung befähigt.

Verschiedene Liturgiefeiern kennen die Handauflegung und -ausstreckung als Zeichen für das Wirken des Geistes. Diese Praxis findet sich auch in der Orthodoxie, den Kirchen der Reformation und bei den Anglikanern. Zwar können die theologischen Interpretationen variieren, dennoch kann man die Handauflegung ein ökumenisch erstrangiges Zeichen nennen. In den sakramentalen Feiern der katholischen Kirche haben Auflegung und Ausstreckung der Hand eine besondere Bedeutung als Darstellung des Geistwirkens; dies wird im eucharistischen Hochgebet, in der Handauflegung der Firmung, der Buße und der Ordination, im Trauungssegen (zur Epiklese) und bei der Chrisamweihe deutlich. Bei der Taufwasserweihe (Erstes Formular; vgl. Anhang 1.2) wird zur Epiklese das Wasser auch berührt – als Zeichen für die sich hier ereignende Geistsendung. In der Handauflegung wird für alle Mitfeiernden signalisiert, dass Gott sein Heilshandeln für die Menschen in der Kraft des Geistes fortführt. Sie stellt das Wirken des Geistes dar und ist Verheißung auf Wirksamkeit.

Salbung

Ähnlich verhält es sich mit der Salbung. Salbungen zählen zu den zentralen liturgisch-ekklesialen Zeichenhandlungen. Sie drücken die Zuwendung Gottes zum Menschen und damit die personale Dimension des Gefeierten aus. Auch sie sind Symbol für das Wirken des Geistes, wie man bei Taufe und Firmung als Teilen der Initiation oder bei Bischofs- und Priesterweihen sehen kann. Die Firmliturgie spricht von der Besiegelung mit der Gabe des Geistes, stellt also den Menschen ganz unter die Wirkkraft des Geistes und vermittelt ihn als Lebensprinzip. So kann dann die Chrisamsalbung der Taufe gedeutet werden als Eingliederung in das Volk Gottes und als Eingliederung in Christus, den Priester, König und Propheten. Die Salbung als pneumatisches Geschehen bewirkt „die Konstituierung des neuen Menschen" (Meßner/33: 125; vgl. ebd. 126f. zu den Munera Christi und ihrer Bedeutung für den Getauften). Salbungen in anderen Liturgien können von hier her als Entfaltungen des in der postbaptismalen Taufsalbung Zugesagten verstanden werden.

Darstellendes Handeln als symbolisches Handeln

Bei beiden Zeichenhandlungen wird Spezifisches für die Pneumatologie der Liturgie deutlich: Im darstellenden Handeln der Liturgie (Sprach- und Zeichengeschehen) wird das Wirken des Geistes, das Bibel und Liturgie bezeugen, vermittelt. Darstellendes Handeln ist ein symbolisches Geschehen, das in der Liturgie als von Gott ermöglicht und getragen begriffen wird. Wenn in der Liturgie vom Geistwirken gesprochen wird, ist dies für die Gläubigen ein performatives Geschehen, das wesentlich in sinnenhafter Form vollzogen wird.

4.4.4 Der Heilige Geist in poetischen Texten des Gottesdienstes

Die liturgischen Gebete und die Zeichenhandlungen lassen bereits die Fülle der Wirkungen erkennen, die dem Geist zugeschrieben werden: Schöpfung und Ermöglichung von Leben, Stiftung von Freiheit und Frieden, Gabe von Einheit und Gemeinschaft (Kirche), Stärkung zum Zeugnis in Verkündigung und Leben; Ermöglichung von Gebet und Liturgie und Anteilgabe am eschatologischen Heil.

Was sich für den einzelnen Christen wie die Kirche mit dem Wirken des Geistes Gottes verbindet, haben durch die Jahrhunderte hindurch gerade die poetischen Texte der Kirchenlieder unterschiedlichster Gattungen deutlich werden lassen. So gibt es vielfältige Lieder, die um das Kommen des Geistes bitten. Ein hervorragendes Beispiel ist die Sequenz „Veni Sancte spiritus" des Stephan Langton von Canterbury (1150/55–1228):

„Veni Sancte Spiritus, / Et emitte caelitus / Lucis tuae radium. // Veni pater pauperum, / Veni dator munerum, / Veni lumen cordium. // Consolator optime, / Dulcis hospes animae, / Dulce refrigerium. // In labore requies, / In aestu temperies, / In fletu solatium. // O lux beatissima, / Reple cordis intima / Tuorum fidelium. // Sine tuo nomine, / Nihil est in homine, / Nihil est innoxium. // Lava quod est sordidum, / Riga quod est aridum, / Sana quod est saucium. // Flecte quod est rigidum, / Fove quod est frigidum, / Rege quod est devium. // Da tuis fidelibus, / In te confidentibus, / Sacrum septenarium. // Da virtutis meritum, / Da salutis exitum, / Da perenne gaudium."

Veni Sancte spiritus

„Komm Heiliger Geist, / sende vom Himmel herab / deines Lichtes Strahl! // Komm, Vater der Armen, / komm, Geber der Gaben, / komm, Licht der Herzen! // Bester Tröster, / süßer Gast der Seele, / süße Labsal! // In der Arbeit Ruhe, / in der Hitze Kühlung, / im Weinen Trost! // Du seliges Licht, / erfülle das Innere der Herzen / deiner Gläubigen! // Ohne dein Walten / ist nichts im Menschen, / ist nichts ohne Schuld. // Wasche, was beschmutzt ist; / erweiche, was spröde ist; / heile, was wund ist! // Beuge, was starr ist; / erwärme, was kalt ist; / lenke, was verirrt ist! // Gib deinen Gläubigen, / die auf dich vertrauen, / die sieben heiligen Gaben! / Gib der Tugend ihren Lohn; / gib am Ende Heil; / gib ewige Freude!" (Übersetzung aus: Graduale Romanum/66: 94).

Die Sequenz ist kunstvoll konzipiert. Jeder lateinische Vers besteht aus sieben Silben – ein Hinweis auf die siebenfältige Gabe des Heiligen Geistes. Jeder dritte Vers schließt mit der Endung -ium. Die Sequenz ist literarisch durchstrukturiert und von hoher lyrischer Qualität. Das zeigt sich auch daran, dass der Klang von „spiritus" immer wieder neu in diesem Lied durchgespielt wird. Das Lied signalisiert durch seine Qualität, dass wir im Mittelpunkt des liturgischen Geschehens stehen.

Literarische Analyse

Aber auch inhaltlich folgt der Text einem klaren Schema. Er geht zunächst auf das Pfingstereignis ein. Die Bitte um „deines Lichtes Strahl" spielt ebenso auf das Feuerereignis von Pfingsten an wie das „Licht der Herzen". Die Strophen 3 und 4 malen aus, was in Anklang an Joh 14–16 mit „Consolator optime", „bester Tröster", gemeint ist. Die Stärke der Sequenz ist es, dass sie das Wirken des Geistes mit dem Alltag der Menschen zu verbinden weiß: Der Geist Gottes gibt Ruhe in der Arbeit, Kühlung in der Hitze, Trost im Weinen. Die Pneumatologie der Liturgie hat durchaus einen „Sitz im Leben" der Menschen.

Inhaltliche Analyse

Die beiden nächsten Strophen besingen, wie der Geist am Menschen wirkt. Wieder klingt das Lichtmotiv der beiden ersten Strophen an. Sie unterstreichen, dass der Mensch ganz auf das Walten des Geistes angewiesen ist. Man kann im „nihil" eine Anspielung auf die Schöpfungstheologie lesen. Die Schöpfung aus dem Nichts klingt ebenso an wie die Leere im Menschen als Konsequenz der Urschuld. Die Strophen 7 und 8 spielen noch einmal durch, was der Geist Gottes für den Menschen wirkt: „Lava", „Riga", „Sana", „Flecte", „Fove" und „Rege". Das geschieht in einem anderen Vokabular als in einem dogmatischen Diskurs. Mit Bildern bringt die Liturgie zum Ausdruck, was als Wirken des Heiligen Geistes erfleht wird. Die beiden Schlussstrophen richten den Blick nochmals auf die Communio fidelium. Sie ist die Trägerin des Hymnus. Mit Jes 11,2f. bittet sie um die sieben Gaben des Geistes. Dort wird über den „Geist des Herrn" gesagt, er sei „der Geist der Weisheit und der Einsicht, der Geist des Rates und der Stärke, der Geist der Erkenntnis und der Gottesfurcht". Die Gegenwart Gottes im Heiligen Geist ist das Lebensprinzip des Christen wie der Kirche und ihrer Liturgie. Das bringt die Sequenz mit den Mitteln der Liturgie zum Ausdruck, sie bereichert dadurch auf ihre Weise das theologische Nachdenken über den Heiligen Geist. Als Zeugnis der Frömmigkeitsgeschichte zeigt das Lied vor allem, dass es nicht um ein Randthema von Liturgie und christlicher Existenz geht, sondern um deren Mitte.

Immer wieder finden sich in der Liedgeschichte Beispiele dafür, dass dem Heiligen Geist und dem Pfingstereignis sehr sinnenfreudig und lebensnah nachgegangen wird. Ganz deutlich wird das bei Paul Gerhardt im „Pfingstlied" (1653):

„Pfingstlied" von Paul Gerhardt

„Ich war ein wilder Reben, / Du hast mich gut gemacht, / Der Tod durchdrang mein Leben, / Du hast ihn umgebracht / Und in der Tauf erstickt, / Als wie in einer Flute / Mit dessen Tod und Blute, / Der uns im Tod erquickt. … Du bist ein Geist der Freuden, / Von Trauern hältst du nicht, / Erleuchtest uns im Leiden / Mit deines Trostes Licht. / Ach ja, wie manchesmal / Hast du mit süßen Worten / Mir aufgetan die Pforten / Zum güldnen Freudensaal." (Gerhardt/325: 103f.).

Wirkung poetischer Sprache

Poetischer Sprache eignet im Vergleich zu anderen liturgischen Texten wie Orationen ein Mehr an Emotionalität, sie besitzt dadurch größere Lebensnähe und weist viele Leerstellen und Spielräume für die Interpretation wie Rezeption auf. In Anlehnung an Umberto Ecos „Offenes Kunstwerk" kann man für solche poetischen Texte in der Liturgie als Wirkung konstatieren, „im Interpreten ‚Akte bewußter Freiheit' hervorzurufen, ihn zum aktiven Zentrum eines Netzwerkes von unausschöpfbaren Beziehungen zu machen" (Eco/476: 31). Gegenüber der Zurückhaltung westlicher Theologie in der Pneumatologie vermögen die Metaphern, Klangbilder usw. gerade der Geist-Lieder das Wirken des Geistes lebensnah zu beschreiben. Das gilt bis heute, wie ein 1986 von Marijke Koijck-de Bruijne veröffentlichtes Lied „De Geest van God waait als een wind" zeigt, das traditionelle Metaphern in eine neue Sprachgestalt fügt und die Dynamik des Geistes sehr vital nahe bringt.

Geistmetaphern in neuer Sprachgestalt

„Der Gottesgeist weht wie ein Wind, / er kommt auf Friedensflügeln. / Wie Atem, der lebendig macht, / weckt er die Unrast, innen, / die manchmal Sturm zu werden wagt, / Gewalt und Bosheit laut verklagt. / Er kühlt als frische Brise. // Und wie ein Feuer ist der Geist, / mit heißen Flammenarmen / erstickt er, was dem Unrecht dient, / und glüht doch voll Erbarmen. / Ist Hoffnungsfunke, der noch blinkt / ein Licht, das wartet, das uns winkt, / ein Glanz in Herz und Augen. // Im Stillen handelt Gottes Geist, / treibt an durch sanfte Kräfte, / die weise Mutter, die uns führt, / die Quelle guter Mächte. / Sie gibt uns Mut voranzugehn, / macht, daß sich Menschen neu verstehn, / hüllt uns in ihren Mantel." (Übersetzung Jürgen Henkys, in: Müller/361)

In die Gemeinschaft, die hier singt, wirkt der mit weiblichen Metaphern beschriebene Geist hinein („die uns führt", „sie gibt uns Mut voranzugehen") und birgt sie („hüllt uns in ihren Mantel"). Die Leben schaffende Macht des Geistes und die darin liegende Ermutigung für den Menschen („treibt an durch sanfte Kräfte") und sein Handeln („gibt uns Mut voranzugehn") wird besungen (Müller/361). Die Metaphern erschließen die Wirklichkeit des Geistes Gottes.

Noch wenig wahrgenommen sind feminine Darstellungen des Geistes in verschiedenen christlichen Liturgien. Im Lied klingen sie im Bild der Mutter an, die durch weibliche Bilder Gottes im AT (der Geist als ruach [fem.]), durch apokryphe Texte und sprachgeschichtliche Eigenheiten (Geist/Wind als feminines Substantiv in den semitischen Sprachen) motiviert sind. So beschreiben Quellen aus der Frühzeit der syrischen und armenischen Liturgie den Heiligen Geist als Mutter, Taufhymnen der Armenier sogar als Gebärende. Diese poetisch-theologischen Phänomene frühchristlicher Liturgie gewinnen im Bemühen um ein umfassenderes, dem Biblischen gemäßes vielfältiges Gottesbild (vgl. Dtn 32,11.18; Jes 42,14; Lk 13,24) an Interesse (Winkler/387).

Feminine Darstellungen des Geistes

4.5 Liturgie und Heilsökonomie

4.5.1 Zeitmodi der Liturgie und Anteilhabe an der Heilsökonomie Gottes

Untersucht man für eine Liturgiefeier die Zeitlichkeit des Gefeierten, stößt man auf eine Verschränkung verschiedener Zeitmodi, in der etwas Grundsätzliches der Liturgie – die Anteilhabe an der Heilsökonomie Gottes – angezeigt und realisiert wird. Das lässt sich im Sprach- und Zeichengeschehen, aber beispielsweise auch an den Räumen, in denen gefeiert wird, sowie der Ikonographie der liturgischen Orte und anderen Bildwerken beobachten. Im darstellenden Handeln der Liturgie fallen das Heute (Gegenwart) der feiernden Gemeinde, die Heilsgeschichte (Vergangenheit) und die Heilsvollendung (Zukunft) ineins. Diese zeitlichen Modi sind in der Liturgie aber nicht Aneinanderreihungen chronologischer Abschnitte, sondern Ausdruck menschlich-zeitlichen Seins gegenüber der Ewigkeit Gottes. In den zeitlichen Modi der Liturgie lässt Gott die feiernde Gemeinde an seiner Seinsfülle partizipieren. Diese Teilhabe ist pneumatisches Geschehen; sie wird im Symbolgeschehen der Liturgie vollzogen.

Bedeutung der Zeitmodi

Das Tagesgebet am Hochfest „Erscheinung der Herrn" (6. Januar) kann das verdeutlichen. Es lautet im deutschen Messbuch:

Beispiel 1: Tagesgebet vom 6. Januar

„Allherrschender Gott, durch den Stern, dem die Weisen gefolgt sind, hast du am heutigen Tag den Heidenvölkern deinen Sohn geoffenbart. Auch wir haben dich schon im Glauben erkannt. Führe uns vom Glauben zur unverhüllten Anschauung deiner Herrlichkeit. Darum bitten wir durch Jesus Christus" (Meßbuch/44: 60).

Drei Ebenen eines Geschehens lassen sich hier unterscheiden. Die Weisen sind, wie es auch die Evangelienperikope Mt 2,1-12 verkündet, dem Stern gefolgt; den Heiden ist Christus geoffenbart worden. Dies wird zunächst als Geschehen der Vergangenheit in Erinnerung gerufen, aber – und hier kommt nun ein Spezifikum von Temporalität der Liturgie zum Vorschein – zugleich handelt es sich um Gegenwart: „am heutigen Tag" geschieht diese Offenbarung. Die zur Liturgie versammelte Gemeinde ist in das Offenbarungswirken Gottes einbezogen und nimmt daran teil, wie es der Bibeltext für die Weisen verkündet. Was sich im Heute ereignet, deutet die Gemeinde nicht nur von der Vergangenheit her, sondern sieht sich, was das Offenbarungsgeschehen betrifft, damit in zeitlicher Einheit. Die Oration geht bis an die Grenzen des sprachlich Aussagbaren: „durch den Stern, dem die Weisen gefolgt sind, hast du am heutigen Tag … geoffenbart". Dass mit dem „hodierna dies" nicht ein historisches Kalenderdatum gemeint ist, verdeutlicht (auch) später in der Messe die Präfation mit den Worten: „Denn heute enthüllst du das Geheimnis unseres Heils, heute offenbarst du das Licht der Völker." (Meßbuch/44: 370f.) Markant ist hier die Haltung der Gläubigen, die nicht Zuschauer dieses Geschehens sind, sondern Teilnehmer, denn wie die Weisen sind sie bereits im Glauben zur Erkenntnis gelangt. Damit ist zugleich die hermeneutische Perspektive für die Wahrnehmung der Verdichtung von Zeit in der Liturgie benannt: der Glaube.

Schließlich klingt eine weitere zeitliche Dimension an, wenn die Oration von der unverhüllten Anschauung göttlicher Herrlichkeit spricht. Im Glauben gibt es bereits Erkenntnis Gottes, aber die Herrlichkeit Gottes bleibt verhüllt. Eine Spannung wird sichtbar: Erkenntnis, aber nur in Vorläufigkeit. Die unverhüllte Anschauung wird erhofft für – so darf man ergänzen – die eschatologische Vollendung. An dieser Heilszukunft gewinnen wiederum die Gläubigen im liturgischen Symbolgeschehen bereits Anteil: „wir haben … schon im Glauben erkannt. Führe uns … zur unverhüllten Anschauung".

Die drei Zeitmodi finden zusammen in der Ewigkeit Gottes, wie in der deutschen Fassung der Oration in der Gottesanrede deutlich wird: „allherrschender Gott". Die Zeitmodi sind von der Wirklichkeit Gottes umfangen. Ihr Ineinander hat seinen Ursprung bei Gott. Die Liturgie stellt das dar.

Wie sehr diese Modi in der Liturgie miteinander verwoben sind, zeigt das Beispiel des Osterhymnus „Zum Mahl des Lammes schreiten wir". Der Text stammt in der lateinischen Fassung „Ad cenam agni providi" aus dem 5./6. Jahrhundert und wird seit dem Frühmittelalter in der Stundenliturgie rezitiert. Sein Ort ist die Vesper des Ostersonntags und der Sonntage der Osterzeit. Die Textgestalt ist im Laufe der Jahrhunderte revidiert worden. Der Hymnus besingt das Christusereignis als Befreiungsgeschichte und deutet es vom AT und NT her.

Beispiel 2: „Zum Mahl des Lammes schreiten wir".

1. „Zum Mahl des Lammes schreiten wir / mit weißen Kleidern angetan, / Christus, dem Sieger, singen wir, / der uns durchs Rote Meer geführt. //
2. Am Kreuze gab er seinen Leib / für alle Welt zum Opfer hin; / und wer von seinem Blute trinkt, / wird eins mit ihm und lebt mit ihm. //
3. Am Pascha-Abend weist das Blut / den Würgeengel von der Tür: / Wir sind befreit aus harter Fron / und von der Knechtschaft Pharaos. //
4. Christus ist unser Osterlamm, / das uns zum Heil geschlachtet ward. / Er reicht uns seinen heil'gen Leib / als Brot, das uns sein Leben schenkt. //

5. Lamm Gottes, wahres Opferlamm, / durch das der Hölle Macht zerbrach! / Den Kerker hast du aufgesprengt, / zu neuem Leben uns befreit. //
6. Erstanden ist der Herr vom Grab, / kehrt siegreich aus dem Tod zurück. / Gefesselt ist der Fürst der Welt, / und offen steht das Paradies. //
7. Dem Herrn sei Preis und Herrlichkeit, / der aus dem Grabe auferstand, / dem Vater und dem Geist zugleich / durch alle Zeit und Ewigkeit. Amen" (Stundenbuch/59: 2, 256).

Die Verschmelzung der Zeitebenen ist hier sehr offensichtlich. Die, die Christus preisen, sind „durchs Rote Meer" geführt worden (Str. 1: Vergangenheit), „sind befreit aus harter Fron" (Str. 3: Gegenwart) und wissen, dass „offen steht das Paradies" (Str. 6: Zukunft). Der Hymnus umfängt also die verschiedenen Zeitmodi.

Subtiler geschieht die Verschränkung der Zeitmodi noch in einzelnen Versen, wie schon der Anfang verdeutlicht. Wenn vom Mahl des Lammes die Rede ist, assoziiert man sowohl das Pascha Christi als auch die österliche Eucharistie. Die weißen Kleider kann der Kundige auf die Taufkleider der Neugetauften beziehen. Doch zugleich spielen offensichtlich Motive aus Offb 7,14 hinein: die Kleider, die im Blut des Lammes weiß gemacht worden sind. Die Teilhabe am eschatologischen Mahl des Lammes wird hier zur Sprache gebracht und zugleich die eschatologische Spannung ausgesagt, in der die Liturgie steht. Die zweite Strophe bleibt dahinter nicht zurück, sondern sieht Kreuzesopfer, Teilhabe und Leben mit dem Auferstandenen zusammen. Das „Schreiten" auf das Mahl hin, von dem die Eingangszeile spricht, markiert dann gleichsam die raum-zeitliche Richtung. Die folgenden Strophen besingen die Bedeutung der Partizipation am sich ereignenden Heil: Es geht um ein Geschehen, das Freiheit schenkt und insbesondere in Szenen des Exodus als einer expliziten Befreiungsgeschichte und in Szenen von Tod und Auferstehung Christi als ein den Menschen existentiell betreffendes Ereignis besungen wird. Christus erscheint als der Sieger, während die Mächte, mit denen sich Unterdrückung von Leben und Freiheit verbindet (also „Pharao", „Hölle" und „Fürst der Welt"), untergehen. Die Teilhabe an den liturgischen Zeitmodi spricht dem Menschen die Teilhabe am heilsgeschichtlichen Geschehen zu, weist ihm gleichsam eine neue Rolle zu, indem er nun zu den „ersten Freigelassenen der Schöpfung" gehört (Moltmann/360).

In der Vergegenwärtigung von Heilsgeschichte im Heute will die Liturgie die Hoffnungen und Perspektiven der Gläubigen vom Gotteshandeln her verändern. Neue Lebensperspektiven wie Handlungsoptionen werden eröffnet, indem der Gläubige in Heilsvergangenheit wie -zukunft eingebunden ist. Die damit verbundene Spannung von „Schon" und „Noch nicht" kommt in zahlreichen Texten und Vollzügen zum Ausdruck. Sie ist für die Liturgie unverzichtbar, denn in ihr drückt sich für den Glauben eine Spannung aus, die dem Glaubensgeschehen wie den Realitäten des Lebens angemessen ist.

Sinn der Verschränkung der Zeitebenen

Nicht nur durch Verbalität, sondern auch durch Zeichen und Zeichenhandlungen realisiert sich die temporale Performanz der Liturgie. So symbolisieren das Luzernar, der vesperale Lichtritus, aber auch der Lichtritus der Osternacht Christus als den, der in der liturgischen Versammlung gegenwärtig ist, erinnern an ihn im Zeichen des Lichtes als den, der das Licht gebracht

Symbolik des Lichtes

hat (vgl. den Hymnus Phos hilaron; vgl. Kap. 3.2.4), und verherrlichen ihn als den, der eschatologisch wiederkommen wird. Im Symbol des Lichtes und in den unterschiedlichen Formen seiner Einbindung in die Liturgie wird dies gleichsam verdichtet ausgesagt: durch Hineintragen der Osterkerze als Christussymbol in den dunklen Kirchenraum, durch die Weitergabe des Lichts an die Gläubigen und durch die Positionierung der Kerze an hervorgehobener Stelle im Kirchenraum. Gerade beim Lichtsymbol ist bemerkenswert, dass es an den entscheidenden Stationen der Glaubensbiographie des Christen und in den entsprechenden Ritualen (Initiation mit Taufe und Erstkommunion / Taufkerze und Erstkommunionskerze; Trauung / Hochzeitskerze; Sterben / Sterbekerze) immer wieder zum Zeichen für die Teilhabe an der Heilsökonomie wird.

4.5.2 Die Dimension der Erinnerung in der Liturgie

Die Wirkmacht Gottes in der Geschichte wird für den Menschen in der Liturgie Gegenwart. Dies kommt in der Dimension der Erinnerung in der Liturgie zum Ausdruck.

Kommunikatives und kulturelles Gedächtnis

In modernen Gedächtnistheorien (Halbwachs/330; Assmann/310) unterscheidet man zwischen kommunikativem und kulturellem Gedächtnis. Das kommunikative Gedächtnis hat seinen Platz in der Alltagskommunikation. Geschichtserfahrungen im Rahmen von Biographien sind sein Inhalt, der durch lebendige Erinnerung, Erfahrung und Hörensagen kommuniziert wird (Assmann/310: 56). Das kulturelle Gedächtnis hingegen sichert die Erinnerung an das Ursprungsereignis, aus dem die jeweilige Gemeinschaft lebt. Es bezieht sich auf die absolute Vergangenheit und die im Mythos tradierte Urgeschichte. Seine Medien sind unter anderem Wort, Bild, Tanz, symbolische Kodierung und Inszenierung. Geschichte im Modus des kulturellen Gedächtnisses besitzt normative und formative Kraft (ebd. 52). Es kommt also eine wesentliche Dimension menschlichen Lebens ins Spiel, insofern die Begrenzung auf das Hier und Heute in Frage gestellt und die „Gleichzeitigkeit" des Alltags mit Ungleichzeitigem konfrontiert wird („kontrapräsentische Funktion", vgl. ebd. 85). Insofern dient Erinnerung auch der Befreiung und ist – mit Herbert Marcuse – „Luft von einem anderen Planeten" (ebd. 85).

Liturgie als Gedächtnisgeschehen in Symbolgestalt

Liturgie lässt sich vor diesem Hintergrund als Gedächtnisgeschehen und -ort in Symbolgestalt beschreiben, an dem die Einbeziehung der feiernden Gemeinde in das geschichtliche Heilshandeln Gottes zum Ausdruck kommt (Güntner/327; Brüske/316). Der Blick auf Mnemotechniken kann diesen Aspekt der Liturgie erhellen, lässt aber den theologischen Bedeutungsüberschuss unerklärt. In der Liturgie erfahren Menschen sich als Partizipierende am Heilsgeschehen der Vergangenheit in personal-dynamischer Weise, also in einer Form, die sie in ihrem Personsein je neu betrifft. Gott selbst handelt in Christus. Das Erinnerte wie die Erinnerung nehmen ihren Ausgang bei Gott. Liturgische Anamnese als ein Medium der Erinnerung in der Liturgie ist ein pneumatischer Akt und darf nicht im Sinne von Magie als menschliche Verfügungsmacht über Gott verstanden werden. Der Zusammenhang von Anamnese und Epiklese verdeutlicht, dass Gott durch das Wirken des Geistes selbst im Gedächtnis der Feiernden handelt. Aufgrund der Begrenzung des Menschen durch Raum und Zeit muss die rituelle Abbildhandlung im Letzten von Gott ermöglicht sein. Gott steht im Zentrum dieses Geschehens. Schöpfung, Bund mit Israel, Inkarnation, Pascha Christi – Gott offenbart sich den Menschen als Schöpfer und Erlöser und ermöglicht so erst das Gedenken der Menschen. Aus der personalen und dynamischen Beziehung Gottes zum Menschen kann Vergegenwärtigung wachsen. Gemeinde in der Liturgiefeier existiert folglich immer auch in einer anderen Zeitdimension als im Präsens.

In der Anamnese ruft die Gemeinde die Geschichte Gottes mit den Menschen in Erinnerung – in der Hoffnung, dass Gott auch in der Gegenwart zum Heil der Menschen handeln möge. Damit wird die Anamnese implizit zur Bitte an Gott, sich auch in der Gegenwart als Gott der Heilsgeschichte zu zeigen. Anamnese bedeutet also nicht anachronistisches Rückversetzen in eine andere historische Situation und ihre Ereignisse. Ihr geht es um Erinnerung an Heilsgeschichte in der Hoffnung auf Teilhabe an derselben Wirklichkeit Gottes im Heute. *(Anamnese)*

Dieses geschieht in der Liturgie, die sich dafür vielfältiger sinnenhafter Erinnerungsformen bedient (vgl. beispielsweise Thönnes/380 zur anamnetischen Funktion liturgischer Kleidung). Ebenso kommt die Dimension der Erinnerung in den verschiedenen Formen von Epiklese, Bitte und Fürbitte zum Ausdruck. Sie setzen die Erinnerung an die Heilsgeschichte Gottes voraus. *(Sinnenhafte Erinnerungsformen)*

Man kann sogar die Klage als Ausdruck von Erinnerung bezeichnen. Sie wird in der katholischen Liturgie fast ausschließlich in den Worten biblischer Texte, insbesondere der Klagepsalmen, laut. Die Klage als Äußerung des Glaubens an Gott verweist auf Gottes machtvolle Taten in der Vergangenheit und konfrontiert sie mit der leidvollen Gegenwart. Sie erwächst aus dem Widerspruch zwischen Erinnertem und Gegenwärtigem (zur Klage vgl. Angesichts des Leids an Gott glauben?/308; Schweigen wäre gotteslästerlich/378). *(Klage und Erinnerung)*

4.5.3 Die Dimension der Erwartung in der Liturgie

Die Liturgie im Heute spannt sich nicht nur in die Vergangenheit, sondern zugleich in die Zukunft aus. Sie partizipiert am endzeitlichen Heil, das in Christus angebrochen ist, und antizipiert dessen endgültige Vollendung. Die Liturgie gibt im symbolischen Geschehen ganzheitlich am bereits angebrochenen Heil Anteil, aber sie erhofft zugleich die endgültige Vollendung des Reiches Gottes, steht also unter dem eschatologischen Vorbehalt. Diese Dimension der Erwartung ist für die Liturgie unverzichtbar (zur Bedeutung von Erinnerung und Erwartung vgl. Schaeffler/372).

Liturgie wird von präsentischer Eschatologie geprägt. Sie steht unter dem Eindruck des noch Erhofften, also des in seiner Vollendung noch Ausstehenden. Sie besitzt antizipatorischen Charakter. Symbole, Texte und Handlungen bringen zum Ausdruck, dass bei aller Vorläufigkeit in der Liturgie in Wort und Zeichen das endgültige Heil zugesprochen wird (Lengeling/353). Liturgie verbindet das Heute und die Zukunft bei Gott. *(Präsentische Eschatologie)*

Sie steht daher in einer theologisch produktiven Spannung, sowohl mit Blick auf das Kerygma wie auf die Ausdrucksformen, in denen die Heilsgeschichte unter den Bedingungen der Gegenwart gefeiert wird.

Die Erwartung auf die verheißene Zukunft kommt auch in der Epiklese zum Ausdruck, also im Herabrufen des Namens Gottes und der Gabe des *(Beispiele)*

Geistes. So bittet die Epiklese des Weihegebets über dem Taufwasser, dass die, die mit Christus durch die Taufe mitbegraben sind, mit ihm auferstehen zum ewigen Leben. Taufe gibt Anteil am verheißenen Heil.

Auch in Bitten und Fürbitten kommt die proleptische Dimension der Liturgie zum Ausdruck: „Laß uns dereinst zu ihm gelangen, der uns auf dem Weg durch den Tod in die Herrlichkeit vorausgegangen ist", formuliert das dritte der Schlussgebete zur Auswahl im Messbuch (Meßbuch/44: 525). Wenn es eingangs in der Prädikation heißt, die Mitfeiernden seien „Gäste am Tisch deines Sohnes [gewesen], und er war der Herr unseres Mahles", verbinden sich in diesem Gebet Präsentisches und Eschatologisches.

Sogar die Klage artikuliert Zukunftshoffnung vor Gott. Sie bringt Leid- und Mangelerfahrungen der Gegenwart mit ganzer Wucht zur Sprache und drückt die Hoffnung aus, dass Gott, der sich in der Geschichte als menschenfreundlich gezeigt hat, auch zukünftig zum Heil des Menschen wirken möge. Gerade die Klage zeugt von Erwartungen und Hoffnungen des Menschen gegenüber Gott.

4.6 Liturgie der Gemeinde und himmlische Liturgie

4.6.1 Himmlische Liturgie als Verherrlichung Gottes

Jes 6,1–4   Das Lob Gottes ist nicht auf das Tun der irdischen Liturgie und der versammelten Gemeinde beschränkt. Vielmehr sprechen die biblische Überlieferung und die kirchliche Tradition von der himmlischen Liturgie. Diese Liturgie ist Lobpreis Gottes, der durch die Engel dargebracht wird, so heißt es in Jes 6,1–4 in einer Vision des Propheten über diesen Kult vor Gott in metaphorischer Sprache.

Verherrlichung Gottes prägt diesen himmlischen Gottesdienst. Seine Träger sind die Engel, nach Offb 4–5 die himmlischen Lebewesen, deren Huldigung „bei Tag und Nacht" (Offb 4,8), also ohne Unterlass erklingt. Auch nach dem Zeugnis von Offb 19,1 f. erklingt in der himmlischen Liturgie das Halleluja vor Gott: „Halleluja! Das Heil und die Herrlichkeit und die Macht ist bei unserem Gott. Seine Urteile sind wahr und gerecht."

Offb 5,1 ff.   Als Mittler am Thron Gottes, dessen Transzendenz gewahrt bleibt, steht nach Offb 5,1 f. das Lamm „zwischen dem Thron und den vier Lebewesen und mitten unter den Ältesten" (Offb 5,6). Ihm wird gehuldigt und ein „neues Lied" gesungen.

Für das Selbstverständnis der Liturgie der christlichen Gemeinde sind das offensichtlich sehr zentrale Textstellen. Anders wäre es nicht zu erklären, dass beispielsweise der in Jes 6 und Offb 4,8 überlieferte Lobgesang der Engel als Sanctus Teil jeder Messliturgie ist. Indem die Gemeinde dieses singt, stimmt sie ein in den himmlischen Lobpreis. Irdische und himmlische Liturgie klingen zusammen, wie am Ende der Präfation des eucharistischen Hochgebets proklamiert wird: „Darum preisen wir dich mit allen Engeln und Heiligen und singen vereint mit ihnen das Lob deiner Herrlichkeit." (2. Hochgebet; Meßbuch/44: 479).

4.6.2 Partizipation der irdischen Liturgie an der endzeitlich-himmlischen Liturgie

Die um Christus versammelte Gemeinde partizipiert bereits an der verheiße-nen endzeitlichen Liturgie, in der die Geschichte ihr Ziel findet (Brunner/315: 168–180; Kunzler/32: 43–49).

Liturgie im kosmischen Ganzen

„Niemals wird im Kult der Kirche der Hymnus der Engel fehlen dürfen, denn er erst gibt dem Lobpreis der Kirche jene Tiefe und Transzendenz, wie sie durch den Charakter der christlichen Offenbarung gefordert wird" (Peterson/366: 53 f.). Der Kultus der Kirche brauche die Transzendierung durch die höhere Seinsordnung der Engel und trete zur Liturgie der Engel erst hinzu. „Das besagt, daß der Mensch in der Liturgie nur in einem kosmischen Ganzen gesehen wird, und daß er nur aus diesem kosmischen Ganzen heraus handelt" (ebd. 54).

Zahlreiche weitere Beispiele, in denen dieses Hinzutreten sichtbar wird, lassen sich anführen: Gebete und Gesänge (z. B. Gloria), Zeichen und Vollzüge, aber auch die z. B. Ausgestaltung des Kirchenraumes (Ausmalungen in Altarbögen und Apsisstirnwänden, Engel- und Heiligenfiguren im Altarbereich etc.; Beispiele u. a. in der Hagia Sophia, Konstantinopel, in S. Apollinare, Ravenna, oder in S. Paolo fuori le mura, Rom).

Der Hebräerbrief lässt als theologische Grundüberzeugung erkennen, dass die gefeierte Liturgie Erde und Himmel umfasst, denn es gibt „einen erhabenen Hohenpriester …, Jesus, den Sohn Gottes" (Hebr 4,14). Durch das „Blut Jesu", also das Heilswerk Jesu Christi, tritt die Gemeinde in das Heiligtum Gottes ein, denn „er hat uns den neuen und lebendigen Weg erschlossen durch den Vorhang hindurch, durch sein Fleisch" (Hebr 10,19 f.).

Biblischer Anknüpfungspunkt: Der Hebräerbrief

Hebr 12,22–24, Teil einer ntl. Lesung, die unter anderem für die Liturgie der Kirchweihe ausgewählt werden kann, spricht vom Hinzutreten zum Berg Zion als dem himmlischen Jerusalem, „zur Stadt des lebendigen Gottes", zur festlichen Versammlung von „Tausenden von Engeln" und der Erstgeborenen und zum „Mittler eines neuen Bundes, Jesus".

Die durch und durch christologisch bestimmte Gestalt des Gottesdienstes ermöglicht es, die Liturgie des himmlischen Jerusalem und die irdische Liturgie aufeinander zu beziehen und zu erklären, dass die Gemeinde durch das Bekenntnis zum Gekreuzigten und Auferstandenen an der himmlischen Liturgie partizipiert. Bemerkenswert ist für eine heutige Liturgietheologie der Erfahrungshorizont des Hebräerbriefes: Der Rückzug von Gemeindemitgliedern vom Gottesdienst (Hebr 10,25) wird als Glaubenskrise interpretiert. Die Christen sehen sich gesellschaftlich an den Rand gedrängt (Hebr 10,32–36); die eigene liturgische Feier wird nicht mehr als Ort der Erfahrung und Vermittlung von Heil wahrgenommen (Hebr 13,7–17). Der Hebräerbrief greift diese Situation auf, stellt den Gottesdienst in den größeren soteriologischen und eschatologischen Kontext und kann so seine Bedeutung als Geschehen zwischen Gott und Mensch für das Christsein gewichten und herausstellen. Die Interpretation des Gemeindegottesdienstes in Hinordnung auf die himmlische Liturgie soll ihm neue Überzeugungskraft und Vitalität verleihen. Vor allem wird sichtbar, dass der Gottesdienst für den Christen keine Marginalie ist, sondern fundamentales Glaubensgeschehen (März/358).

Erfahrungshorizont des Hebräerbriefes

Auch die Liturgiekonstitution geht auf dieses Zusammenspiel ein: Sie interpretiert die irdische Liturgie als vorauskostende Anteilnahme an der himmlischen Liturgie. Die christliche Gemeinde sieht sie als Pilgerin auf dem Weg dorthin, „wo Christus sitzt zur Rechten Gottes, der Diener des Heiligtums und des wahren Zeltes" (SC 8). Es wird also keineswegs eine Identität beider Liturgien behauptet, sondern vielmehr Anteilhabe (nicht Abbildung!) des irdischen Gottesdienstes am himmlischen Gottesdienst. Das schließt ein, dass die Liturgie bereits in den himmlischen Lobgesang einstimmt: „In der irdischen Liturgie singen wir dem Herrn mit der ganzen Schar des himmlischen Heeres den Lobgesang der Herrlichkeit. In ihr verehren wir das Gedächtnis der Heiligen und erhoffen Anteil und Gemeinschaft mit ihnen. In ihr erwarten wir den Erlöser, unseren Herrn Jesus Christus, bis er erscheint als unser Leben und wir mit ihm erscheinen in Herrlichkeit" (SC 8).

4.6.3 Irdische Liturgie in eschatologischer Spannung

Man kann allerdings nicht die Schwierigkeiten übersehen, die solche Aussagen und Formulierungen nach sich ziehen. SC 9 weist darauf hin, dass Glauben und Bekehrung der Liturgiefeier vorangehen müssen, und lässt die Notwendigkeit der Hinführung zum Glauben erkennen (Häußling/333: 5). Der Glaube bietet das Fundament, um Verständnis für das finden zu können, was „himmlische Liturgie" bedeutet. Trotz aller Überzeichnungen, die hier möglich sind, muss die heilsgeschichtliche Linie der Liturgie, die sich mit der „himmlischen Liturgie" verbindet, gewahrt werden, um das Glaubensgeschehen des Gottesdienstes und seinen Rang auszusagen.

SC 8 spricht in diesem Zusammenhang von der Hoffnung auf „Anteil und Gemeinschaft" mit den Heiligen sowie von der Wiederkunft des Erlösers Jesus Christus, hebt also die eschatologische Spannung für die Liturgie hervor. Sie aufzuheben, hieße, einen Triumphalismus in die Liturgie einzutragen, der weder anthropologisch noch theologisch zu rechtfertigen wäre. Die Lebenswirklichkeit des Menschen mit allen Begrenzungen und Leiderfahrungen, mit Zweifel und Suche würde in einer Liturgie, die die Unterscheidung beider Liturgien nicht durchhielte, nicht ernst genommen und könnte auch nicht mehr sinnvoll im Gottesdienst artikuliert werden. Zugleich würde die Erwartung der Wiederkunft Christi und damit die theologische Eschatologie ad absurdum geführt. Die Liturgie als Symbolgeschehen repräsentiert einerseits die himmlische Liturgie, ohne andererseits den menschlichen Alltag und seine Erfahrungen ausblenden zu müssen (Odenthal/107: 47–77).

Zugleich soll eine Liturgie, die den Menschen und sein Leben hier und jetzt als Konstitutivum des Feiergeschehens einbezieht, deutlich machen, dass die Liturgie in ihrem Grundgeschehen nicht von Menschen gemacht ist, sondern ein Hinzutreten zu einer göttlichen Wirklichkeit bedeutet. Das hat Konsequenzen für die Einschätzung sowohl der Würde der Liturgie als auch des Menschen.

Schließlich verbindet sich mit einer Liturgie, die in den Gesang der himmlischen Liturgie einstimmt, in dem sich wiederum die Herrlichkeit Gottes spiegelt, ein theologisch-ästhetischer Anspruch; dieser bezieht sich auf das Bemühen um Formen, die dem Feiergeschehen angemessen sind.

4.7 Der Mensch in der Liturgie

Liturgie ist als Begegnungsgeschehen zwischen Gott und Mensch beschrieben worden, das sich durch Christus im Heiligen Geist entfaltet und in menschlicher Versammlung vollzogen wird. Der Mensch ist also in die Liturgiefeier konstitutiv einbezogen, sein Handeln als Antwort auf die Zuwendung Gottes ist für den Gottesdienst unverzichtbar. Liturgie setzt voraus, dass die Zuwendung Gottes zum Menschen (Heiligung) von diesem angenommen und beantwortet wird (Verherrlichung). Sowohl in der Katabasis als auch in der Anabasis ist der Mensch in seinem Selbstsein betroffen. Die Rolle des Menschen in der Liturgie und deren Menschenbild sind deshalb Gegenstand der Liturgietheologie (Valenziano/381; Hahne/329; Bieritz/313).

4.7.1 Heiligung des Menschen in der Liturgie

Von ihrem Anspruch her umfasst und durchdringt die christliche Liturgie das Leben des Menschen und stellt es – vereinfacht gesagt – unter den Segen Gottes. Das gilt von der Geburt bis zum Tod, für zentrale Entscheidungen im Leben und Glauben, für den Tag und die Woche wie das Jahr. Im liturgischen Symbolgeschehen wird gefeiert, dass der Mensch durch die ihm von Gott her widerfahrende Heiligung in die Gegenwart Gottes gestellt wird. Die Liturgie zeigt folglich an, dass der Mensch in sehr unterschiedlichen Lebenslagen auf die Nähe Gottes vertrauen darf.

Menschenbild der Liturgie

Sie sieht den Menschen dazu bestimmt, seine Neuschöpfung in Christus zu leben. Das prägt ihr Menschenbild. Der Mensch gelangt nach Aussage der Liturgie zur Vollendung, wenn er sich in das Pascha-Mysterium Christi und damit in das Geheimnis Gottes hineinnehmen lässt.

Das lässt sich den Feiern der Initiation ebenso entnehmen wie der Feier der Buße („Du erneuerst uns ständig durch die Feier der Sakramente, damit wir, von der Knechtschaft der Sünde befreit, immer vollkommener dem Bild deines geliebten Sohnes gleichgestaltet werden"; Feier der Buße/53: Nr. 57), aber auch der Trauung (die Gemeinschaft von Mann und Frau als Abbild des in Christus erneuerten Bundes) und der Begräbnisliturgie (der Tod als Übergang zum endgültigen Leben bei Christus) usw. Die Liturgie bringt zum Ausdruck, was Ziel des Menschen und seines Lebens, was menschliches Leben im Letzten bedeutet. Von Gott her wird dem Menschen durch Christus die Wahrheit seines Lebens geoffenbart. In der Liturgie, ihren Texten und Symbolen, wird dieses ausgedrückt und gefeiert. Das geschieht vor allem in Anamnese und Prolepse, in denen Ursprung und Ziel menschlichen Lebens ausgesagt werden. Durch das ihm in der Liturgie verkündete Heilswerk ist der Mensch deshalb im Kern seiner Existenz betroffen.

Die Vollzüge der Liturgie bieten dem Menschen Orientierung und vermitteln Sinnstiftung. Deshalb kommt der Verkündigung der Geschichte Gottes mit den Menschen, der Heiligen Schrift, ein besonderer Rang im Gottesdienst zu. Gerade durch die in der Liturgie gefeierte, sich ereignende Beziehung zwischen Gott und Mensch erschließt sich also menschliches Leben als Sein vor Gott. Die Defizite wie die eigentliche Bestimmung menschlichen Lebens, der Mensch in seiner Sünde wie in seiner Hoffnung auf Erlö-

Beziehung zwischen Gott und Mensch in der Liturgie

sung, der unterdrückte und in Unfreiheit lebende wie zur Freiheit berufene Mensch werden sichtbar. Das bedeutet zugleich, dass der Mensch mit seiner ganzen Person vom Geschehen der Liturgie betroffen ist; er ist Mitwirkender am gottesdienstlichen Geschehen; insofern ist die Wirklichkeit des Individuums explizit und implizit im Gottesdienst von Bedeutung (Gerhards/323).

Sichtbar wird das beispielsweise in der Taufe, in der der Mensch beim Namen genannt, an ihm auf seinen Namen hin die Taufhandlung vollzogen und ihm die Taufgnade zugesprochen wird. Die Zuwendung Gottes gilt dem konkreten Menschen. Ähnliches bezeugen Tauferneuerung oder das ebenfalls im Singular formulierte Credo, aber auch die einzelnen sakramentalen Vollzüge: Es geht jeweils um liturgische Akte, an denen das personale Ich mit seinem Leben beteiligt ist. Wird Liturgie als Begegnungsereignis verstanden, ist das menschliche Ich, das mit Gott kommuniziert, immer mitgemeint. Das Personsein des Menschen endet nicht vor der Liturgie; vielmehr realisieren die Feiern von Taufe oder Eucharistie, die Tagzeitenliturgie oder eine Benediktion die Teilhabe des Individuums an der hier gefeierten Gottesbeziehung. Liturgie besitzt Identität stiftende Wirkung.

Das hat für die Feiergestalt der Liturgie mehrere Konsequenzen. Die Liturgie wird in verbalen und nonverbalen Formen gefeiert, in denen der Einzelne wie die Gemeinschaft die Zuwendung Gottes erfahren und beantworten können. Gerade die Anthropologie der Liturgie macht auf die Notwendigkeit liturgischer Kommunikationsformen aufmerksam, die das dialogische Geschehen zwischen Gott und Mensch ermöglichen.

Die gottesdienstlichen Feiern sollen sich durch Offenheit für das Leben der Menschen auszeichnen. Die Liturgie bietet dafür unterschiedliche Möglichkeiten der Participatio actuosa: Im Mitbeten artikuliert sich der Gläubige persönlich vor Gott innerhalb des gemeinschaftlichen Gottesdienstes. Stille als Raum des persönlichen Gebets, das – wie bei der Collecta (vgl. Kap. 5.2.5.1) – in das gemeinschaftliche Gebet mündet, realisiert, dass der Einzelne als Person in Gemeinschaft vor Gott steht. Die Liturgie kann also das individuelle Gebet in das gemeinschaftliche Gebetsgeschehen integrieren. Zugleich kennt sie aber auch das öffentlich artikulierte, stärker gemeinschaftlich geprägte Gebet, etwa in den Fürbitten.

Liturgie lebt aus der Gemeinschaft der Individuen

Liturgie ist Gemeinschaftsgeschehen, was sich bereits aus ihrer ekklesiologischen Bedeutung ergibt, betrifft aber zugleich immer auch den Einzelnen als Teil dieser Gemeinschaft. Dem ist in der Feier selbst Rechnung zu tragen. Sowohl einem individualistischen wie einem korporativ-geschlossenen Verständnis der Liturgie ist entgegenzutreten. Die Liturgie lebt aus der Gemeinschaft der Individuen. Sie soll es ihnen ermöglichen, sich immer wieder in ihrer Beziehung zu Gott zur Sprache zu bringen. Zugleich entfaltet sich der Mensch als soziales Wesen in der Gemeinschaft der Liturgie. Liturgie kann deshalb vertikal wie horizontal als „Beziehungsgeflecht" (Gerhards/323: 288) bezeichnet werden.

4.7.2 Veränderung menschlicher Wirklichkeit

Die Liturgie steht unter dem Anspruch, zur Identitätsstiftung des Menschen und zu seiner Lebensgestaltung einen wesentlichen Beitrag zu leisten. Das II. Vatikanum hat entsprechend für die Eucharistie formuliert, in der Mitfeier sollten die Gläubigen „zu immer vollerer Einheit mit Gott und untereinander gelangen, damit schließlich Gott alles in allem sei" (SC 48 in Anschluss an 1 Kor 15,28). An anderer Stelle wird für die „Wirkung der Sakramente und Sakramentalien" gesagt, dass durch die in ihnen vermittelte Gnade des Pascha-Mysteriums nahezu jedes Ereignis im Leben der Gläubigen geheiligt werde (vgl. SC 61). Die in der Liturgie in welcher Form auch immer erinnerte und gefeierte Heilsgeschichte hat demnach Wirkung im Leben des Menschen. Die Liturgie selbst geht von einem Prozess aus, in dem menschliches Leben sich in der Begegnung mit Gott verändert und die Einheit mit Gott und den Mitmenschen intensiviert und verdichtet wird. Besonders deutlich wird das in der Erwachseneninitiation, die sich über einen längeren Zeitraum des Hineinwachsens in das Glaubensleben erstreckt.

Ein Medium der Liturgie ist in diesem Zusammenhang die situative Identifikation mit den Gestalten der Heilsgeschichte (Häußling/335). Indem sich der Liturgie feiernde Mensch mit Gestalten der Heilsgeschichte dadurch identifiziert, dass er in deren Rollen eintritt, sei es durch Texte, sei es durch Zeichenhandlungen, versteht er sein Leben in der Zeit Gottes. Er kennzeichnet sich damit selbst als jemand, der hofft, dass ihm der Segen Gottes zuteil wird. Zugleich verändert sich auch die Wirklichkeit seines Lebens, die nicht als beliebig, sondern als von Gott her qualifiziert gedeutet wird. Voraussetzung der Rollenidentifikation wie der Wahrnehmung, dass in der Liturgie von Gott her dem eigenen Leben Sinn und Identität zugesprochen werden, ist der Glaube an das Wirken Gottes in der Zeit. In diesem Horizont des Gottvertrauens feiert die Liturgie, dass der Mensch aus einem Ursprung lebt, der bleibend und wirksam ist, der vor allem menschliches Leben immer wieder erneuern kann. *[Randnotiz: Identifikation mit den Gestalten der Heilsgeschichte]*

Diese Perspektive der Liturgie lässt sich auch kulturanthropologisch vom kulturellen Gedächtnis her plausibel machen. Die Wahrnehmung menschlicher Wirklichkeit bleibt nicht auf das Maß des Gewohnten, gleichsam das Alltagsmaß begrenzt; das Erinnerte ermöglicht vielmehr eine neue Sicht der Wirklichkeit.

Liturgietheologisch wird dieses Modell des kulturellen Gedächtnisses überstiegen, weil der Grund für den Erinnerungsvorgang in der Gnade Gottes gesehen wird. Das, was in der Liturgie dem Menschen mit performativer Wirkung zugesprochen wird, also die Heilszusage, ist nicht vom Menschen machbar, sondern muss von Gott zugesprochen werden. Menschliches Leben erfährt durch die Liturgie eine grundlegend neue Orientierung, insofern der Gottesdienst die Bestimmung des Menschen zur Neuschöpfung feiert. Die Liturgie feiernde Gemeinde ist dann Gemeinschaft auf dem Weg zu diesem Ziel. *[Randnotiz: Neuorientierung in der Liturgie durch Gott]*

Kann man hier von einer Qualifizierung menschlichen Lebens von der Heilsgeschichte Gottes her sprechen, so hält die Liturgie die Menschen auch an, aus dem Gefeierten heraus das eigene Leben, aber auch gesellschaftliche Wirklichkeit im Sinne des Gefeierten, d.h. im Sinne des Evangeliums zu gestalten. Ein der Liturgie angemessener Lebensstil wird eingefordert. Die Liturgie lädt den Menschen zur Umkehr ein und entfaltet auch so Wirkung (Richter/369 u. 370). *[Randnotiz: Gestaltung der Lebenswelt]*

Menschliche Wirklichkeit ist also durch die Liturgie zum einen insofern betroffen, als das Leben des Menschen in einen neuen Horizont gestellt wird und an der von der Liturgie proklamierten Wirklichkeit partizipiert, zum anderen werden der Einzelne wie die Gemeinschaft zum Leben aus der Liturgie ermutigt. Die Perspektive, die die Liturgie eröffnet, ist die der Befreiung des Menschen. Auf das in der Liturgie Gefeierte antwortet der Mensch mit einer entsprechenden Lebenspraxis.

Beispiel: Taufe

Jede Liturgiefeier verkündet die dem Menschen verheißene und in der Liturgie als begonnen gefeierte Freiheit. Besonders darf man dies von den unterschiedlichen Feiern der Initiation erwarten, die als Übergangsriten in die Kirche das feiern, was den Christen verheißen wird: die „Freiheit der Kinder Gottes" (Feier der Kindertaufe/48: S. 57). Die Taufe wird im Einzelnen sehr unterschiedlich konturiert, kann Befreiung aus der Macht der Finsternis oder auch der Erbschuld bedeuten (ebd. S. 58), bedeutet Teilhabe an der Auferstehung (ebd. S. 61), das Geschenk unvergänglichen Lebens (ebd. S. 70) und die Annahme als Söhne und Töchter Gottes (ebd. S. 70). Hoffnung auf Befreiung des Menschen impliziert also die erhoffte Überwindung eines Menschseins, das von widerfahrenem Unrecht, Sünde und Tod geprägt ist, und Eröffnung eines neuen Lebensraumes, der sich mit dem Attribut „Kindschaft Gottes" verbindet; sie ermöglicht aber auch ein Leben aus der bereits zugesprochenen Anteilhabe an der „Freiheit der Kinder Gottes".

Damit öffnet die Liturgie dem Menschen einen Horizont, vor dem er in unterschiedlicher Weise sein Leben in die Liturgie einbringen kann. Lob und Dank für gelingendes Leben, aber auch Bitte und Klage für Lebenssituationen, die für den Menschen noch nichts von der verheißenen Freiheit erkennen lassen, finden hier Platz. Das Fragmentarische menschlichen Lebens muss sich angesichts des Verheißenen in der Liturgie zur Sprache bringen lassen. Das korrespondiert dem gefeierten Pascha-Mysterium, der Feier also von Leiden, Tod *und* Auferstehung und Erhöhung Jesu Christi. Keines dieser Momente darf fehlen, denn sonst verkürzt man die Christusbotschaft und wird dem sie feiernden Menschen nicht gerecht.

4.7.3 „Einer" in Christus – das inklusive Menschenbild

Gleichwertigkeit in Verschiedenheit

Für das Menschenbild der Liturgie findet man in Gal 3,28 einen Maßstab; bezogen auf alle, die auf Christus getauft worden sind, heißt es dort: „Es gibt nicht mehr Juden und Griechen, nicht Sklaven und Freie, nicht Mann und Frau; denn ihr alle seid ‚einer' in Christus Jesus." Der Vers ist Teil einer möglichen Lesung in der Feier der Eingliederung Erwachsener in die Kirche und der Feier der Kindertaufe. Das Feiergeschehen selbst verbietet für die christliche Liturgie jede Exklusivität. Weder mit Blick auf Geschlecht noch Herkunft, soziale Gruppe oder anders dürfen Menschen vom Feiergeschehen ausgeschlossen oder in der Liturgie benachteiligt werden. Das Menschenbild der Liturgie kennt ebenso wenig eine abstrakte Gleichheit. Erkennbar ist, dass jeder in seinem vollen Menschsein an der Liturgie partizipieren kann. In der heutigen Liturgie finden sich entsprechend klare Formulierungen: „Wir danken dir …, denn durch die Frohe Botschaft deines Sohnes hast du Menschen aus allen Völkern und Sprachen vereint in der Gemeinschaft der Kirche" (Präfation I, Hochgebet für Messen für besondere Anliegen; Feier der Gemeindemesse/45: 140). Rassische oder kulturelle Unterschiede führen nicht zum Ausschluss von Kirche und Liturgie. Oder: „Inmitten einer Menschheit, die gespalten und zerrissen ist, erfahren wir, daß du Bereitschaft zur Versöhnung schenkst." (Präfation, Hochgebet zum Thema „Versöhnung; Feier der Gemeindemesse/45: 152). Hier drückt sich die Hoffnung aus, dass Differenzen zwischen den Menschen in Gott überwunden werden; dies verpflichtet die Liturgie. Es sind theologische Gründe, die hier ausschlaggebend sind: die Gottesebenbildlichkeit aller Menschen, das zwischenmenschliche Grenzen überwindende Evangelium Christi, die Versöhnung bei Gott.

Mit diesem Prinzip eines sog. inklusiven Menschenbildes ist die Liturgiegeschichte sehr ambivalent umgegangen. Noch im Ritualefaszikel für die Begräbnisliturgie muss darauf hingewiesen werden, dass diese Liturgie Arme und Reiche gleich behandelt und kein Ansehen der Person kennt. Außereuropäischen kulturellen Traditionen und Ausdrucksformen aus Kirchen der sog. Dritten Welt hat man erst spät und sehr zögerlich den Zugang zur katholischen Liturgie eröffnet. Ein bekanntes Beispiel ist der Messritus von Zaire, der zu einer Symbiose von katholischer Messliturgie und regionaler Feierkultur in Sprache, Gesang und Zeichen geführt hat (Der neue Meßritus im Zaire/359). Mit Blick auf das Menschenbild der Liturgie nach dem Zweiten Vatikanischen Konzil ist bemerkenswert, dass unterschiedliche menschliche Feierkulturen als Ausdrucksformen des Glaubens akzeptiert werden. Jedoch gibt es bis heute anhaltende Auseinandersetzungen um eine Liturgie, an der Frauen gleichberechtigt partizipieren können, die eine enggeführte androzentrische Gebetssprache aufbricht und Ausprägungen weiblicher Spiritualität integriert – trotz vieler Veränderungen bis heute in dieser Richtung (Liturgie und Frauenfrage/355).

Verkündigung in der Liturgie muss sich solcher Formen bedienen, die alle Menschen einbezieht.

4.7.4 Leiblichkeit des Menschen und Liturgie

Die Wahrnehmung der anthropologischen Seite der Liturgie verlangt, die Leiblichkeit und Sinnenhaftigkeit der Liturgie ernst zu nehmen (Lengeling/ 354). Sowohl die Wahrnehmung dessen, was im Gottesdienst verkündigt und gefeiert wird, als auch die Selbstäußerung des Menschen in der Liturgie geschieht über seine Sinne, also als Artikulation des Menschen in seiner Leiblichkeit. Der Mensch als Leib-Geist-Wesen, das über die Sinne mit seiner Umwelt kommuniziert, ist für sein Denken, Fühlen und Handeln auf Körperlichkeit angewiesen. Diese schließt die Sprache natürlich ein, ist aber insgesamt wesentlich vielfältiger und dadurch auch komplexer. Mit all seinen Sinnen partizipiert der Mensch am Glaubensgeschehen, das die Liturgie feiert: mit dem Hören (akustischer Bereich: Wort, Gesang, Musik usw.), dem Sehen (optischer Bereich: Gestik, Farbe, Gewänder, Geräte usw.), dem Fühlen (taktiler Bereich: Handauflegung, Salbung usw.), dem Riechen (odoratischer Bereich: Weihrauch, Duftstoffe im Öl usw.) und dem Schmecken (gustatorischer Bereich: Brot, Wein; Systematik nach Reifenberg/489). Er äußert sich durch Haltung, Gestik, Gebärde (als komplexere Einheit aus Haltungen und Gesten) und Bewegungsabläufe (Sequeira/379: 28f.). Über seine Leiblichkeit nimmt er teil am Geschehen der Liturgie, das das allein Diskursive übersteigt und sich auf der Ebene des sinnlich Präsentativen ereignet (vgl. Kap. 5.2.6).

Liturgie ist wesentlich auf präsentative Zeichen angewiesen. Sie sprechen als ganzheitliche Struktur, kommunizieren nonverbal und erfordern entsprechende sinnliche Interaktionsformen. Die Vielfalt der präsentativen Zeichen, die für den Gottesdienst unverzichtbar sind, um das Gefeierte angemessen wahrnehmen zu können, entspricht der Artikulation des Menschen über seine Leiblichkeit (Langer/351).

Verleiblichung von Glaubenshaltungen

Leiblichkeit ist also nicht nur instrumentell zu verstehen, dass man also mit dem Körper eine Handlung vollzieht, sondern auch im symbolischen Sinne. In der Leiblichkeit des Menschen wird der Glaube dergestalt vollzogen, dass der leibliche Ausdruck zum Symbol für das Glaubensgeschehen wird. So verleiblichen sich im Stehen, Sitzen und Knien Glaubenshaltungen des Menschen gegenüber Gott. „Das Innerliche muß sich ... lebendig, mit Wesensnotwendigkeit ins Äußerliche umsetzen. So ist der Leib natürliches Ausdrucksbild der Seele, die unwillkürlich entstehende Bewegung Bild eines seelischen Vorganges" (Guardini/326: 51). Leiblichkeit ist damit symbolisierendes Sich-Ausdrücken (Lukken/356: 123). Wird dieser wichtige Bereich vernachlässigt, fehlt eine wesentliche Dimension der Anthropologie der Liturgie, wird das Grundgeschehen der Liturgie beschädigt.

Inkarnation

Theologisch lässt sich die Bedeutung der Leiblichkeit von der Inkarnation in Jesus Christus her begründen. In 2 Kor 4,4 und Kol 1,15 wird Christus selbst als Bild des Vaters bezeichnet. Er ist Zeichen Gottes, ist das Ursakrament Gottes. In seiner Existenz wird die Nähe Gottes offenbar. In Christus ist sie wahrnehmbar, er gibt an ihr bereits Anteil. Auch hier geht es um Sinnenhaftigkeit. 1 Petr 2,3 kann mit Ps 34,9 („Kostet und seht, wie gütig der Herr"), einem der ältesten Kommuniongesänge, vom Schmecken der Güte des Herrn sprechen. In 2 Kor 2,14 ist vom „Duft der Erkenntnis Christi" die Rede.

Leiblichkeit und Pneumatologie

Auch für die Leiblichkeit in der Liturgie ist die Pneumatologie von Bedeutung. Durch das Wirken des Geistes wird die menschliche Leiblichkeit zum Symbol im Begegnungsgeschehen zwischen Gott und Mensch. „Es geht also in der Liturgie um die menschliche Leiblichkeit als eine durch den Geist Jesu beseelte Wirklichkeit" (Lukken/356: 127).

4.8 Liturgie und christliche Lebenspraxis

4.8.1 Erinnerte Heilsgeschichte und diakonales Handeln

Gottes Erbarmen als Maßstab

Das soziale Engagement von Christen ist eine Konsequenz der Feier des Glaubens. Liturgie und Diakonie hängen eng zusammen und sind aufeinander verwiesen (Richter/370). Die Liturgie erinnert an das Pascha-Mysterium als Befreiungsereignis und bezieht dies über die jeweilige Feier hinaus auch auf Alltag und Leben. Das vergegenwärtigte Heilsgeschehen ist in der Gegenwart der feiernden Gemeinde lebendig. In diesem Sinne verlangt die Liturgie nach Konsequenzen in der Lebenspraxis. Das in der Liturgie gefeierte Erbarmen Gottes mit den Menschen, das in Jesus Christus sichtbar ist, muss zum Maßstab für das Handeln der Feiernden werden. Die Liturgie befähigt zu solchem diakonalen Handeln, da ihr als Symbolhandlung performative Kraft zukommt. Sie motiviert nicht subjektiv, sondern befähigt real

(Schaeffler/373: 40). Die Vergegenwärtigung von Heilsgeschichte in ihrer bleibenden Heilswirksamkeit soll eine Veränderung der Wirklichkeit der Welt bewirken. Die diakonale Bedeutung von Liturgie ist also zunächst Konsequenz der Aktualpräsenz von Heilsgeschichte, durch welche sich, wie es etwa die Initiation beansprucht, für Menschen ein Transitus und damit eine Wandlung ereignet. Indem Schöpfung, Inkarnation, Passion / Auferstehung und Geistsendung gefeiert werden, danken Menschen in der Liturgie für das Geschaffensein, geschenkte Erlösung und Freiheit und werden zu einem entsprechenden Leben und Handeln ermutigt und befähigt.

So erinnert das Hochgebet für Messen für besondere Anliegen an das Christusereignis, um dann die Relevanz für die Gegenwart auszudrücken: „Er hat uns erlöst durch sein Kreuz und mit deinem Geiste besiegelt. Er ist der Weg, der uns zu dir führt, er ist die Wahrheit, die uns frei macht; er ist das Leben und erfüllt uns mit Freude" (Feier der Gemeindemesse/45: 142). Das Hochgebet bittet für die Gläubigen um die Hilfe Gottes, damit sie aus der Feier der Liturgie heraus zu Nächstenliebe und Weltverantwortung gelangen: „Laß die Gläubigen die Zeichen der Zeit verstehen und sich mit ganzer Kraft für das Evangelium einsetzen. Mache uns offen für das, was die Menschen bewegt, daß wir ihre Trauer und Angst, ihre Freude und Hoffnung teilen und als treue Zeugen der Frohen Botschaft mit ihnen dir entgegengehen" (Feier der Gemeindemesse/45: 148).

Beispiel: Hochgebet

Der Zusammenhang von Anamnese und Lebenspraxis wird durch ein personales und dynamisches Verständnis von Liturgie gestärkt. Diese erinnert und feiert den personalen Gott als Handelnden von der Schöpfung bis zur Vollendung, der als solcher auch im Begegnungsgeschehen der Liturgie den Gläubigen gegenübertritt. Die Liturgiekonstitution formuliert in ihren Ausführungen über das Wesen der Liturgie und deren Bedeutung für das Leben der Kirche, was im Glauben empfangen worden sei, solle im Leben festgehalten werden (SC 10). Sie fährt mit Blick auf die Eucharistie fort: „Wenn der Bund Gottes mit den Menschen in der Feier der Eucharistie neu bekräftigt wird, werden die Gläubigen von der drängenden Liebe Christi angezogen und entzündet." Entscheidend ist dabei, dass es nicht um eine Verzweckung und ästhetische Überformung der Liturgie geht, sondern dass christliche Existenz und Praxis Konsequenz des im Gottesdienst Gefeierten sind. Im „Gottesdienst als Lebensform" handeln Menschen untereinander und werden zum Handeln ermächtigt (Wannenwetsch/382: 296).

Gottesdienst als Lebensform

4.8.2 Liturgische Heilsantizipation und christliche Handlungsoptionen

Liturgie ist aber auch Partizipation an der von Gott verheißenen Zukunft. Die erinnernd-vergegenwärtigende Feier steht in Erwartung der Wiederkunft Christi und blickt folglich auf das verheißene eschatologische Heil. Die Liturgie feiert dieses Heil als in Christus schon angebrochen, doch in seiner Vollendung noch ausstehend. Diese Antizipation durch die Liturgie soll für den Christen Aufruf und Impuls zu befreiendem Handeln sein. Indem die Liturgie den Graben zwischen der gefeierten prophetischen Friedensvision und den tatsächlichen Verhältnissen der Menschen erfahrbar macht, entsteht ein geschichtliches Potential für eine Integration von Mystik und Politik

Antizipation versöhnten Lebens

(Schillebeeckx/375: 819 f.). In der Antizipation versöhnten Lebens im darstellenden Handeln der Liturgie erkunden die Gläubigen bereits die zukünftige Freiheit. Aus den dabei widerfahrenden Unterbrechungs- und Kontrasterfahrungen kann eine neue Weltsicht mit neuen Handlungsoptionen entstehen. Somit spielt in der Liturgie der Alltag eine Rolle, wird aber zugleich in der Liturgie auf Gott hin transzendiert.

4.8.3 Die wechselseitige Beziehung von Liturgie und Diakonie

Rückkoppelung der Diakonie an den Gottesdienst

Die wechselseitige Verwiesenheit von Liturgie und Diakonie bindet aber auch das soziale Engagement von Christen an die Liturgie zurück. Wenn Liturgie durch die Kirche als Gipfel und Quelle ihres Tuns definiert wird (SC 10), dann bedarf auch die christliche Diakonia der Rückkoppelung an den Gottesdienst. Anders droht der Verlust des eigenen Propriums und damit des spezifischen Fundaments. So ist die diakonale Dimension ein Prüfstein für die Liturgie, aber ebenso die Rückbindung an die Liturgie ein Maßstab für christliche Diakonie (Die diakonale Dimension der Liturgie/317). Die evangelische und die katholische Kirche in Deutschland haben dieses Zusammenspiel im Sozialwort „Für eine Zukunft in Solidarität und Gerechtigkeit" 1997 thematisiert:

> „Das kirchliche Leben hat im Gottesdienst sein Zentrum. Im Gottesdienst empfängt die Kirche Gottes Gabe und antwortet mit Gebet, Bekenntnis und Lob. Diese Antwort ist vor allem Dank. Wer aus dem Dank lebt, kann die Wirklichkeit als verdankt verstehen und darum mit größerer Zuversicht an die Aufgaben herangehen, die sich dem wirtschaftlichen und sozialen Handeln stellen. Gesellschaftliches Handeln der Christen verliert an Kraft, wenn es nicht mehr an das Beten und Feiern zurückgebunden ist. Im Gottesdienst werden die Christen zum Weltdienst befreit und beauftragt" (Zukunft/85: Nr. 256).

Dieses Ineinander von Liturgie und Diakonie ist mehr oder weniger deutlich bei allen Liturgiefeiern erkennbar. Die Liturgie des Triduum Sacrum realisiert es, indem sie Leben in den Horizont von Heil und Auferstehung stellt, zugleich aber die Spannung von Unheilserfahrung und Heilshoffnung erfahrbar macht. Zentrale gottesdienstliche Vollzüge vergegenwärtigen wirksam das Pascha-Mysterium und ermöglichen so je neu ein lebendiges Gottesverhältnis und Haltungen christlicher Diakonie: Sinn für Gerechtigkeit, Leidempfindlichkeit, Bereitschaft zum Engagement für andere und Bereitschaft zur Entscheidung aus dem Glauben (Heimbach-Steins – Steins/338; Richter/ 369 u. 370; Die diakonale Dimension der Liturgie/317). Das gilt beispielsweise für das Teilen von Brot und Wein als Teilen von Leben und Lebensmöglichkeiten, angedeutet schon am Gründonnerstag zu Opfergang und Gabenbereitung durch den Gesang „Wo Güte und Liebe, da wohnet Gott" (Meßbuch/44: [24]); ebenso gilt dies für die Kreuzverehrung am Karfreitag als Erinnerung an das Leiden Christi, d. h. an die Proexistenz Christi, sowie für die österliche Lichtfeier, die im Exsultet Erlösungs- und Freiheitsgeschichte besingt, und schließlich für die Tauffeier, in welcher der Transitus vom Tod zum Leben geschieht und es zur Glaubensentscheidung kommt.

Gebet und Sozialempfinden

Auch das Fürbittgebet oder Allgemeine Gebet der Messfeier ist hier zu nennen. In der Alten Kirche wurde es als Gebet für Arme und Leidende praktiziert. Es wurde als Gebet für den Nächsten, zugleich aber auch als Möglichkeit verstanden, zu einem der Glaubensbotschaft entsprechenden Leben im Alltag zu finden. Man hat diesem Gebet erhebliche Bedeutung für das Sozialempfinden in den Gemeinden beigemessen. Das Anliegen des altkirchlichen Gebets lebt fort, wenn nach dem Messbuch heute unter anderem für die Regierenden, das Heil der Welt und Menschen, die in Not sind, gebetet werden soll (AEM 45 f.).

Erwähnen muss man Gabenbereitung und Kollekte. Wie die Fürbitten sind sie auch organische Elemente der Messfeier, in denen sich deren diakonaler Charakter realisiert. Aus dem in der Alten Kirche geübten Ritus, neben Brot und Wein weitere Gaben darzubringen, die auch für die Armenfürsorge verwendet wurden, entwickelt sich der Brauch, Geld als Gaben zu bringen (zur Geschichte Jungmann/254: II, 3–34). Die im Hintergrund stehende Intention ist, dass sich die Gläubigen selbst mit ihrem Leben in das eucharistische Opfer und damit in die Proexistenz Christi hineingeben. Der Bezug zur diakonalen Dimension des Christseins ist damit offensichtlich.

Was im Gottesdienst gefeiert wird, muss den Mitfeiernden in seiner Relevanz für ihre Person und ihr Leben erschlossen werden; dies ist eine erste Forderung, die aus der wechselseitigen Verwiesenheit von Liturgie und Diakonie folgt. Zudem muss Gott als der für die Menschen entschiedene Gott verkündet werden. Die bleibende Entschiedenheit Gottes für seine Schöpfung, die auch im Inkarnationsereignis aufscheint, wird in der schöpfungstheologischen Prägung der Liturgie sichtbar. Schließlich muss die Liturgie konsequent die eschatologische Spannung aushalten und darf sie nicht verdecken, um von hierher diakonales Handeln aus dem Glauben zu fundieren und zu motivieren (Kranemann/348).

Gabenbereitung und Kollekte

5. Gestalten und Ausdrucksformen des Gottesdienstes

In diesem Kapitel werden Elemente und Dimensionen behandelt, die in unterschiedlicher Gewichtung allen liturgischen Feiern zukommen. Nicht jede Gestalt oder Ausdrucksform kann hier in gleicher Ausführlichkeit behandelt werden. Dies betrifft z. B. die Körpersprache (Mimik, Gestik, Gebärden, Haltungen, Bewegungen) oder die einzelnen Feierformen im liturgischen Jahr sowie im Leben des einzelnen Menschen und der Gemeinschaft der Kirche. Doch fließen diese Aspekte wie in den beiden vorigen Kapiteln in die Behandlung der Einzelthemen ein. Aus der Summe der einzelnen Längsschnitte ergibt sich somit ein Gesamtspektrum der Liturgie des römischen Ritus.

5.1 Die Heilige Schrift in der Liturgie

5.1.1 Die Bedeutung biblischer Texte in der Liturgie

Unter den Texten, die im christlichen Gottesdienst von Bedeutung sind, kommt den biblischen Büchern ein besonderer Rang zu (De Zan/397). Dafür gibt es mehrere Gründe.

Die Bibel als Grundurkunde des christlichen Glaubens

Indem biblische Texte gelesen, zitiert, angedeutet werden, nimmt die Liturgie Bezug auf die Grundurkunden christlichen Glaubens und bringt damit das Fundament der Glaubensgemeinschaft zur Sprache. Sowohl die alttestamentlichen Texte der Tora oder der Propheten als auch die Evangelien und die Apostelgeschichte, die neutestamentlichen Briefe u. a. erzählen die Geschichte Gottes mit den Menschen, wie sie durch die Bibel tradiert wird. Aus welchem Anlass und in welcher Hoffnung sich Christen zur Liturgie versammeln, kommt wesentlich in den biblischen Texten der Liturgie zum Ausdruck. Sie erinnern an die gründenden heilsgeschichtlichen Ereignisse. Dafür sind Altes und Neues Testament in der Liturgie unverzichtbar! Die christliche Tradition hat dem Evangelium einen besonderen Rang zugewiesen. Es zeichnet sich durch seine dichte Christusüberlieferung und seine besondere Bedeutung für die Christusverkündigung aus. Man las und liest die Evangelien in der Überzeugung, dass in den vier kanonisierten Büchern *das* Evangelium Christi zu lesen ist. Die Kirche tradiert, dass im Evangelium Christus selbst präsent ist (Söding/409: 42).

Gott ist als der Gott der Offenbarung von der Schöpfung bis zur Vollendung auch dem Menschen in der Gegenwart nahe. In den neutestamentlichen Lesungen artikuliert sich das Evangelium Christi in der Rezeption und Bejahung durch die frühen Christen. Die Texte sind selbst Verkündigung des Evangeliums. Zugleich markieren sie den ekklesialen Kontext der Relecture des Evangeliums, in den die heute Liturgie feiernde Gemeinde eintritt und eingebunden ist.

Das Alte Testament hat für Christen ebenfalls wesentliche Bedeutung; nicht nur, weil das neutestamentliche Christusbekenntnis und das Evangelium Christi ohne das Alte Testament unverständlich sind, sondern vor allem aufgrund der bleibenden Bedeutung der im Alten Testament überlieferten Offenbarungsgeschichte Gottes.

Anders als viele christliche Leseordnungen der Geschichte und auch die römisch-katholische Leseordnung vor dem II. Vatikanum integriert die heutige Leseordnung die zwei-eine Bibel aus Altem und Neuem Testament (zum Stellenwert des Alten Testaments in Leseordnungen der Geschichte vgl. Brakmann/393). Sie ermöglicht damit einen Dialog zwischen Altem und Neuem Testament, der zu einer durchaus spannungsreichen, darin aber der Offenbarungsgeschichte angemessenen Verkündigung führt. Das Zusammenspiel von Altem und Neuem Testament in der Liturgie wird als konstitutiv betrachtet, denn es „berücksichtigt beides: sowohl die schlechthin fundamentale, in diesem Sinne erst-rangige Bedeutung des Alten Testaments für die gottesdienstliche Schriftlesung der Ekklesia als auch die Entwicklung vom Alten zum Neuen Testament, die … weder evolutiv noch pädagogisch, nicht moralisch und spirituell, sondern nur heilsdramatisch verstanden werden kann, darin aber für die Ekklesia und ihre Eucharistie konstitutiv ist" (Söding/409: 71).

AT und NT in der heutigen Leseordnung

Die Liturgie erinnert an die biblische Heilsgeschichte, jedoch nicht als an etwas Vergangenes; sie liest die Texte nicht lediglich als alt-ehrwürdige Urkunden. Wortverkündigung in ihren vielfältigen Formen steht vielmehr unter dem Anspruch, dass das aus der Schrift Verkündete Gegenwartscharakter besitzt und mit der Hoffnung auf einstige Vollendung verbunden ist. Die Zeitmodi der Liturgie und ihr Bezug zur Heilsökonomie Gottes (vgl. Kap. 4.5.1) gelten auch für die Schriftlesung. Die Kirche zählt die Schriftverkündigung zu den Orten der Gegenwart Christi (vgl. Kap. 4.3.3). Die unterschiedlichen Weisen des Schriftgebrauchs schlagen einen Bogen zwischen der Heilsgeschichte und den Feiernden. Anamnese mittels Bibelrezeption ist Teil des kulturellen Gedächtnisses der Liturgie. Schriftrelecture und Gedächtnischarakter der Liturgie sind unmittelbar aufeinander verwiesen.

Intention der Schriftlesung im Gottesdienst

Liturgie als ein Begegnungsgeschehen zwischen Gott und Mensch lebt vor allem aus dem verkündeten Wort Gottes, das die Menschen als Hörende annehmen und auf das sie im Feiergeschehen antworten. Dieser Akt des Hörens und Antwortens wird in der Liturgie besonders dort deutlich, wo, wie in der Osternacht, auf eine biblische Lesung nach einer Phase der Meditation ein Gebet antwortet. Im Gebet wird der Sinn der Lesung sichtbar: Sie informiert nicht über etwas, beispielsweise über interessante Ereignisse der Religionsgeschichte, sondern zielt ab auf Veränderung und Bereicherung des Menschen und seiner Lebenswirklichkeit. Sie will transformieren (Meßner/33: 183).

Eine der Orationen, die nach der dritten Lesung der Osternacht (Ex 14,15–15,1) gesprochen werden kann, preist im Rekurs auf die Lesung Gott, dessen uralte Wunder noch in der Gegenwart leuchten, expliziert das und proklamiert dabei deutlich, wie das im biblischen Text Erinnerte („einst") Menschen in der Gegenwart betrifft und ihnen zum Freiheitsgeschehen wird („nun"): „Einst hast du Israel aus der Knechtschaft des Pharao befreit und durch die Fluten des Roten Meeres geführt; nun aber führst du alle Völker durch das Wasser der Taufe zur Freiheit" (Meßbuch/44: [88]).

Das in der Lesung Vergegenwärtigte und Erinnerte und das Leben der Gläubigen werden aufeinander bezogen. Die Bedeutung der Verkündigung von Heiliger Schrift kommt zum Vorschein: auf die Lebensgeschichten der Sprechenden und Hörenden hin (Sattler/371: 140).

5.1.2 Biblische Bücher als Heilige Schrift

Wort des lebendigen Gottes

Für die Liturgie besitzen die biblischen Bücher den Charakter von „Heiliger Schrift". Das wird besonders im Wortgottesdienst der Messe deutlich; der Lektor bzw. die Lektorin spricht in einer Anfügung an die Lesung vom „Wort des lebendigen Gottes", die Gemeinde antwortet mit „Dank sei Gott" und qualifiziert damit das Gehörte als spezifisches Kommunikationsgeschehen. Priester oder Diakon leiten die Verlesung des Evangeliums mit einem Ruf wie „Aus dem heiligen Evangelium nach N." ein und können sie mit den Worten „Evangelium unseres Herrn Jesus Christus" beenden. Dass die Verkündigung des Evangeliums Christus selbst repräsentiert, verdeutlicht die personal bezogene Antwort der Gemeinde „Lob sei dir, Christus". Die Normativität der biblischen Grundurkunden für die Glaubensgemeinschaft wird gerade in solchen Riten ausgedrückt. Die Bibel kann daher zu Recht als das für den Gottesdienst wichtigste Buch bezeichnet werden (Meyer/407: 339).

Die Liturgiekonstitution hat mit den Metaphern vom „Tisch des Gotteswortes", der reicher bereitet, und von der „Schatzkammer der Bibel", die weiter aufgetan werden solle (SC 51), den Umgang mit diesen Texten theologisch entsprechend gewichtet. Dabei ist die Glaubensüberzeugung grundlegend, dass Christus selbst in der Liturgie die Frohe Botschaft verkündet (SC 33), es also Gegenwart Christi im Wort gibt.

Zeichen für den Rang des Vorgetragenen

Die Valenz biblischer Texte kommt im komplexen Ritual des Wortgottesdienstes und seiner repräsentativen Symbolik zum Ausdruck. Nachdrücklich zeigt das der Wortgottesdienst der Sonntagsmesse. Der Ambo als Leseort ist Ort der Verkündigung und daher Lesungen, Antwortpsalm, Exsultet, Homilie und Fürbitten vorbehalten. Auch die Gestaltung von Lektionar und Evangeliar (oder möglicherweise einer Lesungsbibel) hat Zeichenqualität für den Rang des Verlesenen. Weitere Zeichen kommen hinzu: der Umgang mit dem Buch (prozessionaler Einzug mit dem Evangeliar), Verwendung von Kerzen und Inzens mit Weihrauch, Akklamationen, die das Verlesen der Texte rahmen und das geistliche Grundgeschehen (Offenbarung Gottes im Wort, Präsenz Christi) anzeigen, ebenso Körperhaltungen wie das Sitzen, das intensives Zuhören ausdrückt, oder das Stehen, das Ehrfurcht bedeutet (Kranemann/349).

5.1.3 Die Verwendung biblischer Texte in der Liturgie

Prinzipien der heutigen Leseordnung

Die römisch-katholische Liturgie kennt heute keine Liturgiefeier, in der nicht biblische Texte verlesen und rezitiert werden. Dieses geschieht nicht planlos, vielmehr werden unterschiedliche Vorgaben befolgt. Im Wortgottesdienst der Messfeier und in der Tagzeitenliturgie folgt man sehr differenzierten und nach bestimmten Kriteriologien strukturierten Ordnungen. Für die Messfeier verwendet man eine Leseordnung, die zwischen Sonn- und Festtagen sowie Werktagen differenziert und alt- und neutestamentliche Texte integriert. Im sonn- und festtäglichen Wortgottesdienst (vgl. die Skizze im Anhang 2.2) folgt der alttestamentlichen Lesung ein Psalm, dem sich die neutestamentliche Lesung anschließt, dem dann folgenden Evangelium geht das Halleluja voraus, das in der vorösterlichen Bußzeit durch einen Christusruf ersetzt wird. In der Osterzeit wird die alttestamentliche Lesung durch eine Perikope aus der Apostelgeschichte ersetzt. Der dreijährige Lesezyklus für die Sonn- und Festtage sieht im Lesejahr A das Mt-, im Lesejahr B das Mk- und für das Lesejahr C das Lk-Evangelium vor. Das Joh-Evangelium bleibt bestimmten Festzeiten vorbehalten (Kranemann/404). Für die Auswahl der alt- und neutestamentlichen Lesungen und der Evangelien sind die Prinzipien „thematische Abstimmung" (für die großen Festzeiten) und „ausgewählte Bahnlesung" (nur für die neutestamentliche Lesung und das Evangelium) maßgeblich. Verschiedene Grundprinzipien für die Zusammenstellung der Texte wurden angewendet: Man wollte möglichst umfassend biblische Texte im Laufe der Lesejahre unterbringen. Bestimmte Lesetraditionen, die sich für unterschiedliche Feste und Festzeiten durchgesetzt hatten, sollten berücksichtigt werden. Deshalb liest man unter anderem an Weihnachten, Epiphanie und im Ostertriduum durch die verschiedenen Jahreskreise hindurch konstant dieselben biblischen Texte. Man hat zudem Texte einander durch Abstimmung zugeordnet, um so das Zuhören und Verstehen zu erleichtern. Auch Anpassung und Auswahl von Texten ist möglich (vgl. den Überblick bei Nübold/408: 385–391; Franz/399: 72 f.). Theologie, Tradition und Pastoral wirken sich folglich in der Leseordnung aus.

Die zweijährige wochentägliche Leseordnung der Messfeier umfasst eine nicht aus dem Evangelium stammende Lesung und das Evangelium. Das Evangelium wiederholt sich in jedem Jahr (Wochen 1–9: Mk; 10–21: Mt; 22–34: Lk). Die Lesungen sind in die Jahresreihen I (ungerade Jahre) und II (gerade Jahre) aufgeteilt. Für die Zeiten außerhalb der allgemeinen Kirchenjahreszeit gibt es eigene Lesungen (zur Leseordnung und ihrer Entstehung vgl. Nübold/408).

Zu den Stärken der heutigen Leseordnung zählt sicherlich die Vielzahl biblischer Texte, die verlesen werden. Die Verkündigung in der Liturgie ist damit auf ein breites Fundament gestellt worden. Zugleich ist das Alte Testament durch seine starke Einbeziehung aufgewertet worden, was (liturgie-)theologisch noch längst nicht ausgeschöpft ist.

Stärken und Schwächen

Allerdings gibt es auch kritische Rückfragen. Umstritten ist die Perikopierung, also Begrenzung der Lesungstexte und deren Auswahl. Seit längerem wird die Art und Weise der Einbindung des Alten Testaments in das Gesamt der Lesungstexte diskutiert. So ist die alttestamentliche Lesung auf das Evangelium abgestimmt, was dort problematisch wird, wo der alttestamentliche Text nur als (Kontrast)Folie oder Hinführung auf das Evangelium oder gar ausschließlich nach dem Schema von Verheißung (im Alten Testament) und Erfüllung (durch das im Neuen Testament verkündete Christusereignis) gelesen werden kann.

Beispielsweise ist die alttestamentliche Lesung am 6. Sonntag im Jahreskreis B (Lev 13,1–2.45–46) so aus der biblischen Perikope herausgekürzt worden, dass sie dem Evangelium – in beiden Texten geht es um das Thema Aussatz – als Kontrastfolie dient: hier die strengen alttestamentlichen Vorschriften über Aussätzige, dort Jesu unerschrockene Begegnung mit dem Erkrankten. Am 17. Sonntag im Jahreskreis B steht die alttestamentliche Lesung von der Brotvermehrung durch Elischa (2 Kön 4,42–44) in Zuordnung zur jesuanischen Brotvermehrung (Joh 6,1–15); daher besteht die Gefahr, dass die alttestamentliche lediglich als Vorstufe zur neutestamentlichen Brotvermehrung gelesen wird. Auch in der Chrisammesse am Gründonnerstag drängt sich das Schema Verheißung-Erfüllung auf, wenn zunächst Jes 61,1–3a. 6a. 8b–9 verkündet wird und dann das Evangelium Lk 4,16–21, in dem dieser Text zitiert ist, mit den Worten endet: „Heute hat sich das Schriftwort, das ihr eben gehört habt, erfüllt."

Alternativmodelle Die heutige Leseordnung wird also dem Stellenwert des Alten Testaments für christliche Identität wie Liturgie und der Bedeutung der im Alten Testament berichteten Offenbarung Gottes für das Verständnis des Christusereignisses nicht immer gerecht. Alternativmodelle wollen diese Probleme lösen. Der Liturgiewissenschaftler Hansjakob Becker spricht sich für eine heilsgeschichtlich orientierte Leseordnung aus. Sie soll das Alte Testament qualitativ aufwerten und seinen fundamentalen wie relationalen Stellenwert verdeutlichen. Das Alte Testament ist die Grundlage des Wortgottesdienstes, das Evangelium aber der Höhepunkt. Die Konsequenz ist für Becker: Das Alte Testament gibt das Thema vor; es wird, gleichsam die Heilsgeschichte rekonstruierend, in Bahn gelesen. Das Neue Testament ist dann Relecture des Alten Testaments.

Nach diesem Entwurf für eine heilsgeschichtlich orientierte Leseordnung wird am 23. Sonntag nach Pfingsten Jona 1,1–4.11 gelesen. In den verschiedenen Lesejahren werden nach einzelnen Motiven dieses Textes Evangelien zugeordnet: Mk 4,35–41 (Seesturm) nimmt die Motive Flucht und Sturm, Mt 12,38–41 (Jonazeichen) das Motiv des Fisches etc. auf (Becker/391: 676).

Ein mit Blick auf alttestamentliche Lesung und Evangelium bipolares Modell für eine Leseordnung vertreten die Alttestamentler Georg Braulik und Norbert Lohfink. Sie verstehen die Tora als Leitkategorie des Alten Testaments; sie soll folglich als Bahnlesung rezitiert werden. Das Neue Testament ist der eschatologische Gegenpol zu „Gesetz und Propheten" und soll entsprechend gelesen werden. Auch für das Evangelium ist daher eine Bahnlesung, also eine fortlaufende Lesung, vorgesehen. Die zweite Lesung ist für Propheten- und Weisheitsschriften, für die neutestamentlichen Briefe und die Offenbarung des Johannes reserviert, also für die Kommentierungen der Toralesungen oder des Evangeliums; der Prediger sucht aus Alternativtexten einen Text mit Blick auf die Predigt aus. Die Leseordnung soll sich „an der Struktur des biblischen Kanons selbst orientieren" (Lohfink/405: 137; vgl. insgesamt Braulik/394; zur Diskussion um das AT in der Leseordnung vgl. Franz/399). Alle Modelle stehen unter bibel- wie liturgietheologischen sowie pastoraltheologisch-homiletischen Gesichtspunkten in der Diskussion.

Verwendung des Psalters in der Liturgie Vor anderen Fragen und Aufgaben steht man bei der Verwendung des Psalters in der Liturgie. Für die Tagzeitenliturgie werden die Psalmen nach einer Vierwochenordnung gesprochen oder gesungen. Sehr unterschiedliche Auswahlkriterien kommen zur Geltung. Manche Psalmen werden in Laudes, Vesper und Komplet verwendet, weil sie für die betreffende Tageszeit sowie für den Gemeindegottesdienst als besonders geeignet erscheinen. Andere weist man dem Sonntag zu, weil sie das Pascha-Mysterium nachdrücklich zur Sprache bringen. Bestimmte Psalmen hat man mit Bezug zur Kirchenjahreszeit ausgewählt. Manche Psalmen an Hochfesten und Festen prägen an diesen Tagen mit langer Tradition die Liturgie (AES 126–135; Übersichten bei Huonder/402).

Gerade der Umgang mit den Psalmen zeigt, dass die Reflexion der Verwendung biblischer Texte in der Liturgie eine Aufgabe der Liturgiewissenschaft bleibt. So wird bei der Psalmenauswahl des gegenwärtigen Stundenbuches unter anderem die Auslassung der Fluchpsalmen 58 (57), 83 (82) und 109 (108) und einiger ähnlicher Verse als problematisch betrachtet (Gerhards/458). „Diese Textauslassungen erfolgten wegen gewisser psychologischer Schwierigkeiten, obwohl Fluchpsalmen sogar in der Frömmigkeitswelt des Neuen Testaments vorkommen (z. B. Offb 6, 10) und in keiner Weise zum Verfluchen verleiten wollen" (AES 131). Allerdings kann auch die alttestamentliche Exegese aufweisen, dass es diesen Texten nicht um Rache, sondern um die Durchsetzung von Recht und Gerechtigkeit im Diesseits durch Gott geht. Der Beter schreit geradezu seine Verzweiflung angesichts erlittenen Unrechts heraus, er artikuliert seine Angst und seine Lage, die im Widerspruch zur Wirklichkeit Gottes steht. Letztlich drängen diese Psalmen zum menschlichen Gewaltverzicht zugunsten der Unrecht ahndenden Macht Gottes. Sie könnten im christlichen Gebetsleben nach sinnvoller Einführung oder in erschließender Übersetzung eine wichtige Funktion übernehmen (Zenger/410).

> Umgang mit Fluchpsalmen

Eine bis in jüngere Zeit auch auf die Psalmen in der Liturgie angewendete Lesart, die diese als Zeugnisse einer gegenüber dem Christusereignis minderen Offenbarungsstufe las, hat einem problematischen Verständnis dieser Texte zugearbeitet und sie einer bisweilen sehr rigiden Christologisierung unterworfen. Der alttestamentliche Text musste gleichsam erst christologisch aufgewertet werden, was die Wertschätzung dieser Texte und ihrer theologischen Relevanz minderte. Erst unter dem Einfluss neuer exegetischer Ansätze („kanonische Schriftauslegung"), die philologisch auch den einzelnen Psalm im Gesamt des Psalters lesen und dabei theologisch die eschatologisch-messianische Dimension der Psalmen herausarbeiten, entwickelt sich auch eine neue liturgietheologische Hermeneutik des Psalters. Schon im Alten Testament handelt es sich um ein messianisch geprägtes Buch, in dessen größerem Zusammenhang der einzelne Psalm entsprechend gelesen werden kann. Die Rezeption der Psalmen in der christlichen Liturgie kann hier anknüpfen.

> Rigide Christologisierung

Wer diese poetischen Texte ernst nimmt, kann auch den Psalter als ein „Buch des Lebens" neu gewichten und „die fundamentale Bedeutung der existentiellen und anthropologischen Dimension des Psalters in der Liturgie" entdecken (Buchinger/396, 221; dort Ausführlicheres zur jüngeren Hermeneutikdiskussion). Ganz widersprüchliche Lebenssituationen des Menschen, Freude und Leid, Verzweiflung und Hoffnung, werden vor Gott zum Ausdruck gebracht. Alle Facetten menschlichen Lebens werden über diese Texte in die Liturgie eingetragen. Nicht zuletzt biblische Texte garantieren die Lebensnähe des christlichen Gottesdienstes.

5.1.4 Die Rezeption biblischer Texte im Gottesdienst

Leseprozess und potentielle Bedeutungen eines Textes

Wenn die Liturgiewissenschaft nach der Rezeptionsästhetik biblischer Texte im Gottesdienst fragt, nimmt sie also Leser und Hörer in den Blick. Ihr geht es dabei um die dynamische Aneignung der Bibel durch die Liturgie, folglich um die immer neue Aktualisierung dieser Texte. Der Satz Gregors d. Gr., dass die göttlichen Worte mit dem Leser wachsen (in Ezech 22: CChr. SL 142,87), gilt auch für die Liturgie und ihren Schriftgebrauch. Der einzelne biblische Text, seine Motive und Bilder können von Liturgiefeier zu Liturgiefeier jeweils neu gehört und verstanden werden. So ist etwa die Perikope von den Seligpreisungen (Mt 5,1–12a) für ganz unterschiedliche Liturgien vorgesehen: für den 4. Sonntag im Jahreskreis A, aber auch als Auswahllesung für Firmung, Krankensalbung, Trauung und Begräbnis. Je nach Feierkontext tritt eine andere Seligpreisung in den Vordergrund und wird ein neuer Lese- und Hörvorgang ermöglicht. Die Entstehung der Bedeutung eines Textes im Rezeptionsprozess wird nach literaturwissenschaftlichen Rezeptionstheorien als Leistung des Lesers verstanden, besitzt also eine Dynamik: „Der Text gelangt … erst durch die Konstitutionsleistung eines ihn rezipierenden Bewußtseins zu seiner Gegebenheit, so daß sich das Werk zu seinem eigentlichen Charakter als Prozeß nur im Lesevorgang zu entfalten vermag. … Jede Lektüre wird daher zu einer … Aktualisierung des Textes, indem der Spielraum schwach determinierter Beziehungsmöglichkeiten differenzierte Sinngestalten herzustellen erlaubt" (Iser/403: 253. 259). Auch biblischen Texten eignet eine solche Mehrdeutigkeit. Wie andere literarische Texte sind sie einerseits hinsichtlich ihrer Aussage inhaltlich bestimmt, während andererseits „Leerstellen" eine je neue Interpretation ermöglichen.

Bedeutung der Tradition

So kann ein Text des Alten oder Neuen Testaments im Rezeptionsgeschehen der Liturgie jeweils neue Vitalität entfalten. Dabei steht die immer neue Relecture im Rahmen der Überlieferung kirchlicher Glaubensgemeinschaft. Diese versteht sich „in der Nachfolge der Gemeinschaften, in denen die Heilige Schrift entstanden ist und wo sie bewahrt und überliefert wurde. In der Aktualisierung erfüllt die Tradition eine doppelte Aufgabe: einerseits schützt sie vor abweichenden Interpretationen; andrerseits sorgt sie dafür, daß die ursprüngliche Dynamik weitergeht" (Interpretation der Bibel in der Kirche/70: 101).

So wird beispielsweise Ex 14 schon in 1 Kor 10,1 f. auf das Christusereignis und die Taufe hin gelesen, wird dann aber auch in der liturgischen Tradition in Gebetstexten, Kirchenliedern, der Predigtliteratur, in der Gestaltung von Baptisterien oder anderen liturgischen Räumen im Taufkontext breit rezipiert. Das erste Gebet über dem Taufwasser etwa lautet: „Die Söhne Abrahams hast du trockenen Fußes durch das Rote Meer geführt. Darin schenkst du uns ein Bild des österlichen Sakramentes, das uns aus der Knechtschaft befreit und hinführt in das Land der Verheißung" (Feier der Kindertaufe/48: 60). Das Exsultet, das feierliche Osterlob, besingt dagegen die Nacht als Heilsnacht, in der Israel „durch die Fluten des Roten Meeres" geführt wurde (Meßbuch/44: [88]).

Offenheit der Deutungsmöglichkeiten in kirchlichem Rahmen

Seine spezifischen Konturen erhält der jeweilige biblische Text dadurch, dass er im Zusammenhang christlicher Liturgie und damit einer Glaubensgemeinschaft und ihrer Hermeneutik verwendet wird. Die hier sichtbar gewordene Möglichkeit der Lesevielfalt hat die Päpstliche Bibelkommission in ihrem Dokument „Die Interpretation der Bibel in der Kirche" (1993) wie folgt umrissen:

„Ein geschriebener Text kann in neuen Situationen eine andere Bedeutung erhalten, so daß sich seinem Sinn neue Bedeutungen hinzufügen. Diese Fähigkeit des geschriebenen Textes ist besonders im Fall der biblischen Texte gegeben, die als Wort Gottes anerkannt werden. In der Tat, was die Glaubensgemeinschaft dazu bewegte, sie aufzubewahren, ist die Überzeugung, in ihnen Licht und Leben auch für die kommenden Generationen zu finden. Der wörtliche Sinn ist von Anfang an für spätere Entwicklungen offen, die durch ‚Wiederaufnahmen' (relectures) in neuen Kontexten ausgelöst werden" (Interpretation der Bibel in der Kirche/70: 70).

Nicht nur der sehr unterschiedliche Charakter der biblischen Bücher, sondern auch ihre mannigfaltige Verwendung in der Liturgie hat zur Ausbildung unterschiedlicher Genera des Schriftgebrauchs geführt. Neben der perikopierten Schriftlesung als markantestem Beispiel sind zu nennen: die Psalmen (als Lesung, als Gebet, als Meditation), biblische Lieder (unter anderem Benedictus [Lk 1,68–79], Magnificat [Lk 1,46–55] und Nunc dimittis [Lk 2,29–33]), Gebete (prominent das Vaterunser), biblisch geprägte poetische Formen (wie Gloria oder Te Deum, aber auch viele Kirchenlieder aus Tradition und Gegenwart), die Schriftrezeption im Gebet (durch Zitat oder Motiveinspielung), Formeln und Akklamationen („Amen", „Halleluja", „Hosanna", „Maranatha" u. a.), die Predigt, aber auch die Ausstattung des liturgischen Raumes (Retabelaltäre, Figuren und Bilder, Kirchenfenster u. a.). Die biblischen Texte begegnen hier als wörtliches Zitat, in indirekter Anspielung oder durch motivische Reminiszenz (Gerhards/401: 495).

Genera des liturgischen Schriftgebrauchs

Die Relecture biblischer Texte kann von Glaubensgemeinschaft zu Glaubensgemeinschaft zu unterschiedlichen Rezeptionen führen. Beispielhaft lässt sich das an Ps 92 darstellen. Er wird in den Gebeten zu Beginn des jüdischen Sabbats rezitiert. Zuerst erklingen die Pss 95–99 und Ps 29; dann wird das Sabbatlied „Auf, mein Freund, der Braut entgegen, Königin Sabbat wollen wir empfangen!" gesungen. Daraufhin wird Ps 92 als „Psalmlied für den Sabbattag" zusammen mit Ps 93 angestimmt (Sidur/67: 80–85). Nach dem katholischen Stundenbuch wird Ps 92 am Samstag, also am selben Tag, in den Laudes verwendet (in der 2. und 4. Woche des Jahreskreises). Die Überschrift über dem Psalm lautet im Stundenbuch in der 2. Woche: „Schön ist es dem Herrn zu danken"; vorangestellt wird außerdem ein Athanasius zugeschriebener Satz: „Wir singen Lob wegen der Taten des Eingeborenen". Die Antiphon stammt aus Ps 92,3. Das Sabbatmotiv spielt im christlichen Kontext explizit keine Rolle; über den Bezug auf Athanasius und im Kontext der anderen Texte der Tagzeit wird stattdessen das Christusereignis zur Bezugsgröße für die christliche Wahrnehmung dieses Textes. Das Beispiel macht zugleich auf den Reiz aufmerksam, den eine interreligiöse Schriftauslegung für die Liturgie besitzt, denn implizit wird über Ps 92 zwischen beiden Religionsgemeinschaften eine Brücke geschlagen.

Schriftrezeption im jüdischen und christlichen Gottesdienst

Beide Interpretationen legen einen möglichen geistlichen Sinn des biblischen Textes offen; das Dokument der Bibelkommission versteht diesen nicht als Ergebnis intellektueller Spekulation, sondern der „Beziehung zwischen dem Text und Wirklichkeiten, die ihm nicht fremd sind" (Interpretation der Bibel in der Kirche/70: 72). Innerhalb der christlichen Liturgie werden der Text, das in der Liturgie gefeierte Pascha-Mysterium und die Lebenssituation der Feiernden zusammengebracht. An der Schriftrezeption im Gottesdienst sind also biblischer Text und feiernde Gemeinde, und damit die Kirche, beteiligt.

Bedeutung einer Leseordnung

Der Umgang mit der Bibel in der Liturgie geschieht im Rahmen einer Überlieferungs- und Erzählgemeinschaft. Deshalb gibt beispielsweise eine Leseordnung, welche die Auswahl biblischer Texte für den Wortgottesdienst der Messfeier regelt, Auskunft über die Identität der Kirche als Rezeptionsgemeinschaft wie über den Sinn, den sie den nicht eindeutigen biblischen Texten zuweist. Umso mehr besitzt eine Leseordnung in der Liturgie Verbindlichkeit, muss aber auch Gegenstand innerkirchlicher und theologischer Diskussion sein.

Zugleich kann man vier verschiedene Funktionen erkennen, welche die Liturgie der Heiligen Schrift zuweist.

Vier Funktionen der Bibel in der Liturgie

1. Der *didaktisch* geprägte Wortgottesdienst, wie er schon im altkirchlichen Katechumenengottesdienst begegnet, dient der Vermittlung und Vertiefung von Kenntnissen biblischer Glaubensgeschichten. In der Regel folgt in diesem Fall der Schriftlesung eine Auslegung.
2. Der *kerygmatische* oder *anamnetische* Wortgottesdienst erinnert mit der biblischen Lesung an das, was jetzt in der Liturgie gefeiert wird. Solche Lesungen sind eng mit den übrigen Riten der jeweiligen Liturgiefeier verbunden.
3. Ein *parakletisch* bestimmter Wortgottesdienst hat pastorale Funktion; die Lesung wird in Bezug gebracht zu den Verfasstheiten des Einzelnen wie der Versammlung.
4. Im *doxologischen* Wortgottesdienst schließlich besitzt die Wortverkündigung die Funktion, Gott zu loben. Der Psalmodie beispielsweise kommt diese Aufgabe zu (Bradshaw/392).

Die genannten Dimensionen der Wortverkündigung überschneiden sich natürlich; sie signalisieren das Gewicht der Heiligen Schrift in der Liturgie. Dieses ergibt sich vor allem von der Anamnese her, denn diese macht auf das Kerngeschehen von Wortverkündigung wie Liturgie gleichermaßen aufmerksam: die Begegnung mit Gott im Handlungsgeschehen der Liturgie. Deshalb heißt es auch, „der Gottesdienst, der ganz aus dem Wort Gottes lebt, [werde] selbst zu einem neuen Heilsereignis. Er legt das Wort neu aus und läßt es neu wirksam werden" (PEM 3).

5.1.5 Intertextualität biblischer Texte in der Liturgie

Was bedeutet „Intertextualität"?

Ein weiteres Charakteristikum liturgischer Schriftrezeption wird mit dem Stichwort „Intertextualität" erfasst. Mit diesem aus der Literaturwissenschaft stammenden Terminus wird hier die Dialogizität innerhalb des Schriftgebrauchs der Liturgie zum Ausdruck gebracht: Der einzelne biblische Text steht in der Liturgiefeier in Relation zu anderen Texten und damit in einem Dialog, den man als „intertextuell" bezeichnet und aus dem ein weiterer Text, der Makro-Text entsteht (Deeg/398). Der biblische Text steht in der Liturgie in einem veränderten Kontext, er wird in einem neuen Text verarbeitet. Das Einspielen alter Texte in einen neuen Kontext ist gerade für die Liturgie von außerordentlicher Bedeutung, weil über den älteren, hier biblischen Text Anamnese und damit Partizipation an der Heilsgeschichte zum Ausdruck gebracht wird.

In der Liturgie lassen sich verschiedene Formen von Intertextualität beobachten. So begegnet man im Wortgottesdienst der sonn- und festtäglichen Messe der Textabfolge: alttestamentliche Lesung, Psalm, neutestamentliche Lesung, Halleluja-Ruf, Evangelium. Eine solche Struktur ist keineswegs beliebig, sondern bringt die Schriften der zwei-einen Bibel im Kontext der Liturgie in einen Dialog. Die aufeinander abgestimmten Texte aus Altem und Neuem Testament befragen und kommentieren einander gegenseitig. Psalm und Halleluja-Ruf eröffnen einen bestimmten Verstehenshorizont. Wie die biblischen Texte gehört werden, hängt von der jeweiligen Feier und den Mitfeiernden ab und variiert von Liturgiefeier zu Liturgiefeier.

Formen von Intertextualität:
– Gegenseitige Kommentierung von Schrifttexten

Man kann zudem einen Dialog zwischen biblischem Text und „liturgischem" Text beobachten, wenn eine Oration, ein Hochgebet, ein Kirchenlied etc. einen biblischen Text einspielt, also Text im Text spricht und so wiederum ein neues Textgebilde entsteht. Das Kirchenlied „Es ist ein Ros entsprungen" (16. Jahrhundert) verdeutlicht das: „Es ist ein Ros entsprungen / aus einer Wurzel zart, / wie uns die Alten sungen, / aus Jesse kam die Art, / und hat ein Blümlein bracht, / mitten im kalten Winter, / wohl zu der halben Nacht." Hier klingen deutlich alt- und neutestamentliche Texte aus Jes 11,1–2, Lk 1,31–33 und Röm 15,12 an, welche die Bedeutung des Liedes konstituieren. Der biblische Text wird in ein Lied eingelesen und im neuen Kontext, zumeist in der Liturgie des Weihnachtsfestkreises, rezipiert (Text und Interpretation des Liedes: Becker/390).

– Dialog zwischen liturgischem und biblischem Text

Schließlich macht Intertextualität auf den Dialog zwischen verschiedenen Liturgiefeiern aufmerksam, der über biblische Texte ermöglicht wird. Für die Cantica „Benedictus", „Magnificat" und „Nunc dimittis" sowie das in der Eucharistie (an Hochfesten, Festen, besonderen Feiern und Sonntagen mit Ausnahme von Advents- und Fastenzeit, vgl. AEM 31) erklingende Gloria hat Norbert Lohfink aufgezeigt, dass die Texte im Lk-Evangelium eng miteinander verbunden sind durch Stichworte („punktuelle Wortbezüge") wie durch ihren inneren Zusammenhang und dadurch nachdrücklich und in Fülle messianische Hoffnung ausdrücken. Diese tragen sie in den christlichen Gottesdienst ein und eröffnen dadurch eine neue polyphone Bedeutung: „Bei denen, die das Stundengebet beten, werden die vier Hymnen genau so mitten in den Ereignislauf hineingesetzt, wie sie in den Ereignissen der Kindheitsgeschichte saßen. Sie stoppen die Handlung. Sie reißen Horizonte auf. Sie fügen sich zusammen zu einer die ganze Heilsgeschichte überspannenden Deutung genau der Ereignisse, die sich in dem jeweiligen konkreten Tageslauf ereignen" (Lohfink/406: 235). Der theologische Bogen zwischen den Texten durchwirkt von der Liturgie her den Tageslauf.

– Dialog verschiedener Liturgiefeiern

Eine vom Literaturwissenschaftler Gérard Genette entwickelte Typologie solcher Intertextualität lässt sich auf die Liturgie übertragen (Brüske/395). Zwar bezieht Genette den Begriff „intertextuell" im engeren Sinne nur auf Zitat, Plagiat und Anspielung, doch lässt sich auch die Rezitation biblischer Texte in der Liturgie (sei es als Lesung, Lied oder Gebet), die Zitation oder Anspielung als *intertextuell* bezeichnen. Denn wenn Genette „Anspielung" als eine Aussage definiert, „deren volles Verständnis das Erkennen einer

Typologie

Beziehung zwischen ihr und einer anderen voraussetzt, auf die sich diese oder jene Wendung des Textes bezieht" (Genette/400: 10), dann lässt sich dies durchaus auf die Komplexität biblischer Anspielungen in der Liturgie übertragen:

– Das Verhältnis des einzelnen Textes zu den ihn rahmenden Texten bzw. zum Ganzen, das das literarische Werk bildet, nennt Genette *paratextuell* und sieht in ihm „zweifellos einen privilegierten Ort der pragmatischen Dimension des Werkes ..., d.h. seiner Wirkung auf den Leser" (ebd. 11). Solche Textbeziehung kann man beispielsweise zwischen Psalm und Antiphon, zwischen Lesungen und Evangelium und den sie rahmenden Texten, zwischen Lesung und Sakramentsgeschehen beobachten. Die Erläuterung von Genette markiert den Stellenwert dieser Beziehungen.

– Die Transformation oder Nachahmung biblischer Texte etwa im Kirchenlied wäre nach Genette *hypertextuell*. Ein Text (Hypertext) wird von einem früheren Text (Hypotext) abgeleitet, überlagert ihn und erinnert an ihn, wie man etwa für das Gloria mit Blick auf Lk 2,14 feststellen kann.

– Den Kommentar zu einem Text kann man *metatextuell* nennen. Der Hinweis auf die Predigt zum biblischen Text liegt nahe, obwohl Genette ein Zitat oder auch nur eine Erwähnung des ursprünglichen Textes nicht für notwendig hält (ebd. 13).

– Schließlich gibt es gattungsbezogene Relationen zwischen Texten, die man als *architextuell* bezeichnet. „Das Wissen um die Gattungszugehörigkeit eines Textes lenkt und bestimmt ... in hohem Maß den ‚Erwartungshorizont' des Lesers und damit die Rezeption des Werkes" (ebd. 14). Die Einleitung einer Lesung („Lesung aus dem Buch Deuteronomium" / „aus dem Brief des Apostels Paulus an") und des Evangeliums („Aus dem heiligen Evangelium nach") weist auf die „Gattung" und damit auf die Bedeutung des Textes im Gesamt der Liturgie hin und kann die Rezeption beeinflussen. Dass man einen Psalm singt, lenkt, auch wenn die Gattung unausgesprochen bleibt, die Rezeption der Mitfeiernden.

Intertextualität im übergreifenden Sinne markiert die besondere Lese- und Hörsituation biblischer Texte in der Liturgie und verdeutlicht ihre spezifische Sinnvielfalt im gottesdienstlichen Kontext. Sie macht Liturgiewissenschaft wie Pastoral auf die Aufgabe aufmerksam, die Polyphonie der Texte für das je eigene Feld zu erschließen. Sie zeigt schließlich, um welch sensiblen und vielschichtigen Vorgang es bei der Verwendung biblischer Texte in der Liturgie geht. Für die unterschiedlichen liturgischen Feiern handelt es sich sowohl um theologisch wie ästhetisch grundlegende Prozesse.

5.2 Gebet in der Liturgie

Beten unterscheidet sich in vielfacher Hinsicht vom Alltagshandeln. Was für ein „Dialog" ist das, wenn man sich gewiss ist, keine direkte Antwort zu bekommen? Was sind die Bedingungen angemessener Gottesrede? Wie verhält sich das freie Beten zum Gebet in geprägten Formeln, wie das persönliche zu demjenigen in Gemeinschaft?

5.2.1 Gebet in der Spannung von Lebenserfahrung und Glaubensüberlieferung

Um auf diese Fragen antworten zu können, müssen der Gebetsakt als solcher sowie der Inhalt des Betens in den Blick genommen werden. Der Religionsphilosoph Richard Schaeffler behandelt das Gebet im Zusammenhang des Spannungsverhältnisses von Lebenserfahrung und Glaube. Im Gebet spricht immer ein konkreter Mensch, in dessen Sprechen gegenwärtige individuelle und gemeinschaftliche Lebenserfahrung eingeht. „Aber indem der Beter ein ‚Gebetbuch' benutzt, stellt er diese seine gegenwärtige Lebenserfahrung in den Zusammenhang einer Überlieferung, in der das Beten seiner Vorfahren Gestalt gefunden hat. Die Überlieferung der Glaubensgemeinde und die gegenwärtige Lebenserfahrung des Beters legen sich gegenseitig aus." Zwischen Glaubensüberlieferung und je gegenwärtiger Lebenserfahrung besteht somit ein Verhältnis von „hermeneutischer Gegenseitigkeit" (Schaeffler/450: 74).

Hermeneutischer Zusammenhang zwischen Tradition und eigener Lebenserfahrung

Dem Gebet des einzelnen Menschen geht ein immer schon erfahrenes Angesprochensein durch die Welt und die anderen Menschen in Geschichte und Gegenwart voraus. Diese passive Grundverfasstheit des Menschen wirkt sich in einem ständigen Prozess des Erleidens aus, worauf der Mensch als aktives Freiheitswesen Stellung beziehen und zu Antworten kommen muss. Das Gebet versteht sich unter diesen anthropologischen Grundkonstanten als eine spezifische Äußerung des sich vollziehenden, sich „selbst überschreitenden" Menschen.

Gebet als Antwort

Gerade vom Rande seiner Möglichkeitsbedingung her, angesichts der Erfahrung der Gottesferne, lässt sich das Charakteristische des Gebetes in den biblischen Religionen erläutern. Aufgrund seiner Stellung in Altem und Neuem Testament eignet sich als Beispiel besonders Ps 22, der mit dem Aufschrei beginnt: „Mein Gott, mein Gott, warum hast Du mich verlassen?" Der Psalm spiegelt die Erfahrung der Zerstörung des Tempels und damit des Opferkultes durch die Babylonier wider, eine Erfahrung, die nach der Zerstörung des zweiten Tempels zu einer dauerhaften wurde. Der Tempel aber galt bis dahin als *der* Ort auf Erden, an dem der Name Gottes wohnte. Nach der Zerstörung stellt sich die Frage, wo Gott jetzt ansprechbar gegenwärtig ist. Auf diese Frage gibt der Psalm in Vers 4 Antwort: „Aber du bist heilig, du thronst über dem Lobpreis Israels". Der Exeget Frank-Lothar Hossfeld deutet dies folgendermaßen: „Der alte Titel des unsichtbaren ‚Cherubim-Thrones' im salomonischen Tempel (1 Sam. 4,4; 2 Sam. 6,2; Ps. 80,2. 99,1) wird spiritualisierend umgebildet" (Hossfeld – Zenger/443: 149). Dieser Gedanke ist revolutionär. Gott wohnt nicht mehr exklusiv an einem Ort, sondern überall da, wo sein Name gepriesen wird, wo Israel seine Psalmen singt: „Das Gebet hält dem ‚Gott ohne Tempel', dem Gott ohne Raumstelle seiner je neuen Ankunft in der Welt, eine Stelle seiner Gegenwart offen. Zu solchem Psalmengesang berufen zu sein, eine solche Stelle der göttlichen Ankunft und Gegenwart in der Welt offen zu halten, ist nun die besondere Berufung der jüdischen Volks- und Glaubensgemeinde" (Schaeffler/450: 76). Das Gebet also bildet die Raum-Zeit-Stelle, den Kairos der Gegenwart Gottes an dem Ort und zu der Zeit des Psalmengesangs Israels.

Gebet als Ort Gottes auf Erden

Nach christlichem Verständnis hat die Frage nach dem Ort des Thronens

Gebet und eschato-
logischer Vorgriff

Gottes noch einmal eine Zuspitzung erfahren. Mk und Mt überliefern als Sterbeworte Jesu eben jenen Aufschrei der Gottverlassenheit von Ps 22 (Mk 15,34; Mt 27,46). Der zerrissene Vorhang im Tempel gibt den Blick auf das leere Allerheiligste frei (vgl. Mk 15,38; Mt 27,51). Denn das Allerheiligste ist dort, wo der Gottessohn seinen Geist aushaucht. Gottes Gegenwart zeigt sich im Sterben des von Gott Verlassenen: „Wahrhaftig, dieser Mensch war Gottes Sohn!" (Mk 15,39; vgl. Mt 27,54). In der nachösterlichen Deutung des Geschehens ist Jesus Christus der unverbrüchliche Ort des Wohnens Gottes. Wo seine Jünger sich in seinem Namen versammeln, ist er mitten unter ihnen (vgl. Mt 18,20). Die Herrlichkeit Gottes, seine einst am Cherubim-Thron erfahrene Gegenwart (vgl. Jes 6,2), erfüllt nach der Erhöhung des Gekreuzigten zur Rechten Gottes nun Himmel und Erde (vgl. Sanctus der Messe). So findet auch hier ein Vorgriff auf die eschatologische Erfüllung am Ende der Zeiten statt.

Eschatologische
Dimension des
Vaterunsers

Das zentrale Gebet der Christen, das Vaterunser, ist in seiner Semantik durchaus ein jüdisches Gebet (Müller/448), indem es die Betenden mit der Heiligung des Namens in die Gegenwart Gottes stellt. Mit der Bitte um das Kommen des Reiches und um das Geschehenlassen des Willens Gottes „wie im Himmel so auf Erden" wird der Blick auf die Endzeit gerichtet. Diese ist aber bereits angebrochen. Im griechischen Text heißt es: „Und vergib uns unsere Schulden, wie auch unseren Schuldnern *vergaben*" (Gnilka/440: 212. 224–227). Die Vergebungsbereitschaft und -fähigkeit ist im Kontext des Vaterunsers keine Bedingung für die erbetene Vergebung durch Gott, sondern bereits *Folge* der im Kreuzestod Jesu erfahrenen Vergebung Gottes (Mt 26,28; vgl. das Kelchwort im Hochgebet: zur Vergebung der Sünden).

Das institutionali-
sierte Gebet

In dem hier dargestellten Bezug des Gebets auf das „unvordenklich Vergangene" und das „unausdenkbar Zukünftige" übersteigt das persönlich getragene Gebet den Charakter eines privaten Ereignisses. Damit deutet sich der Übergang vom privaten zum gemeinschaftlichen Gebet an. Mit Letzterem geht ein Prozess der Institutionalisierung einher. Kriterien wie theologische Integrität, literarische Qualität, oratorische Gestik und ein – sicherlich schwer bestimmbares – Maß an „Objektivität" kennzeichnen diesen Übergang. Im institutionalisierten Gebet vollzieht sich für jeden einzelnen Beter in gemeinschaftlich-kirchlicher Verfasstheit ein Akt persönlicher Zueignung (nicht Aneignung!) zu einer tradierten und lebendigen Glaubensüberlieferung.

5.2.2 Vom Zustandekommen des liturgischen Gebetes

Wie kommt im liturgischen Gebet überhaupt ein Dialog zustande? Hier ist der Blick auf den Beginn des kirchlichen Stundengebetes eines jeden Tages aufschlussreich, das Invitatorium der ersten Tagzeit: „Domine, labia mea aperies – et os meum annuntiabit laudem tuam: Gloria Patri …" (wörtlich: Herr, du wirst meine Lippen öffnen – und mein Mund wird deinen Ruhm verkünden: Ehre sei dem Vater …). Es handelt sich um das Zitat von Ps 51 (50), 17, mit dem auch das jüdische Gebet am Morgen beginnt. Im Einzelnen besagt der Vers in seinem liturgischen Kontext:

„Herr":
> *Anaklese:* Nennung des Namens (kyrios/dominus), den Gott geoffenbart hat als Voraussetzung dafür, in die Beziehung eintreten zu können

„Öffne mir die Lippen":
> *Epiklese:* Bitte um Befähigung zum Sprechen und Ermächtigung zum Dialog, d.h. Gottes Ersthandeln ist notwendig, damit der Mensch seinerseits handeln kann.

„Damit mein Mund dein Lob verkünde":
> *Ziel der Bitte:* Befähigung zum Gotteslob/zur Anamnese der Heilstaten Gottes. Es handelt sich um eine Art Prophetie: Wenn Gott an mir handelt, mir die Lippen öffnet, dann bin ich fähig zu seinem Lob.
> Das gewohnte Verhältnis Lobpreis/Dank und Bitte (vgl. Kap. 3.2.3) ist hier umgedreht. Die Bitte geht nicht aus dem Lobpreis und der Danksagung hervor, sondern ist diesen vorgeschaltet. Während z.B. im eucharistischen Hochgebet der Messe Lobpreis und Dank das bereits konstituierte religiöse „Ich" und „Wir" voraussetzen, geht es hier erst um deren Konstitution.

„Ehre sei dem Vater …":
> *Doxologie*: Vollzug des (trinitarischen) Lobpreises, wie er dann im Lauf der Tagzeitenliturgie immer wieder vollzogen wird.

Daran schließt sich seit Benedikt der Invitatoriumspsalm an, Ps 95 (94). Im Prolog der Benediktusregel wird mit dem Psalm die grundsätzliche Haltung des Mönchs und des Christen begründet, mit „aufgeschrecktem Ohr" zu hören, „wozu uns die Stimme Gottes täglich mahnt und aufruft: ‚Heute, wenn ihr seine Stimme hört, verhärtet eure Herzen nicht'" (Häußling/441: 97). Es folgt im Psalm eine Zitatensammlung vor allem aus Num 14, wo auf das Abfallen Israels während der Wüstenwanderung mit dem Fluchschwur geantwortet wird: „Sie sollen nicht kommen in das Land meiner Ruhe!" Positiv gewendet: Wer heute auf Gottes Stimme hört, *wird* in das Gelobte Land gelangen. Dieses Heute ist der Kairos, den Gott täglich anbietet. Jeder Tag wird so zum Tag des Heils. Die Geschichte Israels wird zur Mahnung an jüdische wie an christliche Betende, das Heute ernst zu nehmen (Gerhards/242).

5.2.3 Das Heute Gottes in der Synthese der Zeit: In-eins-Fallen von Vergangenheit und Zukunft im Jetzt

Nun geht es um die Frage, wie der Hiatus von der Vergangenheit zur Gegenwart im Gottesdienst zu überbrücken ist. Es handelt sich ja um einen existentiellen Vollzug, der vorbereitet sein muss. Dies kann nicht allein durch Glaubensunterweisung geschehen, sondern setzt bereits einen im Gebet vollzogenen Glaubensakt voraus. Wie kann aber dann im Gottesdienst jener Hiatus überwunden werden? Angelus A. Häußling hat dafür die Bezeichnung „zitierende Rollenidentifikation" ins Gespräch gebracht (Häußling/335). In diesem Zusammenhang ist von entscheidender Bedeutung, wie das religiöse „Ich" und das religiöse „Wir" zum gottesdienstlichen Akt konstituiert werden. Dazu bedarf es laut Richard Schaeffler seitens der Betenden der Synthese von Erlebnis und Erfahrung durch Gedenken, welches Identifikation und Identität ermöglicht. Denn für religiöse Identifikationsereignisse spielt Partizipation eine besondere Rolle; d.h. im christlichen Kontext die Erfahrung der Teilhabe

Zitierende
Rollenidentifikation

am Lebensschicksal Jesu durch ständig wiederholtes Erzählen der Ereignisse seines Lebens, Sterbens und Auferstehens. Durch die Deutung der eigenen Lebenserfahrung im Licht des Evangeliums im Gottesdienst geschieht „Verknüpfung der Erinnerung und Erwartung in der Gegenwart". Schaeffler präzisiert: „Alles, was in der gottesdienstlichen Feier gesagt und getan wird, erhält seinen Inhalt aus der rühmenden Erinnerung an das, was Gott schon gesagt und getan hat. *Die Erinnerung gibt also der religiösen Feier ihren Gehalt. Aber zugleich muß gesagt werden: Die Feier gibt diesen Erinnerungsinhalten erst ihre wirksame Gegenwart"* (Schaeffler/373: 17).

Akt der Namensanrufung — Die Gegenwart, in der sich das religiöse Ich und Wir aus der Verbindung von erinnerter Vergangenheit und erwarteter Zukunft bilden, wird nicht in einem abstrakten Akt des Denkens oder in der reinen Innerlichkeit eines Vorstellens vollzogen, sondern in der Sprachhandlung der Namensanrufung, „in der der Mensch in die Korrelation mit Gott eintritt, in dieser Begegnung mit ihm die längst gewirkten Heilstaten Gottes als gegenwärtig erfährt, und zwar so, daß damit auch Gottes künftig erhoffte Heilstaten zeichenhaft, aber wirksam vorweggenommen erscheinen" (ebd.).

In diesem Sinne ist die aktuierte Gottesbeziehung dem gottesdienstlichen Handeln logisch vorgeordnet: Sich von Gott beim Namen gerufen zu wissen und seinen Namen anzurufen bilden die Voraussetzungen der Deutung des gottesdienstlichen Geschehens als Dialog. Dieser besteht in einem Akt preisenden (eulogischen) Gedenkens und vertrauensvollen Bittens. Somit erweist sich das liturgische Gebet vielmehr als Ausdruck göttlichen Geschehen-Lassens denn als Artikulation persönlicher Wünsche und Bitten.

Im konstitutiven Akt der Namensanrufung zeigt sich auch die Verbundenheit von Mensch und Gott als zweier aufeinander bezogener Subjekte im Gebetsgeschehen. Liturgietheologisch wichtig ist hier die Überlegung, dass die verschiedenen liturgischen Formen, die eine Synthese der Zeit im Eingedenksein der Gemeinde bezeugen, von der verheißenen, pneumatischen Gegenwart des auferstandenen Gekreuzigten durchdrungen bzw. „durchkreuzt" werden. Daher wird im synthetisierenden Zeitbewusstsein der Gläubigen, wenn also die Gemeinde des Pascha-Mysteriums Jesu Christi gedenkt, dessen verborgene Nähe im Jetzt der liturgischen Feier erfahrbar (vgl. Wahle/451).

5.2.4 Theologische Grundstrukturen jüdisch-christlicher Gebetsweisen

Vor dem Beten kommt das Hören — Für das rechte Verständnis der spezifischen Weise jüdischen wie christlichen Betens ist es wichtig zu erkennen, dass vor dem Beten das Hören kommt. Wie Schaeffler schreibt, gibt das „Höre, Israel" (Dtn 6,4–9; 11,13–21), das jüdische Glaubensbekenntnis, zwar allem jüdischen Beten, Leben und Denken die spezifische Gestalt, aber es ist nicht eigentlich ein Gebet: nicht der Mensch ruft Gott an, sondern Gott den hörenden Menschen. Hat der jüdische Gläubige aber jene Worte „vor die Augen und auf sein Herz" gebunden, die ihn ins Hören rufen, so ist er fähig zu sprechen und sein Lob wie seine Bitte an Gott zu richten.

Lobpreis und Bitte — Lobpreis und Bitte sind, wie noch zu zeigen ist, keine gegensätzlichen Akte, sondern bedingen einander. Dem „Höre, Israel" folgt im privaten wie im gemeinschaftlichen jüdischen Gebet jenes Gebet, das schlicht „Das Gebet" („ha Tefilla") genannt wird oder auch Achtzehn-Bitten-Gebet, auf Grund seiner achtzehn (später neunzehn) Bitten, und das mit dem Vaterunser der Christen verwandt ist (vgl. Anhang 5; vgl. Identität durch Gebet/ 444). Diese Bitten spiegeln die unterschiedlichsten Erfahrungsfelder jüdischen Lebens wider und enden mit einer zusammenfassenden Benediktion (Berakha), die mit einer kurzen Preisung beginnt. „Die zusammenfassende Benediktion ruft Gott jeweils rühmend als denjenigen an, der immer schon getan hat und noch gegenwärtig tut, was er nach Absicht des Bittenden auch jetzt und in Zukunft tun möge" (Schaeffler/450: 84). Angelus Häußling charakterisiert das biblische wie das jüdische Beten: „Gebet zum Gott Israels ist immer Bekenntnis zu diesem Gott, der sich in Taten des Heils, des Gerichtes, in Botschaften der Propheten offenbarte. Er offenbart sich und nimmt die von ihm Angesprochenen und ihn Hörenden in die mit einem Bund besiegelte Pflicht des befreienden Bekenntnisses" (Häußling/442: 23; vgl. Ebenbauer/437: 65).

Eine den jüdischen Gebetsweisen analoge Struktur und Funktion findet sich in christlichen Gebeten wieder, im eucharistischen Hochgebet, aber auch in der für die römische Liturgie typischen Oration, dem Kollektengebet (vgl. Kap. 3.3; 4.1.4 u. 5.2.5.1). Die bei aller Vergleichbarkeit dennoch unterschiedliche Akzentuierung in jüdischen und christlichen Gebeten hängt nicht zuletzt mit den unterschiedlichen eschatologischen Perspektiven zusammen. In den alttestamentlichen und jüdischen Texten herrscht durchwegs eine Struktur vor, die das bittende Element als organische Kehrseite der lobpreisenden Anamnese erscheinen lässt – angesichts der offenen Gegenwartssituation und aufgrund der Hoffnung auf eine von Gott gemäß seiner Treue und Bundeszusagen verheißenen Zukunft. Dies lässt sich auch für das Achtzehn-Bitten-Gebet nachweisen, das mit dem aus der christlichen Liturgie bekannten Invitatorium „Ewiger, öffne meine Lippen, dass mein Mund dein Lob verkünde" beginnt. Darauf folgt ein längerer Lobpreis, in dem gesagt wird, dass Gott der Frömmigkeit der Väter gedenkt. So heißt die sechste Bitte: „Vergib uns, unser Vater, denn wir haben uns [gegen dich] verfehlt. Verzeih uns, unser König, denn wir haben Unrecht getan. [Denn du bist doch gütig und vergebend.] Gepriesen seist du, Ewiger, der gnädig ist und dessen Geduld zu vergeben unendlich ist" (vgl. Anhang 5). Die jüdische Glaubensgemeinschaft weiß sich auf einem Weg, der nach vorn, in die Zukunft hinein offen ist. Sie gibt sich in Lob, Dank und Bitte der Führung Gottes anheim und erfährt durch solches Beten zugleich Gottes Segen. Dieses Verhältnis ist in den christlichen Gebetstexten nicht mehr selbstverständlich anzutreffen. Nach Peter Ebenbauer lässt sich zeigen, dass die auf Jesus und die endzeitliche Gabe und Wundertat Gottes zielende *Danksagung* auf Grund der göttlichen Bedeutung Jesu und ihrer davidisch-messianischen Interpretation den Vorrang gegenüber der Lobpreisung Gottes und dem Segen gewinnt, und dass die *epikletischen Elemente* nun nicht mehr die natürliche Kehrseite des Lobes bzw. Dankes darstellen, sondern eine spezifische eschatologische und ekklesiologische Zuspitzung erfahren haben (Ebenbauer/437). Durch Jesus ist für die Christusglaubenden die Gegenwartssituation grundsätzlich nicht mehr im Imperfekt einer offenen Geschichte angesiedelt, sondern im Perfekt der endzeitlichen Epiphanie

Jüdische
Gebetsweisen und
christliches Gebet

Gottes. Die epikletische Dimension konzentriert sich hier auf das Flehen nach der Ratifizierung dieser Epiphanie an allen Orten dieser Welt, insbesondere am jeweiligen Wirkungsort der Ekklesia (sakramentale Dimension). Daraus ist unter anderem zu schließen, dass eine lineare Entwicklung etwa des eucharistischen Hochgebets aus der jüdischen Berakha trotz struktureller Verwandtschaft nicht angenommen werden kann (vgl. Kap. 3.2).

Epiklese in der römischen Liturgietradition

Speziell in der römischen Liturgietradition findet sich die erwähnte Konzentration auf das epikletische Beten. Dies gilt neben der Oration vor allem für das eucharistische Hochgebet, den Canon Romanus, der jedoch trotz seiner (mit Ausnahme der Präfation und des Sanctus) rein epikletischen Redestruktur (mit anamnetischen Einschüben) die theologische Integrität des altkirchlichen Erbes bewahrt (zur Struktur des eucharistischen Hochgebets vgl. Kap. 5.2.5.2).

Peter Ebenbauer resümiert: „Lobpreis und Danksagung, preisend-segnendes Gedenken Gottes, bilden das gemeinsame theologische wie kultlogische Fundament jüdischen wie christlichen Gottesdienstes und Gebetes. In ihnen gründet das für jüdische wie für christliche Liturgie so eigentümliche Verhältnis zu Zeit und Geschichte … Solches Gebet zeitigt in seiner sprachlichen Struktur zumeist auch eine epikletische Gebärde im weitesten Sinn des Wortes bzw. einen ihr entsprechenden Sprachausdruck … Gottes Kommen und Beistehen in der Figur des biblisch verbürgten Zeugnisses von der Kraft seines unaussprechlichen Namens gewinnt symbolische Effektivität im epikletischen, auf- und herbeirufenden Gestus innerhalb der anamnetisch umfassten Gebetseuchologie" (Ebenbauer/437: 67 f.).

Klage

Insbesondere die Erfahrungen der Schoah haben dafür sensibilisiert, neben den erwähnten Gebetsweisen von Lob, Danksagung und Bitte auch die Klage als einen adäquaten Ausdruck jüdisch-christlicher Gottesbeziehung anzuerkennen. Die Gottes-Klage ist als eine eindeutig biblisch bezeugte Gebetsform anzusehen. Hierbei wird vor allem der Widerspruch der Prädikation von Gottes Macht und Güte angesichts der Zustände in der Welt ins Wort gehoben. Die Klage findet ihr theologisches Fundament in der geistgewirkten Hoffnung des glaubenden Menschen, die als Angeld eschatologischer Heilswirklichkeit jedem Getauften verliehen ist (vgl. Röm 8,23–25).

5.2.5 Formen und Formeln des liturgischen Gebets

Im Folgenden kommen ohne Anspruch auf Vollständigkeit einige Grundformen liturgischer Gebetsvollzüge zur Sprache, die vor allem für die römische Liturgie charakteristisch sind: Oration, Eucharistiegebet, Doxologie, Akklamation und Litanei (vgl. die entsprechenden Kapitel in Berger/1).

5.2.5.1 Die Oration (Kollektengebet)

Die Gestalt der römischen Messfeier ist wesentlich bestimmt von den drei sog. Kollektengebeten (collecta = Sammlung) am Ende des Eröffnungsteils (oratio, Tagesgebet), der Gabenbereitung (super oblata, früher: secreta, Gabengebet) und der Kommunion (post communionem, Schlussgebet). Das Tagesgebet fungiert in der Regel auch als Oration in den Horen der Tagzeitenliturgie. Die Euchologie der Kollektengebete bestimmt in hohem Maß die Theologie der Messfeier (Haunerland/247).

Das heutige Tagesgebet der Osternacht lautet im Lateinischen (Missale Romanum/43: 280):

Oremus.
Deus, qui hanc sacratissimam noctem
gloria dominicae resurrectionis illustras,
excita in Ecclesia tua adoptionis spiritum,
ut, corpore et mente renovati,
puram tibi exhibeamus servitutem.
Per Dominum.

In der Übersetzung des Messbuchs hat die Oration folgende Struktur (Meßbuch/44: [92]):

Einladung:	Lasset uns beten.
	(Gebetsstille)
Anrede (Anaklese):	Gott,
Prädikation (Anamnese):	du hast diese Nacht hell gemacht
	durch den Glanz der Auferstehung unseres Herrn.
Bitte (Epiklese):	Erwecke in deiner Kirche den Geist der Kindschaft,
(Anamnetischer Einschub)	den du uns durch die Taufe geschenkt hast,
Erbetene Folge:	damit wir neu werden an Leib und Seele
	und dir mit aufrichtigem Herzen dienen.
Konklusion (Doxologie):	Darum bitten wir durch Jesus Christus, deinen Sohn,
	unseren Herrn und Gott,
	der in der Einheit des Heiligen Geistes
	mit dir lebt und herrscht in alle Ewigkeit.
Akklamation:	Amen.

Die Oration hat eine anamnetisch-epikletische Grundstruktur, wobei in der deutschen Übersetzung das paulinische Motiv „Geist der Kindschaft" durch einen anamnetischen Einschub mit Hinweis auf die Taufe erläutert wird.

Der indikativischen Anrede „Gott" (ohne weitere Attribute) schließt sich die relativische Prädikation an, die Gott rühmend und dankend als den benennt, der von Anfang an und immer wieder bis heute getan hat, worum er im zweiten, deprekativen Teil der Oration gebeten wird. Die Bitte ist noch einmal zu unterteilen in die eigentliche Epiklese und die erbetene Folge. Die Konklusion ist in der Tradition der römischen Oration nicht eine ausdrückliche Doxologie im Sinne einer Lobpreisung, wenngleich sie implizit diese Funktion ausübt (dies ist im Deutschen durch die Erweiterung des „per dominum" mit „Darum bitten wir …" verdunkelt).

5.2.5.2 Die Struktur des eucharistischen Hochgebets

Die Gattung „Hochgebet", zu der neben dem eucharistischen Hochgebet auch die anderen sakramentlichen Weihe- und Segensgebete gehören, hat ebenfalls eine anamnetisch-epikletische Grundstruktur (vgl. das Textbeispiel im Anhang 2.3). Der anamnetische Abschnitt lässt sich je nach Eigenart und Provenienz mitunter in einen preisenden (Eulogia) und dankenden (Eucharistia) Teil aufgliedern (vgl. Kap. 3.2). In diese Grundstruktur ist bei der Eucharistie das Mahlgeschehen eingefügt: der Einsetzungsbericht in Form eines Einschubs (Embolismus), der je nach eucharistischer Tradition einen unterschiedlichen Stellenwert hat und sogar wegfallen kann, wobei eine Bezugnahme auf die Einsetzung der Eucharistie durch Jesus zum Gedächtnis seines Todes und seiner Auferstehung in jedem Fall vorkommt (Anaphora der Apostel Addai und Mari; vgl. Meßner-Lang/447). Der Einsetzungsbericht ist je nach Tradition stärker dem anamnetischen (so in der westsyrischen Tradition) oder dem epikletischen Abschnitt zugeordnet (so in der römischen Tradition). Innerhalb des „eucharistischen Blocks" findet eine Wende vom Gedenken (Vergangenheit) zur Bitte (Zukunft) statt: gedenkend (memores) des Todes und der Auferstehung bringen wir die Gaben dar (offerimus) und bitten (et petimus).

Einheit von Epiklese und Anamnese
Insofern kann das Hochgebet nur auf theoretischer Ebene in anamnetische und epikletische Abschnitte unterteilt werden. Unter gebetspragmatischer Hinsicht bilden sie hingegen eine unauflösliche Einheit, quasi die beiden Seiten einer einzigen Medaille. Im Eingedenksein des Pascha-Mysteriums Jesu Christi vollzieht sich die Gabendarbringung und die Bitte um eschatologische Durchsetzung und Vollendung der in Jesus Christus angebrochenen Gottesherrschaft.

Anamnetische Abschnitte
Preisendes Gedenken, Eulogia und/oder Eucharistia

Institutio
Einsetzungsworte und „spezielle Anamnese" mit „Epiklese": memores – offerimus – et petimus

Epikletische Abschnitte
Bitte um Gewährung und Vollendung

Einen Höhepunkt unter den Eucharistiegebeten der christlichen Ökumene stellt in struktureller und inhaltlicher Hinsicht die ägyptische Basilios-Anaphora dar. Nach Achim Budde (Budde/436: 206) hat sie folgende Einteilung:

1. Schöpfungslobpreis
2. Heilsgedächtnis
3. Einsetzungsbericht
4. Epiklese
5. Memento
6. Doxologie

Schöpfungslobpreis (mit Sanctus) und Doxologie bilden den doxologischen Rahmen (vergleichbar der Eröffnungs- und Schlussberakha in komplexeren jüdischen Gebeten). Heilsgedächtnis und Einsetzungsbericht werden dem anamnetischen, Epiklese und Memento (Interzessionen) dem epikletischen Teil zugerechnet. Das „Mahlgeschehen" bildet mit Einsetzungsbericht und Epiklese (in welche die „spezielle Anamnese" aufgrund ihrer grammatikalischen Abhängigkeit eingeschlossen wird) die Klammer zwischen den beiden Teilen. Die Brücke bildet das präsentische Tun: „Wir bringen dar". Von den Hochgebeten des Römischen Messbuchs entspricht das vierte dieser Struktur am ehesten, da es – allerdings unter Einfügung einer sog. Wandlungsepiklese vor dem Einsetzungsbericht – der Anaphora antiochenischen Typs nachempfunden ist:

1. Schöpfungslobpreis (nicht austauschbare Präfation mit Sanctus)
2. Heilsgedächtnis
3. „Wandlungsepiklese"
4. Einsetzungsbericht
5. Anamnese und Darbringung
6. „Kommunionepiklese"
7. Interzessionen (Memento)
8. Schlussdoxologie

Grundstruktur des
4. Hochgebets

Das 2. Hochgebet (vgl. Anhang 2.3), das sich an die Anaphora der sog. „Traditio Apostolica" anlehnt (vgl. Kap. 3.2.4), hat eine ähnliche Struktur, jedoch ohne ein entfaltetes Heilsgedächtnis.

Diese Grundstruktur weist nicht nur das eucharistische Hochgebet auf. Vielmehr kennt die liturgische Tradition zahlreiche analoge Weihe- und Segensgebete, die nach dem gleichen anamnetisch-epikletischen Grundmuster geschaffen sind (z. B. Taufwasserweihegebete, Ölweihegebete, Ordinationsgebete, Kirch- und Altarweihegebete).

Der Canon Romanus, das in der Zeit zwischen dem 4. und 7. Jahrhundert entstandene Eucharistiegebet der römischen Liturgie (Schmitz/297), hat zwar auch eine anamnetisch-epikletische Grundstruktur, wurde aber redaktionell so bearbeitet, dass die verschiedenen Gebetsvollzüge symmetrisch um die Einsetzungsworte gruppiert sind. In Anlehnung an Johannes H. Emminghaus (Emminghaus/438, Anhang II) ergibt sich folgendes, freilich recht schematisiertes Bild:

E_1 Preisung (Danksagung) in Dialog / Präfation (wechselnd) / Sanctus
D_1 Überleitung (*Te igitur*) und Annahmebitte
C_1 1. Memento der Lebenden: Kirche, Papst, Bischof, Teilnehmende
1. Heiligenliste (*Communicantes*, mit anamnetischen Festeinschüben)
B_1 1. Darbringungsformel (*Hanc igitur*)
1. (Wandlungs-)Epiklese (*Quam oblationem*)
A Einsetzungsworte (*Qui pridie*): Brot / Wein
[Akklamation]
Anamnese (*Unde et memores*, geht über in:)
B_2 2. Darbringungsformel (*Supra quae*)
2. (Kommunion-)Epiklese (*Supplices te rogamus*)
C_2 2. Memento der Verstorbenen
Bitte für die Zelebranten (*Nobis quoque*), geht über in:
2. Heiligenliste
D_2 Abschlusssegnung (*Per quem*)
E_2 Preisung der Schlussdoxologie

5.2.5.3 Doxologien

Gegenüber der jüdischen Berakha setzt sich im Neuen Testament und in der Entstehungsphase christlicher Liturgie die Doxologie durch. Ihre Wesensmerkmale sind: Benennung des Empfängers, doxologisches Prädikat (oft nur als Substantiv), Ewigkeitsformel, Akklamation. Am häufigsten verwendet wird die „kleine Doxologie", insbesondere am Ende der Psalmen im Stundengebet, aber auch im Beten der Volksfrömmigkeit (Rosenkranzgebet):

Die „kleine
Doxologie":

doxologisches Prädikat:	Ehre (sei)
Benennung des Empfängers:	dem Vater und dem Sohn und dem Heiligen Geist,
Ewigkeitsformel:	wie im Anfang, so auch jetzt und alle Zeit und in Ewigkeit.
Akklamation:	Amen.

Als „Große Doxologie" wird dagegen der Gloria-Hymnus im Eröffnungsteil der Messe bezeichnet.

Bereits im Neuen Testament ist die streng monotheistische Ausrichtung gelockert. So wird Gott „Vater unseres Herrn Jesus Christus" genannt. In den paulinischen Briefen kommt häufig die Formel „durch Christus" vor (z. B. im Kolosserhymnus). Die Doxologie kann auch direkt auf Christus bezogen werden (erstmals wohl in Offb 5,13: „Ihm, der auf dem Thron sitzt, *und* dem Lamm gebühren Lob und Ehre und Herrlichkeit und Kraft in alle Ewigkeit"). Der nächste Entwicklungsschritt ist im Zuge der Explikation des Trinitätsglaubens die parataktische Nennung des Heiligen Geistes. Diese findet sich schon in triadischen Formeln des Neuen Testaments (Mt 28,19). Im Zuge der dogmengeschichtlichen Entwicklung des 4. Jahrhunderts wird der Parataxe, also der Gleichordnung von Vater, Sohn und Geist, eine neue Bedeutung gegeben, da man nun mit Traditionsargumenten die Gleichheit des göttlichen Wesens der drei Personen betonen wollte (vgl. Kap. 3.5). In den ersten Jahrhunderten war die Doxologie „Ehre sei dem Vater durch den Sohn im Heiligen Geist" vorherrschend (Basilius d.Gr.; vgl. Gerhards/439). Aufgrund der unterschiedlichen Präpositionen ist die Zielrichtung des Lobpreises auf Gott, den Vater unseres Herrn Jesus Christus, deutlich. Der Sohn ist Mittler und der Geist gleichsam die Aura, in der der Zuspruch der Doxa erfolgt. Die „Einheit" des Geistes bezieht sich auf das Wesen Gottes und auf die im Heiligen Geist geeinte Kirche. So betet die römische Kirche am Ende des eucharistischen Hochgebetes bis heute:

Schlussdoxologie der
eucharistischen
Hochgebete:

Relation:	Durch ihn und mit ihm und in ihm
Empfänger:	ist dir, Gott, allmächtiger Vater,
Modus:	in der Einheit des Heiligen Geistes
Prädikat:	alle Herrlichkeit und Ehre
Ewigkeitsformel:	jetzt und in Ewigkeit.
Akklamation:	Amen.

5.2.5.4 Akklamationen

Akklamationen (Zurufe) sind Grundformen kommunitärer Äußerungen, die auch spontan und ohne größere Einübung vollzogen werden können. Sie stellen die ursprünglichste Form der „tätigen Teilnahme" der Gläubigen dar. Es gibt sie als freien Ruf (z. B. das Kyrie am Beginn der Messe) oder im Kontext der Vorstehergebete. Das „Amen" als Bekräftigung des Gebets wurde bereits genannt. Im Bereich des eucharistischen Hochgebetes finden sich in den verschiedenen Liturgiebereichen vor allem des Ostens zahlreiche Akklamationen. An folgenden Stellen können sie vorkommen:

1. Im Eröffnungsdialog: dreiteilige Wechselrede (Der Herr sei mit euch / Und mit deinem Geiste. Erhebet die Herzen / Wir haben sie beim Herrn. Lasset uns danken dem Herrn, unserm Gott / Das ist würdig und recht.) *Akklamationen im Hochgebet*
2. Am Ende der Präfation: das Sanctus
3. Im „Postsanctus" (Heilsgedächtnis): Kyrie-Rufe und / oder Amen (gegebenenfalls mit Erweiterung), am Ende mitunter Erbarmensruf
4. Im Einsetzungsbericht: Abschluss von Brot- und Kelchwort durch „Amen" (gegebenenfalls mit Erweiterung)
5. Im Umfeld der „speziellen Anamnese": anamnetische Akklamation zu Beginn oder am Ende (mitunter Überleitung in die Bitte)
6. In der Epiklese: Abschluss der Brot- und Kelchbitte durch „Amen" (gegebenenfalls mit Erweiterung)
7. Im Memento (Interzessionen): durch „Kyrie eleison" akklamiert; teilweise erweitert; weitere epikletische Rufe
8. Am Ende der Schlussdoxologie: durch „Amen" (teilweise ausgeweitet) abgeschlossen.

Akklamationen haben keineswegs eine bloß sekundäre Bedeutung, da sie oft ein wesentlicher Teil der sprachlichen und theologischen Struktur sind (z. B. das Sanctus). Die Akklamationen geben Aufschluss über das Rollenverständnis der Gemeinde in pragmatischer Hinsicht: *Bedeutung*

– Antwort: „Und mit deinem Geiste"; „Wir haben sie beim Herrn" (Eröffnungsdialog, 1. und 2. Glied)
– ermächtigende Zustimmung: „Das ist würdig und recht" (Eröffnungsdialog, 3. Glied)
– Bekräftigung: Amen (am Ende des Eucharistiegebets)
– Vollzug: „Heilig …"; „Deinen Tod verkünden wir …" (Sanctus und anamnetische Akklamation nach den Einsetzungsworten).

Die Akklamationen der ostkirchlichen Anaphoren lassen die Kirche als Subjekt der eucharistischen Handlung erfahrbar werden. Der im Canon Romanus grundgelegte und in der römischen Kanonexegese sich durchsetzende Gedanke exklusiver Stellvertretung und seine Weiterentwicklung zur absoluten Christus-Repräsentanz des Priesters werden durch den ostkirchlichen Befund problematisiert (vgl. auch Gerhards/243).

5.2.5.5 Litaneien

Litaneien sind Anrufungen, bei denen mit gleich bleibenden Rufen akklamiert wird. In der Liturgie spielt die Allerheiligenlitanei (vgl. GL 762) bei der Taufwasserweihe in der Osternacht und bei anderen Weihehandlungen eine tragende Rolle. Daneben gibt es vor allem im Bereich der Volksfrömmigkeit zahlreiche Litaneien, die besonderen Frömmigkeitstraditionen entsprechen (Litanei von der hl. Eucharistie [GL 767], Herz-Jesu-Litanei [GL 787]). Die bedeutendste ist wohl die auf Maria bezogene Lauretanische Litanei (GL 769), nicht zuletzt aufgrund ihrer Zusammenhänge mit dem ostkirchlichen Hymnos Akathistos (Berger/1: 216).

In den Ostkirchen finden sich Litaneien bei allen liturgischen Vollzügen. Die Fürbittintentionen werden vom Diakon vorgetragen und mit dem Ruf um Erbarmen akklamiert. Am Ende folgt ein Abschlussgebet des Priesters. Nach diesem Muster ist auch das Allgemeine Gebet bzw. das Gebet der Gläubigen, die Fürbittlitanei in der Messfeier, aufgebaut. Es wurde erst durch das II. Vatikanum wieder eingeführt (SC 53) und hat in der Regel folgende Struktur:

Gebetseinleitung (Priester)
Gebetsintention (Diakon oder Lektor/Lektorin)
(Gebetsstille)
Akklamation (Vorsänger(in)/Gemeinde)
[weitere Gebetsintentionen]
Schlussgebet (Priester)
Amen-Akklamation (Gemeinde)

Eine Ausnahme bilden demgegenüber die Großen Fürbitten am Karfreitag. Sie haben folgende Struktur:

Gebetsintention (Diakon): „Lasset uns beten für …"
Aufruf zum Niederknien (Diakon)
(Gebetsstille)
Aufruf zum Erheben (Diakon)
Kollektengebet (Priester)
Amen-Akklamation (Gemeinde)

5.2.6 Zum Vollzug des Betens – Haltungen und Gebärden

Beten ist von Seiten des Menschen zunächst das Eintreten in eine Relation in einem Akt der Sammlung, der dadurch zustande kommt, dass man gleichsam von sich absieht und sich zu jemand anderem hinwendet, der allerdings nicht sichtbar ist. Dies kann im liturgischen Gebet des Christentums durch die sog. „Orientierung", die Hinwendung nach Osten, geschehen.

Hinwendung nach Osten   Die Orientierung hat sich allgemein erst relativ spät durchgesetzt. Ihre Wurzeln sind vielfältig. Der in der paganen Religiosität verbreitete Brauch wird bei den Christen umgedeutet: Statt der aufgehenden Sonne gilt die Bitte der christlichen Gemeinde dem „sol salutis", Christus, der vom Osten, vom Vater, seinen Ausgang nimmt. Die Bezeichnung „Sonne der Gerechtigkeit" (Mal 3,20) als Name Christi ist den theologischen Schriftstellern seit dem zweiten Jahrhundert geläufig; das erste Zeugnis für die christliche Gebetsostung reicht bis etwa auf das Jahr 100 zurück. Stärksten Ausdruck fand die Hinwendung zu Christus wohl während der Taufliturgie beim Ritus der Apotaxis und Syntaxis: Die Täuflinge standen nach Westen gewandt und schworen unter Ausspucken dem Satan ab (Apotaxis). Dann wandten sie sich nach Osten und übereigneten sich Christus (Syntaxis). Die Frage der Gebetsorientierung wird im Zusammenhang mit dem angemessenen Vollzug des Hochgebetes und der Ausrichtung der Kirchengebäude neuerdings wieder stärker diskutiert (Ratzinger/449; vgl. auch Communio-Räume/475).

Eine ausdrückliche Hinwendung geschieht auch in anderen gemeinschaftlichen Gebetsvollzügen wie zu Beginn des eucharistischen Hochgebets, wenn nach dem Gruß: „Der Herr sei mit euch" das zweite Glied lautet: „Erhebet die Herzen!" – „Wir haben sie beim Herrn". Auch hier geht es um eine ausdrückliche Hinwendung zu Gott, in diesem Fall gekleidet in das räumliche Bild des Himmels über uns. Der bewussten Ausrichtung auf Gott entspricht eine bestimmte Körperhaltung. Die in allen Liturgien der Alten Kirche angemessene Weise des Betens ist die des Stehens vor Gott. Gott macht den Menschen zum Gegenüber, er darf gleichsam in Augenhöhe mit ihm in Kontakt treten. Allerdings stehen wir auch als unvollkommene Menschen vor Gott. Darum ist die Verneigung eine ebenso angemessene Haltung des Betens. In der Ostkirche gibt es eine Reihe von Gebeten, die unter Verneigung gesprochen werden. Auch der Westen kennt die Verneigung etwa beim Gloria Patri oder bei den Doxologie-Strophen der Hymnen des Stundengebets.

Eine andere Haltung des Gebets ist das Sich-Niederwerfen. Hier liegt ein Akt der Unterwerfung vor, wie er freilich nur bei bestimmten Anlässen angemessen erscheint. Im Kirchenjahr ist dies der Karfreitag, wenn zu Beginn der Karfreitags-Liturgie Priester und Liturgen sich niederwerfen, ähnlich wie dies in der jüdischen Liturgie einmal am Versöhnungstag, dem Jom Kippur, geschieht. Analog dazu gibt es die Prostratio bei den Weihe-Liturgien sowie bei den Professen der Ordens-Liturgien. Ansonsten kennt die westliche Kirche das Knien, das gewissermaßen eine verkürzte Form des Sich-Niederwerfens darstellt. Auch hier geht es darum, sich bewusst klein zu machen. Es ist signifikant, dass das Knien in der Osterzeit früher nicht üblich war (vergleichbar mit dem Hymnus Akathistos im Osten, bei dem es keine Prostratio gibt), da es dem freudigen Charakter der Zeit nicht zu entsprechen schien.

Das Gebet kann auch durch Formen der Bewegung im Raum einen besonderen Ausdruck finden. So setzt die Prozession verschiedene Räume in Beziehung zueinander und schafft damit einen eigenen Raum. Auch die betenden Menschen werden dabei miteinander in Beziehung gesetzt und erfahren durch ihren gemeinsamen, sinnenfälligen Vollzug auf ein gemeinsames Ziel hin Identität. Die Gemeinschaft der Glaubenden stellt durch ihr Tun das pilgernde Gottesvolk dar, in dessen Mitte oder an dessen Spitze Christus selbst mitzieht (oft repräsentiert durch ein Kreuz oder andere Christussymbole). Bei Flurprozessionen und Wallfahrten tritt zum Element der Bewegung das Schauen hinzu im Sinne von deutender Wahrnehmung der Welt (Felbecker/456).

Welche Haltung nehmen die Hände beim Beten ein? Zu den älteren Haltungen gehört die sog. Orantenhaltung (weniger weit ausgestreckte Arme mit geöffneten Händen). Sie war vor allem im mediterranen Raum die für alle Gläubigen übliche Gebetshaltung und wurde erst im Laufe der Zeit zur spezifischen Geste des Weihepriestertums. Diesem Gestus steht der „nördliche" mit geschlossenen (gefalteten) Händen gegenüber, der eine Konzentration auf das Innere zum Ausdruck bringt. Darüber hinaus gibt es ein Spektrum von Haltungen beim persönlichen Gebet (Verschränkung der Arme, Bedecken des Gesichts mit den Händen u. a.), die ähnlich wie die gefalteten Hände die Innerlichkeit des Gebetsaktes unterstützen.

(Randnotizen:)

Stehen und Verneigung vor Gott

Sich niederwerfen und knien

Prozession

Haltung der Hände

5.3 Die Sprache der Liturgie

5.3.1 Die Sprache als Ausdrucksmittel der Liturgie

Die Sprache ist eines der vorrangigen Ausdrucksmittel der christlichen Liturgie. Sie folgt sowohl anthropologischen und kulturellen (aus sprachwissenschaftlicher Sicht: Hug/420; Greule/416) als auch wesentlich liturgietheologischen Prämissen (Haunerland/419; Brüske/412; vgl. auch Schermann/433). Wenn die Sprache hier behandelt wird, muss dieses immer unter Berücksichtigung der spezifischen Kommunikationssituation des Gottesdienstes geschehen: Hier ereignet sich sowohl Begegnung zwischen Gott und Mensch wie auch Kommunikation in menschlicher Gemeinschaft mit bestimmten Rollenverteilungen.

Aufgabe liturgischer Sprache — Liturgische Sprache partizipiert am gefeierten Mysterium der Selbstkundgabe Gottes in Jesus Christus, das in der Liturgie als gegenwärtig bekannt wird; sie bezieht hierher ihre Plausibilität. Aufgabe der Sprache in der Liturgie ist weder eine Information über Glaubensinhalte noch eine Kommentierung von Handlungen. Die Sprache ist vielmehr wesentlich Teil und Träger gottesdienstlicher Performanz.

Performanz — Der Begriff „Performanz" stammt aus der Sprachphilosophie und wurde von John L. Austin geprägt. Durch den Sprechakt wird eine Handlung vollzogen, also eine außersprachliche Wirklichkeit realisiert. Indem beispielsweise der Standesbeamte das Vermählungswort spricht, wird eine Ehe geschlossen. Eine zu diesem Tun autorisierte Person vollzieht an einem zu dieser Handlung zugelassenen Subjekt, hier dem Paar, einen Akt, der eine Wirklichkeit setzt. Formulierungen wie „Ich verspreche dir die Treue", „Ich liebe dich", „Ich verzeihe dir" schaffen eine neue Situation, die vor der sprachlichen Äußerung noch nicht bestand. Liturgiefeiern, insbesondere die Sakramente, kennen zahlreiche Momente solcher Performanz. Für die Trauungsliturgie beispielsweise können der Vermählungsspruch (Feier der Trauung/51: 19–23) oder, im doxologischen Geschehen der Liturgie zentral, der Feierliche Trauungssegen (ebd. 37) genannt werden. Es handelt sich nicht nur um sprachlich-logisch zu verstehende Texte (lokutionärer Akt), sondern um den Vollzug einer Handlung (illokutionärer Akt) und die Hervorrufung einer Wirkung (perlokutionärer Akt).

Dadurch, dass in der Liturgie etwas ausgesprochen wird, verändert sich Wirklichkeit. Ein neuer Sachverhalt wird gestiftet, im Wort wird gehandelt (Schaeffler/432: 18). Das Sprachgeschehen hat dynamische Qualität. Der Satz „Ich taufe dich im Namen des Vaters und des Sohnes und des Heiligen Geistes" stellt nicht nur ein Ereignis fest, sondern *vollzieht* die Taufe (der Katechumene wird getaufter Christ) und besitzt damit performative Kraft. Theologisch ist dabei die Verbindung zur gefeierten Heilswirklichkeit entscheidend.

„Die Liturgiesprache bringt uns in Einklang mit der von ihr vergegenwärtigten Wirklichkeit, d. h. mit der Heilswirklichkeit, die uns von Gott durch Jesus Christus geschenkt wird; sie bringt uns in Einklang mit dem, was in der Lesung der Schrifttexte verkündet wird, mit dem, was man in den Worten der Lobpreisung feiert, mit dem, was sich in den Worten des Hochgebets vollzieht, mit dem, was man in den Worten der Danksagung entgegennimmt" (Ladrière/426: 114).

Wenn im eucharistischen Hochgebet des Gründonnerstags mit Blick auf das Gefeierte eingefügt wird: „das ist heute", wird über Sprache die Wirklichkeit bezeichnet, die dem Menschen in dieser Feier entgegentritt.

Die Sprache der Liturgie dient also nicht nur dem Gebet vor und zu Gott, sondern zugleich ist sie Kommunikationsmedium innerhalb einer menschlichen Gemeinschaft. Diese steht unter dem Eindruck des Gefeierten wie der besonderen Ausprägungen der Traditionsgemeinschaft „Kirche". Die Sprache ist Teil der liturgischen actio und damit eines gemeinschaftlichen Tuns. Dass Gemeinschaft entsteht und dass sie kommunizieren kann, hängt wesentlich mit der Sprache zusammen, die dem in der Liturgie Gefeierten wie den Feiernden angemessen sein muss. Zugleich formt diese Überlieferungsgemeinschaft die Sprache der Liturgie in einer ganz bestimmten Weise. Durch die Liturgiegeschichte hindurch sind solche Sprachprägungen und -formulierungen, die für den Gottesdienst kennzeichnend sind, tradiert worden, die in der Gegenwart zum Teil weiterhin rezipiert, zum Teil aber auch ergänzt werden. Bedeutung der Sprache für die Gemeinschaft

In der kirchlichen Überlieferungsgemeinschaft haben sich zudem unterschiedliche Rollen und Ämter im Gottesdienst ausgeprägt, die auch über Sprachfiguren identifiziert werden. Das gilt z. B. für Gruß- und Segensformeln, in denen bestimmte Teile dem Vorsteher bzw. der Vorsteherin und andere der Gemeinde vorbehalten sind, ebenso aber auch für Texte wie Präsidialgebete, die an bestimmte Rollen oder auch Ämter gebunden sind, für Lesung und Evangelium usw. Die Sprache im Gottesdienst ist folglich sehr vielschichtig, sie korrespondiert sowohl mit der Differenziertheit des christlichen Gottesdienstes als auch mit den unterschiedlichen Lebenssituationen, in denen im Gottesdienst der Mensch vor Gott tritt. Das spiegelt sich nicht zuletzt in den unterschiedlichen Sprachformen des Gottesdienstes wider, wie dem Lobpreis, dem Dank, der Bitte, der Klage, aber auch dem Bekenntnis und der Ermahnung. Rollen und Ämter

Die Partizipation an der vertikalen wie horizontalen Dimension des Gottesdienstes hat zur Konsequenz, dass die Sprache im Gottesdienst der komplexen Wirklichkeit und Kommunikationssituation angemessen sein muss. Das betrifft das Sprachniveau, also auch Grammatik und Rhetorik. Wie Gott den Betenden gegenübertritt und von ihnen erfahren wird, kann eindrücklich in Sprachformen zum Ausdruck gebracht werden, wenngleich es immer nur um Annäherungen gehen kann.

Beispielsweise spricht die relativische Prädikation („Deus, qui nos ad imaginem tuam creasti", Missale Romanum/43: 828) über Relativsatz und Prädikat aus, wer Gott ist und wie er für den Menschen erfahrbar ist. Die Konstruktion „Deus, qui" verbindet Gottesanrufung und Prädikation sprachlich besonders eng, muttersprachliche Formulierungen bringen das in sprachlich anderer Form zum Ausdruck: „Gott, unser Schöpfer und Erlöser, du hast uns nach deinem Bild geschaffen" (Meßbuch/44: 1088).

Die sprachliche Formulierung drückt also aus, was das Gebet als Glaubensgeschehen trägt und was sich in diesem Glaubensakt ereignet. Dafür bedient sich die Liturgie auch bestimmter rhetorischer Elemente, die häufig standardisiert wiederkehren. So verwenden die Orationen regelmäßig die sprachlichen Elemente Anaklese, Prädikation, Bitte, Doxologie und Gemeindeakklamation (vgl. Kap. 5.2.5.1). In der lobpreisenden Prädikation und der sich Wiederkehrende sprachliche Elemente anschließenden Bitte vollzieht sich das dialogische Grundgeschehen der Liturgie; Katabasis und Anabasis kommen „zur Sprache". Die Standardisierung sprachlicher Vollzüge erleichtert außerdem allen Anwesenden den Mitvollzug der Liturgie.

Weitere rhetorische Mittel spielen auch in einer muttersprachlichen Liturgie eine Rolle und sollten nicht übersehen werden. So bedient sich die Liturgie unter anderem folgender sprachlicher Mittel (Kranemann/424):

Sprachliche Mittel in der Liturgie: Paradoxon

– *Paradoxon*: Im Segensgebet über dem Taufwasser (Erstes Formular) wird die Taufe mit der Sintflut verglichen, bedeutet also zugleich Vernichtung und Neuanfang („da sie den alten Menschen vernichtet, um neues Leben zu wecken") und bringt damit das Paradoxe und letztlich Unbegreifliche des Glaubensgeschehens zum Ausdruck.

Parallelismus

– *Parallelismus*: Durch dieses Stilelement kann zum Beispiel das Ineinander von Zeitebenen ausgedrückt werden; so heißt es im Exsultet:

„Dies ist die Nacht, die unsere Väter, die Söhne Israels, aus Ägypten befreit und auf trockenem Pfad durch die Fluten des Roten Meeres geführt hat. / Dies ist die Nacht, in der die leuchtende Säule das Dunkel der Sünde vertrieben hat. / Dies ist die Nacht, die auf der ganzen Erde alle, die an Christus glauben, scheidet von den Lastern der Welt, dem Elend der Sünde entreißt, ins Reich der Gnade heimführt und einfügt in die heilige Kirche. / Dies ist die selige Nacht, in der Christus die Ketten des Todes zerbrach und aus der Tiefe als Sieger emporstieg."

Durch den parallelen Satzbau werden die beschriebenen Zeiten aufeinander bezogen, die Gleichzeitigkeit wird unterstrichen. Der folgende Satz hebt sich dadurch umso deutlicher ab: „Wahrhaftig, umsonst wären wir geboren, hätte uns nicht der Erlöser gerettet" (Meßbuch/44: [72]–[74]).

Pleonasmus

– *Pleonasmus*: Er bewirkt durch eine Häufung sinnähnlicher Ausdrücke sowohl Anschaulichkeit als auch Nachdrücklichkeit, wie in der Eröffnung des Exsultet deutlich wird:

„Frohlocket, ihr Chöre der Engel, frohlocket, ihr himmlischen Scharen, lasset die Posaune erschallen, preiset den Sieger, den erhabenen König! Lobsinge, du Erde, überstrahlt vom Glanz aus der Höhe! Licht des großen Königs umleuchte dich. Siehe, geschwunden ist allerorten das Dunkel. Auch du freue dich, Mutter Kirche, umkleidet von Licht und herrlichem Glanze! Töne wider, heilige Halle, töne von des Volkes mächtigem Jubel" (Meßbuch/44: [69f.]);

Zitat

– *Zitat*: Ihm kommt besondere theologische Dichte und Autorität zu, weil es eine Situations- und Rollenidentifikation und damit Zeitgenossenschaft markiert, so in der Taufwasserweihe (Erstes Formular; vgl. Anhang 1.2): „Nach seiner Auferstehung gab er den Jüngern den Auftrag: Geht hin und lehrt alle Völker und tauft sie im Namen des Vaters und des Sohnes und des Heiligen Geistes." (vgl. Mt 28,19 [Vulg]).

Die Reihe der rhetorischen Mittel wäre fortsetzbar.

5.3.2 Die Geschichte der Sprache im Gottesdienst der katholischen Kirche

Die Geschichte der Sprache, die in der Liturgie verwendet worden ist, ist wesentlich vielfältiger, als man mit Blick auf das lange Zeit in der katholischen Kirche vorherrschende Latein vermuten würde. Die unterschiedlichen christlichen Liturgien haben sich vielfältiger Sprachen bedient, haben auch Sprachwechsel vollzogen und mitunter zeitgleich verschiedene Sprachen gebraucht. Die ersten Gemeinden im syrisch-palästinischen Raum werden im Gottesdienst Aramäisch, aber auch Griechisch gesprochen haben. Sehr rasch hat sich im westlichen Mittelmeerraum das Griechische als Weltsprache der Antike in der Koine-Form als christliche Liturgiesprache in vielen Regionen durchgesetzt. Im polyglotten Rom verwendete man in den ersten Jahrhunderten das Griechische in der Liturgie. Neben dem Griechischen, aber auch an seiner Stelle begegnen im Gottesdienst der Alten Kirche bzw. am Übergang von der Antike zum Mittelalter das Altäthiopische (Ge'ez), das Armenische, das Koptische, das Nubische, das Georgische sowie das dem Aramäischen sprachgeschichtlich nahe Syrische. In der römischen Provinz Africa hingegen wurde im Gottesdienst Latein gesprochen, dies in einer kulturellen Umgebung, die Punisch sprach. Die Liturgiesprache ist hier also schon Sondersprache (Kretschmar/425: 74–80).

Bereits seit dem 2. Jahrhundert verwendete man in Rom zunehmend bei Katechumenatsriten, der Initiation und im Wortgottesdienst das Lateinische. In der zweiten Hälfte des 4. Jahrhunderts setzte sich unter Papst Damasus in Rom Latein als Liturgiesprache auch für die Eucharistiefeier durch und wurde in der Folge in den Missionsgebieten verwendet, wobei etwa in Taufe, Trauung und Buße sowie in Gesang und Predigt weiterhin einzelne volkssprachliche Elemente überliefert sind. Ist hier ein deutlicher Bruch zwischen Liturgie- und Alltagssprache zu beobachten, so lässt sich dieser sogar auch für Rom ausmachen: Denn diese lateinische Liturgiesprache war eine Kunstsprache, die sich von der Umgangssprache des Alltags deutlich unterschied. Sprachniveau, Neuschöpfungen in Wortschatz und Syntax, ein knapper Stil („gravitas romana"), Sprachrhythmus („cursus") und die Übernahme biblischer wie paganer Sprachelemente und Stilmittel prägten dieses Latein (Klöckener/423: 125). Zugleich kam es zu sprachlichen Neubildungen, welche die christlichen Glaubensinhalte ausdrücken sollten. Die lateinische Liturgiesprache war also schon von ihren Anfängen her eine Sprache, die nicht allgemein verständlich war. Dabei war doch der Wechsel zu dieser Liturgiesprache gerade dadurch motiviert worden, dass man die Möglichkeit des Mitbetens und Verstehens als konstitutiv für den christlichen Gottesdienst verstand.

Hier zeichnet sich bereits eine Spannung ab, welche die Diskussionen um die Liturgiesprache durch die Jahrhunderte begleitet hat: einerseits soll die Sprache dem sakralen Geschehen des Gottesdienstes gemäß sein und es in gewisser Weise sogar verhüllen, andererseits wird der Anspruch erhoben, dass die Gläubigen den Gottesdienst verständig und damit auch sprachlich mitvollziehen können. So lässt sich dem Umgang mit der Sprache häufig schon das zeitgenössische Verständnis von Liturgie ablesen.

Das Lateinische wirkte als Band zwischen verschiedenen Liturgiefamilien. Es wurde neben der römischen auch in der altgallischen, mozarabischen (altspanischen), der keltischen und ambrosianischen Liturgie verwendet.

Darf man für das Erstarken des Lateinischen in der Liturgie kulturgeschichtliche Fakten wie die Sprachreform unter Kaiser Decius (249–251) nicht übersehen, so führten politische Veränderungen (v. a. das Erstarken der byzantinischen Herrschaft im 6. Jahrhundert) dazu, dass im 6./7. Jahrhun-

Liturgiesprache als Kunstsprache

Spannung zwischen Angemessenheit und Verständlichkeit

dert in Rom und Italien das Griechische in der Liturgie wieder an Bedeutung gewann. Das Glaubensbekenntnis wurde in beiden Sprachen gesprochen, Lesungen im Wortgottesdienst in Latein und Griechisch verlesen (Lentner/ 429: 20). Noch weit bis in das Mittelalter hinein erhielten sich in der Liturgie der katholischen Kirche Texte und Gesänge in griechischer Sprache. Heute noch werden mit dem Kyrie eleison (seit 500 Teil der römischen Messe) und dem Trishagion am Karfreitag (erstmals auf dem Konzil von Chalkedon 451 bezeugt) griechische Texte gesungen.

Die lateinische Liturgiesprache wurde in den folgenden Jahrhunderten zunehmend nicht mehr verstanden; Erklärungen wurden notwendig. Es kam zu einer Entfremdung von der Gottesdienstsprache und damit auch von Vollzügen des Gottesdienstes. Die mittlerweile konservierte Sprache entwickelte sich zu einer Sakralsprache.

Kontroversen um angemessene Liturgiesprache

Dennoch gab es in den folgenden Jahrhunderten immer wieder Auseinandersetzungen um die angemessene Liturgiesprache (Lentner/429: 47–53). Im Zuge der Slawenmission des 9. Jahrhunderts hatten die griechischen Missionare Konstantin (Kyrill) und Method das Slawische verwendet und die römische Messe in die Volkssprache übertragen. Sie riefen damit heftige Kritik hervor, weil nur die Sprachen der Kreuzesinschrift nach Joh 19,20 als heilige Sprachen galten, also Hebräisch, Latein und Griechisch. Papst Johannes VIII. (872–882) entschied jedoch, dass es weder Glauben noch kirchlicher Lehre widerspreche, die Messe oder die Stundenliturgie in Slawisch zu singen oder die biblischen Texte in dieser Sprache zu verkündigen. Denn Gott habe neben den genannten Sprachen auch alle anderen geschaffen. Papst Stephan V. (885–891) allerdings hat die römische Liturgie in slawischer Sprache bereits wieder untersagt, ebenso wie später Gregor VII. (1073–1085).

Zu Auseinandersetzungen um die Liturgiesprache kam es auch im Zusammenhang des chinesischen Ritenstreits, also der Frage, inwieweit konfuzianische Riten für die katholische Liturgie adaptiert werden könnten. 1615 genehmigte Papst Paul V. (1605–1621) den Jesuiten, die römische Liturgie in Mandarin zu feiern. Papst Alexander VII. (1655–1667) verbot hingegen 1661 alle Versuche, die Volkssprache in die Liturgie einzuführen. Es widerspreche der Würde der Mysterien, die Texte des Missale allen Gläubigen zugänglich zu machen.

Trient: Ablehnung der Volkssprache in der Messe

Das Konzil von Trient hatte sich gegen die Verwendung der Volkssprache in der Messfeier ausgesprochen. Zwar erkannte man die Bedeutung der Liturgie für die Glaubensunterweisung. Diese sollte aber nicht durch die Verständlichkeit der Sprache, sondern durch Erklärung erfolgen (vgl. DH 1749, 1759). Die mit der Liturgiesprache verbundenen Probleme scheinen hier deutlich auf.

Verhältnis der Reformatoren zur Muttersprache in der Liturgie

Die Reformation öffnete die Liturgie der deutschen Sprache, wobei jedoch, was das Vorgehen betrifft, von Reformator zur Reformator genauer zu differenzieren ist. Seit 1520 feierte man in Gemeinden, die sich der Reformation angeschlossen hatten, Gottesdienst in der Volkssprache. 1526 erschien Martin Luthers „Deutsche Messe und Ordnung Gottis diensts, zu Wittemberg fürgenommen" (WA 19, 72–113). Hierin wurde durchgängig die deutsche Sprache verwendet, unter anderem um das Evangelium allen Menschen verkünden zu können. Luther hat, vorsichtig und immer auf die

Freiheit der Entscheidung achtend, die muttersprachliche Liturgie ermöglicht. Im Jahre 1525 sagte er in einer Predigt:

„Darumb hab ich mich auch so lang gewehrt mit der deutschen Messe, daß ich nicht Ursach gäb den Rottengeistern [d. h. Karlstadt und den Schwarmgeistern; Vf.], die hineinplumpen unbesunnen, achten nicht, ob es Gott haben wölle. Nun aber so mich so viel bitten aus allen Landen mit Geschrift und Briefen, und mich der weltlich Gewalt darzu dringet, könnten wir uns wohl nicht entschuldigen und ausreden, sondern müssen darfür achten und halten, es sei der Will Gottes" (WA 19, 50 f.). So stand neben der deutschen auch weiterhin die lateinische Messe (vgl. die lateinische Formula Missae et Communionis, 1523 [WA 12, 205–220]). Luther begründete den Wert, den er immer noch dem Lateinischen beimaß, wie folgt: „Denn ich ynn keynen weg wil die latinische sprache aus dem Gottis dienst lassen gar weg komen, denn es ist myr alles vmb die iugent. […] Denn ich wolte gerne solche iugent vnd leute auffzihen, die auch ynn frembden landen kunden Christo nütze seyn und mit den leuten reden" (WA 19, 74).

Calvin lehnte demgegenüber die lateinische Liturgiesprache rigoros ab. Für die Reformatoren war der Gottesdienst in besonderem Maße Wortgeschehen, in dem das Wort nun zum Gnadenmittel wurde (Berger/411: 800). Der muttersprachliche Gottesdienst ist die logische Konsequenz.

Auch in der katholischen Kirche wurden nach dem Konzil von Trient immer wieder Stimmen laut, die sich für deutsche Gesänge in der lateinischen Messe oder für in deutscher Sprache verlesene Gebete im Anschluss an die vom Priester in Latein gesprochenen Gebete einsetzten, so im 16. Jahrhundert Johann Leisentrit (Gülden/417) und Georg Witzel (Diez/413).

Die katholische Aufklärung diskutierte um 1800 die deutsche Liturgiesprache im Zusammenhang der Frage nach ihrem Verständnis von Gottesdienst; Theologen dieser Zeit publizierten einzelne liturgische Texte und vor allem Ritualien in der Muttersprache (vgl. Kap. 3.8). Ein erbaulicher und belehrender Gottesdienst musste verständlich sein. *Katholische Aufklärung*

Sehr unterschiedliche Begründungen begegnen also für die verschiedenen Sprachen (Latein oder Muttersprache) im Gottesdienst. Zugleich wird ein je variierendes Grundverständnis der Liturgie sichtbar: Ist sie eine Angelegenheit der ganzen Gemeinde, des Volkes Gottes, aller Initiierten oder ist sie eine Sache religiöser Spezialisten, der Ordinierten? Wird Liturgie als öffentlich zugängliche Feier der Kirche verstanden, die entsprechend auch Zeugnischarakter besitzt, oder ist sie ein sakraler Bezirk, der durch ein sprachliches Arkanum, also ein Verbergen, zu schützen ist? Soll sich die Liturgie mittels der Sprache einer Kultur öffnen und dadurch diese wiederum auch prägen, oder ist sie ein gleichsam aller Inkulturation enthobenes Geschehen? *Liturgische Sprache und das jeweilige Grundverständnis von Liturgie*

Die Liturgische Bewegung ermöglichte, dass sich die Muttersprache durchsetzte. Dabei ging es zunächst nicht primär um die muttersprachlich gefeierte Liturgie, sondern vielmehr darum, dass die Gläubigen sich durch Mitlesen einer Übersetzung der Messtexte dem Gebet des Priesters anschließen konnten; dies belegt z. B. das Volksmessbuch von Anselm Schott, das erstmals 1884 erschien. Erst allmählich begann man im frühen 20. Jahrhundert mit Messfeiern, in denen das Volk Gebetsteile und Gesänge übernahm, so in der „Missa recitata" oder „Missa dialogata", der „Bet-Sing-Messe" oder

der „Gemeinschaftsmesse". Das Ziel war die Participatio actuosa der Gläubigen, dieser Begriff wurde bereits 1903 durch Papst Pius X. in seinem Schreiben „Tra le sollecitudini" verwendet (vgl. 3.10.1):

Der Papst stellte einen Zusammenhang zwischen der Stärkung des christlichen Geistes und der Würde des Gottesdienstes her. Tätig an der Liturgie teilzunehmen, bedeutete für ihn, aus der primären Quelle des Glaubens leben zu können.

Es ging um die Erneuerung der Kirche und der Spiritualität, um Teilhabe am Mysterium. Als ein Mittel dazu wurde zunehmend auch die Muttersprachlichkeit in der Liturgie betrachtet (vgl. dazu auch Parsch/431, v.a. 19f.).

Der Umfang der Muttersprache in der Liturgie und der Ort ihrer Einfügung in die Liturgie blieben kontrovers. Josef Andreas Jungmann schrieb 1944 von einer Lösung, „durch die den Gläubigen überhaupt eine innigere Anteilnahme auch am wortmäßigen Vollzug des Gottesdienstes, womöglich nicht nur durch das Mitlesen eines Textes, ermöglicht" werde (zitiert nach Maas-Ewerd/430: 616). Andere Stimmen wandten sich unter anderem gegen eine als bedenklich empfundene Vorstellung des ‚allgemeinen Priestertums', sie befürchteten, dass durch die Volkssprachlichkeit die Bindung an die römische Kirche gelockert werden könne (vgl. ebd. 174, 185, 282, 350, 424f. u. ö.). Das Ziel der muttersprachlichen Liturgie wurde aber dennoch auf verschiedenen Ebenen der katholischen Kirche in der ersten Hälfte des vergangenen Jahrhunderts angestrebt. In vielen Bistümern erschienen diözesane Anhänge zum Rituale Romanum mit den Texten unter anderem für Taufe, Trauung, Begräbnis („Collectio rituum"), die zum Teil, mit Unterschieden von Bistum zu Bistum, zahlreiche Gebete und andere Texte in der Muttersprache enthielten. Auch verschiedene Diözesansynoden äußerten sich positiv zur Verwendung der Muttersprache im Gottesdienst.

Zurückhaltung übte demgegenüber 1947 die Enzyklika „Mediator Dei": „Der Gebrauch der lateinischen Sprache, wie er in einem großen Teil der Kirche Geltung hat, ist ein allen erkennbares und schönes Zeichen der Einheit und eine wirksame Wehr gegen jegliche Verderbnis der wahren Lehre. In nicht wenigen kirchlichen Handlungen kann indes die Verwendung der Landessprache beim Volk sehr nützlich sein" (Mediator Dei/59).

5.3.3 Liturgiesprache im Zweiten Vatikanischen Konzil und in der nachkonziliaren Liturgiereform

Ideal: Lateinischsprachige Liturgie; Muttersprache „aus pastoralen Gründen"

Die Liturgiekonstitution des Zweiten Vatikanischen Konzils geht erheblich über „Mediator Dei" hinaus. In der Konzilsaula wurde wiederholt mehr Raum für die Muttersprache im Gottesdienst gefordert. Von den 81 Konzilsvätern, die sich zum entsprechenden Passus im Entwurf (Schema) der Liturgiekonstitution äußerten, sprachen sich 67 im Sinne einer stärkeren Gewichtung der Muttersprache aus (zum Diskussionsverlauf: Lengeling/ 428: 81f.; Selle/434). Doch blieb für das Konzil die lateinischsprachige Liturgie das Ideal. SC 36 § 1 betont: „Der Gebrauch der lateinischen Sprache soll in den lateinischen Riten erhalten bleiben, soweit nicht Sonderrecht entgegensteht." Mit Letzterem sind unter anderem das Recht auf römische Liturgie in slawischer Sprache und die Erlaubnis zum Deutschen Hochamt angesprochen. SC 36 § 2 räumt aber das Recht ein, aus pastoralen Gründen doch der Muttersprache breiteren Raum in der Liturgie zu geben. Dennoch bleiben die Aussagen für eine muttersprachliche Liturgie erstaunlich zurückhaltend. Konkretisierungen dieser Bestimmungen für die Messfeier finden sich in SC 54, für die Sakramente und Sakramentalien in SC 63 und für die Stundenliturgie in SC 101. Mindestens ebenso überraschend ist, wie schnell sich nach dem Konzil der Wandel von der lateinischen zur muttersprachlichen Liturgie vollzogen hat. Bis 1967 wurde sukzessive die Verwendung der Muttersprache für die ganze römische Liturgie gestattet. Die lateinischen Liturgiebücher dienen seitdem als Editio typica, ihnen folgen die muttersprachlichen Bücher für die Liturgie. 1970 hieß es in einer Ansprache des Papstes vor dem Consilium (Kommission für die Ausführung der Liturgiekonstitution), man habe sich bemüht, dass „das Volk Gottes vor allem durch die Erlaubnis des Gebrauchs der Muttersprache die Texte der Liturgie besser verstehe und an den heiligen Feiern tätiger teilnehme" (DEL 2074). Im Jahre 1979 wurde bereits in 342 Sprachen und Dialekten Liturgie gefeiert (Haunerland/418: 988). Die Zahl wird seitdem noch gestiegen sein. Die Frage nach der Zuständigkeit für die kirchliche Genehmigung (Approbation) muttersprachlicher Texte sorgte für innerkirchliche Auseinandersetzungen. Hatte SC 36,3 f. das entsprechende Recht den Ortskirchen zugesprochen, so wurde dieses schon bald nach dem Konzil zunehmend vom Apostolischen Stuhl beansprucht. Der CIC 1983 erwähnt das Recht der Bischofskonferenzen auf Approbation muttersprachlicher Liturgietexte nicht mehr (Kaczynski/422: 105–111). | Wandel zur muttersprachlichen Liturgie

Auch die Frage, nach welchen Kriterien man bei der Übersetzung vorgehen sollte, war nachkonziliar zu klären. Bereits am 25. Januar 1969 hatte das Consilium die Instruktion „De interpretatione textuum liturgicorum" herausgeben, also ein rechtlich verbindliches Dokument über „Die Übertragung liturgischer Texte" (DEL 1200–1242). Diese sog. „Übersetzerinstruktion" stellt Grundsätze für die Übersetzung zusammen. Hier finden sich zentrale Aussagen zur Liturgiesprache. Grundlage der Liturgie ist demnach der Text, die Sprache ist Mittel personaler Begegnung, in dem sich die Liturgie als dialogisches Geschehen katabatisch und anabatisch entfaltet (DEL 1204). In Sprache wird die Frohe Botschaft verkündet und richtet die Kirche ihr Gebet an Gott (DEL 1205). Deshalb genüge nicht die einfache und wörtliche Übertragung der Grundgedanken des Originaltextes aus dem Lateinischen in eine andere Sprache. Es komme darauf an, „einem bestimmten Volk in dessen eigener Sprache getreu zu vermitteln, was die Kirche durch den Originaltext einem anderen Volk in einer anderen Sprache mitgeteilt hat. Die Treue der Übersetzung kann also nicht lediglich von den Worten und Sätzen her beurteilt werden. Es muß vielmehr geschehen nach dem genauen Gesamtzusammenhang des Verständigungsvorganges in Übereinstimmung mit der literarischen Art des Textes." Hier wird mit großer Sensibilität für Sprache der Rahmen für solche Übersetzungen abgesteckt: Ziel ist die Vermittlung des Gebetsinhalts. Dabei ist der spezifische Kommunikationszusammenhang der Liturgie zu beachten. Ziel ist keine Übersetzung, in möglichst großer sprachlicher Nähe zum Originaltext, entscheidend ist, dass die Aussage des Inhalts insgesamt verstanden werden kann. Die Kom- | Grundsätze für die Übersetzung: die Übersetzerinstruktion von 1969 munikationssituation wird genauer beschrieben: Sprecher, Adressat und Sprachstil sind neben der Mitteilung des Gebets zu beachten. Vor der Übersetzung muss man „den Inhalt der Botschaft gedanklich freilegen, um ihm dann eine andere, genaue und treffende Form zu geben" (DEL 1207). Das philologische Instrumentarium für solche Übersetzungsarbeit wird skizziert (DEL 1208–1212) und im Folgenden anhand von Beispielen exemplifiziert. Bemerkenswert ist unter kommunikationstheoretischen Aspekten die Klassifizierung der Sprache: Sie „soll die des täglichen Umgangs sein, also angepaßt an die Gesamtheit der Gläubigen, welche die gleiche Sprache gebrauchen und sich regelmäßig zum Gottesdienst versammeln, eingeschlossen ‚die Kinder und die einfachen Leute' … Daraus folgt nicht, daß diese Sprache vulgär sein dürfte; ‚denn sie muß immer der hohen Wirklichkeit würdig sein, die sie ausspricht' … [,] und literarisch tadellos" (DEL 1214). Bei den Mitfeiernden darf keine literarische Bildung vorausgesetzt werden, die Verwendung poetischer Texte schließt den Gebrauch der gehobenen Umgangssprache nicht aus. Damit sind die Möglichkeiten liturgischer Sprache, aber auch ihre Schwierigkeiten klar umrissen. Es wird deutlich, dass für eine muttersprachliche Liturgie zumindest die Bereitschaft bestehen muss, die Sprachgestalt regelmäßig auf Eignung, Akzeptanz und Qualität hin zu überprüfen, denn Sprachentwicklungen gehen an der Muttersprache in der Liturgie nicht vorbei. Bei Übersetzungen ist die Äquivalenz muttersprachlicher Ausdrücke gegenüber dem religiösen Sinn zu beachten (DEL 1216), die Möglichkeit der Inkulturation liturgischer Sprache in den Blick zu nehmen (DEL 1219) und die sprachliche Gestalt im Sinne der spezifisch liturgischen Mitteilung zu berücksichtigen (DEL 1224–1228). Die sprachliche Größe jedes Textes wird hervorgehoben und die Beachtung konstitutiver Elemente betont. Zwischen Wesentlichem und Unwesentlichem soll differenziert werden. Die Gebete sollen im Zuhören verständlich sein (DEL 1228). Für verschiedene „euchologische und sakramentale Formeln, so die Weihegebete, die eucharistischen Hochgebete, Präfationen, Exorzismen und die Begleitformeln von Handlungen wie Handauflegung, Salbungen, Kreuzzeichen usw." (DEL 1232) wird eine Übersetzung „integre et fideliter" vorgeschrieben. Ansonsten soll der jeweiligen Sprachform angemessen übersetzt werden (DEL 1234). Besondere Vielfalt ist für Gesangstexte erforderlich (DEL 1235 f.).

Beispiel: Übersetzung derselben Oration in diversen Messbüchern

Welche Spielräume dieses Dokument eröffnete, macht das folgende Beispiel sichtbar, das Tagesgebet vom 19. Sonntag im Jahreskreis. Die Oration lautet im Missale Romanum von 1970:

„Omnipotens sempiterne Deus, quem paterno nomine invocare praesumimus, perfice in cordibus nostris spiritum adoptionis filiorum, ut promissam hereditatem ingredi mereamur. Per Dominum" (Missale Romanum/43: 358).

Das deutsche Messbuch von 1975 übersetzt folgendermaßen:

„Allmächtiger Gott, wir dürfen dich Vater nennen, denn du hast uns an Kindes Statt angenommen und uns den Geist deines Sohnes gesandt. Gib, daß wir in diesem Geist wachsen und einst das verheißene Erbe empfangen. Darum bitten wir durch Jesus Christus" (Meßbuch/44: 230).

In der englischen Fassung lautet der Text:

„Almighty and ever-living God, your Spirit made us your children, confident to call you Father. Increase your Spirit within us and bring us to our promised inheritance" (Sunday Missal/46: 644).

Die lateinische Oration weist typische Merkmale dieser Textsorte auf (vgl. Kap. 5.2.5), beginnt mit einer Anaklese („Omnipotens ..."), an die sich eine relativische Prädikation anschließt („quem ..."), die in eine Bitte mündet („perfice ..."). Eine Doxologie beendet das Gebet („Per ..."). Die deutsche und englische Übersetzung behalten die literarische Form der Oration bei, gehen aber schon unterschiedlich mit der Anaklese um, denn die englische Fassung bleibt hier näher am lateinischen Text. Die relativische Prädikation wird in beiden Übersetzungen aufgelöst, der Inhalt aber, der Lobpreis Gottes und die Erinnerung an sein Heilshandeln, bleibt bewahrt. Im deutschen und englischen Text ist ein Teil der Bitte der lateinischen Oration in die Prädikation übernommen worden („und uns den Geist deines Sohnes gesandt"; „your Spirit made us your children"). Im Deutschen ist dadurch inhaltlich ein Chiasmus entstanden (Kindes Statt – Geist; Geist – Erbe), im Englischen ein Parallelismus (Spirit – Father; Spirit – inheritance). Beide Übersetzungen lösen das „paterno nomine invocare" auf und lassen „in cordibus nostris" unübersetzt. Auffällig ist die Kürze der englischen im Vergleich mit der deutschen Übersetzung.

Somit kann man generell für die Übersetzung liturgischer Texte auf der Basis der römischen Dokumente der unmittelbareren Nachkonzilszeit Folgendes festhalten:

Fazit: Nachkonziliare Übersetzungspraxis

- Grundlage für die muttersprachlichen liturgischen Texte sind die lateinischen Editiones typicae, also die lateinischen römischen liturgischen Bücher.
- Bei der Übertragung soll der Inhalt der Oration zum Ausdruck kommen. Anliegen der Übersetzung ist die getreue Wiedergabe des Inhalts, nicht die möglichst große Nähe zum Originaltext.
- Sprachlich sollen die liturgischen Texte sowohl der Gemeinde in ihrer vielfältigen Zusammensetzung als auch der besonderen Bedeutung des liturgischen Geschehens zwischen Gott und Mensch angemessen sein.
- Der Gottesdienst ist insgesamt als Kommunikationsgeschehen wahrzunehmen.
- In genau umschriebenen Fällen wird den Verantwortlichen vor Ort das Recht zur Umformulierung auch zentraler liturgischer Texte eingeräumt.

Es wird deutlich, dass die Verwendung der Muttersprache nicht allein pragmatischen Gründen folgt, sondern liturgietheologische Vorgaben sowie pastorale Erfordernisse zu beachten hat.

Eine Arbeitsgruppe, die über mehrere Jahre im kirchlichen Auftrag an neuen deutschen Übersetzungen der Messorationen gearbeitet hat, ist zu folgender Fassung der obigen Oration gekommen:

„Gütiger Gott, du hast uns den Geist deines Sohnes geschenkt. Wir dürfen dich Vater nennen. Hilf, daß wir in dieser Welt als deine Töchter und Söhne leben und einst das verheißene Erbe empfangen durch Jesus Christus" (Tagesgebete/435: 83).

In der Begründung der Übersetzung wird auf die Auflösung zu langer Satzgefüge und die größere Nähe zum lateinischen Text verwiesen. Im Sinne inklusiver Sprache heißt es statt „Kinder" jetzt „Töchter und Söhne". Das sprachlich schwierigere „in deinem Geist wachsen" ist durch die leichter zugängliche Formulierung „in dieser Welt als deine Töchter und Söhne leben" ersetzt worden.

Die Leitlinien, die dieser Übersetzung zugrunde lagen (Leitlinien/427), lassen sich so skizzieren: Muttersprachliche Orationen müssen sich in der Liturgiefeier einer durchschnittlichen Gemeinde bewähren. Sie müssen in die liturgische Tradition der Kirche eingebunden sein, was eine gewisse Sperrigkeit der Liturgiesprache aber nicht ausschließt; sie müssen sich zur Wiederholung eignen, Bibelnähe bewahren, Inklusivität im Sinne eines ganzheitlichen Menschen- und Gottesbildes (Gerhards/415) gewährleisten und die Welterfahrung des heutigen Menschen einbeziehen. Muttersprachliche liturgische Texte stehen demnach in der Spannung von biblisch-liturgiegeschichtlicher Vorgabe, Zeitgenossenschaft und liturgischer Pragmatik. Sie folgen auch den liturgietheologisch begründeten Strukturen und Vorgaben liturgischen Betens (vgl. Kap. 5.2). Die Gottesanrede muss der Gottesbeziehung angemessen sein. Liturgische Sprache soll nicht informieren, belehren, indoktrinieren oder disziplinieren. Unter sprachlichen Aspekten sind Verständlichkeit, sprachliche Prägnanz, die sich unter anderem in der Kürze und der Vermeidung von inhaltlicher Überladung zeigt, der Einbezug christlicher Grundbegriffe (ohne in eine theologische Fachsprache zu verfallen), Offenheit für Assoziationen sowie einfacher Satzbau bei gleichzeitig gehobener Stilebene gefordert.

Die Instruktion „Liturgiam authenticam"

Das jüngste, aus dem Jahre 2001 stammende römische Dokument zu Fragen der Sprache in der Liturgie, das in eine andere Richtung weist, trägt im Deutschen den Titel „Der Gebrauch der Volkssprache bei der Herausgabe der Bücher der römischen Liturgie. Liturgiam authenticam". Es handelt sich um eine Instruktion, die für die kirchlichen, gesetzesausführenden Verwaltungsorgane bindend ist. Die Übersetzung der Liturgie in die verschiedenen Muttersprachen wird nicht in Frage gestellt; es geht nicht um eine Rückkehr der Liturgie zur lateinischen Sprache. Auch die Notwendigkeit und Berechtigung tätiger Teilnahme der Gläubigen wird betont. Es wird aber deutliche Kritik an den bisherigen Übersetzungen der lateinischen liturgischen Bücher geübt. Notwendig seien Korrekturen oder Neuausgaben; Auslassungen oder Irrtümer müssten überwunden werden. Der römische Ritus wird als Instrument der Inkulturation beschrieben, denn er besitze kulturell integrative Kräfte. Dieses Instrument dürfe nicht durch Fehlübersetzungen gefährdet werden, weshalb neue Prinzipien für die Übersetzungen notwendig seien. Man sieht die Einheit des römischen Ritus tangiert. Als neuer Grundsatz wird hervorgehoben,

„dass die Übersetzung der liturgischen Texte der römischen Liturgie nicht in erster Linie ein kreatives Werk ist, sondern vielmehr erfordert, die Originaltexte in die Volkssprache getreu und genau zu übertragen. Zwar mag es erlaubt sein, die Worte so anzuordnen und Satzbau wie Stil so zu gestalten, dass ein flüssiger und dem Rhythmus des Gemeindegebetes angepasster volkssprachiger Text entsteht. Doch muss der Originaltext, soweit möglich, ganz vollständig und ganz genau übertragen werden, das heißt ohne Auslassungen und Zusätze, was den Inhalt betrifft, und ohne Paraphrasen oder Erklärungen" (Liturgiam authenticam/78: Nr. 20).

Offensichtlich soll vor allem eine solche Übersetzung liturgischer Texte gefördert werden, die sich durch größtmögliche Nähe zum lateinischen Text auszeichnet. Man befürwortet, dass sich eine eigene „Sakralsprache" entwickelt, die „auch als speziell liturgische Redeweise anerkannt wird" (Nr. 27). Verworfen wird eine „inklusive" Sprache für die Liturgie. Sie kann nach Nr. 30 f. nur in der Katechese Platz finden. Das Dokument ist nicht nur deshalb bemerkenswert, weil es in weiten Teilen einen Bruch mit der nachkonziliaren Übersetzungspraxis vollzieht; es dokumentiert auch ein neues Kirchenverständnis, das die Position der Ortskirchen zugunsten des Heiligen Stuhls schwächt. Dieser behält sich beispielsweise „ob bonum fidelium" das Recht vor, „Übersetzungen in jede beliebige Sprache anzufertigen und für den liturgischen Gebrauch zu approbieren" (Nr. 104).

Kritisiert wird an diesem Dokument auch ein falscher Begriff von Einheit, der Einheitlichkeit bis in den Wortlaut der liturgischen Texte hinein sucht und damit Aussagen der Liturgiekonstitution wie SC 37 widerspricht. Bemängelt werden das fehlende Verständnis für die bisherige Liturgiereform und vor allem falsche Kriterien für die Übersetzungen, denn die Ausdrucksweise der lateinischen Orationen lasse sich in lebenden Sprachen nicht nachahmen, wolle man nicht den geistlichen Gewinn einer volkssprachigen Liturgie aufs Spiel setzen (Kaczynski/421). Erfahrungen mit „Liturgiam authenticam" liegen im deutschen Sprachgebiet bisher nicht vor.

5.4 Gesang und Musik in der Liturgie

5.4.1 Der Gesang als Wesensbestandteil der Liturgie

Während man von der Sprache *der* Liturgie spricht, ist hier von Gesang und Musik *im* Gottesdienst die Rede. Dies deutet auf eine schwierigere Verhältnisbestimmung hin. Dabei ist die Rede von der Musik im Gottesdienst schon ein Fortschritt gegenüber der älteren Sicht, nach der die Kirchenmusik *neben* der Liturgie stattfand. Die Gründe für diese Entwicklung wurden im Kapitel 3 benannt. Im Folgenden geht es darum, die Bedeutung der klanglich-musikalischen Dimension für den Gottesdienst herauszustellen. Auf der metaphorischen Ebene stand diese nie in Frage. In der kirchlichen Praxis haben Gesang und Musik aber immer wieder Anlass zu Auseinandersetzungen gegeben, vom Ausschluss der Instrumentalmusik vom Gottesdienst aufgrund der Nähe zum paganen Kult in der Alten Kirche über den Streit um die frühe Mehrstimmigkeit bis hin zu heutigen Diskussionen um das Neue Geistliche Lied. Dies hängt nicht zuletzt mit der starken emotionalen Wirkung der Musik zusammen, weshalb ihr auch ein hoher Stellenwert in der Bibel eingeräumt wird (vgl. z. B. Ps 150). Die Omnipräsenz der musikalischen Dimension wird schon zu Beginn des Stundengebets eines jeden Tages deutlich. Das tägliche Gebet der Juden und der Christen beginnt mit Ps 95(94), dessen erste Verse lauten: „Kommt, lasst uns jubeln vor dem Herrn und zujauchzen dem Fels unsres Heiles! Lasst uns mit Lob seinem Angesicht nahen, vor ihm jauchzen mit Liedern!"

Vom Gott Israels und Jesu Christi kann man nicht nur sprechen, man muss singen. Kirchenmusik – oder besser: Singen und Spielen im Gottesdienst – ist demnach kein Luxus, sondern die angemessene Weise, mit Gott in Beziehung zu treten.

Kein Gottesdienst ohne Musik

Es gibt in der Tradition des Judentums und des Christentums praktisch keinen Gottesdienst ohne Gesang. Die Stillmesse bzw. das gesprochen vollzogene Stundengebet sind im Grunde nichts anderes als institutionalisierte Ausnahmen. Bezeichnenderweise bot ja gerade die lautlos vollzogene Stillmesse in der Zeit der Liturgischen Bewegung den Raum für die Einführung von Gemeindegesängen (vgl. Kapitel 3.9 u. 3.10). Auch die Gottesdienste der Ostkirchen sind ohne Gesang nicht denkbar. Allerdings blieb die Instrumentalmusik fast gänzlich ausgeschlossen, da sie von der Alten Kirche abgelehnt worden war. Die orthodoxen Kirchen slawischer Sprache haben den ursprünglich einstimmigen Choral durch mehrstimmige Gesänge ergänzt bzw. ersetzt. Demgegenüber spielt eine kunstvolle Vokal- und Instrumentalmusik aufgrund ihres Verkündigungscharakters in vielen Kirchen der Reformation eine beherrschende Rolle.

Was ist Kirchenmusik?

Die Bestimmung dessen, was unter Kirchenmusik exakt zu verstehen ist, bereitet einige Schwierigkeiten. Kirchenlieder gehörten bis zum Zweiten Vatikanischen Konzil jedenfalls noch nicht dazu. Erst durch das Konzil wurden solche Formen der Volksfrömmigkeit zum Bestandteil der Liturgie aufgewertet. Bei aller Würdigung der Erweiterung des Begriffs stellt sich jedoch die Frage, ob alles, was zurzeit in der Kirche gesungen und musiziert wird, schon Kirchenmusik ist. Was macht Musik in der Kirche zu Kirchenmusik, speziell zu katholischer Kirchenmusik? Hier hat die Liturgiewissenschaft (zusammen mit der Gregorianik-Forschung, der Hymnologie und der Musikwissenschaft) die Aufgabe, Kriterien zu erstellen.

5.4.2 Zur liturgietheologischen Einordnung der Fragestellung

Liturgie besteht nicht einfach aus Texten, sondern aus Textvollzug (d. h. dem gesprochenen und dem gesungenen Wort) sowie aus Zeichenhandlungen und Symbolen. Infolgedessen treten mit der Liturgie auch jene Dimensionen der Ästhetik in den Blickpunkt der Theologie und kirchlichen Praxis, die bislang eher ein Randdasein gefristet haben: der Klang (und damit die Musik), Mimik, Gestik und Tanz (und damit die darstellende Kunst), die gestaltete Materie (und damit die bildende Kunst). Die Liturgie wird auf diese Weise zum Erscheinungsort von Kirche, insofern in ihr all das sinnenhaft erfahrbar wird, was Kirche von sich glaubt: ihre Gegenwart vor Gott, ihre Herkunft aus Gott und ihre Zukunft in Gott.

Musik als „Klangleib" des Wortes

Die Ästhetik der Liturgie ist also eine Ästhetik der Anamnesis, der Vergegenwärtigung (Gerhards/460). Sie bleibt in all ihren Dimensionen auf das Wort bezogen, das Gott seit Urzeit zu den Menschen gesprochen hat und das in Jesus Christus Fleisch geworden ist. Der Modus des Wortes in der Liturgie ist ein dreifacher, festzumachen an den Vollzügen der (erzählenden) Anamnese, der (bittenden) Epiklese und der (preisenden) Doxologie. In all diesen Bereichen hat die Musik eine Schlüsselstellung, insofern sie dem Wort einen „Klangleib" verleiht, es in Raum und Zeit gleichsam neu inkarniert, d. h. verleiblicht. Das gilt für alle Formen liturgischen Gesangs und liturgischer Musik, vom einfachen Sprechgesang (Rezitationston) bis hin zu kunstvollen Kompositionen für Chor und Orchester. Durch die theologische Aufwertung der Kirchenmusik über das Dekorative hinaus zu einem notwendigen und integrierenden Bestandteil der feierlichen Liturgie (vgl. SC 112) sind manche alten Wertungen hinfällig geworden. Einerseits ist die Kirchenmusik funktionsgebunden, also nicht beliebig austauschbar, andererseits haben die anderen Partner, auch der Priester, dem Eigengewicht der Musik als Bestandteil der Liturgie Rechnung zu tragen (z. B. durch eine Haltung bewussten Hörens). Die Anforderungen an eine liturgiegemäße Kirchenmusik sind also erheblich gestiegen. Diese hat mit dafür Sorge zu tragen, dass die Gemeinde nicht nur stumme Zeugin, sondern aktive Mitspielerin im Heiligen Spiel wird.

Die Tiefendimensionen der Musik – ihr rechter Vollzug und ihre rechte Wahrnehmung vorausgesetzt – sind geeignet, dem Sprachlosen eine Stimme und dem Unsagbaren Klang zu geben. Theologie ist stets nur der Versuch, über die Grenze zum Unsagbaren hinauszugehen. Ihre verlässliche Stütze dabei ist die Selbstoffenbarung Gottes in seinem „Wort". Daran hat die menschliche Antwort Maß zu nehmen. Daher gründet jede Form menschlicher Antwort – auch die reflektierende Theologie und ihre Anwendung in Predigt, Bekenntnis und Gebet – letztlich in der Doxologie, in der preisenden Anerkennung der Souveränität Gottes, der sich in Freiheit den Menschen mitteilt. *[Marginalie: Das Unsagbare ausdrücken]*

Die Kirchenmusik bildet im Gottesdienst als Ort der Doxologie jenen Klangraum, in dem die Antwort in Freiheit erfolgen kann, als „Heiliges Spiel". In dieser Eigenschaft, gleichsam die akustische Seite des symbolischen Raums gott-menschlicher Kommunikation zu bilden, liegt der hohe Rang der Musik im Gottesdienst, ja ihre Unverzichtbarkeit. Dabei ist für die westliche Gesellschaft nach der Aufklärung das Spannungsverhältnis zwischen Funktionsgebundenheit und Autonomie eine Gegebenheit. Musik im Gottesdienst ist Anwältin des Subjektiven, nicht um das „Objektive" der göttlichen Vorgabe zu relativieren, sondern um es zu vergegenwärtigen und so seine personale Dimension offenzulegen. Kirchenmusik ist also ein wesentlicher Faktor des Gottesdienstes als Ereignis gott-menschlicher Begegnung. *[Marginalie: Heiliges Spiel]*

5.4.3 Musik als Raum-Zeit-Kunst

Musik und Raum stehen auf verschiedenen Ebenen miteinander in Beziehung. Dabei geht es nicht nur um den „Ort" der Kirchenmusik: die Schola Cantorum, das Chorgestühl, den Lettner, die Orgelempore, sondern auch und vor allem um die Raumbezogenheit der Musik als solcher. Man spricht nicht von ungefähr vom „Tonraum". Hoch und tief sind räumliche Kategorien, das Notenbild ist ein zwar zweidimensionales, aber nach räumlichen Vorstellungen konzipiertes Graphem. Physikalisch sind Klangwellen räumliche Phänomene, wobei hier Raum und Zeit miteinander verwoben sind. Mit dem Echo lotet man den Raum aus, durch „Verräumlichung" wird die Zeit gemessen in Takt und Metrum.

Die Geschichte der Kirchenmusik zeigt, wie sehr Kirchenarchitektur und Musikpraxis einander bedingen. Als die riesigen romanischen Dome wie

Beziehung zwischen
Architektur und
Kirchenmusik

der Dom zu Speyer erbaut wurden, vergrößerten sich die Intervalle des Gregorianischen Chorals; Zwerggalerien dienten als Ort von „Engelsmusik"; die gotische Gewölbearchitektur beeinflusste die frühe Mehrstimmigkeit; Mehrchörigkeit führte in der Renaissance zu Emporenarchitekturen; die großen Barockorgeln mit den Sängerbühnen beeinflussten die Architektur der Barockkirchen; rein auf Sprechakustik ausgelegte moderne Kirchen bringen den Gesang zum Erliegen und lassen keine Pfeifenorgel zu.

Generell kann man sagen, dass die Kirchenmusik bis zu einem gewissen Grad die akustische Dimension der Kirche darstellt, deren optische das Kirchengebäude ist. Dabei ist – entsprechend dem Architekturprinzip der Liturgie – die Gleichzeitigkeit verschiedener Stile charakteristisch. Sie ist ein Erweis der diachronen Identität der Kirche.

Als akustisches Phänomen ist die Musik jedoch primär als Zeitkunst zu verstehen und tritt als Kirchenmusik so in eine besondere Beziehung zur Liturgie. Bevor dies näher zu erläutern ist, muss zunächst gefragt werden, was unter Gesang und Musik in der Liturgie genauer zu verstehen ist.

5.4.4 Zur Bestimmung der Musik im Gottesdienst

Sonderstellung
der Gregorianik

Mit katholischer Kirchenmusik verbindet sich zunächst der Gregorianische Choral. In der Liturgiekonstitution heißt es: „Die Kirche betrachtet den Gregorianischen Choral als den der römischen Liturgie eigenen Gesang; demgemäß soll er in ihren liturgischen Handlungen, wenn im übrigen die gleichen Voraussetzungen gegeben sind, den ersten Platz einnehmen" (SC 116). Der zweite Teil von Artikel 116 spricht von der Zulässigkeit anderer Arten von Kirchenmusik, insbesondere der Polyphonie, „wenn sie dem Geist der Liturgie im Sinne von Art. 30 entsprechen". Dort ist von der tätigen Teilnahme (actuosa participatio) des Volkes die Rede, die durch Akklamationen, Antworten, Psalmengesang, Antiphonen (Rahmenverse zum Psalmengesang), Lieder, durch Gesten und Haltungen sowie durch das heilige Schweigen zum Ausdruck kommen soll. Wenn man die Aussagen miteinander in Beziehung setzt, so ergibt sich folgendes Bild: Der Gregorianische Gesang hat eine traditionelle Sonderstellung wegen seines Alters, doch werden prinzipiell alle anderen Formen musikalischer Verlautung zugelassen, da es in dem hier zugrunde liegenden Verständnis von Liturgie um die Ermöglichung tätiger Teilnahme geht.

Prinzip der
Textbezogenheit

Das Traditionsargument konnte den Rückzug des Gregorianischen Gesangs in einer Phase intensiver Liturgiereform freilich nicht aufhalten. Das theologische Problem dieser Entwicklung liegt tiefer. Es hängt mit der faktischen Einordnung des Chorals in die verschiedenen Stile der Kirchenmusik zusammen. Gregorianik ist demnach zwar der älteste, aber doch nur einer von vielen möglichen Stilen der Musica sacra, vergleichbar dem wechselnden Design liturgischer Geräte und Gewänder, wo seit alters her stilistische Vielfalt zugelassen war (vgl. SC 123). Gregorianik wird oft vor allem als ein bewahrenswertes Melodienrepertoire aufgefasst, das mehr oder weniger eng mit den vorgegebenen Texten der Liturgie verbunden ist. Tatsächlich entscheidend aber ist vielmehr das mit dem Gregorianischen Choral verbundene Prinzip der Textbezogenheit. Mitte jedes christlichen wie schon jedes jüdischen Gottesdienstes ist das Wort Gottes, und zwar nicht das bloß geschriebene oder gedruckte, sondern das verlautete, inszenierte, kommunizierte Wort, dem Meditation und Antwort zugeordnet sind (vgl. die Kap. 5.1 u. 5.3). Dieser Wortkommunion haben alle zu dienen, ob sie nun verkündigen, predigen, beten oder Musik ausüben. Der Gregorianische Gesang ist also in verschiedener Hinsicht durchaus als „Prinzip" katholischer Kirchenmusik anzusehen (Gerhards/459). Zwar ist es richtig, dass der Text (wenn auch nicht ausschließlich) im Vordergrund steht, aber Liturgie ist von ihrem Wesen (nicht unbedingt von ihrer faktischen Realisierung) her niemals bloßer Textvollzug, sondern auch Verlautung, Klangrede.

Durch die neueren Forschungsergebnisse hinsichtlich des Wort-Ton-Bezugs lässt sich die zentrale Bedeutung des Gregorianischen Gesangs und seine Relevanz für das Verständnis der abendländischen Liturgie insgesamt erhärten: Der musikalische Part erhält seine Plausibilität nicht unabhängig von der Textbasis, wie auch erst durch die Verlautung sich die Tiefendimension der Texte erschließt.

Gegenseitige Erschließung

Die theologische Aufarbeitung dieser These ist nach wie vor ein Desiderat. Immerhin wurde der neueren Gregorianikforschung in einigen bedeutenden liturgiewissenschaftlichen Publikationen Raum gewährt (Joppich/466).

Nun ist nicht zu leugnen, dass sich mit der Zeit eine Kirchenmusik weithin unabhängig von der Liturgie etablierte, was durch die ganze Musikgeschichte hindurch bis heute zu Reibungen führt. Es lässt sich aber zeigen, dass gerade dieses Konfliktpotential, das letztlich eine Folge des künstlerischen Emanzipationsprozesses ist, Chancen in sich birgt (Gerhards/463).

5.4.5 Das „Repertoire" des liturgischen Gesangs und der Kirchenmusik

Wenn man Gesang im weitesten Sinn als Textvollzug in geordneter Tonhöhe versteht, so gibt es in der klassischen Liturgie keinen Textvollzug ohne Gesang. Lesungen und Gebete, wenn sie laut vollzogen werden, werden nach einem festgelegten Melodieschema (Kantillation) vorgetragen. Für den Psalmvollzug gibt es Psalmtöne (Melodieschemata für die einzelnen Verse) in den verschiedenen Kirchentonarten. Demgegenüber sind die Antiphonen von Tagzeitenliturgie und Messe textbezogen vertont, die der Tagzeitenliturgie auf einfachere, syllabische oder oligitonische Weise (d. h. nur eine oder wenige Noten auf einer Silbe), die der Messe in ornamentreicher Melismatik (Gerhards/458). Der strikte Textbezug gilt selbst für die Gradualgesänge, die zwar nach Melodieschemata aufgebaut sind, welche aber dem Text individuell angepasst wurden (Kohlhaas/469).

Melodie und Textbezug

Darüber hinaus gibt es poetische Stücke wie Hymnen und Sequenzen (Strophenlieder zwischen den Lesungen), die teilweise reichere musikalische Entfaltungsmöglichkeiten bieten, außerdem litaneiartige Gesänge wie die Improperien (Klagegesänge) der Karfreitagsliturgie.

Mit katholischer Kirchenmusik verbindet sich in besonderer Weise die Ordinariumsmesse, die Vertonung von fünf feststehenden Teilen der Ordnung der Messe (Koch/468). Es handelt sich dabei um einen bedeutenden Teil unserer abendländischen Musikgeschichte, der sich bei den Komponisten und Chören größter Beliebtheit erfreut. Die formale Geschlossenheit des Ordinariums ist unter liturgiewissenschaftlichem Gesichtspunkt eher zufäl-

Ordinariumsmesse

lig bzw. künstlich. Geschichtlich betrachtet sind die einzelnen Stücke zu unterschiedlichen Zeiten und aus verschiedenen Gründen in den Ordo Missae eingefügt worden: Das Kyrie ist wohl das Relikt einer Fürbittlitanei östlicher Provenienz. Das Gloria ist anfänglich ein griechischer Morgenhymnus der Tagzeitenliturgie aus der Zeit der Alten Kirche und wird in Rom erst zögerlich allgemein eingeführt. Das Credo gehört ursprünglich in den Kontext der Taufliturgie und ist eine mittelalterliche Zutat zum Ordo Missae (daher verläuft die Überlieferung der gregorianischen Melodien auch unabhängig von den anderen Stücken). Das Agnus Dei ist ebenfalls eine orientalische Anleihe aus der Zeit um 700. Allein das Sanctus mit dem Benedictus/Hosanna scheint als Bestandteil des eucharistischen Hochgebets in die Zeit der Entstehung des römischen Ritus hineinzuweisen. Jedoch werden die einzelnen Kompositionen der (zunächst vier) Ordinariumsteile seit dem Mittelalter in Troparien (d. h. Sammlungen von Texteinschüben, abgeleitet von „tropus") gesammelt. Die Benennung einzelner Ordinariumsstücke (z. B. das österliche Kyrie „Lux et origo") erinnert noch an die nicht mehr zugelassenen Tropus-Einschübe.

Entstehen konnte die spätere „Großform" des Messordinariums nur deshalb, weil man von Fragen des sinnvollen Textvollzugs weitgehend absah. Da sowieso alle Texte, um gültig zu sein, vom Priester gesprochen werden mussten, konnte man dem Chor die feststehenden Gesänge überlassen, während die Gemeinde in ihrer schon längst eingeübten, rein passiven Rolle verblieb. Der Chor wurde zum Stellvertreter der Gemeinde, statt dass man ihm eine Funktion im Dienst an der Gemeinde und ihrem Gesang zuwies.

Trotz dieser problematischen Entwicklung darf man dieses Kernstück katholischer Kirchenmusik nicht leichtfertig aufgeben. Auch klassische Chor- und Orchestermessen können in die jetzige Liturgie integriert werden, wenn man ein musikalisches Gesamtkonzept entwirft, das der Komposition und dem heutigen Gottesdienstgeschehen gleichermaßen gerecht wird (Jakob Johannes Koch nennt dies „doppelte Werkkontextualisierung": Koch/468). Es lässt sich nachweisen, dass viele Komponisten durch ihren eigenen Zugang zum Text in ihren Kompositionen Tiefendimensionen der Texte und innere Bezüge zwischen den einzelnen Stücken freigelegt haben, die im hörenden Mitvollzug großen geistlichen Gewinn bringen können.

Tagzeitenliturgie, „paraliturgische" Gottesdienste, Oratorium

Neben dem Messordinarium und dem Requiem bot vor allem die Tagzeitenliturgie Möglichkeiten für kirchenmusikalische Entfaltung: die feierliche Vesper, die Responsorien der Karmetten, Stücke aus der Komplet oder das „Salve Regina". Es waren vor allem wieder die „paraliturgischen" Gottesdienste neben der offiziellen römischen Liturgie, die Entfaltungsspielraum boten, vor allem das Marienoffizium, aber auch Prozessionen und Andachten. Hier gab es Vertonungen von Litaneien sowie freie Motetten, die auch wiederum in der Messe Raum greifen konnten (z. B. bei der Elevation der eucharistischen Gestalten). Schließlich ist die zwar nicht mehr liturgische, aber doch liturgienahe Gattung des Oratoriums zu nennen, die eine Brücke zum weltlichen Musikbetrieb der Oper bildet.

Reine Instrumentalmusik

Einen Sonderfall stellt die reine Instrumentalmusik dar. An erster Stelle steht die Orgel (Gerhards/461), doch gibt es auch Traditionen von Bläser- oder Streichermusik im Kontext der Liturgie. Bei ihrem Erklingen wird Kirchenmusik am eindrücklichsten „Klang des Unsagbaren" (Bretschneider/452).

5.4.6 „Religiöser Volksgesang" und Liturgie

Die erwähnten „paraliturgischen" Formen boten auch längst vor der Reformation Gelegenheit für den religiösen Volksgesang, der in der Messe nur sporadisch Fuß fassen konnte (Möller/470). Aus mittelalterlichen Cantiones und Leisen (d. h. Kyrie-Tropen) entwickelte sich das Kirchenlied, zunächst aus reformatorischem Impuls, bald aber auch in gegenreformatorischer Reaktion. Während die Liturgien der Reformationskirchen dem Gemeindelied einen hohen liturgischen Rang zubilligten, wurde es von der katholischen Liturgie trotz mancher Teilerfolge in der Zeit des Barock und der Aufklärung systematisch ferngehalten. Dies ist ein Grund dafür, dass in rein katholischen Ländern kaum eine Tradition des Kirchenliedes anzutreffen ist.

Tatsächlich hat sich das Kirchenlied schon in den Gemeinschaftsmessen oder Bet-Sing-Messen der Zeit der Liturgischen Bewegung im gemischtkonfessionellen deutschen Sprachraum als genuine liturgische Äußerung des Volkes etabliert. Dies zeigt ein Blick in die Diözesangesangbücher der Nachkriegszeit.

Mit der Liturgiereform hielt infolge des Leitprinzips „tätige Teilnahme" der Gemeindegesang Einzug in die Liturgie. Die Kirchenmusikinstruktion „Musicam Sacram" (1967) sollte gleich zu Beginn der Reformphase die entsprechenden Eckpunkte setzen (Jaschinski/465; Gerhards/463). Das nachvatikanische Einheitsgesangbuch „Gotteslob" (1975) konnte an den Traditionen der Vor- und Nachkriegszeit anknüpfen, wie schon ein Blick auf die Entstehungszeit vieler Lieder und die Namen der Autorinnen und Autoren zeigt. Ein bis heute ungelöstes Problem liegt dabei in der Tatsache, dass die ältere Kirchenliedtradition außer- oder paraliturgisch geprägt war. Die Eucharistiefeier bietet im Grunde wenig Raum für das Strophenlied, und die älteren Ordinariumslieder sind bestenfalls Paraphrasen des liturgischen Textes. So bleibt eine Spannung bestehen zwischen dem, was die kirchliche Liturgie vorschreibt und dem, was gern gesungen wird. Dies zeigt sich besonders in den jahrzehntelangen Auseinandersetzungen um das „Neue Geistliche Lied". Hier wirkt sich die Spannung zwischen „objektiver" Vorgabe und „subjektivem" Empfinden besonders deutlich aus. Diese Spannung autoritativ zu Gunsten der kirchlich geregelten Liturgie aufzulösen, wie neuere Dokumente dies intendieren (Gerhards/462), hieße, dem Verstummen des Singens im Gottesdienst Vorschub zu leisten (Bretschneider/453).

5.4.7 Zur theologischen Begründung des Singens im Gottesdienst

Die These dieser Überlegungen lautet, dass im Singen raum-zeitliche Vergegenwärtigung geschieht, die Überwindung des Zeitflusses durch Feier und Fest. Die Art und Weise der Vergegenwärtigung durch das Singen lässt sich in formaler und in inhaltlicher Hinsicht beschreiben (Gerhards/457):

Singen als raum-zeitliche Vergegenwärtigung

– *formal:* Im Singen geschieht Kommunikation in einem ganzheitlichen Sinn. Man kann dies an den Kategorien Bewegung, Wahrnehmung und Spiel festmachen (Felbecker/456):

Formale Aspekte:
– Bewegung

a) Bewegung: Als „actio" gehört das Singen zur Bewegungsdimension. Die Singenden äußern sich, treten aus einer rein passiven, rezeptiven Haltung heraus. Sie dokumentieren durch ihr Tun ihre Präsenz. Die Bewegung ist wesentlich Rhythmus von Atmung und Sprache (Wortsprache und Tonsprache) sowie Metrum. Dabei ist auch der Tanz zu bedenken mit seinen stilisierten liturgischen Ausprägungen (Prozession, Umschreiten). Er steht in engem Zusammenhang mit Musik und Gesang und weitet den Bewegungsgestus aus.

– Wahrnehmung

b) Wahrnehmung: Da Singen eine akustische Artikulation darstellt, geht es in erster Linie um das Hören: das Hören der eigenen Stimme und der Stimmen der anderen. Nur so kann es zu einem Zusammenklang, also zu einer Erfahrung von Gemeinsamkeit im Singen kommen. In zweiter Linie kommt die Wahrnehmung durch das Schauen hinzu. Wer die anderen als Mitsingende erblickt, erfährt sich als Teil einer Gemeinschaft. Damit wird Vergegenwärtigung bewirkt. Besonders stark ist das zu erfahren in massenpsychologisch beeinflussten Zusammenhängen, etwa im Sportstadion bei einer Großveranstaltung. Die Gefahren, die damit verbunden sind – insbesondere die Entpersonalisierung und Ideologisierung –, sind allerdings nicht von der Hand zu weisen.

– Spiel

c) Spiel: Im Singen verwirklicht sich der homo ludens, der spielende Mensch. Singen gehört zwar zu allen Liturgien der Christen in Ost und West, doch blieb es dem Westen vorbehalten, es als unwesentlich anzusehen. Die Entwicklung der Stillmesse und der entsprechende Sprachgebrauch missa recitata (im Deutschen: „die Messe lesen", im Italienischen: „dire la messa") machen deutlich, dass die Liturgie – insbesondere die Messe – funktionalisiert und damit ihres eigentlichen Sinnes entkleidet wurde: der Zweckfreiheit als Ausdruck gnadenhaften Geschehens. Gerade das aber ist das Wesen des Singens. Singen im Gottesdienst ist „Spielen vor Gott".

Inhaltliche Aspekte

– inhaltlich: Im Singen kommen die Grundakte liturgischen Sprechens mit ihren vielfältigen Differenzierungen zum Ausdruck. Es handelt sich im Wesentlichen um die drei Vollzüge Anaklese, Anamnese und Epiklese (vgl. auch Kap. 5.2).

– Anaklese

a) Anrede (Anaklese): Im Hintreten vor Gott werden sich die Betenden ihrer selbst bewusst. Dies geschieht am Beginn des Gottesdienstes durch eine Anrufung Gottes, in der die Beziehung Du-ich oder Du-wir konstituiert wird. Im Stundengebet ist es der Ruf „Deus, in adiutorium meum intende!" (O Gott, komm mir zu Hilfe!), beim gregorianischen Introitusgesang der Messe wird dies durch das Hinzutreten unter Psalmengesang zum Ausdruck gebracht. Musik und Bewegung gehören hier untrennbar zusammen und bilden eine einzige Ausdruckshandlung. Die Funktion der Anrede haben aber auch das Eröffnungslied oder der Hymnus zu Beginn von Stundengebet oder Messe (Gloria), insofern dort Gott preisend genannt wird.

– Anamnese

b) Erinnerung (Anamnese): Lieder erzählen die Heilstaten Gottes in der Geschichte Israels und der Kirche. Lieder waren zu allen Zeiten auch Träger von Erinnerung; sie waren und sind also Bestandteil des geschichtlichen Gedächtnisses und damit Garant der Identität einer Gemeinschaft. Die im Singen zur Sprache gebrachten Inhalte werden zugleich vergegenwärtigt und angeeignet.

– Epiklese

c) Anrufung (Epiklese): Im Singen kann die Sehnsucht nach Gottes Gegenwart intensiven Ausdruck finden, so in den O-Antiphonen der Adventszeit, die das „veni!" („Komm!") musikalisch entfalten. Es geht um die Bitte an Gott, dass er das Heil, welches er in der Geschichte gewährt hat, auch weiterhin schenken möge. Letztlich handelt es sich hier um die eschatologische Dimension. Diese kann im Gesang eine große Expressivität finden – nicht nur in Form der Bitte, sondern auch der Klage. Hier kommt die Vorläufigkeit jeder irdischen Liturgie im Hinblick auf die verheißene „Himmlische Liturgie" zum Ausdruck.

Der jüdische Religionsphilosoph Franz Rosenzweig hat in seinem während des Ersten Weltkriegs entstandenen Hauptwerk „Der Stern der Erlösung" nach der Ausdrucksgestalt gefragt, in der die verheißene Erlösung als sichere Zukunft verbürgt wird: „Nicht die Prophezeiung also ist die besondere Form, in der die Erlösung Inhalt der Offenbarung sein kann, sondern es muss eine Form sein, die der Erlösung ganz eigen ist, die also das Noch-nicht-geschehen-sein und Doch-noch-einst-geschehen-werden ausdrückt. Das ist aber die Form des gemeinsamen Gesangs der Gemeinde" (Rosenzweig/471: 278).

Chorgesang als Bild der Erlösung

Thomas Eicker kommentiert diese Aussage: „Der Gesang führt also den Menschen mit seinen Mitmenschen, mit seiner (Um-)Welt im Zeugnis und gesungenen Bekenntnis zusammen. Der Chorgesang wird Rosenzweig zum Bild für die Erlösung. Er ist eine erste Frucht der Erlösung, weil das Gebet schon erhört wurde, da alle beten und sich im gemeinsamen Lob gefunden und vereinigt haben" (Eicker/455: 155).

Letztlich aber ist auch der Gesang etwas Vorläufiges. Er ist zunächst nötig, um dem von den vielen Wörtern übertönten Wort einen neuen Klangraum zu geben. Um das Offenbarungswort hören zu können, müssen erst viele andere, vom Wesentlichen ablenkende Stimmen zum Schweigen gebracht werden. Nur durch Reduktion und Konzentration kann der Mensch zu sich selbst und zu seiner Mitte finden. „Ob im Verklingen der gottesdienstlichen Musik in eine gesammelte Stille oder in ihrer Lautwerdung in Bekenntnis, Lob, Dank, Bitte oder Klage: Immer geschieht, was Rosenzweig im Blick auf den Weg der Erlösung ‚Einsäen der Ewigkeit ins Lebendige' nennt" (Eicker/ 455: 168; Rosenzweig/471: 410).

In diesem umfassenden Sinn ist Kirchenmusik also Klang des Unsagbaren. Sie ist letztlich Dienerin, Klangbild des in uns seufzenden Heiligen Geistes (Röm 8,26), aber nicht Medium des von Menschen Gemachten. Dies zum Ausdruck zu bringen, ist ein hoher Anspruch, der Spiritualität und musikalische Professionalität zugleich erfordert.

5.5 Zeichen und Zeichenhaftigkeit in der Liturgie

5.5.1 Zeichenhaftigkeit des Gottesdienstes

Die Liturgie besteht aus einer Fülle von Zeichensystemen, die aufgrund ihrer Komplexität nur schwer zu systematisieren sind. In den vergangenen Jahrzehnten wurden im Anschluss an amerikanische Ansätze der Linguistik und Semiotik zahlreiche einschlägige liturgiewissenschaftliche Studien veröffentlicht (Lukken/486; Bieritz/29; Merz/176; Meffert/175; Meyer-Blanck/ 488; Winter/493 u. a.). Die Terminologie ist uneinheitlich, etwa was Zeichen

Zeichen und Funktion

und Symbol betrifft. Liturgiewissenschaftlich relevant ist die von Umberto Eco getroffene Feststellung, dass es genau genommen nicht Zeichen, sondern nur Zeichenfunktionen gibt (Bieritz/29: 38), d. h. ein Zeichen wird zum Zeichen dadurch, dass es in eine Beziehung, in einen Prozess der Präsentation, Wahrnehmung und Deutung, eintritt. Die Funktion wird traditionell in einem zweistelligen Modell beschrieben, in welchem man Signifikant (Bezeichnendes) und Signifikat (Bezeichnetes) unterscheidet.

Semiotisches Dreieck

Dieses Modell wird vielfach zum „semiotischen Dreieck" erweitert, indem eine dritte Größe, das „Referent", also die „Bezugsgröße" eingeführt wird: Welche gemeinsame „Wirklichkeit" liegt dem Signifikant und dem Signifikat zugrunde?

Umberto Eco modifiziert das traditionelle Modell, indem er statt des Referenten den von Charles Sanders Peirce übernommenen Begriff des „Interpretanten" einführt:

„Die Bezugnahme auf einen Referenten erhellt nie das Signifikat des Zeichens. ... Das Signifikat eines Zeichens lässt sich nur klären durch den Verweis auf einen Interpretanten, der wieder auf einen weiteren Interpretanten verweist, und so fort bis ins Unendliche, was einen Prozeß unbegrenzter Semiose in Gang setzt, in dessen Verlauf der Empfänger das ursprüngliche Zeichen so weit decodifiziert, wie er das für seine Zwecke der betreffenden Kommunikation und die Bezugnahmen, bei denen er es anwenden möchte, braucht" (Eco/476: 172 f.; Bieritz/29: 40).

Mit anderen Worten: Menschliche Kultur ist ein Deutungssystem, aus dem man sich nicht verabschieden kann. Es gibt im Bereich menschlicher Kommunikation keine kultur- und kommunikationsunabhängigen Referente, sondern nur fortwährende Signifikationsprozesse, durch welche die „Welt" immer neu eine wahrnehmbare Gestalt gewinnt.

Liturgie als Signifikationsprozess

Die Liturgie ist in ihrer Gesamtheit, also mit all ihren unterschiedlichen (optischen, akustischen, taktilen usw.) Zeichensystemen (Codes), ein solcher Signifikationsprozess. Diese zunächst nicht theologisch getroffene Aussage hat gleichwohl theologische Relevanz. Bekanntlich arbeitet die Sakramententheologie seit jeher mit dem Zeichenbegriff. So kann die Wandlung der eucharistischen Gestalten als „Transsignifikation" beschrieben werden. Das sakramentale Kerngeschehen ist aber eingebettet in einen umfassenden Kommunikations- oder Signifikationszusammenhang, dessen einzelne Systeme „Sprachen" genannt werden können. Karl-Heinrich Bieritz unterscheidet folgende „Sprachen" im Gottesdienst (Bieritz/29: 42–46):

„Sprachen" im Gottesdienst

1. *Wortsprachen:* Sprach- und Schriftcode (Liturgiesprachen) sowie Sprechcode (dazu gehören Lautstärke, Tonhöhe, Betonungen usw.);
2. *Körpersprachen* (Mimik, Gestik, Haltungen, Bewegungen durch den Raum, Stellungen im Raum, Berührungen, Geschmack und Geruch);
3. *Klangsprachen* (akustische Codes wie Klänge, Geräusche, insbesondere die musikalischen Codes);
4. *Objekt-Sprachen* (Kleider, Raumschmuck, liturgische Geräte und Gefäße, Bilder, Symbole von unterschiedlicher sinnlicher Wahrnehmbarkeit, insbesondere der Raum und seine Ausstattung);
5. *Soziale Sprachen* (Personen und Gemeinde als Repräsentanten Christi, Inszenierungen, Gliederung der Zeit, Festcode).

Aus den Elementen eines Codes (z. B. des Kleidercodes) lassen sich Zeichenfolgen zusammenstellen, die „Text" genannt werden können. In diesem Zusammenhang ist nach der „Stimmigkeit" (d. h. gleichsam nach der grammatischen Korrektheit) und nach der Bedeutung (Semantik) eines Zeichens zu fragen. Mit der Frage der Wirkung des Zeichens kommt die Pragmatik in den Blick.

Schließlich ist auf die Struktur bzw. Strukturierung Bezug zu nehmen, ein Strukturierung für alle Kommunikationsebenen unabdingbarer Vorgang. Durch Strukturierung werden die kommunikativen Systeme gleichsam „von außen" betrachtet. Auch Strukturen unterliegen Konventionen. In der Liturgie bedeutet dies z. B. die Einhaltung des liturgischen „Rollenspiels" und der feststehenden Vollzüge. Strukturen sind auch deutungsrelevant. Unter der Oberflächenstruktur verbergen sich Tiefenstrukturen, die sich z. B. bei ökumenischen Gottesdiensten je verschieden auswirken können.

Für den Gottesdienst als rituelles Geschehen und als Teil der authentischen kirchlichen Überlieferung stellt sich die Frage, wie mit dem Spannungsverhältnis von vorgegebener Struktur und jeweils neuer Strukturierung umzugehen ist. Der Hinweis auf geschichtlich gewachsene und (aus römisch-katholischer Sicht) auch durch lehramtliche Entscheidung verbindliche Grundstrukturen sowie ihre Deutungen kann nicht von der Aufgabe immer wieder neuer Strukturierung entbinden (vgl. Kap. 3 u. 4). Dabei gilt: „Überlieferte Liturgie begegnet uns mit der Würde und Wucht eines Textes, der uns – eben auch auf der Ebene seiner ‚Struktur' – bestimmte Lesarten von Gott und Welt, Leben und Glauben nahe legt. Wer an diesem Text fortschreiben will, muss ihn zuvor nicht nur gelesen und begriffen haben, sondern auch von ihm ergriffen worden sein" (Bieritz/29: 54).

Im Folgenden werden einige der Zeichensysteme der Liturgie aus dem Zeichensysteme
der Liturgie Bereich der „Objektsprachen" eingehender behandelt. Was früher als „Realienkunde" ein eher marginales Dasein fristete, erhält durch die zeichentheoretische Betrachtung einen neuen Stellenwert. Es gibt demzufolge nichts Nebensächliches im Gottesdienst. Auch die Liturgiekonstitution hat diesem Bereich ein eigenes Kapitel gewidmet: „Die sakrale Kunst. Liturgisches Gerät und Gewand" (SC 122–130; vgl. Gerhards/479). Konkrete Anweisungen gab es in den Dokumenten der Liturgiereform. Einige Bestimmungen oblagen und obliegen den territorialen Autoritäten (vgl. Leitlinien für den Bau/79).

5.5.2 Der liturgische Feierraum

Der Kirchenraum stellt ein hoch komplexes Zeichensystem dar (Lukken/ 356; Volp/202: Bd. 1). Historische Kirchengebäude unterliegen im Lauf ihrer Geschichte immer wieder neuen Signifikationsprozessen, wahren ihre „Identität" letztlich durch Veränderung in Deutung und Gestalt. Die Bedeutung eines Raums erschließt sich nur aus dem Kontext, d. h. unter Einbeziehung der sich darin abspielenden liturgischen und außerliturgischen Vollzüge. Liturgie und Raum sind also relationale Größen, die sich nicht nur aus der Perspektive einer agendarischen Vorgabe oder des Bauplans erschließen, sondern auch aus der Wahrnehmung oder dem Erleben. Hierzu kommen neben den klassischen Quellen der Liturgiewissenschaft und Kunst-

bzw. Architekturgeschichte auch bislang nicht genutzte Quellen in den Blick. Von besonderem Interesse in Bezug auf Liturgie- und Raum-Erleben sowie Formen der Volksfrömmigkeit sind autobiographische Quellen (Lurz/ 276; zum Ganzen Gerhards/480).

Kirchenraum als Ort der Bewegung

Die Raumdimension wird traditionell als etwas Statisches angesehen. Dies hängt nicht zuletzt mit der Einführung der Kirchenbänke in der Reformationszeit zusammen. Der katholische Kirchenraum wurde zum Versammlungsraum für Glaubensunterweisung, vor allem aber zum Ort privater Anbetung in Gemeinschaft. Tatsächlich dienten die Kirchenräume in der Spätantike und im Mittelalter aber vornehmlich Bewegungsabläufen, die auf diese Weise vielfältige Raumerfahrung ermöglichten. Raumerfahrung heißt zugleich auch Selbsterfahrung. Es ist ein Unterschied, ob eine Gemeinde nur einer Einzugsprozession zusieht oder ob sie selbst am Einzugsgeschehen aktiv beteiligt ist. Die Wiederentdeckung der Bewegungsdimension als Bestandteil der Liturgie ist eine notwendige Folge des erneuerten Liturgieverständnisses. Dabei ist zu bedenken, dass erst in der Phase der Liturgiereform vielfältige Elemente der Bewegungsdimension (z. B. Prozessionen, Umgänge u. Ä.) abgeschafft wurden. Diese wurden seinerzeit nicht eigentlich als Liturgie erkannt und anerkannt. Der traditionelle Liturgiebegriff als „actio" verweist jedoch seinerseits auf das Handlungsgeschehen, auf das „heilige Drama", das die Liturgie dem modernen Kunstbegriff annähert. In dieser Hinsicht kann man Gottesdienst auch als „Performance" beschreiben, wobei aus der Sicht der Glaubenden damit nur ein kleiner Teil der gottesdienstlichen Wirklichkeit erfasst ist. Christlicher Gottesdienst ist darstellendes Handeln, in dem die Heilsgeschichte Gottes eine Gegenwartsgestalt bekommt und auf diese Weise nicht nur als wirkmächtig und zukunftseröffnend geglaubt, sondern auch erfahren wird.

Raumantinomie – Zentrierung und Ausrichtung

Die Folgen der Liturgiereform nach dem II. Vatikanum für den katholischen Kirchenraum waren erheblich (vgl. Kap. 3.10). Gleichwohl waren die Eingriffe etwa der Tridentinischen Reformen nicht weniger gravierend (Auflösen der mittelalterlichen Raumfolge in einen Einheitsraum durch Beseitigung der Lettner, Verlegung des Aufbewahrungsortes für die Eucharistie auf den Hochaltar, Einführung von Kirchenbänken und Beichtstühlen). In zeichentheoretischer Betrachtung besteht in heutigen Kirchenräumen das ungelöste und möglicherweise unlösbare Problem einer Raumantinomie zwischen Ausrichtung und Zentralisierung, die sich in der neu aufgeworfenen Frage nach der Zelebrationsrichtung „versus populum" zeigt. Beide Dimensionen, die der zentrierten Versammlung und die der exzentrischen Ausrichtung, gehören im christlichen Gottesdienst (wie auch in dem der Synagoge) zusammen und müssen im Gleichgewicht gehalten werden. Dabei können die Schwerpunkte unterschiedlich liegen. Die Pluralität von biblischen Kirchenbildern und die Aussage von den verschiedenen Weisen der Gegenwart Christi in der Liturgie (SC 7) suggerieren eine Pluralität von Raumkonzepten (vgl. die Leitlinien für den Bau/79: Kap. 1.3). Im Unterschied zu älteren Bestimmungen gehen die „Leitlinien" von der grundsätzlichen Einheit des Kirchenraumes aus. Die Gemeinsamkeit des Taufpriestertums wird durch die hierarchische Binnenstrukturierung nicht aufgehoben. Daher ist die Differenzierung des Raumes in Orte besonderer Teilnehmer (z. B. Ort des Vorsitzes) und besondere Funktionsorte (z. B. Altar) nachgeordnet. Dabei geht es nicht um eine Nivellierung der Unterschiede (Liturgie und Bild/80: Kap. 3.1). In jüngerer Zeit wird größerer Wert auf Differenzierung gelegt, auch was die Vielfalt der Feierformen betrifft. Dabei sind architektonische Qualität und liturgische Dignität ebenbürtig. Dies führte zu Überlegungen und Gestaltungen in Richtung von „Communio-Räumen", die das Spezifische der gottmenschlichen Gemeinschaft im Gottesdienst erfahrbar machen sollten (Communio-Räume/475). Anhand dieser Raumkonzepte stellt sich noch einmal neu die Frage nach der „Mitte" des Kirchenraumes. Diese wird in den Dokumenten scheinbar mit dem Altar identifiziert. Kann aber der Altar, der ein Ding ist, eine Person oder ein personales Geschehen symbolisieren? Die „Mitte" christlichen Gottesdienstes ist auch nicht einfach mit Christus gleichzusetzen. Bereits zur Zeit der Liturgischen Bewegung wurde die Christozentrik in Frage gestellt und durch eine trinitarische Sicht korrigiert (Rudolf Schwarz; vgl. Gerhards/237). Die Mitte des Feierraums ist treffender als Beziehung im doppelten Sinne zu verstehen, als innergöttliche und als gottmenschliche. Der Heilige Geist ist das Prinzip der Einheit in Gott und zugleich der Einheit der liturgiefeiernden Kirche, wie die Schlussdoxologie des eucharistischen Hochgebetes zum Ausdruck bringt (vgl. Kap. 5.2).

Communio-Räume

Demnach kristallisiert sich eine Raumgestalt heraus, die körpersprachliche Ausdrucksformen (Haltungen, Ausrichtungen, Bewegungen) der unterschiedlichen gottesdienstlichen Vollzüge und „hierarchische Codes" gleichermaßen fördert. Dabei geht es auch um die Frage, ob die konzentrisch (um eine Mitte zusammengekommene) Versammlung der Gemeinde in sich geschlossen oder doch auch offen ist. Nach Reinhard Meßner hat die Versammlung zur Eucharistie keine zweifache (Wort und Mahl), sondern eine dreifache Gestalt: Verkündigung, Gebet und eucharistische Tischgemeinschaft (Kommunion). Die „Mitte" der Versammlung ist jeweils exzentrisch angesiedelt (Meßner/487: 29). Es muss demnach bei einer Versammlungsgestalt bleiben, die im Vollzug des Gebetes die Orientierung in irgendeiner Weise wahrt. Dabei geht es um die Begegnung mit Gott, dem Vater, durch Jesus Christus im Heiligen Geist. Dieses Gegenüber, so Meßner, ist nicht durch einen menschlichen Stellvertreter darstellbar. Insofern ist die von Rudolf Schwarz (Schwarz/492) vorgeschlagene Versammlungsgestalt des offenen Kreises nach wie vor von Bedeutung. Freilich fehlt diesem Konzept der zweite Schwerpunkt, der Ort der Wortverkündigung. In dem weiterentwickelten Konzept der Communio-Räume befindet sich der Ort der Wortverkündigung in dem offenen Segment des nun zum Oval oder zur Ellipse oder zur U-Form gestreckten Kreises. Auf diese Weise kommt, gemäß den Aussagen Meßners, in der Tat die Repräsentanz des im Wort der Schrift zu uns sprechenden Subjekts durch den menschlichen Vertreter oder die Vertreterin zum Zuge. Daher kann im Moment der Wortverkündigung das offene Segment geschlossen werden. Der Priester tritt zur Gabenbereitung hinter den Altar und schaut zusammen mit der Gemeinde zum offenen Segment hin. Auf die hier beschriebene Weise wird die von Meßner geforderte Gebetsgestalt erreicht. Für die dritte Gestalt, die der Teilhabe, empfiehlt sich die Kommunion in Halbkreisen entsprechend der Sitzordnung der Gläubigen, wodurch einerseits das Miteinander zum Ausdruck kommt, andererseits der Bezug zum Altar, von dem man die eucharistischen Gaben empfängt.

Gestalt des Versammlungsortes

5.5.3 Liturgische Orte

5.5.3.1 Der Altar

Opfer- und
Mahldimension

Das erwähnte Spannungsverhältnis von Opfer und Mahl ist schon in der Tradition der christlichen Altäre belegt, die mit der Entstehung eigener Kirchengebäude nach der Konstantinischen Wende aufgekommen sind. Dabei hat es wohl von Anfang an sowohl feststehende als auch bewegliche Altäre gegeben. Altäre können einen Opferstein oder ein Grab symbolisieren, werden aber gedeckt und geschmückt wie eine festliche Tafel. Es lässt sich sowohl anhand der liturgischen Texte als auch der archäologischen bzw. kunstgeschichtlichen Zeugnisse nachweisen, dass die Dimensionen Opfer und Mahl stets koexistierten, wenn auch je nach Zeit und kulturellem Kontext mit unterschiedlicher Gewichtung. Der Altar ist im christlichen Verständnis gegenüber den jüdischen und paganen Opferritualen immer etwas Uneigentliches: nicht eigentlich Opferstätte – aber doch Unterlage, auf welche die Gaben abgelegt werden – und nicht eigentlich Esstisch – aber doch Tisch, von dem die Mahlgaben empfangen werden. Von großer Bedeutung ist dabei die Frage, ob die Integration gelingt – eine höchst anspruchsvolle künstlerisch-ästhetische Aufgabe (Gerhards/481).

Kommunikation
zwischen
Gott und Mensch

Der Altar einer christlichen Kirche erhält seine Bedeutung nicht aus einer materiellen Opferhandlung im Sinn eines Gott geschuldeten Kultes. Dies verbindet das Christentum mit den anderen beiden monotheistischen Weltreligionen Judentum und Islam, die keine Opferaltäre kennen. Gegen jene materialistische Auffassung gab es Bewegungen wie die der reformierten Kirchen, die dieser eine rein spirituelle Sicht entgegensetzten. Seine Bedeutung erhält der Altar vielmehr aus der Eigenart des zentralen liturgischen Vollzuges der Kirche, der eucharistischen Handlung. Diese besteht aus einem Geflecht von Wort- und Zeichenhandlungen an und mit materiellen Gaben, Speise und Trank. Dadurch wird das aktualisierende Gedächtnis der Geschichte Gottes mit den Menschen vollzogen. Der Altar ist der Ort, an und auf dem diese verbalen und gestischen Vollzüge stattfinden. Somit ist der Altar Ort gott-menschlicher Kommunikation.

Für die genauere Betrachtung ist hier zwischen der materialen und der formalen Sinngestalt der Eucharistie zu unterscheiden.

Vier Bewegungs-
richtungen

Die materiale Sinngestalt erschließt sich aus dem Handlungsvollzug der Feier. In Bezug auf den Altar sind vier Bewegungsrichtungen von Bedeutung: die *zentripetale* Richtung der Gabenprozession, deren Ziel der Altar darstellt; die *deszendente* des Ablegens der Gaben auf dem Altar bei der Gabenbereitung sowie im epikletischen Gestus während des Eucharistiegebetes; die *aszendente* beim zusammenfassenden Lobpreis unter Erhebung der Gaben am Ende des Eucharistiegebetes; und die *zentrifugale* beim Ausspenden der eucharistischen Gaben bei der Kommunion vom Altar (Gerhards/477). Hier wird deutlich, dass die materiale Sinngestalt sich nicht im Vergleich mit einem gewöhnlichen Mahl erschließt, sondern im Blick auf das kultische Mahl, in dessen Mitte eine zentrale Sprechhandlung steht, das eucharistische Hochgebet mit seinen drei Grundaspekten Lobpreis, Gedenken und Anrufung (vgl. Kap. 5.2).

Der Altar bildet den räumlichen Bezugspunkt der eucharistischen Handlungen. Seine Position und Gestalt spiegeln das Eucharistieverständnis einer jeweiligen Zeit und des jeweiligen kulturellen Raumes wider.

Der Altar gehört der jetzigen, in Christus erneuerten Schöpfung an und verweist zugleich auf die endgültige Neuschöpfung in der Herrlichkeit Gottes. Er ist der Ort, an dem sich der Lobgesang von Himmel und Erde verbinden (Sanctus). Die eschatologische Ausrichtung wurde schon früh mit der Orientierung der Gebetsrichtung zum Ausdruck gebracht. In Kirchen mit Apsisostung führte diese Sicht zu einer Extrapolierung des Altars aus der Gemeindeversammlung und zu seiner Erhöhung (Stufenberg). Als Schwelle gehört der Altar aber gleichzeitig auch noch der gegenwärtigen Schöpfung an. Seine Gestalt und Materialität hat dies lange Zeit zum Ausdruck gebracht. Form- und Materialgerechtigkeit sind wichtige Kriterien auch für heutige Gestaltung. *(Eschatologische Dimension)*

Im Eucharistiegebet nimmt das Gedenken vor allem in den Anaphoren syrischer Provenienz breiten Raum ein. Dabei betrifft das Gedenken nicht nur die Geschichte Gottes mit Israel und der Menschheit, sondern auch die Kirche in ihrer Gegenwart, Vergangenheit und zukünftigen Vollendung. Der Altar wird zum Ort des Gedenkens, in dessen Mitte das Gedächtnis des Mysterium paschale steht, wie dies in der sog. „speziellen Anamnese" zum Ausdruck kommt. Der Altar ist somit immer auch Symbol der Geschichte Gottes mit dem Menschen. In seinen historischen Deutungsversuchen wird er zum Christussymbol, indem er Krippe, Golgotha, Grab, aber auch den Abendmahlstisch repräsentiert. Hier stellt sich die Frage nach einer angemessenen Ikonographie des Altares und gegebenenfalls des Altarbildes. *(Ort des Gedenkens)*

Das eucharistische Hochgebet ist nicht nur aktualisierendes Gedächtnis des Vergangenen, sondern hat eine „nach vorn" gerichtete Dynamik. Auf die Feier bezogen zielt es auf die Kommunion (Kommunionepiklese), auf die Zeitstruktur bezogen mündet es in eine doppelte eschatologische Perspektive in Hinblick auf die Erfüllung im Jetzt und im Eschaton, am Jüngsten Tag. Epiklese und Interzessionen sind die logische Fortführung des anamnetischen Betens und greifen die im ersten Abschnitt vorgegebene universale Perspektive auf. Der irdische Altar als Ort des eucharistischen Mahles wird so zum Symbol des himmlischen Hochzeitsmahles der Endzeit. Dieses hat im sakramentalen eucharistischen Mahl jedoch einen „Vorgeschmack". Die Tischgemeinschaft christlicher Eucharistie ist nicht virtuell, sondern real-symbolisch. Daher ist der Altar auch Mitte der Gemeinde, Familien-Tisch gott-menschlicher Kommunikation. Hier liegt die Berechtigung des Anliegens der Liturgischen Bewegung und der Erneuerung nach dem Zweiten Vatikanischen Konzil, den Altar als Mitte der Versammlung erfahrbar zu machen. *(Symbol des himmlischen Hochzeitsmahles)*

Die Aufgabe für die Zukunft besteht darin, einen Ausgleich zu finden zwischen dem Anliegen, die Erfahrung realer Gemeinschaft (communio) durch eine konzentrische Versammlungsgestalt um den Altar zu vermitteln, und dem Anliegen, die Öffnung der Gemeinde auf die noch ausstehende, vollkommene Gemeinschaft bei Gott zum Ausdruck zu bringen.

Die Frage des Aufbewahrungsortes für die konsekrierten Hostien (Tabernakel) ist zwar vom unmittelbaren Zusammenhang des Altars abgekoppelt (der Tabernakel kann sich auch in einer eigenen Kapelle befinden), muss aber bei der Suche nach einer angemessenen Gestalt der eucharistischen Topographie des Kirchenraumes mitbedacht werden. *(Tabernakel)*

5.5.3.2 Der Ambo

Ambo und Kanzel

Neben dem freistehenden, für die Zelebration „versus populum" geeigneten Altar ist die (Wieder-)Einführung des Ambo als fester liturgischer Ort wohl die zweite bedeutende Neuerung in katholischen Kirchenräumen nach dem Zweiten Vatikanischen Konzil. Sie entspricht der Aufwertung des Wortes in der römischen Liturgie (vgl. Kap. 5.1), führte andererseits zu einer Sinn- und Funktionsentleerung der traditionellen Kanzeln. In Bezug auf den Ambo erweisen sich schon die terminologische Festlegung sowie die funktionale Bestimmung als ein großes Problem. Noch schwieriger ist die Frage der Platzierung des Ambos im Altar- bzw. Kirchenraum. Ist der Ambo ein dem Altar vergleichbares Monument, ein zweiter Tisch neben oder gegenüber dem Altartisch? Oder handelt es sich bei der Rede vom „Tisch des Wortes" (SC 51, DV 21) vielleicht doch nur um eine Metapher?

Von seiner Ursprungsbedeutung her ist der Ambo nichts anderes als ein erhöhter Ort, von dem aus man gehört und gesehen werden kann. Die Buchablage wäre demzufolge nur eine Prothese, die durchaus von einer Person, die das Buch hält, ersetzt werden könnte. Zwischen Monumentalismus und Minimalismus gibt es eine Unzahl von Variationsmöglichkeiten, die jeweils unterschiedliche Auffassungen in Bezug auf den Akt der Verkündigung und andere liturgische Vollzüge widerspiegeln.

Ort des Verkündigungsgeschehens

Der Ambo erhält seine Bedeutung als Ort des Verkündigungs*geschehens*. Das Wesentliche ist also der an ihm stattfindende Akt, durch den die Vergegenwärtigung des Wortes Gottes in der feiernden Versammlung geschieht. Insofern sich am Ambo Anamnese und damit Vergegenwärtigung ereignet, ist er im Vollzug durchaus mit dem Altar als Ort der eucharistischen Anamnese vergleichbar. Da der Glaube vom Hören kommt, ist die Wortverkündigung der sakramentalen Feier vorgeordnet. In der Wortverkündigung ereignet sich eine der eucharistischen Präsenz analoge Realpräsenz des Wortes. Gott schenkt sich in seinem Wort. In heutigen Gottesdiensten zeigt sich allerdings oft der unsachgemäße Umgang mit dem Wort, an dessen verändernde Kraft offenbar nicht mehr geglaubt wird. So verkümmert der Wortgottesdienst nicht selten zu einer Informationsveranstaltung und der Ambo zu einem Rednerpult. Demgegenüber kann ein Blick in die Geschichte der Ambonen den erstaunlichen Reichtum und die Vielfalt der Nutzungsmöglichkeiten und damit der Wirkdimensionen von Liturgie offenlegen.

Aus heutiger Sicht lassen sich einige Problemfelder benennen: Wie verhalten sich Funktionalismus und Symbolismus zueinander? In welchem Verhältnis steht der Ambo zum Altar sowohl hinsichtlich Materie und formaler Gestaltung als auch hinsichtlich der Position? Wie ist er in Bezug auf den Priestersitz und die Plätze der Gläubigen situiert?

Evangelium und andere Lesungen

Eine Theologie des Ambos leitet sich vom anamnetischen Charakter des Wortgottesdienstes her, gemäß dem die gottesdienstliche Verlautung Medium der Vergegenwärtigung der in ihr erzählten Geschichte ist. Der anamnetische Charakter des Wortgottesdienstes zeigt sich insbesondere in der rituellen Inszenierung der Verlesung des Evangeliums. Auffällig ist das Gefälle gegenüber dem eher schlichten Vortrag der anderen Lesungen aus dem Alten und Neuen Testament. In der byzantinischen Liturgie ist durch die Position des „kleinen Einzugs" zu Beginn des Wortgottesdienstes die Einheit des Gesamtvollzuges deutlicher markiert als in der römischen, wo die Evangeliumsprozession erst unmittelbar vor dem Evangelium erfolgt. Tatsächlich hat die deutliche Unterscheidung zwischen Evangeliumsverkündigung und den anderen Schriftlesungen in der Topographie der römischen Basilika mit den beiden Ambonen ihre Entsprechung. Demgegenüber legen die Dokumente des Zweiten Vatikanischen Konzils und insbesondere die Lehre von der prinzipiellen Einheit der Schrift die Konzentration auf einen einzigen Ort der Wortverkündigung nahe sowie eine der Würde des Vollzugs entsprechende rituelle Inszenierung. In Bezug auf die Formen des Wortgottesdienstes (vgl. Kap. 5.1.4) kann man sagen: Der Wortgottesdienst der Messfeier ist *vor allem* anamnetisch, wobei didaktische und parakletische Momente sicherlich nicht gänzlich fehlen. Die in den kirchlichen Dokumenten geforderte optimale kommunikative Situation (Verstehbarkeit, Sichtbarkeit) ist daher im Grunde ein zwar notwendiger, aber nicht allein ausschlaggebender Aspekt für die konkrete Position und Gestalt des Ambos. Dieser steht vielmehr in einer Analogie zum Altar als Ort der Christusanamnese in der Eucharistie. Hier ist auch analog zum Aufbewahrungsort für die Eucharistie gegebenenfalls über einen Ort für die Aufbewahrung des Evangeliars/der Lesungsbibel außerhalb der liturgischen Zeiten nachzudenken.

5.5.3.3 Der Taufort

Der Taufort ist der dritte anamnetische Ort im liturgischen Feierraum, der wie der Ambo seine Funktion weitgehend eingebüßt hatte und durch die Neuordnung der Liturgiereform eine Aufwertung erfuhr.

Schon in neutestamentlicher Zeit wird Taufe als ein vielschichtiges Geschehen betrachtet. Dem biblischen Befund entsprechen die Vielfalt der Textaussagen und Zeichenhandlungen um das Taufbad in den altkirchlichen Traditionssträngen sowie die unterschiedliche Gestalt der Tauforte. Dies soll im Folgenden summarisch aufgezeigt werden. Dabei ist freilich zu bedenken, dass in der Realität stets mehrere Motive koexistieren.

Zunächst ist von der Johannestaufe zu sprechen, die in Zusammenhang zu sehen ist mit der Proselytentaufe im Judentum. Hier bildet die Umkehr ein zentrales Motiv, bei dem die Gerichtsmetaphorik einen hohen Stellenwert hat. Die Umkehr-Taufe begegnet noch in neutestamentlicher Zeit (Apg 13,24). Liturgisch lebt der Umkehrgedanke im Ritus der Apotaxis (Absage an Satan, nach Westen) und Syntaxis (Zusage an Christus, nach Osten) fort, für den die Orientierung mancher Taufanlagen für das Durchschreiten in West-Ost-Richtung von Bedeutung war. Das damit verwandte Motiv der Sündenvergebung hat unterschiedliche bildhafte Konnotationen. So ist in 1 Kor 6,11 und Offb 22,16 vom Reinwaschen die Rede, in Hebr 10,22b von der Besprengung (mit dem Blut Christi). Dem entspricht die Taufe durch Übergießen (Perfusion) und Selbsteintauchen (Immersion). Der Taufort ist hier in Funktion und Gestalt primär ein Reinigungsbrunnen.

Ort der Umkehr und Reinigung

In eine andere Symbolik verweist das Motiv Taufe und Sterben, so in Mk 10,38 f. Ihm entspricht die Taufe durch Hinabsteigen und Untertauchen als symbolisches Ertrinken. Kreuzförmige Taufbecken und Baptisterien verweisen auf die staurozentrische Interpretationsebene. Im Verlauf des 4. Jahrhunderts (Ambrosius) entspricht das Untergetauchtwerden dem Bild des Begra-

Ort des Begrabenwerdens und der Wiedergeburt

benwerdens (vgl. Röm 6,4). Es entstehen große flache Baptisterien. Der Gedanke der Taufe als Wiedergeburt (Joh 3,5) steht selbstverständlich mit allen genannten Themen in Zusammenhang. Es liegt nahe, das Heraussteigen aus dem Taufbrunnen als Emporsteigen aus dem Grab bzw. der Unterwelt zu deuten. In der römischen Liturgie begegnet dieses Motiv vor allem in der Symbolik der Taufwasserweihe, die den Taufort als Mutterschoß interpretiert. Auch die Symbolik des weißen Kleides lässt sich auf dieser Linie deuten.

Ort der Rettung (Exodus, Pascha) Schließlich sei auf das Thema Taufe und Rettung im Sinne des paschatransitus verwiesen (vgl. Mk 16,16). Die zugrunde liegende Typologie ist das Exodusereignis. Der Taufort wird als Durchzug durch das Rote Meer (in Richtung Osten) interpretiert und gestaltet (Gerhards/478).

Aufbewahrungsbecken Der Taufbrunnen der entfalteten Taufliturgie der Alten Kirche entwickelte sich zum Aufbewahrungsbecken für das in der Osternacht geweihte Taufwasser. Die ursprünglich noch recht voluminösen romanischen Taufbecken (aus Stein oder Bonze) schrumpften mit der Zeit. Für den individuell und in der Regel ohne großen zeremoniellen Aufwand vollzogenen Taufakt brauchte man lediglich Kännchen und Schale. Mit der Reorganisation der Taufliturgie (evtl. Taufe durch Eintauchen: Immersionstaufe) und der Wiedereinführung des Katechumenats erhält der Taufort gegenwärtig eine neue Bedeutung im Vollzug und als anamnetisches Zeichen, als monumentales Taufgedächtnis. Die Frage ist, an welche der neutestamentlichen Typologien man anknüpfen will. Mit der Gestaltung des Taufortes stellt sich auch die Frage nach einem angemessenen Aufbewahrungsort für die drei Heiligen Öle (Chrisam, Katechumenen- und Krankenöl).

5.5.4 Gefäße und Geräte

Kostbarkeit der Gefäße Kostbare Gefäße bilden das Herz der Kathedrale des Hochmittelalters: Kelch und Patene, Ziborium und Monstranz. Sie bergen die Reliquien der Heiligen, über deren Gräbern der Bau errichtet wurde, und vor allem nehmen sie die eucharistischen Gestalten auf. Silber und Gold symbolisieren die Nähe zum Heiligen. Traditionell durften nur diese Edelmetalle für die Brot und Wein aufnehmenden Gefäße bei der Messfeier verwendet werden, da nur das Kostbarste für würdig erachtet wurde, mit dem Allerheiligsten in Berührung zu kommen. Dem entsprach auf Seiten der Menschen die Furcht, unwürdig den Leib und das Blut des Herrn zu empfangen. Die Kostbarkeit der Gefäße unterstützte in ihrer Bildhaftigkeit diese Haltung von Priester und Gläubigen.

Nach einer Phase weitgehender Missachtung der liturgischen Gefäße und Geräte wird diesem Bereich in jüngerer Zeit wieder erhöhte Aufmerksamkeit gewidmet (vgl. Liturgie Gefäße/485). In der klassischen Literatur wird unterschieden zwischen „Vasa sacra" und „Vasa non sacra", je nach Nähe zum eucharistischen Geschehen. Unter den „Vasa sacra" sind in erster Linie Hostienschale und Kelch zu nennen. Der Weinkelch, Bestandteil des christlichen Gottesdienstes, gehörte aber auch bereits zur jüdischen Liturgie. Im Psalmenbuch ist wiederholt vom Kelch der Preisung oder des Heils die Rede (z.B. Ps 116,12–14). Paulus mahnt seine Adressaten in Korinth: „Ist der Kelch des Segens, über den wir den Segen sprechen, nicht Teilhabe am Blut Christi?" (1 Kor 10,16). Im Erheben des Bechers und mit den dabei gesprochenen Lobsprüchen kommt insbesondere der Festcharakter der christlichen Liturgie zum Ausdruck. Im Zentrum steht also eine doppelte Handlung: Lobpreis und Dank über Brot und Wein sowie Essen und Trinken der geheiligten Gaben, für die geeignete Gefäße erforderlich sind.

Die Gefäße für die eucharistischen Gaben sind in Bezug auf den Wandel im Lauf der Zeit besonders aussagekräftig: Ein großer Henkelkelch, wie er z. B. im 6. Jahrhundert auf einem Mosaik in S. Vitale in Ravenna dargestellt worden ist, hat mit einem Barockkelch nur noch die Funktion des Trinkgefäßes gemeinsam. Während der antike Kelch für das Weiterreichen und das Trinken durch eine größere Anzahl von Personen gedacht war, ist der Barockkelch mit seinem großen Fuß und der kleinen Kuppa für den Zeigegestus und als Trinkgefäß für nur eine Person konstruiert. Er demonstriert, dass die Kelchkommunion der Gläubigen in der Zeit seiner Entstehung allein mit den Augen stattfand. Noch gravierender sind die Veränderungen der Gefäße für das eucharistische Brot. Aus dem Brotteller (im Osten bis heute der „Diskos") wurde das Ziborium für die Aufbewahrung der Hostien für die Kommunion außerhalb der Messfeier und die kleine Patene für die Priesterhostie, die der Priester allein in der Messe kommunizierte.

Wandel im Lauf der Zeit

Auch für andere gottesdienstliche Handlungen werden Gefäße und Geräte gebraucht: für die Taufe mit Wasser und für Salbungen mit Öl, für das Licht (die Lampe, der Kerzenhalter), später für Weihrauch und seit dem Hochmittelalter für Zeigerituale: Gefäße für Reliquien (Kästchen, Schreine, „sprechende" Reliquiare) und für das eucharistische Brot (Pyxiden, Ziborien, eucharistische Tauben, Monstranzen). Die Form des Gefäßes hängt meistens von der Eigenart der mit ihm verbundenen Handlung ab; Form und Funktion stehen in einem gegenseitigen Wechselverhältnis.

Der Formwandel der liturgischen Feiern kann für die Gestalt der darin verwendeten Gefäße und Geräte nicht folgenlos bleiben. Die Gestalt der „Peripherie" entsteht ja aus dem liturgischen Handlungsgeschehen. Der mittelalterliche Zeigeritus, die Elevation, bestimmt die Form des Kelches und kreiert mit der Monstranz eine neue Form: ein Schaugefäß, um Brot zeigen zu können. Die Bestimmung, dass der Priester nach der Konsekration Daumen und Zeigefinger bis zur Händewaschung nach der Kommunion geschlossen halten muss, führte zu der Vorschrift, am Kelch eine Verdickung (Nodus = Knoten) anzubringen, damit das Gefäß in der Hand gehalten werden kann. Obwohl diese praktische Notwendigkeit nicht mehr besteht, werden auch weiterhin Kelche mit Nodus geschaffen, da dieser für viele eine Identifikationsfunktion erhalten hat.

Einfluss des Formwandels der Liturgie auf die Gefäße

Dies führt zu der Frage nach dem Bildcharakter liturgischer Geräte. Primäre und sekundäre Bildfunktionen sind zu unterscheiden, wobei die Hierarchie der Funktionen zeitgebunden ist (Liturgie und Bild/484). Dies gilt vor allem dann, wenn dogmatische Überlegungen die Form beeinflussen. So nimmt das Ziborium, der „Speisekelch" für die Gläubigenkommunion, die Form des Trinkkelches an, um deutlich zu machen, dass die Kommunion unter der Brotgestalt allein den ganzen Christus enthält. Durch die Wiedereinführung des „Laienkelches" mit dem II. Vatikanum wurde dieses Relikt aus der Reformationszeit beseitigt, damit hat aber auch der „Speisekelch" seine Plausibilität verloren. Es ist also zu fragen, welche Gestalt unserer heutigen Liturgie entspricht. Hier hat das Konzil mit seiner Aussage, die Riten (und alles, was mit ihnen zusammenhängt) sollen den Glanz edler Einfachheit aufweisen (SC 34), eine wichtige, freilich auch missverständliche Grundoption getroffen. An erster Stelle steht die Eignung für die Funktion im liturgischen Handlungsgeschehen. Der Würde dieses Geschehens haben Material und Form zu entsprechen, wobei die Festlegung auf bestimmte Materialien (z. B. Edelmetall für Kelche und Hostienbehälter) heute zu Recht nicht mehr gesamtkirchlich geregelt ist, sondern den territorialen Autoritäten überlassen bleibt. Die Wahrhaftigkeit der Form sollte überdies nicht durch eine fragwürdige sekundäre „Gestaltung" verdunkelt werden.

Daher sind die Bemühungen um die Umkehr der Reduktionsprozesse in den liturgischen Handlungen und bei den für sie benötigten Gefäßen und Geräten zu stärken. Dies gilt z. B. für die erwähnte Reduktion des Tauforts und der Gefäße und Geräte der Taufliturgie: Vom Taufbecken war bereits die Rede. Ein traditionelles Taufkännchen taugt nicht für die feierliche Epiklese der jetzt jedes Mal (außerhalb der Osterzeit) vollzogenen Taufwasserweihe. Miniaturisierte Salbgefäße vermögen kaum die Symbolik des Heiligens, Heilens und Stärkens zu veranschaulichen. Mit der Wiederentdeckung der Prozessionen kommen auch jene Gefäße und Geräte erneut in den Blick, die oft erst in jüngerer Zeit verschwunden sind, so Monstranzen und Reliquiare, Vortragekreuze und Leuchter, Bilder und Fahnen.

5.5.5 Gewänder und Textilien

Die Begriffe „Text" und „Textilie" hängen etymologisch miteinander zusammen: textum (lat.) ist das Gewebe, die Textur das Gefüge. Aus dem primitiven Flechtwerk entwickeln sich komplexe Webtechniken, wie sich aus einfachen Sprachstrukturen literarische Texte entwickeln. Die Textilverarbeitung gehört zu den elementaren handwerklichen Errungenschaften der Menschheit, die Textverarbeitung zu den Spätformen menschlichen Abstraktionsvermögens. Tuchherstellung und Textilien sind neben anderen Kulturschöpfungen wie Keramik, Schmuck und Waffen Inkunabeln menschlicher Kultur und Indikatoren von kulturellen Differenzierungen (z. B. Standestracht). So stellen Gewandreste (z. B. in Gräbern) archäologische Zeugnisse von großer Aussagekraft dar.

Symbolwert der Kleidung

Textilien – insbesondere Kleidungsstücke – haben einen hohen Symbolwert, der sich nicht auf das Funktionale (z. B. Kälteschutz, Bedeckung der Scham) reduzieren lässt: „Die Ursprünge menschlicher Kleidung liegen … im Schmuckbedürfnis des Menschen" (Berger/473: 313). Textilien sind in besonderem Maße Übergangsobjekte (Schimmel/491: 22 f. in Anlehnung an Donald W. Winnicott), die einen wichtigen Bestandteil der Anthropogenese wie auch religiöser Rituale bilden: Verhüllen und Enthüllen bilden zentrale Momente im Wechselspiel von sakral und profan. Im profan-gesellschaftlichen wie im religiösen Bereich spielt die Kleidung stets eine beherrschende Rolle. Sie signalisiert Identitäten und Differenzierungen auch in einer scheinbar permissiven, von ständischem Denken abgerückten Gesellschaft. So stellt die Kleidung heute in den unterschiedlichen Jugendszenen ein wichtiges Identifikationsmoment dar.

Demgegenüber wurde das Thema Textilien im kirchlichen Raum lange Zeit marginalisiert oder gar tabuisiert. Der verbreitete nachlässige Umgang mit Paramenten, Antependien oder der Altarwäsche in der zweiten Hälfte des 20. Jahrhunderts spricht für sich. Im Gegenzug lässt sich eine kreative Wiedergewinnung der Sinnlichkeit feststellen, die nicht selten auf verloren gegangene Realien wie Paramente und andere textile Zeichen zurückgreift.

Die Wiederentdeckung des Textils kann eigentlich nicht verwundern, wenn man die reiche Symbolik und Metaphorik der Bibel in Hinblick auf Gewänder und Tücher bedenkt. Die Frage ist, ob und wie aus dem Wortsymbol ein reales liturgisches Symbol werden konnte und sollte. Einen möglichen Ansatz bietet die Johannes-Apokalypse, in die nach Meinung mancher Autoren konkrete liturgische Bräuche eingeflossen sind. Bei der Schilderung der „himmlischen Liturgie" heißt es von den Martyrern: „Sie haben ihre Gewänder gewaschen und im Blut des Lammes weiß gemacht" (Offb 7,14). Das weiße Gewand ist das Einheitsgewand der himmlischen Liturgie: alle tragen es bzw. bekommen es überreicht, die vor dem himmlischen Thron erscheinen dürfen (3,4.5.18; 4,4; 6,11; 7,9.13); auch die Braut des Lammes trägt ein weißes Gewand (19,8). Am Ende heißt es: „Selig, wer sein Gewand wäscht: er hat Anteil am Baum des Lebens, und er wird durch die Tore der Stadt eintreten können" (22,14). *(Randnotiz: Gewänder in der Johannes-Apokalypse)*

Es ist klar, dass das Waschen des Gewandes und die weiße Farbe Anspielungen auf die christliche Taufliturgie sind. Der Schritt zum Taufkleid ist von hier nicht mehr weit, und aus diesem leiten sich andere Initiationsgewänder (vor allem das Mönchsgewand, aber auch das hochzeitliche Kleid) ab.

In der späteren kirchlichen Tradition spielen Textilien eine wachsende Rolle. Aus der Alltagskleidung entwickeln sich mit der Zeit liturgische Gewänder, denen – unter Bezug auf die alttestamentlichen Vorbilder – zunehmend Bedeutung beigemessen wird. Dies gilt insbesondere für die bischöflichen Gewänder und Insignien. Gewänder dienen zur Darstellung der hierarchisch gegliederten Kirche, haben also vornehmlich eine repräsentative Funktion. Die Konzentration der gestalterischen Kräfte auf die priesterliche Kasel (und die Levitengewänder) seit dem Mittelalter entspricht der Engführung der Eucharistietheologie auf die priesterliche Konsekrationsvollmacht. *(Randnotiz: Gewänder und Hierarchie)*

Die reformatorische Kritik richtet sich gegen ein solches Verständnis. In der Reduktion der Zeichen allein war aber keine dauerhafte Lösung gefunden. Der Amtstalar des Pfarrers konnte kein Äquivalent für die katholischen Paramente sein. Die evangelische Liturgische Bewegung des 20. Jahrhunderts hat entsprechend die liturgische Farbe wiederentdeckt, weniger für das Pastorengewand als vielmehr für Antependien. In jüngster Zeit findet auch die Stola vermehrt Verwendung. Auf katholischer Seite ist nach der reduktiven Phase der sechziger und siebziger Jahre seit den letzten Jahrzehnten des vergangenen Jahrhunderts eine Wiederentdeckung der textilen Dimension festzustellen. Auch hier ist vor Einseitigkeit zu warnen: Wenn das priesterliche Gewand nur in seiner hierarchischen Repräsentationsfunktion gesehen wird, verkümmert es zur Insignie. *(Randnotiz: Entwicklung auf reformatorischer Seite)*

Neben der pragmatischen Funktion des Gewandes, der Kennzeichnung des Amtsträgers, sind verschiedene theologische Ebenen zu bedenken. Mit dem paulinischen Motiv des Anziehens Christi bzw. des Überkleidetwer- *(Randnotiz: Funktionen des Gewandes)* dens mit Unsterblichkeit bekommt das Gewand eine soteriologisch konnotierte Symbolik, die vor allem im Taufkleid, sekundär auch in der Priesterkasel (casula – Häuschen: vgl. 2 Kor 5,1) präsent ist (Kunzler/483).

In besonderer Weise nimmt die liturgische Kleidung an der anamnetischen Grunddimension der Liturgie teil, wie Dietmar Thönnes feststellt: „Kleidung trägt Erinnerung. Das textile Gedächtnis der Kirche kann als gestaltete Aneignung der Offenbarung zu einem durch sinnvolles Handeln sinnenhaft erfahrbaren Bestandteil der Liturgie, zu einer Mnemotechnik des Glaubens werden" (Thönnes/380: 88).

Dimensionen des Gewandes

Unter der Überschrift „Dimensionen der Zeichengestalt" nennt Klara Antons OSB folgende Dimensionen des Gewandes: 1. die *funktionale* Dimension", die in den offiziellen Dokumenten der Kirche in Fest- und Dienstcharakter differenziert wird. Davon zu unterscheiden ist die Funktionalität des Gewandes an sich, d.h. seine Eignung für die jeweilige liturgische Handlung; 2. die *sakrale* Dimension": die Verhüllung (als Dimension des Religiösen), das Prinzip der Stellvertretung, das Prinzip des Schönen, der Fülle, des Überfließens sowie das eschatologische Prinzip; 3. die *personale* Dimension": das inkarnatorische Prinzip, die Communio-Theologie, die Dimension der Einstimmung, die sinnliche Seite (einschließlich der therapeutischen und integrativen Aspekte) sowie die Sonderform des Monastischen als Dimension des Humanum (Antons/472).

Wie kein anderes Produkt menschlicher Fertigkeit außer den Nahrungsmitteln kommen Textilien dem Menschen nahe, dieser geht damit auf Tuchfühlung. Die Liturgiewissenschaft hat ein Aufgabenfeld in Bezug auf das „textile Gedächtnis". Dies betrifft in erster Linie die Kleidung im Gottesdienst. Die „Arbeitsgruppe für sakrale Kunst und Architektur" der Liturgiekommission der Deutschen Bischofskonferenz hat vor einigen Jahren eine Diskussion über einen neuen Umgang mit dieser Frage angeregt und neue Gewänder und Insignien (Stola, Taufschal) vorgestellt (Gottes Volk – neu gekleidet/482). Inzwischen experimentieren viele Pfarreien mit Gewändern und textilen Insignien, wobei einige grundsätzliche Fragen nach wie vor im Raum stehen: Sollen die liturgischen Dienste (Lektor/Lektorin, Kommunionhelfer/Kommunionhelferin) liturgische Kleidung tragen? Hat sich diese von Klerikergewändern deutlich zu unterscheiden? Strittig ist auch die Frage einer einheitlichen Kleidung für Kommunionkinder. Insbesondere der Taufschal stößt bei Verantwortlichen in Kirchenleitungen auf Kritik, weil er mit der Priesterstola verwechselt werden könnte.

Neben der Frage eines liturgischen Grundgewandes erfahren die klassischen Paramente wieder höhere Aufmerksamkeit. Die Ausstellung „Casula" der Kunst-Station Sankt Peter Köln (1992) und die nachfolgenden Projekte (Katalog „Casula"/474) haben die künstlerische Seite der Fragestellung neu ins Spiel gebracht und eine Diskussion ausgelöst, die sich insgesamt wohl positiv auswirkt. Wenn auch die Fixierung auf den kultischen Aspekt nicht unproblematisch erscheint, so ist doch der Blick für die erforderte Qualität alter und neuer Paramente und Textilien im Kontext der Liturgie geschärft.

Im Bereich der Zeichen und Symbole gibt es keine „Nebensachen", da jedes falsch gesetzte Zeichen zum beherrschenden Störfaktor werden kann. Dies gilt z.B. für den Blumenschmuck im Altarraum oder für die Gestaltung des Eingangsbereichs. Die „Leitlinien für den Bau und die Ausgestaltung von

Kirchenräumen" sowie die Arbeitshilfen „Liturgie und Bild" und „Liturgie und Licht" der Liturgiekommission der Deutschen Bischofskonferenz legen daher das Augenmerk auch auf solche meist vernachlässigten Details. Die Liturgiewissenschaft hat die Aufgabe, die „Realien" historisch, zeichentheoretisch und systematisch-theologisch zu erforschen und dadurch Kriterien für den rechten Umgang mit ihnen zu erstellen.

Anhang

1. Initiation

1.1 Feiern der Initiation

1.1.1 Die Feier der Eingliederung Erwachsener in die Kirche

Stufen der Ein-gliederung			3. Feier der Initia-tion (an Ostern)
		2. Feier der Zulassung zur Taufe	
	1. Feier der Aufnahme in den Katechumenat		
Zeiträume	einjährige entferntere Vorbereitung bis zur Feier der Initiation an Ostern	nähere Vorbereitungs-zeit in der österlichen Bußzeit (Quadragesima)	Feier in der Oster-nacht; Zeit der Ver-tiefung des Gefeier-ten bis Pfingsten

DIE FEIER DER AUFNAHME IN DEN KATECHUMENAT
– Eröffnung der Feier
  • Begrüßung
  • Einführung
  • Gesang
  • Vorstellung der Bewerber
  • Gebet
  • (Gesang zur Prozession)
– Bezeichnung mit dem Kreuz
– Wortgottesdienst
  • Lesung
  • Antwort (Stille, Meditation, Gesang)
  • Homilie
  • Überreichung der Heiligen Schrift
  • Lob- bzw. Dankgesang
  • (Entlassung der Katechumenen, fakultativ)
  • Fürbitten
– Abschluss
  • Segen bzw. Segenswunsch und Entlassung
  • Schlussgesang
  • (Einladung zur Agape)

Die Feier der Zulassung zur Taufe durch den Bischof
– Eröffnung
  • Einzug und Eröffnungsgesang
  • Begrüßung und Einführung
  • Kyrie-Rufe
  • Eröffnungsgebet
– Wortgottesdienst
  • Schriftlesung(en)
  • Antwortgesang
  • Homilie
– Zulassung
  • Aufruf der Gemeinden
  • Vorstellung der Bewerberinnen und Bewerber
  • Zeugnis der Verantwortlichen der Gemeinden
  • Bitte um die Zulassung zur Taufe
  • Zulassung durch den Bischof
  • Segensgebet und Handauflegung
  • Beauftragung der Pfarrer
  • Dankgesang
– Abschluss
  • Fürbitten und Vaterunser
  • Bischöflicher Schlusssegen
  • Schlusslied

Die Zeit der entfernteren Vorbereitung und ihre Feiern
– Die Feier der Sonntagsmesse
– Segensgebete für die Katechumenen
– Die Übergabe des Glaubensbekenntnisses
– Die Übergabe des Vaterunsers

Die Stärkungsriten (Skrutinien) am dritten, vierten und fünften Sonntag der Österlichen Busszeit
– Eröffnung
– Wortgottesdienst
  [nach der Homilie]
  • Einladung
  • Gebet um Befreiung vom Bösen
    Bittrufe
    Der Pate legt die Hand auf die Schulter des jeweiligen Bewerbers
    Gebet des Priesters
    Handauflegung durch den Priester
    Ausbreitung der Hände über den Taufbewerber
    Oration
  • Salbung mit Katechumenenöl (fakultativ)
  • Gesang (fakultativ)
  • (Entlassung der Katechumenen, fakultativ)
  • Fürbitten
– Eucharistiefeier
– Abschluss

Die unmittelbare Vorbereitung am Karsamstag
– Eröffnung
– Wortgottesdienst
– Riten der unmittelbaren Vorbereitung
  • Effata-Ritus
  • Wiedergabe des Glaubensbekenntnisses
  • Namengebung
  • Anrufung der Heiligen und Gebet
  • Salbung mit Katechumenenöl
– Abschluss

Die Feier der Eingliederung in die Kirche
– Lichtfeier
– Wortgottesdienst
– Feier der Taufe
  • Einführung und Gebetseinladung
  • Litanei
  • Lobpreis und Anrufung Gottes über dem Wasser
  • Absage
  • Glaubensbekenntnis
  • Taufe
  • Akklamation der Gemeinde
  • (Salbung mit Chrisam)
  • Überreichung und Anlegen des weißen Gewandes
  • Übergabe der brennenden Kerze
  • Gesang
– Die Feier der Firmung
  • Einführung und Gebetseinladung
  • Ausbreitung der Hände und Gebet
  • Salbung mit Chrisam
  • Erneuerung des Taufglaubens seitens der Gemeinde
  • Fürbitten
– Die Feier der Eucharistie
– Abschluss

Quelle: Die Feier der Eingliederung Erwachsener in die Kirche. Grundform. Manuskriptausgabe zur Erprobung, hg. v. den Liturgischen Instituten Deutschlands, Österreichs und der Schweiz. Trier 2001.

1.1.2 Die Feier der Kindertaufe

Eröffnung

Z	Begrüßung	EINGANG DER KIRCHE o. Teil der Kirche,
	Gespräch mit den Eltern	wo die Taufgemeinde versammelt ist
	Wort an die Paten	
	[Gebet]	

Wortgottesdienst

A	[Gesang]	Die Taufgemeinde nimmt ihre Plätze
Z	Einladung	im KIRCHENRAUM ein.
L/Z	Lesungen	
	[Antwortgesang, Kehrvers]	
Z	Homilie	
	[Besinnung; Gesang]	
Z/E/[P]	Bezeichnung mit dem Kreuzzeichen	
Z/A	Fürbitten	
Z	Exorzismus-Gebet	
Z	[Salbung mit Katechumenenöl]	

Taufe

	[Gesang]	Die Gemeinde geht zum TAUFBRUNNEN
		oder zu einer anderen geeigneten Stelle
Z	Lobpreis und Anrufung Gottes	im Kirchenraum.
	über dem Wasser	
Z/E/P	Absage und Glaubensbekenntnis	
A	Apostolisches Glaubensbekenntnis o.	
	Glaubenslied	
Z	Taufe	
Z	Salbung mit Chrisam	
Z	Überreichung des weißen Kleides	
Z/E/P	Übergabe der brennenden Kerze	
	[Effata-Ritus]	

Abschluss der Tauffeier

A	Vaterunser	Man geht zum ALTAR.
Z	Segen über Mütter und Väter und	
	über alle Anwesenden	
A	Gesang.	

A: Alle
E: Eltern
L: Lektor
P: Paten
Z: Zelebrant

1.2 Anrufung und Lobpreis Gottes über dem Wasser (Taufwasserweihe), 1. Formular

Z.: Allmächtiger, ewiger Gott,
deine unsichtbare Macht
gibt den Sakramenten der Kirche
geheimnisvolle Heilkraft und Wirkung.

Anamnese, die auf alt- und neutestamentliche Paradigmen zurückgreift
Auf vielfache Weise hast du das Wasser dafür bereitet,
auf die Taufe hinzuweisen.
Schon im Anfang der Schöpfung schwebte dein Geist über den Wassern,
um ihnen heiligende Kraft zu geben.
In den Wassern der Sintflut hast du unsere Taufe vorgebildet,
da sie den alten Menschen vernichtet, um neues Leben zu wecken.
Die Söhne Abrahams hast du trockenen Fußes durch das Rote Meer geführt.
Darin schenkst du uns ein Bild des österlichen Sakramentes,
das uns aus der Knechtschaft befreit
und hinführt in das Land der Verheißung.
Als aber die Fülle der Zeiten kam,
wurde dein geliebter Sohn von Johannes getauft
und von dir mit heiligem Geist gesalbt,
um im Wasser des Jordan unsere Sünden abzuwaschen.
Am Kreuz ließ er aus seiner Seite Blut und Wasser hervorquellen
und schenkte damit der Kirche Ursprung und Leben.
Nach seiner Auferstehung gab er den Jüngern den Auftrag:
Geht hin und lehrt alle Völker und tauft sie im Namen des Vaters und des
Sohnes und des Heiligen Geistes.

Epiklese
Wir bitten dich:
Schau hin auf das Antlitz der Kirche und mache sie durch das Sakrament
der Wiedergeburt zur Mutter vieler Kinder.
Herr, unser Gott, schenke diesem Wasser die Kraft des Heiligen Geistes,
damit der Mensch, der auf dein Bild hin geschaffen ist,
neue Schöpfung werde aus Wasser und heiligem Geist.
Der Zelebrant berührt das Wasser mit der rechten Hand und spricht:
Es steige hinab in dieses Wasser die Kraft des Heiligen Geistes, daß alle, die
mit Christus in seinen Tod hineinbegraben sind durch die Taufe, mit ihm
auferstehen zum ewigen Leben.

A.: Amen.

Quelle: Die Feier der Kindertaufe in den katholischen Bistümern des deutschen
Sprachgebietes, hg. im Auftrag der Bischofskonferenzen Deutschlands, Österreichs
und der Schweiz und des Bischofs von Luxemburg 1971. Nachdr. Einsiedeln u.a.
1993, 36–38.

2. Eucharistie

2.1 Die Gesänge und Gebete des Ordo Missae

Ordinarium	Proprium	Sonstige	Träger	Charakter	Funktion
	Introitus	Eingangslied	Sch/G	Themat. Ein-stimmung	Begleitgesang
		Eröffnung	P		
Kyrie			Ch/G	Huldigung (Buße)	Aktionsges.
Gloria			Ch/G	Lobpreis	Aktionsges.
		Tagesgebet	P	Präsidialgebet	Abschluss
	Graduale Alleluja (Tractus) (Sequenz)	Antwortpsalm	K/G	Antwort	Aktionsges.
		Ruf vor dem Ev.	K/G	Lob/Huldigung	Begleitgesang
Credo			Ch/G	Bekenntnis	Aktionsges.
		Fürbittruf	K/G	Bitte	Akklamation
	Offertorium		Sch/G	Meditation	Begleitgesang
		Gabengebet	P	Präsidialgebet	Abschluss
		Hochgebet	P	Präsidialgebet	Formalgestalt
Sanctus/Ben.			Ch/G	Lobpreis	Aktionsges.
		Myst. Fidei	D/G	Bekenntnis	Akklamation
		Vaterunser	G	Bittgebet	Aktionsges.
		(Friedenslied	G)		
Agnus Dei			Ch/G	Bekenntnis/ Bitte	Begleitgesang
	Communio	Kommunionlied	Sch/G	Meditation	Begleitgesang
		(Dankgesang	G)		
		Schlussgebet	P	Präsidialgebet	Abschluss
(Ite Missa est)		Segen, Ent-lassung	P/D		Entlassung
		(Schlusslied	G)		

[Ch: Chor; D: Diakon; G: Gemeinde: K: Kantor/in; P: Priester; Sch: Schola]

2.2 Der Wortgottesdienst der Messfeier, dargestellt am Beispiel des 9. Sonntags im Jahreskreis B

Ort	Handelnde	Vollzug	biblischer Text
Ambo	Lektor(in)	1. Lesung	Dtn 5,12-15
	Lektor(in), Gemeinde	Ruf nach der 1. Lesung: „Wort des lebendigen Gottes" – „Dank sei Gott"	
	Kantor(in), Gemeinde	Psalm (Varianten vgl. Messbuch)	Ps 81(80) 3-8.10f.
	Lektor(in)	2. Lesung; Ruf wie nach der 1. Lesung	2 Kor 4,6-11
	Kantor(in), Gemeinde	Halleluja (Varianten vgl. Messbuch)	
Priestersitz	Priester o. Diakon, Ministranten	Einlegen von Weihrauch	
	Priester o. Diakon	wenn der Diakon das Evangelium verkündet: Bitte um den Segen; wenn der Priester das Evangelium verkündet: Vorbereitungsgebet	
Altar	Priester o. Diakon, Ministranten	Prozession mit Evangelienbuch vom Altar zum Ambo, begleitet mit Kerzen und Weihrauch	
Ambo	Priester o. Diakon, Gemeinde	Einleitungsdialog, Kreuzzeichen auf Stirn, Mund und Brust	
	Priester o. Diakon	Inzens	
	Priester o. Diakon	Evangelium	Mk 2,23-3,6
	Priester o. Diakon, Gemeinde	Ruf nach dem Evangelium: „Evangelium unseres Herrn Jesus Christus" – „Lob sei dir, Christus"	
	Priester o. Diakon	Küssen des Evangeliars u. Begleitgebet	
Ambo	Priester o. Diakon	Homilie	
	Priester o. Diakon, Gemeinde	Credo	
Priestersitz, Ambo	Priester; Diakon, Lektor(in); Gemeinde	Fürbitten	

2.3 Das eucharistische Hochgebet, dargestellt am Beispiel des 2. Hochgebets

Dialog

P.: Der Herr sei mit euch.
A.: Und mit deinem Geiste.
P.: Erhebet die Herzen.
A.: Wir haben sie beim Herrn.
P.: Lasset uns danken dem Herrn, unserm Gott.
A.: Das ist würdig und recht.

Präfation

In Wahrheit ist es würdig und recht, dir, Herr, heiliger Vater, immer und überall zu danken durch deinen geliebten Sohn Jesus Christus. Er ist dein Wort, durch ihn hast du alles erschaffen. Ihn hast du gesandt als unseren Erlöser und Heiland. Er ist Mensch geworden durch den Heiligen Geist, geboren von der Jungfrau Maria. Um deinen Ratschluß zu erfüllen und dir ein heiliges Volk zu erwerben, hat er sterbend die Arme ausgebreitet am Holze des Kreuzes. Er hat die Macht des Todes gebrochen und die Auferstehung kundgetan. Darum preisen wir dich mit allen Engeln und Heiligen und singen vereint mit ihnen das Lob deiner Herrlichkeit:

Sanctus

Heilig, heilig, heilig …

Überleitung

[Ja, du bist heilig, großer Gott, du bist der Quell aller Heiligkeit.] Darum bitten wir dich:

Wandlungsepiklese

Er faltet die Hände, streckt sie über die Gaben aus und spricht:
Sende deinen Geist auf diese Gaben herab und heilige sie,
Er faltet die Hände, macht ein Kreuzzeichen über Brot und Kelch zusammen und spricht:
damit sie uns werden Leib und Blut deines Sohnes, unseres Herrn Jesus Christus.
Er faltet die Hände.
In den folgenden Texten werden die Herrenworte klar und deutlich gesprochen, wie es ihr Charakter verlangt.

Einsetzungsbericht

Denn am Abend, an dem er ausgeliefert wurde und sich aus freiem Willen dem Leiden unterwarf,
Er nimmt das Brot, erhebt es ein wenig über dem Altar und fährt fort:
nahm er das Brot und sagte Dank, brach es, reichte es seinen Jüngern und sprach:

Er verneigt sich ein wenig (außer wenn er dem Volk zugewandt steht).
Nehmet und esset alle davon: Das ist mein Leib, der für euch hingegeben wird.
Er zeigt der Gemeinde die konsekrierte Hostie; dann legt er sie in die Hostienschale und macht eine Kniebeuge.
Er fährt fort:
Ebenso nahm er nach dem Mahl den Kelch,
Er nimmt den Kelch, erhebt ihn ein wenig über dem Altar und fährt fort:
dankte wiederum, reichte ihn seinen Jüngern und sprach:
Er verneigt sich ein wenig (außer wenn er dem Volk zugewandt steht).
Nehmet und trinket alle daraus: das ist der Kelch des Neuen und Ewigen Bundes, mein Blut, das für euch und für alle vergossen wird zur Vergebung der Sünden. Tut dies zu meinem Gedächtnis.
Er zeigt der Gemeinde den Kelch; dann stellt er ihn auf das Korporale und macht eine Kniebeuge.

Akklamation
Dann spricht oder singt er (oder der Diakon):
Geheimnis des Glaubens:
Die Gemeinde:
Deinen Tod, o Herr, verkünden wir, und deine Auferstehung preisen wird, bis du kommst in Herrlichkeit.

Spezielle Anamnese
Der Priester breitet die Hände aus und spricht:
Darum, gütiger Vater, feiern wir das Gedächtnis des Todes und der Auferstehung deines Sohnes und bringen dir so das Brot des Lebens und den Kelch des Heiles dar. Wir danken dir, daß du uns berufen hast, vor dir zu stehen und dir zu dienen.

Kommunionepiklese
Wir bitten dich: Schenke uns Anteil an Christi Leib und Blut und laß uns eins werden durch den Heiligen Geist.

Interzessionen
Gedenke deiner Kirche auf der ganzen Erde und vollende dein Volk in der Liebe, vereint mit unserem Papst N., unserem Bischof N. und allen Bischöfen, unseren Priestern und Diakonen und mit allen, die zum Dienst in der Kirche bestellt sind.
Gedenke (aller) unserer Brüder und Schwestern, die entschlafen sind in der Hoffnung, daß sie auferstehen. Nimm sie und alle, die in deiner Gnade aus dieser Welt geschieden sind, in dein Reich auf, wo sie dich schauen von Angesicht zu Angesicht.
Vater, erbarme dich über uns alle, damit uns das ewige Leben zuteil wird in der Gemeinschaft mit der seligen Jungfrau und Gottesmutter Maria, mit deinen Aposteln und mit allen, die bei dir Gnade gefunden haben von Anbeginn der Welt, daß wir dich loben und preisen

Er faltet die Hände.
durch deinen Sohn Jesus Christus.

Doxologie
Er erhebt Hostienschale und Kelch (wenn ein Diakon mitwirkt, erhebt dieser den Kelch) und singt oder spricht:
Durch ihn und mit ihm und in ihm ist dir, Gott, allmächtiger Vater, in der Einheit des Heiligen Geistes alle Herrlichkeit und Ehre jetzt und in Ewigkeit.

Akklamation
Die Gemeinde antwortet: Amen.
Nach der Doxologie und dem Amen der Gläubigen stellt der Priester die Hostienschale und (der Diakon) den Kelch wieder auf das Korporale.

Quelle: Meßbuch für die Bistümer des deutschen Sprachgebietes. Authentische Ausgabe für den liturgischen Gebrauch. Kleinausgabe … Einsiedeln u. a. 1988, 478–489.

2.4 Die Entwicklung der Bücher zur Messfeier im römischen Ritus

Die schematische Übersicht gibt einen Eindruck von der komplizierten Entwicklung der Messfeier im römischen Ritus anhand der für die Feier benötigten Bücher: Aus einfachen Anfängen bildet sich gegen Ende des 1. Jahrtausends ein differenziertes Rollenspiel mit entsprechenden Büchern heraus. Infolge der Konzentration auf den Priester kommt es zur Entstehung von Plenarmissalien, die die Feier mit einem einzigen Buch ermöglichen. Die Reform des II. Vatikanums führt wieder zu einer Ausdifferenzierung in komplementäre Rollenbücher.

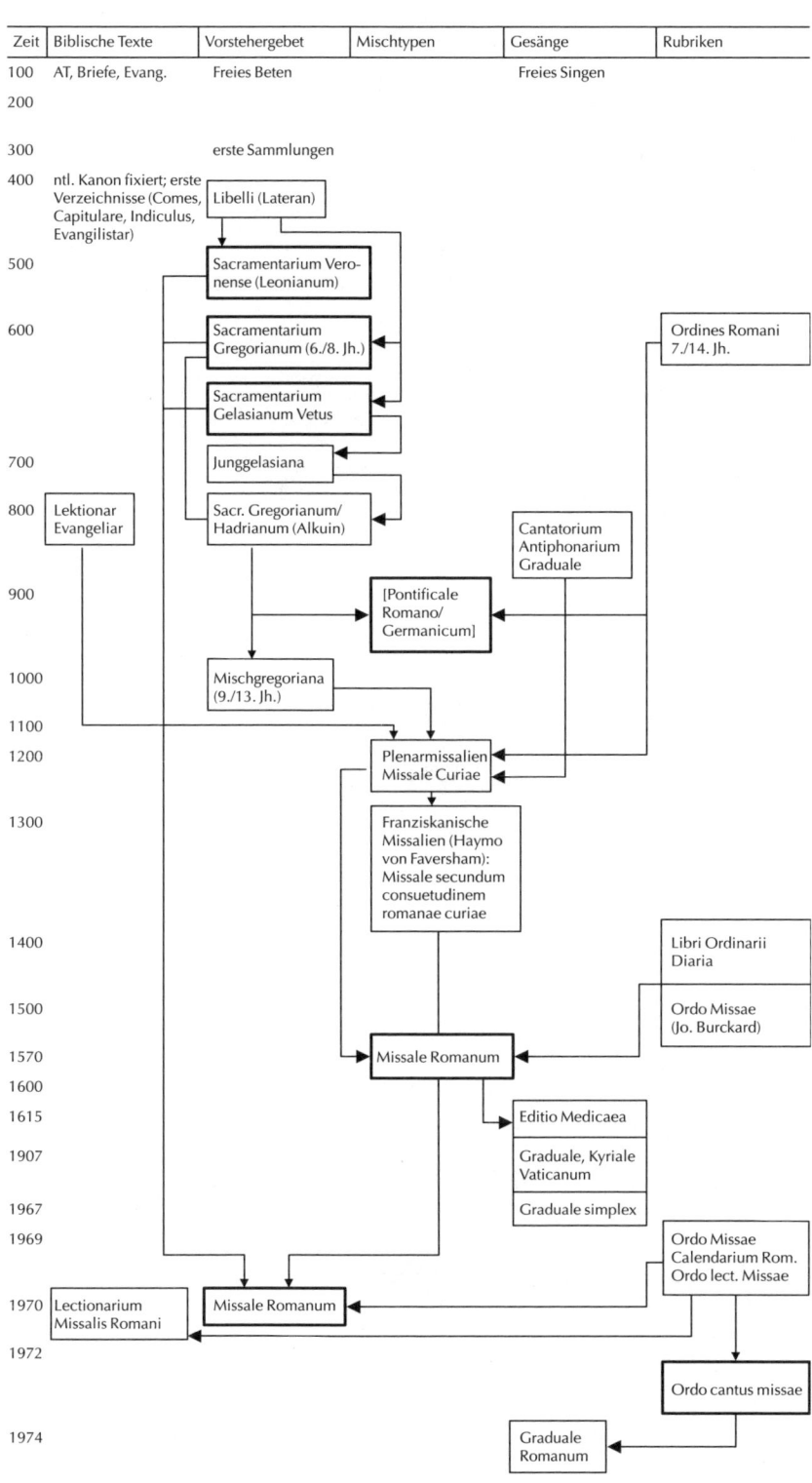

Zeit	Biblische Texte	Vorstehergebet	Mischtypen	Gesänge	Rubriken
100	AT, Briefe, Evang.	Freies Beten		Freies Singen	
200					
300		erste Sammlungen			
400	ntl. Kanon fixiert; erste Verzeichnisse (Comes, Capitulare, Indiculus, Evangilistar)	Libelli (Lateran)			
500		Sacramentarium Veronense (Leonianum)			
600		Sacramentarium Gregorianum (6./8. Jh.)			Ordines Romani 7./14. Jh.
		Sacramentarium Gelasianum Vetus			
700		Junggelasiana			
800	Lektionar Evangeliar	Sacr. Gregorianum/ Hadrianum (Alkuin)		Cantatorium Antiphonarium Graduale	
900			[Pontificale Romano/ Germanicum]		
1000		Mischgregoriana (9./13. Jh.)			
1100					
1200			Plenarmissalien Missale Curiae		
1300			Franziskanische Missalien (Haymo von Faversham): Missale secundum consuetudinem romanae curiae		
1400				Libri Ordinarii Diaria	
1500				Ordo Missae (Jo. Burckard)	
1570			Missale Romanum		
1600					
1615				Editio Medicaea	
1907				Graduale, Kyriale Vaticanum	
1967				Graduale simplex	
1969				Ordo Missae Calendarium Rom. Ordo lect. Missae	
1970	Lectionarium Missalis Romani		Missale Romanum		
1972				Ordo cantus missae	
1974				Graduale Romanum	

3. Die Horen der Tagzeitenliturgie

3.1 Die Haupthoren Laudes und Vesper

Laudes	Vesper
Eröffnung	Eröffnung
Hymnus	Hymnus
Psalmodie	Psalmodie
– Morgenpsalm mit Antiphon	– Psalm mit Antiphon
– atl. Canticum mit Antiphon	– Psalm mit Antiphon
– Lobpsalm mit Antiphon	– ntl. Canticum mit Antiphon
Kurzlesung	Kurzlesung
Responsorium	Responsorium
Benedictus (Lobgesang des Zacharias)	Magnificat (Lobgesang Mariens)
Bitten	Fürbitten
Vaterunser	Vaterunser
Oration	Oration
Segen; Entlassung	Segen; Entlassung
	(Marianische Antiphon)

3.2 Die Komplet

Eröffnung
Schuldbekenntnis und Vergebungsbitte
Psalmodie: ein oder zwei Psalmen mit Antiphonen
Kurzlesung mit Responsorium
Nunc dimittis (Lobgesang des Simeon)
Oration
Segen
Marianische Antiphon

3.3 Die Lesehore

(Invitatorium)
Eröffnung
Hymnus
Psalmodie: 3 Psalmen mit Antiphonen
Versikel
Schriftlesung mit Responsorium
Väterlesung oder hagiographische Lesung mit Responsorium
(an Sonntagen, Hochfesten und Festen: Te Deum)
Oration
Entlassung

3.4 Die kleinen Horen Terz – Sext – Non

Eröffnung
Hymnus
Psalmodie: drei Psalmen / Psalmabschnitte mit Antiphonen
Kurzlesung mit Versikel
Oration
Entlassung

4. Aufbau und Inhalt der Liturgiekonstitution „Sacrosanctum Concilium"

Vorwort (Art. 1–4)

Kapitel I: Allgemeine Grundsätze zur Erneuerung und Förderung der heiligen Liturgie (Art. 5–46)

I. Das Wesen der heiligen Liturgie und ihre Bedeutung für das Leben der Kirche (Art. 5–13)

II. Liturgische Ausbildung und tätige Teilnahme (Art. 14–20)

III. Die Erneuerung der heiligen Liturgie (Art. 21–40)

    A) Allgemeine Regeln (Art. 22–25)
        Recht zur Ordnung der Liturgie (22); Bedeutung der Heiligen Schrift (24)

    B) Regeln aus der Natur der Liturgie als einer hierarchischen und gemeinschaftlichen Handlung (Art. 26–32)
        Liturgie als Feier der Kirche (26); Feier in Gemeinschaft (27); gegliederte Gemeinschaft (28); liturgische Dienste von Laien (29)

    C) Regeln aus dem belehrenden und seelsorglichen Charakter der Liturgie (Art. 33–36)
        Verständlichkeit der Liturgie (34); Liturgiesprache (36)

    D) Regeln zur Anpassung an die Eigenart und Überlieferungen der Völker (Art. 37–40)
        Akkulturation/Inkulturation (37); Einheit und Vielfalt der Liturgie (38); Autoritäten für Anpassungen und tiefergreifende Änderungen der Liturgie (39f.)

IV. Förderung des liturgischen Lebens in Bistum und Pfarrei (Art. 41f.)

V. Förderung der pastoralliturgischen Bewegung (Art. 43–46)

Kapitel II: Das heilige Geheimnis der Eucharistie (Art. 47–58)

Teilnahme der Gläubigen (48); Grundzüge der Meßreform (50); Bedeutung der Lesungen (51); Homilie als Teil der Liturgie (52); Wiedereinführung des Allgemeinen Gebets (53); Muttersprache (54); Kommunion innerhalb der Messe und in casibus definiendis unter beiden Gestalten (55)

Kapitel III: Die übrigen Sakramente und die Sakramentalien
(Art. 59–82)

Notwendigkeit der Anpassung an die Erfordernisse der Zeit (62); Muttersprache (63)
Initiation (64–71)
Buße (72)
Krankensalbung (73–75)
Weiheliturgie (76)
Trauung (77 f.)
Sakramentalien (79)
Jungfrauenweihe und Ordensprofess (80)
Totenliturgie (81 f.)

Kapitel IV: Das Stundengebet (Art. 83–101)

Heiligung des Tageslaufes (84); Quelle der Frömmigkeit (90); Stundengebet in Chor oder Gemeinschaft (99); gemeinsames Stundengebet der Gemeinde (100); Liturgiesprache (101)

Kapitel V: Das liturgische Jahr (Art. 102–111)

Kapitel VI: Die Kirchenmusik (Art. 112–121)

Kapitel VII: Die sakrale Kunst. Liturgisches Gerät und Gewand (Art. 122–130)

Freiheit der Kunst, sofern sie der Liturgie dient (123); Forderungen an die Kunst (124)
Anhang: Erklärung des Zweiten Vatikanischen Konzils zur Kalenderreform

Literatur

– Entstehung der Liturgiekonstitution
Annibale Bugnini, Die Liturgiereform 1948–1975. Zeugnis und Testament. Dt. Ausgabe hg. v. Johannes Wagner u. Mitarb. v. François Raas. Freiburg/Br. u. a. 1988.
Johannes Wagner, Mein Weg zur Liturgiereform 1936–1986. Erinnerungen. Freiburg/Br. u. a. 1993.
– Kommentare zur Liturgiekonstitution
Josef Andreas Jungmann, Konstitution über die Heilige Liturgie: LThK.E 1, 9–109.
Reiner Kaczynski, Sacrosanctum Concilium, in: Sacrosanctum Concilium, Inter mirifica, Lumen gentium. Freiburg/Br. 2004 (Herders Theologischer Kommentar zum Zweiten Vatikanischen Konzil 2) 1–227.
Emil Joseph Lengeling, Die Konstitution des Zweiten Vatikanischen Konzils über die Heilige Liturgie. Lateinisch-deutscher Text mit einem Kommentar. Münster [2]1965 (Lebendiger Gottesdienst 5/6).

5. Die Amida in Seder Raw Amram

Ewiger, öffne meine Lippen,
dass mein Mund dein Lob verkünde.

(1) Gepriesen seist du, Ewiger, unser Gott, und Gott unserer Väter, Gott Awrahams und Gott Jizchaks und Gott Jaakows, großer, mächtiger und ehrfurchtgebietender Gott; höchster Gott, Vollbringer von Wohltaten und Schöpfer von allem, der der Loyalität der Väter gedenkt und ihren Enkeln einen Erlöser bringt um seines Namens willen in Liebe. Er ist Retter und Schutzschild. Gepriesen seist du, Ewiger, Schutzschild Awrahams.

(2) Du bist ein Starker bis in Ewigkeit, Ewiger, Beleber der Toten.
In Regenzeiten sagt man: Er lässt die Winde wehen und den Regen herabfallen.
In der Sommerzeit rezitiert man dies nicht, sondern nur:[1]
Er ernährt das Lebendige in Güte. Er belebt Tote in großem Erbarmen. Er stützt Fallende. Er heilt Kranke. Er befreit Gefangene und erweist seine Treue denen, die im Staube schlafen. Wer ist wie du, Vollbringer mächtiger Taten, und wer gleicht dir, König, der tötet und belebt und Heil sprossen lässt [in Bälde][2] und treu bist du, die Toten zu beleben. Gepriesen seist du, Ewiger, der Tote belebt.

(3) Von Generation zu Generation erkennen sie (oder erkennt!) Gott an, denn er allein ist erhaben und heilig. Und das Lob, das wir dir, unser Gott, bringen, soll niemals in unseren Mündern verstummen. Denn ein großer und heiliger König bist du. Gepriesen seist du, Ewiger, heiliger Gott.

(4) Du begabst den Menschen mit Verstand, das menschliche Wesen lehrst du Einsicht. Lass uns begabt sein mit Verstand, Vernunft und Klugheit. Gepriesen seist du, Ewiger, der mit Verstand begabt.

(5) Führe uns, unser Vater, zurück zu deiner Tora und nimm uns, unser König, in deinen Dienst, und lass uns durch eine vollständige Umkehr zu dir zurückkehren. Gepriesen seist du, Ewiger, der Gefallen hat an Umkehr.

(6) Vergib uns, unser Vater, denn wir haben uns [gegen dich][3] verfehlt. Verzeih uns, unser König, denn wir haben Unrecht getan. [Denn du bist doch gütig und vergebend.][4] Gepriesen seist du, Ewiger, der gnädig ist und dessen Geduld zu vergeben unendlich ist.

(7) Sieh unser Elend und kämpfe unsere Kämpfe und erlöse uns bald um deines Namens willen. Denn du bist doch ein starker Erlöser! Gepriesen seist du, Ewiger, der Israel erlöst.

(8) Heile uns, Ewiger, unser Gott, dann sind wir geheilt von allen unseren Krankheiten. Denn du bist doch ein barmherziger, heilender Gott. Gepriesen seist du, Ewiger, der die Kranken seines Volkes Israel heilt.[5]

(9) Segne, Ewiger, unser Gott, dieses Jahr für uns zum Guten.
Vom sechsten Tag nach der Tagundnachtgleiche im Tischri bis zum Nachmittagsgebet (Mincha), das Nachmittagsgebet eingeschlossen, bis zum Abend des ersten Tages von Pessach sagt man folgendes: Gib Tau und Regen [zum Segen] auf den Ackerboden und Wind auf das Angesicht der Erde.
Sättige die ganze Welt mit deinen Gütern; fülle unsere Hände mit deinen Segnungen; lass die Gaben deiner Hände reichlich sein. Behüte und beschütze dieses Jahr vor allem Bösen, vor allen Arten von Zerstörern und vor allen Arten von Katastrophen; lass es eine Hoffnung sein und sein Ende Frieden. Gib Segen dem Werk unserer Hände.[6] Segne es wie die guten Jahre mit Segnungen des Taus, Segen und Leben und Sättigung und Frieden.[7] Gepriesen seist du, Ewiger, der die Jahre segnet.

(10) Lass zu unserer Freiheit das große Widderhorn ertönen. Erhebe das Feldzeichen, um unsere Zerstreuten zu sammeln. Rufe Freiheit aus, um uns zusammen zu sammeln von den vier Enden der Erde. Gepriesen seist du, Ewiger, der die Verstoßenen seines Volkes Israel sammelt.

(11) Bringe unsere Richter zurück wie in der Urzeit und unsere Berater wie am Anfang. Regiere über uns mit[8] Gerechtigkeit und Recht. Gepriesen seist du, Ewiger, du liebst Gerechtigkeit und Recht.

(12) Den Abtrünnigen *(le-meschummadim)* sei keine Hoffnung[9] und die Sektierer *(ha-minim)* mögen auf der Stelle vertilgt werden; alle Feinde deines Volkes[10] mögen rasch ausgerottet werden und die Herrschaft des Frevels möge rasch ausgerottet und zerbrochen und unterworfen werden in unseren Tagen. Gepriesen seist du, Ewiger, der die Bösen zerbricht und die Frechen unterwirft.

(13) Lass deine Barmherzigkeit walten, Ewiger, unser Gott, über allen Gerechten, über allen Frommen[11] und über allen Konvertiten. Gib allen, die wahrhaftig auf dich vertrauen, guten Lohn. Teile uns dasselbe Geschick zu wie ihnen. Lass uns bis in Ewigkeit keine Schande zugefügt werden. Geprie-

sen seist du, Ewiger, Stütze und Zuflucht für die Gerechten.

(14) Nach[12] Jerusalem, deiner Stadt, kehre zurück.[13] Erbaue sie als ein ewiges Gebäude in unseren Tagen. Gepriesen seist du, Ewiger, Erbauer Jerusalems.

(15) Lass den Spross Davids bald aufkeimen. Stärke unsere Kraft[14] durch deine Hilfe.[15] Gepriesen seist du, Ewiger, der die Kräfte der Hilfe aufkeimen lässt.

(16) Höre unsere Gebete, Ewiger, unser Gott, und erbarme dich über uns. Nimm unser Gebet in Barmherzigkeit und mit Wohlwollen an. Denn du bist doch ein Gott, der seit jeher unser Gebet und unsere Bitten hört. Lass uns nicht leer von dir zurückkehren, denn ein Vater voller Erbarmen bist du. Gepriesen seist du, Ewiger, der Gebet hört.

(17) Habe Gefallen an deinem Volk Israel, Ewiger, unser Gott und höre auf seine Gebete. Bringe den Kult in das Heilige deines Hauses zurück und die Feuer Israels und seine Gebete mögest du bald in Liebe mit Wohlwollen empfangen. Der Kult Israels, deines Volkes, sei dir ewig wohlgefällig. Lass unsere Augen Ausschau halten nach deiner Rückkehr zum Zion in Erbarmen. Gepriesen seist du, Ewiger, der seine Gegenwart nach Zion zurückkehren lässt.

(18) Wir danken dir, denn du bist der Ewige, unser Gott, der Fels, auf dem unser Leben ruht, das Schutzschild zu unserem Heil von Generation zu Generation. Wir loben dich und erzählen von deinem Ruhm für unser Leben, das in deine Hand gegeben ist und für unsere Seele, die dir anvertraut ist.[16] Du bist der Gute, denn dein Erbarmen wird niemals aufhören, denn deine Gnade wird niemals versiegen, ja seit jeher hoffen wir auf dich. Du hast uns nicht in Schande kommen lassen, Ewiger, unser Gott; du hast uns nicht verlassen und hast dein Gesicht nicht von uns abgewendet. Für all dies preisen wir dich und erheben deinen Namen, unser König, allezeit. Alles, was lebt, möge dir danken, sela. Und man soll deinen guten Namen in Wahrhaftigkeit preisen. Gepriesen seist du, Ewiger, „der Gute", das ist dein Name; schön ist es, dir zu danken.

(19) Gib uns Friede, Gutes und Segen, Gnade und Barmherzigkeit, uns und deinem ganzen Volk. Segne uns alle, unser Vater, im Licht deines Angesichtes, denn im Licht deines Angesichtes hast du uns, Ewiger, unser Gott, die lebenspendende Tora gegeben, Liebe und Gnade, Gerechtigkeit und Barmherzigkeit und Friede. Es gefällt dir, dein Volk Israel zu jeder Zeit mit Frieden zu segnen. Gepriesen seist du, Ewiger, der sein Volk Israel mit Friede segnet.

Zitiert nach:
Annette Böckler, Jüdischer Gottesdienst. Wesen und Struktur. Berlin 2002, 28 f.

Quellen:
M = Codex British Museum 613; 14./15. Jh.
O = Codex 1095 Bodleian Library, Oxford, fertig gestellt 1429. Eine Kopie dieses Textes ist Codex British Museum 614.
S = Codex Sulzberger, Jewish Theological Seminary of America, fertig gestellt 1516.

1 Zusätzlich im Kodex 1095 Bodleian Library Oxford (Anfang 15. Jh.)
2 Nur in S, fehlt in den anderen Versionen.
3 Nur in S, fehlt in anderen Versionen.
4 Nur in M, fehlt in einigen Versionen.
5 M hat: „Heile uns, Ewiger, dann sind wir geheilt. Hilf uns, dann ist uns geholfen. Bringe vollständige Heilung herauf für alle unsere Wunden. Denn du bist doch ein barmherziger, heilender Gott. Gepriesen seist du Ewiger, der die Kranken seines Volkes Israel heilt."
   O hat: „Heile uns, Ewiger, dann sind wir geheilt. Hilf uns, dann ist uns geholfen. Denn du bist unser Lobpreis. Gepriesen seist du, Ewiger, der die Kranken seines Volkes Israel heilt."
6 M hat stattdessen: „Habe Mitleid und erbarme dich über uns und über alle seine Erträge und über alle Früchte."
7 O hat zusätzlich: „Denn du bist doch ein guter und wohltuender Gott." (S); „… und wohltuender und verzeihender Gott" (S).
8 M hat hier zusätzlich: „Güte und Barmherzigkeit, mit …" (Rest wie oben).
9 In O folgt ein Hinweis auf einen anderen Siddur, der zusätzlich hat: „wenn sie nicht umkehren zu deinem Buch, und die Christen *(we-ha-nozrim)* und die Sektierer …" Rest wie oben, mit etwas anderer Wortwahl im Hebräischen.
10 M und O haben: „alle unsere Feinde".
11 O hat zusätzlich: „und über den Rest deines Volkes."
12 Hebräisch: *„al Jeruschalajim … taschuw."*
13 M hat zusätzlich: „Und wohne in ihr, wie du gesagt hast."
14 Wörtl.: „unser Horn".
15 M und O ergänzen: „denn auf deine Hilfe hoffen wir". M + „das ganze Leben".
16 O hat zusätzlich: „und für deine Zeichen, die uns täglich umgeben, für deine Wunder und Wohltaten zu jeder Zeit."

Literaturverzeichnis

Die Literaturzusammenstellung mit Ausnahme der Abschnitte I–III orientiert sich an den Kapiteln des Buches. Es werden neben der relevanten Fachliteratur die jeweils zitierten Titel aufgeführt.

I. Neuere Handbücher der Liturgiewissenschaft

Die folgende Zusammenstellung gibt einen Überblick über die derzeit wichtigsten und umfangreichsten Handbücher der Liturgiewissenschaft. Die Auflistung kann nicht vollständig sein. Weitere ähnliche Werke sind über die genannte Literatur leicht zu erschließen.

Die folgenden mehrbändigen Handbücher sind Grundlagenwerke:

Gottesdienst der Kirche. Handbuch der Liturgiewissenschaft, hg. v. Hans Bernhard Meyer u. a. Regensburg 1983 ff.

Von diesem Handbuch sind bislang folgende Teilbände erschienen:

1 (Bd. 3:) Berger, Rupert u. a., Gestalt des Gottesdienstes. Sprachliche und nichtsprachliche Ausdrucksformen. 2., durchges. u. erg. Aufl. Regensburg 1990.

2 (Bd. 4:) Meyer, Hans Bernhard, Eucharistie. Geschichte, Theologie, Pastoral. Mit einem Beitrag von Irmgard Pahl. Regensburg 1989.

3 (Bd. 5:) Auf der Maur, Hansjörg, Feiern im Rhythmus der Zeit I. Herrenfeste in Woche und Jahr. Regensburg 1983.

4 (Bd. 6.1:) Harnoncourt, Philipp – Auf der Maur, Hansjörg, Feiern im Rhythmus der Zeit II/1. Regensburg 1994. Darin: Philipp Harnoncourt, Der Kalender. Hansjörg Auf der Maur, Feste und Gedenktage der Heiligen.

5 (Bd. 7.1:) Kleinheyer, Bruno, Sakramentliche Feiern I. Die Feiern der Eingliederung in die Kirche. Regensburg 1989.

6 (Bd. 7.2:) Meßner, Reinhard – Kaczynski, Reiner, Sakramentliche Feiern I/2. Feiern der Umkehr und Versöhnung. Regensburg 1992. Darin: Reinhard Meßner, Feiern der Umkehr und Versöhnung. Reiner Kaczynski, Feier der Krankensalbung.

7 (Bd. 8:) Kleinheyer, Bruno – von Severus, Emmanuel – Kaczynski, Reiner, Sakramentliche Feiern II. Ordinationen und Beauftragungen, Riten um Ehe und Familie, Feiern geistlicher Gemeinschaften, die Sterbe- und Begräbnisliturgie, die Benediktionen, der Exorzismus. Regensburg 1984.

Es handelt sich um das umfangreichste deutschsprachige, zumeist von katholischen Liturgiewissenschaftlern verfasste Handbuch, das differenziert die Liturgiegeschichte darstellt und daneben unter Berücksichtigung von Fragestellungen der Gegenwart vor allem die Theologie des Gottesdienstes im Blick hat. Ausführliche Literaturverzeichnisse erleichtern die Weiterarbeit. Zum Teil sind Register zu den Bänden erschienen.

Leiturgia. Handbuch des evangelischen Gottesdienstes, hg. v. Karl Ferdinand Müller – Walter Blankenburg. Kassel 1954 ff.

8 (Bd. 1:) Geschichte und Lehre des evangelischen Gottesdienstes. Kassel 1954.

9 (Bd. 2:) Gestalt und Formen des evangelischen Gottesdienstes I. Der Hauptgottesdienst. Kassel 1955.

10 (Bd. 3:) Gestalt und Formen des evangelischen Gottesdienstes II. Der Predigtgottesdienst und der tägliche Gottesdienst. Register. Kassel 1956.

11 (Bd. 4:) Die Musik des evangelischen Gottesdienstes. Kassel 1961.

12 (Bd. 5:) Der Taufgottesdienst. Kassel 1970.

Das Handbuch gilt nach wie vor als eines der wichtigsten Werke der evangelischen Liturgik. Insbesondere Band 1 mit seinem Beitrag zur Lehre vom Gottesdienst (Peter Brunner) und Band 5 mit den umfangreichen Ausführungen zur Taufe in der Alten Kirche (Georg Kretschmar) und vom Mittelalter bis zur Gegenwart (Bruno Jordahn) sind Standardwerke.

Anamnesis. Introduzione storico-teologica alla Liturgia, hg. v. Anscar J. Chupungco. Genova u. a. 1974 ff. Dieses Werk umfasst folgende Bände:

13 (Bd. 1:) Neunheuser, Burkhard u. a., La liturgia. Momento nella storia della salvezza. Genova u. a. 1974. 2. Aufl. 1979.

14 (Bd. 2:) Marsili, Salvatore u. a., La liturgia. Panorama storico generale. Genova u. a. 1978.

15 (Bd. 3.1:) Nocent, Adrien u. a., La Liturgia, i sacramenti. Teologia e storia della celebrazione. Genova u. a. 1986.

16 (Bd. 3.2:) Marsili, Salvatore u. a., La liturgia, eucaristia. Teologia e storia della celebrazione. Genova u. a. 1983.

17 (Bd. 5:) Pinell, Jordi, Liturgia delle Ore. Genova u. a. 1990.

18 (Bd. 6:) Augé, Matias u. a., L'Anno liturgico. Storia, teologia e celebrazione. Genova u. a. 1988. 3. Aufl. 2002.

19 (Bd. 7:) Scicolone, Ildebrando u. a., I sacramentali e le benedizioni. Genova u. a. 1990. 3. Aufl. 2002.

Dieses italienische Handbuch ist breit historisch und theologisch angelegt. Es bietet grundlegende Informationen und sehr umfangreiche Literaturangaben. Eigens hervorgehoben seien der einführende erste Band und der zu diesem Themenfeld vergleichsweise ausführliche siebte Band.

L'Église en prière. Introduction à la liturgie, hg. v. Aimé-Georges Martimort. Paris 1983 ff.

20 (Bd. 1:) Dalmais, Irénée Henri u. a., Principes de la liturgie. Paris 1983.

21 (Bd. 2:) Cabié, Robert, L'eucharistie. Paris 1983.

22 (Bd. 3:) Cabié, Robert u. a., Les sacrements. Paris 1984.

23 (Bd. 4:) Dalmais, Irénée Henri u. a., La liturgie et le temps. Paris 1983.

Das maßgebliche französische Handbuch informiert breit historisch und behandelt ausführlich die Liturgie nach dem II. Vatikanum. Liturgietheologische Grundlegungen findet man im ersten Band. Immer noch beachtenswert ist die 1961 erschienene Vorgängerausgabe, die ins Deutsche übersetzt worden ist: Handbuch der Liturgiewissenschaft. Bd. I: Allgemeine Einleitung. Die Grundelemente. Die Theologie der liturgischen Feier. Bd. II: Die übrigen Sakramente und die Sakramentalien. Die Heiligung der Zeit. Deutsche Übersetzung hg. vom Liturgischen Institut, Trier. Freiburg/Br. 1963/65.

Handbook for Liturgical Studies, hg. v. Anscar J. Chupungco. Collegeville 1997 ff. Dieses Werk umfasst folgende Bände:

24 (Bd. 1:) Introduction to the liturgy, hg. v. Anscar J. Chupungco. Collegeville 1997.

25 (Bd. 2:) Fundamental liturgy, hg. v. Anscar J. Chupungco. Collegeville 1998.

26 (Bd. 3:) The eucharist, hg. v. Anscar J. Chupungco. Collegeville 1999.

27 (Bd. 4:) Sacraments and sacramentals, hg. v. Anscar J. Chupungco. Collegeville 2000.

28 (Bd. 5:) Liturgical time and space, hg. v. Anscar J. Chupungco. Collegeville 2000.

Das Handbuch ist durch Professoren der römischen Hochschule S. Anselmo erarbeitet worden und zugleich in Italienisch und Englisch erschienen. Die Beiträge sind von unterschiedlichem Niveau. Besonders hervorzuheben sind in den beiden ersten Bänden die Kapitel über Bibel und Liturgie sowie Liturgie und Ökumene, über die Interpretation liturgischer Quellen (Bd. 1), zur liturgischen Epistemologie sowie zu humanwissenschaftlichen Aspekten der Liturgie (Bd. 2). In verschiedenen Bänden findet man Beiträge über die unterschiedlichen Liturgiefamilien sowie zu den Feierformen in den östlichen und nichtrömischen westlichen Kirchen.

Kompendien

Unter den einbändigen Kompendien sind hervorzuheben:

29 Bieritz, Karl-Heinrich, Liturgik. Berlin – New York 2004.

Dieses Lehr- und Studienbuch des evangelischen Praktischen Theologen, das sich an evangelische wie katholische Leser wendet, bietet eine kompakte Einführung, die zugleich auch ein Referenzwerk für Kulturwissenschaftler sein will. Hervorzuheben sind neben anderem die Darstellungen zur Liturgie in den Kirchen der Reformation.

30 Grethlein, Christian, Grundfragen der Liturgik. Ein Studienbuch zur zeitgemäßen Gottesdienstgestaltung. Gütersloh 2001.

Es handelt sich nicht um ein Handbuch im „klassischen" Sinne; interessant ist die Diskussion empirischer Daten zum gottesdienstlichen Leben der Gegenwart und der durchgängig anthropologische Zuschnitt.

31 Handbuch der Liturgik. Liturgiewissenschaft in Theologie und Praxis der Kirche, hg. v. Hans-Christoph Schmidt-Lauber – Michael Meyer-Blanck – Karl-Heinrich Bieritz. 3., vollst. neu bearb. u. erg. Aufl. Göttingen 2003.

Es handelt sich um das derzeit umfassendste neuere Handbuch, das von evangelischen Theologen herausgegeben worden ist. Es ist ökumenisch ausgerichtet und enthält auch Beiträge zu den Liturgien anderer Kirchen und von Autoren aus diesen Kirchen. Die Buchteile sind überschrieben: Grundlagen des christlichen Gottesdienstes, Geschichte und Gestalt des Gottesdienstes, Die Kasualien, Die Gestaltung des Gottesdienstes. Interessensschwerpunkte liegen neben der Geschichte des Gottesdienstes vor allem in der Anthropologie und Theologie der Liturgie.

32 Kunzler, Michael, Die Liturgie der Kirche. Paderborn 1995 (AMATECA 10).

Charakteristisch für diese Einführung ist, dass immer wieder Informationen über die Liturgie der Ostkirchen einfließen. Sie stellt die Liturgie der Kirche insgesamt dar, manche Darstellung muss deshalb notgedrungen kurz gefasst sein. Das Buch behandelt zunächst theologische Grundfragen des Gottesdienstes, weniger der Anthropologie der Liturgie, und geht dann auf Eucharistie, die sakramentlichen Feiern der Kirche, Tagzeitenliturgie und Wortgottesdienst sowie das Kirchenjahr ein.

33 Meßner, Reinhard, Einführung in die Liturgiewissenschaft. Paderborn u. a. 2001 (UTB 2173).

Die Einführung beschränkt sich auf die Themen Initiation, Eucharistie, Tagzeitenliturgie, Osterfeier, Ordination, Trauung und bietet zudem neben einer Einleitung in die wissenschaftliche Disziplin Liturgiewissenschaft eine kleine Quellenkunde. Das Spezifikum des zum Teil theologisch sehr pointierten Buches ist die Verbindung von Darstellungen der Liturgiegeschichte und systematisch-theologischen Fragestellungen.

34 The Study of Liturgy, hg. v. Cheslyn Jones u. a. London 1992.

Das ökumenisch angelegte Buch enthält gute Überblicksbeiträge verschiedener Autoren zu zentralen Quellentexten, zu Geschichte und Gegenwart von Initiation, Eucharistie, Ordination und Tagzeitenliturgie sowie zu einzelnen Elementen der Liturgie.

Nur zwei ältere Kompendien bzw. kürzere Einführungen in die Liturgie seien hier genannt. Weitere Titel lassen sich über die oben angegebene Literatur rasch finden.

35 Reifenberg, Hermann, Fundamentalliturgie. Grundelemente des christlichen Gottesdienstes.

Wesen, Gestalt, Vollzug. 2 Bde. Klosterneuburg 1978 (SPPI 3).

36 Adam, Adolf, Grundriß Liturgie. Freiburg/Br. 1985, [8]2005.

Von den Handbüchern, die vor dem Zweiten Vatikanischen Konzil entstanden sind, ist hervorzuheben:

37 Eisenhofer, Ludwig, Handbuch der katholischen Liturgik. 2 Bde. 2., unveränd. Aufl. Freiburg/Br. 1941.

Band 1 behandelt die Allgemeine Liturgik, Band 2 die Spezielle Liturgik. Das Werk beschreibt und interpretiert die vorkonziliare Liturgie und enthält immer noch anregende, wenngleich zum Teil überholte Ausführungen zur Liturgiegeschichte. Der Blick in dieses Handbuch lohnt zugleich, um die Entwicklung der Liturgiewissenschaft, ihrer Methoden und Fragestellungen im 20. Jahrhundert kennen zu lernen.

Nachschlagewerke

✗38 Braun, Joseph, Liturgisches Handlexikon. Unveränderter Nachdruck der zweiten, verbesserten und sehr vermehrten Auflage von 1924. München 1993.

Sehr informativ für die lateinische Liturgie vor dem II. Vatikanum.

39 Liturgisch woordenboek, hg. v. Lucas Brinkhoff u. a. 1–2. Roermond. 1: 1958–1962; 2: 1965–1968; Supplementum. Liturgische orientatie na Vaticanum II. Bijdragen en overzichten geordend door Augustinus Hollaardt. Roermond 1970.

Das umfangreichste Handbuch aus jüngerer Zeit mit Interesse vor allem an historischen und theologischen Fragen; der Informationsstand entspricht der Zeit vor dem Zweiten Vatikanischen Konzil.

40 Berger, Rupert, Pastoralliturgisches Handlexikon. Sonderband 2005. 3., durchgesehene Auflage der Gesamtauflage. Freiburg/Br. 1999, 2005.

Pastoral ausgerichtet; hilfreich für die erste Information.

41 Liturgia, ed. Domenico Sartore – Achille M. Triacca – Carlo Cibien. Rom 2001.

Ein wichtiges Nachschlagewerk, schon wegen seiner ausführlichen Literaturangaben.

II. Liturgische Bücher

Genannt werden nur die für diese Einleitung wichtigen liturgischen Bücher. Eine vollständige Zusammenstellung bis 1995 bietet:

42 Klöckener, Martin, Die liturgischen Bücher im deutschen Sprachgebiet. Verzeichnis für die pastoralliturgische Arbeit, die liturgische Bildung und das liturgiewissenschaftliche Studium (Stand: 1. 10. 1995). Trier 1995 (Pastoralliturgische Hilfen 9).

43 Missale Romanum. Ex decreto Sacrosancti Oecumenici Concilii Vaticani II instauratam auctorita-

te Pauli PP. VI promulgatum. Ed. typica. Rom 1970.– Mittlerweile liegt eine Editio typica tertia (Rom 2002) des lateinischen Meßbuchs vor.

44 Meßbuch für die Bistümer des deutschen Sprachgebietes. Authentische Ausgabe für den liturgischen Gebrauch. Kleinausgabe. Das Meßbuch deutsch für alle Tage des Jahres. 2. Aufl. Einsiedeln u. a. 1988 (Die Feier der heiligen Messe).

45 Die Feier der Gemeindemesse. Handausgabe. Auszug aus der authentischen Ausgabe des Meßbuches für die Bistümer des deutschen Sprachgebietes. Anhang: Hochgebet für Messen für besondere Anliegen: Votivhochgebet „Versöhnung". Solothurn u. a. 1995.

46 The Sunday Missal. A New Edition. Sunday Masses for the Entire Three-year Cycle. Complete in One Volume together with extracts from the Sacramental Rites and from The Divine Office. Introductions by Harold Winstone. Illustrations by Mark and Anne Primavesi. Texts approved for use in England and Wales, Ireland, Scotland. London 1985.

47 Die Feier der Eingliederung Erwachsener in die Kirche. Grundform. Manuskriptausgabe zur Erprobung, hg. von den Liturgischen Instituten Deutschlands, Österreichs und der Schweiz. Trier 2001.

48 Die Feier der Kindertaufe in den katholischen Bistümern des deutschen Sprachgebietes, hg. im Auftrag der Bischofskonferenzen Deutschlands, Österreichs und der Schweiz und des Bischofs von Luxemburg. Einsiedeln u. a. 1993.

49 Die Eingliederung von Kindern im Schulalter in die Kirche. Studienausgabe für die katholischen Bistümer des deutschen Sprachgebietes, erarb. v. der Internationalen Arbeitsgemeinschaft der Liturgischen Kommissionen im deutschen Sprachgebiet, hg. v. den Liturgischen Instituten Salzburg, Trier, Zürich. Einsiedeln u. a. 1986 (PLR-GD).

50 Die Feier der Firmung in den katholischen Bistümern des deutschen Sprachgebietes, hg. im Auftrag der Bischofskonferenzen Deutschlands, Österreichs und der Schweiz und der Bischöfe von Bozen-Brixen u. von Luxemburg. Einsiedeln u. a. 1973.

51 Die Feier der Trauung in den katholischen Bistümern des deutschen Sprachgebietes. Zweite Auflage, hg. im Auftrag der Bischofskonferenzen Deutschlands, Österreichs und der Schweiz sowie der (Erz-)Bischöfe von Bozen-Brixen, Lüttich, Luxemburg und Straßburg. Zürich u. a. 1992.

52 Die Feier der Krankensakramente. Die Krankensalbung und die Ordnung der Krankenpastoral in den katholischen Bistümern des deutschen Sprachgebietes, hg. im Auftrag der Bischofskonferenzen Deutschlands, Österreichs und der

Schweiz sowie der (Erz)Bischöfe von Bozen-Brixen, Lüttich, Luxemburg und Straßburg. 2. Aufl. Solothurn u. a. 1994.

53 Die Feier der Buße nach dem neuen Rituale Romanum. Studienausgabe, hg. v. den Liturgischen Instituten Salzburg, Trier, Zürich. Einsiedeln u. a. 1974 (PLR-GD).

54 Die kirchliche Begräbnisfeier in den katholischen Bistümern des deutschen Sprachgebietes, hg. im Auftrag der Bischofskonferenzen Deutschlands, Österreichs und der Schweiz und des Bischofs von Luxemburg. Einsiedeln u. a. 1973.

55 Die Weihe des Bischofs, der Priester und der Diakone. Pontifikale I. Handausgabe mit pastoralliturgischen Hinweisen, hg. v. den Liturgischen Instituten Salzburg, Trier, Zürich. Freiburg/Br. 1994 (Pontifikale für die katholischen Bistümer des deutschen Sprachgebietes 1) (PLR-GD).

56 Die Weihe des Abtes und der Äbtissin. Die Jungfrauenweihe. Pontifikale II. Handausgabe mit pastoralliturgischen Hinweisen, hg. v. den Liturgischen Instituten Salzburg, Trier, Zürich. Freiburg/Br. 1994 (Pontifikale für die katholischen Bistümer des deutschen Sprachgebietes 2) (PLR-GD).

57 Die Beauftragung der Lektoren und der Akolythen. Pontifikale III. Handausgabe mit pastoralliturgischen Hinweisen, hg. v. den Liturgischen Instituten Salzburg, Trier, Zürich. Freiburg/Br. 1994 (Pontifikale für die katholischen Bistümer des deutschen Sprachgebietes 3) (PLR-GD).

58 Die Weihe der Kirche und des Altares. Die Weihe der Öle. Pontifikale IV. Handausgabe mit pastoralliturgischen Hinweisen, hg. v. den Liturgischen Instituten Salzburg, Trier, Zürich. Freiburg/Br. 1994 (Pontifikale für die katholischen Bistümer des deutschen Sprachgebietes 4) (PLR-GD).

59 Stundenbuch. Für die katholischen Bistümer des deutschen Sprachgebietes. Authentische Ausgabe für den liturgischen Gebrauch, hg. im Auftrag der Deutschen und der Berliner Bischofskonferenz, der Österreichischen Bischofskonferenz, der Schweizer Bischofskonferenz sowie der Bischöfe von Luxemburg, Bozen-Brixen, Lüttich, Metz und Straßburg. Zürich u. a. 1978 [Bd. 1: Advent und Weihnachtszeit (Nachdr. 1989); Bd. 2: Fastenzeit und Osterzeit (Nachdr. 1993); Bd. 3: Im Jahreskreis (Nachdr. 1991 u. 1993)].

60 Kleines Stundenbuch. Morgen- und Abendgebet der Kirche aus der Feier des Stundengebetes für die katholischen Bistümer des deutschen Sprachgebietes, hg. v. den Liturgischen Instituten Salzburg, Trier, Zürich. Einsiedeln u. a. 1981–1984 [Bd. 1: Advent und Weihnachtszeit, 1982; Bd. 2: Fasten- und Osterzeit, 1983; Bd. 3: Im Jahreskreis, 1981; Bd. 4: Die Gedenktage der Heiligen, 1984].

61 Benediktionale. Studienausgabe für die katholischen Bistümer des deutschen Sprachgebietes. Erarbeitet von der Internationalen Arbeitsgemeinschaft der Liturgischen Kommissionen im deutschen Sprachgebiet, hg. v. den Liturgischen Instituten Salzburg, Trier, Zürich. Einsiedeln u. a. 1979.

62 Die Wortgottesfeier. Der Wortgottesdienst der Gemeinde am Sonntag. Vorsteherbuch für Laien, hg. vom Liturgischen Institut Zürich im Auftrage der deutschschweizerischen Bischöfe. Freiburg/Schw. 1997.

63 Wort-Gottes-Feier. Werkbuch für die Sonn- und Festtage, hg. v. den Liturgischen Instituten Deutschlands und Österreichs im Auftrag der Deutschen Bischofskonferenz, der Österreichischen Bischofskonferenz und des Erzbischofs von Luxemburg. Trier 2004.

64 Gotteslob. Katholisches Gebet und Gesangbuch, hg. v. den Bischöfen Deutschlands, Österreichs und den Bistümern Bozen-Brixen und Lüttich. Stammausgabe. Stuttgart 1975.

65 Graduale sacrosanctae Romanae Ecclesiae de tempore et de sanctis primum sancti Pii X iussu restit. et ed. Pauli VI … cura nunc recogn. Ad exemplar „Ordinis cantus missae" dispositum et rhythmicis signis a Solesmensibus monachis diligenter ornatum. Solesmes 1974.

66 Graduale Romanum. Lateinisch-deutsche Textausgabe, hg. v. den Mönchen der Abtei Gerleve. Billerbeck ²1983.

67 Sidur Sefat Emet. Mit deutscher Übersetzung von Rabbiner Dr. S. Bamberger. Basel 1992.

III. Dokumente zur Liturgie

Es werden nur solche Dokumente genannt, die im Buch verwendet werden. Eine vollständige Zusammenstellung bieten die Bände „Dokumente zur Erneuerung" (71–73).

68 Allgemeine Einführung in das Römische Meßbuch (AEM), in: Die Meßfeier – Dokumentensammlung. Auswahl für die Praxis, hg. v. Sekretariat der Deutschen Bischofskonferenz. Bonn ⁷1998 (ADBK 77) 7–89.

69 Allgemeine Einführung in das Stundengebet (AES), in: Tagzeitenliturgie der Zukunft. Allgemeine Einführung in das Stundengebet. In Zusammenarbeit mit dem Österreichischen Liturgischen Institut, Salzburg, hg. v. Deutschen Liturgischen Institut Trier. Trier 1999 (Pastoralliturgische Hilfen 14) 29–101 (u. a. auch im Band 1 des Stundenbuches enthalten).

70 Päpstliche Bibelkommission, Die Interpretation der Bibel in der Kirche. Ansprache Seiner Heiligkeit Johannes Pauls II. und Dokument der Päpst-

lichen Bibelkommission. 23. April 1993. 2., korrigierte Auflage 1996, hg. v. Sekretariat der Deutschen Bischofskonferenz. Bonn 1996 (VApS 115).

Dokumente zur Erneuerung der Liturgie (DEL):

71 Bd. I: Dokumente des Apostolischen Stuhls 1963–1973, hg. v. Heinrich Rennings – Martin Klöckener. Kevelaer 1983.

72 Bd. II: Dokumente des Apostolischen Stuhls 4.12.1973–3.12.1983, übers., bearb. u. hg. v. Martin Klöckener u. Heinrich Rennings. Kevelaer 1997.

73 Bd. III: Dokumente des Apostolischen Stuhls 4.12.1983–3.12.1993. Mit Supplementum zu Band 1 und 2, übers., bearb. u. hg. v. Martin Klöckener unter Mitarbeit von Guido Muff. Kevelaer – Freiburg/Schw. 2001.

74 Dokumente zur Kirchenmusik unter besonderer Berücksichtigung des deutschen Sprachgebietes, hg. v. Hans Bernhard Meyer – Rudolf Pacik. Regensburg 1981.

75 Gottesdienst. Beschluß, in: Gemeinsame Synode der Bistümer in der Bundesrepublik Deutschland. Beschlüsse der Vollversammlung. Offizielle Gesamtausgabe I, hg. im Auftrag des Präsidiums der Gemeinsamen Synode … v. Ludwig Bertsch u. a. Freiburg/Br. 1976, 196–225.

76 Gottesdienst im deutschen Sprachgebiet. Liturgische Dokumente, Bücher und Behelfe, hg. v. Josef Schermann – Hans Bernhard Meyer. Regensburg 1982 (StPaLi 5).

77 Das Herrenmahl. Bericht der Gemeinsamen Römisch-katholischen / Evangelisch-lutherischen Kommission 1978, in: Dokumente wachsender Übereinstimmung. Sämtliche Berichte und Konsenstexte interkonfessioneller Gespräche auf Weltebene. 1931–1982, hg. u. eingel. v. Harding Meyer – Hans Jörg Urban – Lukas Vischer. Paderborn – Frankfurt/M. 1983, 271–295.

78 Kongregation für den Gottesdienst und die Sakramentenordnung, Der Gebrauch der Volkssprache bei der Herausgabe der Bücher der römischen Liturgie. Liturgiam authenticam. Fünfte Instruktion „zur ordnungsgemäßen Ausführung der Konstitution des Zweiten Vatikanischen Konzils über die heilige Liturgie" (zu Art. 36 der Konstitution). Lateinisch-Deutsch. 28. März 2001, hg. v. Sekretariat der Deutschen Bischofskonferenz. Bonn 2001 (VApS 154).

79 Leitlinien für den Bau und die Ausgestaltung von gottesdienstlichen Räumen. Handreichung der Liturgiekommission der Deutschen Bischofskonferenz. 25. Oktober 1988. 6. überarb. Aufl., hg. v. Sekretariat der Deutschen Bischofskonferenz. Bonn 2002 (DtBis 9).

80 Liturgie und Bild. Eine Orientierungshilfe. Handreichung der Liturgiekommission der Deutschen Bischofskonferenz. 23. April 1996, hg. v. Sekretariat der Deutschen Bischofskonferenz. Bonn 1996 (ADBK 132).

81 (Mediator Dei) Unseres Heiligen Vaters Pius' XII. durch göttliche Vorsehung Papst. Rundschreiben über die heilige Liturgie (20. November 1947: „Mediator Dei"). Lateinischer Text nach den „Acta Apostolicae Sedis". Deutscher Text nach der von der Vatikanischen Druckerei vorgelegten Übersetzung. Freiburg/Br. 1948.

82 Die Meßfeier – Dokumentensammlung. Auswahl für die Praxis, hg. v. Sekretariat der Deutschen Bischofskonferenz. Bonn [7]1998 (ADBK 77).

83 Das Mysterium der Kirche und der Eucharistie im Licht des Mysteriums der Heiligen Dreieinigkeit, in: OrthFor 3. 1989, 219–228 (sog. „Münchener Dokument" von 1982).

84 (Sacrosanctum Concilium) Konstitution über die heilige Liturgie, in: Karl Rahner – Herbert Vorgrimler, Kleines Konzilskompendium. Sämtliche Texte des Zweiten Vatikanums. Allgemeine Einleitung – 16 spezielle Einführungen – ausführliches Sachregister. Mit einem Nachtrag vom Oktober 1968: Die nachkonziliare Arbeit der römischen Kirchenleitung. Freiburg/Br. [17]1984, 51–90 (diese Ausgabe der Konzilsdokumente liegt in zahlreichen Auflagen vor; zum lateinischen Text der Liturgiekonstitution und zu Kommentaren vgl. auch Anhang 4).

85 Für eine Zukunft in Solidarität und Gerechtigkeit. Wort des Rates der Evangelischen Kirche in Deutschland und der Deutschen Bischofskonferenz zur wirtschaftlichen und sozialen Lage in Deutschland, hg. v. Kirchenamt der Evangelischen Kirche in Deutschland und vom Sekretariat der Deutschen Bischofskonferenz. Hannover – Bonn 1997 (Gemeinsame Texte 9).

IV. Literatur

1. Liturgie im gesellschaftlichen Umfeld

86 Bieritz, Karl-Heinrich, Einladung zum Mitspielen. Riten-Diakonie und Ritualtheorie: Anregungen und Einwürfe, in: Die diakonale Dimension der Liturgie, hg. v. Benedikt Kranemann – Thomas Sternberg – Walter Zahner. Freiburg/Br. 2006 (QD 218) 284–304.

87 Casanova, José, Religion und Öffentlichkeit. Ein Ost-/Westvergleich, in: Religion und Gesellschaft. Texte zur Religionssoziologie, hg. v. Karl Gabriel – Hans-Richard Reuter. Paderborn u. a. 2004 (UTB 2510) 271–293.

88 Disaster Ritual. Explorations of an emerging ritual repertoire, hg. v. Paul Post u. a. Leuven u. a. 2003 (Liturgia condenda 15).

89 Ebertz, Michael N., Einseitige und zweiseitige liturgische Handlungen. Gottes-Dienst in der entfalteten Moderne, in: Heute Gott feiern. Liturgiefähigkeit des Menschen und Menschenfähigkeit der Liturgie, hg. v. Benedikt Kranemann – Eduard Nagel – Elmar Nübold. Freiburg/Br. 1999, 14–38.

90 Gabriel, Karl, Säkularisierung und öffentliche Religion. Religionssoziologische Anmerkungen mit Blick auf den europäischen Kontext, in: JCSW 44. 2003, 13–36.

91 Gott feiern in nachchristlicher Gesellschaft. Die missionarische Dimension der Liturgie, hg. v. Benedikt Kranemann – Klemens Richter – Franz-Peter Tebartz-van Elst. Stuttgart 2000 (zuerst 1998/99 veröffentlicht).

92 Hauke, Reinhard, Die Feier der Lebenswende. Eine christliche Hilfe zur Sinnfindung für Ungetaufte, in: Gott feiern in nachchristlicher Gesellschaft. Die missionarische Dimension der Liturgie, hg. v. Benedikt Kranemann – Klemens Richter – Franz-Peter Tebartz-van Elst. Stuttgart 2000, Teil 2, 32–48.

93 Haunerland, Winfried, Authentische Liturgie. Der Gottesdienst der Kirche zwischen Universalität und Individualität, in: LJ 52. 2002, 135–157.

94 Häußling, Angelus A., Gottesdienst III. Liturgiegeschichtlich. IV. Liturgisch-theologisch, in: LThK 4. 1995, 891–903.

95 Hock, Klaus, Einführung in die Religionswissenschaft. Darmstadt 2002.

96 Hoffman, Lawrence A., How Ritual Means: Ritual Circumcision on Rabbinic Culture and Today, in: StLi 23. 1993, 78–97.

97 Joas, Hans, Glaube und Moral im Zeitalter der Kontingenz, in: ders., Braucht der Mensch Religion? Über Erfahrungen der Selbsttranszendenz. Freiburg/Br. 2004, 32–49.

98 Klöckener, Martin, Freiheit und Ordnung im Gottesdienst – ein altes Problem mit neuer Brisanz, in: FZPhTh 43. 1996, 388–419.

99 Kranemann, Benedikt, Die Wiederentdeckung des Rituals. Ein kulturelles Phänomen in liturgiewissenschaftlicher Perspektive, in: rhs 48. 2005, 24–35.

100 Lang, Bernhard, Ritual/Ritus, in: HRWG 4. 1998, 442–458.

101 Lengeling, Emil Joseph, Liturgie – Dialog zwischen Gott und Mensch, hg. v. Klemens Richter. Altenberge 1988.

102 Lengeling, Emil Joseph, Liturgie, in: HThG 3. 1970, 77–100 (zuerst 1962 veröffentlicht).

103 Lengeling, Emil Joseph, Liturgie/Liturgiewissenschaft, in: NHThG 3. 1991, 279–305.

104 Luckmann, Thomas, Die unsichtbare Religion. Mit einem Vorwort von Hubert Knoblauch. Frankfurt/M. ²1993.

105 Lüddeckens, Dorothea, Neue Rituale für alle Lebenslagen. Beobachtungen zur Popularisierung des Ritualdiskurses, in: ZRGG 56. 2004, 37–53.

106 Mitchell, Nathan, Liturgy and the social sciences. Collegeville 1999 (American essays in liturgy).

107 Odenthal, Andreas, Liturgie als Ritual. Theologische und psychoanalytische Überlegungen zu einer praktisch-theologischen Theorie des Gottesdienstes als Symbolgeschehen. Stuttgart 2002 (PTHe 60).

108 Post, Paul, Ritual Studies. Einführung und Ortsbestimmung im Hinblick auf die Liturgiewissenschaft, in: ALw 45. 2003, 21–45.

109 Stolz, Fritz, Grundzüge der Religionswissenschaft. 2., überarbeitete Auflage. Göttingen 1997 (UTB 1980).

110 Turner, Victor, Das Ritual. Struktur und Anti-Struktur. Aus dem Englischen und mit einem Nachwort von Sylvia M. Schomburg-Scherff. Frankfurt/M. 2000 (zuerst 1969 veröffentlicht).

111 Van Gennep, Arnold, Übergangsriten (Les rites de passage). Aus dem Französischen von Klaus Schomburg und Sylvia M. Schomburg-Scherff. Mit einem Nachwort von Sylvia M. Schomburg-Scherff. Frankfurt/M. u. a. 1999 (erstmals 1909 veröffentlicht).

112 Winter, Stephan, „Wir übergeben den Leib der Erde …“ Überlegungen zu mystagogischer Bestattungsliturgie, in: Arbeitsstelle Gottesdienst 16. 2002, 12–25.

2. Geschichte, Profil und Methoden des Faches Liturgiewissenschaft

113 Altermatt, Urs, Von der Volksreligion zur Massenreligiosität, in: Liturgie in Bewegung. Liturgie en mouvement. Beiträge zum Kolloquium Gottesdienstliche Erneuerung in den Schweizer Kirchen im 20. Jahrhundert. 1.–3. März 1999 an der Universität Freiburg/Schweiz. Actes du Colloque Renouveau liturgique des Églises en Suisse au XXᵉ siècle. 1–3 mars 1999, Université de Fribourg/Suisse, hg. v. Bruno Bürki – Martin Klöckener unter Mitarb. von Arnaud Join-Lambert. Freiburg/Schw. – Genève 2000, 33–51.

114 Angenendt, Arnold, Geschichte der Religiosität im Mittelalter. Darmstadt 1997.

115 Angenendt, Arnold, Liturgik und Historik. Gab es eine organische Liturgie-Entwicklung? Freiburg/Br. ²2001 (QD 189).

116 Angenendt, Arnold, Liturgie im Mittelalter. Ausgewählte Aufsätze zum 70. Geburtstag, hg. v. Thomas Flammer – Daniel Meyer. Münster 2004 (Ästhetik – Theologie – Liturgik 35).

117 Barnard, Marcel, Liturgiek als wetenschap van christelijke riten en symbolen. Rede uitgesproken bij den aanvaarding van het ambt Kerkelijk Hoogleraar in de Liturgiek vanwege de Evangelisch-Lutherse Kerk in het Koninkrijk der Nederlanden aan de Universiteit van Amsterdam op dinsdag 6 juni 2000. Amsterdam AUP 2000.

118 Baumstark, Anton, Vom geschichtlichen Werden der Liturgie. 1.–5. Aufl. Freiburg/Br. 1923 (EcOra 10).

X119 Baumstark, Anton, Missale Romanum. Seine Entwicklung, ihre wichtigsten Urkunden und Probleme. Eindhoven 1929.

120 Baumstark, Anton, Liturgie comparée. Conférences faites au Prieuré d'Amay. Ed. refondue. Chevetogne 1939.

121 Baumstark, Anton, Nocturna laus. Typen frühchristlicher Vigilienfeier und ihr Fortleben vor allem im römischen und monastischen Ritus. Aus dem Nachlass hg. v. Odilo Heiming. Münster 1957 (LQF 32).

122 Baumstark, Anton, Comparative liturgy, hg. v. Bernard Botte. London 1958.

123 Bell, Catherine. Ritual. Perspectives and Dimensions. New York – Oxford 1997.

124 Berger, Teresa, Liturgie – Spiegel der Kirche. Eine systematisch-theologische Analyse des liturgischen Gedankenguts im Traktarianismus. Göttingen 1986 (FSÖTh 52).

125 Berger, Teresa, „Erneuerung und Pflege der Liturgie" – „Einheit aller, die an Christus glauben". Ökumenische Aspekte der Liturgiekonstitution, in: Gottesdienst – Kirche – Gesellschaft. Interdisziplinäre und ökumenische Standortbestimmungen nach 25 Jahren Liturgiereform, hg. v. Hansjakob Becker – Bernd Jochen Hilberath – Ulrich Willers. St. Ottilien 1991 (PiLi 5) 339–356.

126 Bieritz, Karl-Heinrich, Chancen einer ökumenischen Liturgik, in: ZKTh 100. 1978, 470–483.

127 Bieritz, Karl-Heinrich, Liturgik II. Forschungsstand, in: RGG 5. 2001, 452–457.

128 Casel, Odo, Die Liturgie als Mysterienfeier. 1. u. 2. Aufl. Freiburg/Br. 1922 (EcOra 9).

129 Casel, Odo, Glaube, Gnosis und Mysterium, in: JLw 15. 1935, 155–305.

130 Casel, Odo, Das christliche Kultmysterium. 4. durchges. u. erw. Aufl., hg. v. Burkhard Neunheuser. Regensburg 1960.

131 Casel, Odo, Mysterientheologie. Ansatz und Gestalt, hg. v. Abt-Herwegen-Institut der Abtei Maria Laach. Ausgew. u. eingel. von Arno Schilson. Regensburg 1986.

132 De Zan, Renato, Criticism and Interpretation of Liturgical Texts, in: Handbook for Liturgical Studies 1: Introduction to the Liturgy, ed. by Ansgar J. Chupungco. Collegeville MN 1997, 331–365.

133 Ehrensperger, Alfred, Die Theorie des Gottesdienstes in der späten deutschen Aufklärung (1770–1815). Zürich 1971 (SDGSTh 30).

134 Felmy, Karl Christian, Die orthodoxe Theologie der Gegenwart. Eine Einführung. Darmstadt 1990.

135 Fischer, Balthasar, Östliches Erbe in der jüngsten Liturgiereform des Westens, in: LJ 27. 1977, 92–106.

136 Fluck, Jakob, Katholische Liturgik, 2 Bde. Regensburg 1853–1855.

137 Gärtner, Heribert W. – Merz, Michael B., Prolegomena für eine integrative Methode in der Liturgiewissenschaft. Zugleich ein Versuch zur Gewinnung der empirischen Dimension, in: ALw 24. 1982, 165–189.

X138 Gerhards, Albert, Impulse des christlich-jüdischen Dialogs für die Liturgiewissenschaft, in: Methodische Erneuerung der Theologie. Konsequenzen der wiederentdeckten jüdisch-christlichen Gemeinsamkeiten. Unter Mitarb. von Wilhelm Damberg u. a., hg. v. Peter Hünermann – Thomas Söding. Freiburg/Br. 2003 (QD 200) 183–211.

139 Gerhards, Albert – Odenthal, Andreas, Auf dem Weg zu einer Liturgiewissenschaft im Dialog. Thesen zur wissenschaftstheoretischen Standortbestimmung, in: LJ 50. 2000, 41–53.

140 Gerhards, Albert – Osterholt-Kootz, Birgit, Kommentar zur „Standortbestimmung der Liturgiewissenschaft", in: LJ 42. 1992, 122–138.

141 Guardini, Romano, Über die systematische Methode in der Liturgiewissenschaft, in: JLw 1. 1921, 97–108.

142 Guéranger, Prosper, Institutions liturgiques. 3 Bde. Paris 1840–1851 (erweiterte Aufl. in 4 Bde. 1878–1885).

143 Guéranger, Prosper, L'année liturgique. 9 Bde. Paris 1841–1866 (deutsche Übersetzung 1874 ff. u. ö.).

144 Gy, Pierre-Marie, Les réformes liturgiques et la sociologie historique de la liturgie, in: Liturgiereformen. Historische Studien zu einem bleibenden Grundzug des christlichen Gottesdienstes. Bd. 1: Biblische Modelle und Liturgiereformen von der Frühzeit bis zur Aufklärung, hg. v. Martin Klöckener – Benedikt Kranemann. Münster 2002 (LQF 88) 262–272.

145 Häußling, Angelus A., Mönchskonvent und Eucharistiefeier. Eine Studie über die Messe in

der abendländischen Klosterliturgie des frühen Mittelalters und zur Geschichte der Meßhäufigkeit. Münster 1973 (LQF 58).

146 Häußling, Angelus A., Odo Casel – noch von Aktualität? Eine Rückschau in eigener Sache aus Anlaß des hundertsten Geburtstages des ersten Herausgebers, in: ALw 28. 1986, 357–387.

147 Häußling, Angelus A., Liturgiewissenschaftliche Aufgabenfelder vor uns, in: ders., Christliche Identität aus der Liturgie. Theologische und historische Studien zum Gottesdienst der Kirche, hg. v. Martin Klöckener – Benedikt Kranemann – Michael B. Merz. Münster 1997 (LQF 79) 321–333 (zuerst 1988 veröffentlicht).

148 Häußling, Angelus A., Die kritische Funktion der Liturgiewissenschaft, in: ders., Christliche Identität aus der Liturgie. Theologische und historische Studien zum Gottesdienst der Kirche, hg. v. Martin Klöckener – Benedikt Kranemann – Michael B. Merz. Münster 1997 (LQF 79) 284–301 (zuerst 1970 veröffentlicht).

149 Häußling, Angelus A., Liturgiereform. Materialien zu einem neuen Thema der Liturgiewissenschaft, in: ders., Christliche Identität aus der Liturgie. Theologische und historische Studien zum Gottesdienst der Kirche, hg. v. Martin Klöckener – Benedikt Kranemann – Michael B. Merz. Münster 1997 (LQF 79) 11–45 (zuerst 1989 veröffentlicht).

150 Häußling, Angelus A., Liturgiewissenschaft zwei Jahrzehnte nach Konzilsbeginn. Eine Umschau im deutschen Sprachgebiet, in: ders., Christliche Identität aus der Liturgie. Theologische und historische Studien zum Gottesdienst der Kirche, hg. v. Martin Klöckener – Benedikt Kranemann – Michael B. Merz. Münster 1997 (LQF 79) 302–320 (zuerst 1982 veröffentlicht).

151 Hnogek, Adalbert A., Christkatholische Liturgik zunächst zur Ausübung für Pfarrer und Kapläne des Weltpriesterstandes in der abendländischen Kirche, mit Berücksichtigung der in den österreichischen Staaten, der Provinz Böhmen und der Leitmeritzer Diözese insbesondere über die katholische Liturgie bestehenden Verordnungen. 5 Bde. Prag 1835–1842.

152 Jeggle-Merz, Birgit, Erneuerung der Kirche aus dem Geist der Liturgie. Der Pastoralliturgiker Athanasius Wintersig / Ludwig A. Winterswyl. Münster 1998 (LQF 84).

153 Jungmann, Josef Andreas, Die liturgische Feier. Grundsätzliches und Geschichtliches über Formgesetze der Liturgie. Regensburg 1939.

154 Jungmann, Josef Andreas, Gewordene Liturgie. Studien und Durchblicke. Innsbruck – Leipzig 1941.

155 Jungmann, Josef Andreas, Vordringliche Aufgaben liturgiewissenschaftlicher Forschung. Referat auf der Studientagung der Liturgikdozenten des deutschen Sprachgebietes in München (28. März bis 1. April 1967), gehalten am 31. März 1967. Eingeleitet, transkribiert u. erläutert v. Rudolf Pacik, in: ALw 42. 2000, 3–28.

156 Kavanagh, Aidan, On Liturgical Theology. The Hale Memorial Lectures of Seabury-Western Theological Seminary, 1981. New York 1984.

157 Kieffer, Georg, Rubrizistik oder Ritus des katholischen Gottesdienstes nach den Regeln der heiligen römischen Kirche. Paderborn [9]1947.

158 Kilmartin, Edward J., Christian Liturgy: Theology and Practice I. Systematic Theology of Liturgy. Kansas City 1988.

159 Kohlschein, Franz, Liturgiereform und deutscher Aufklärungskatholizismus, in: Liturgiereformen. Historische Studien zu einem bleibenden Grundzug des christlichen Gottesdienstes. Bd. 1: Biblische Modelle und Liturgiereformen von der Frühzeit bis zur Aufklärung, hg. v. Martin Klöckener – Benedikt Kranemann. Münster 2002 (LQF 88) 511–533.

160 Kranemann, Benedikt, Grenzgängerin zwischen den theologischen Disziplinen. Die Entwicklung der deutschsprachigen Liturgiewissenschaft im 19. und 20. Jahrhundert, in: TThZ 108. 1999, 253–272.

161 Kranemann, Benedikt, Liturgiewissenschaft angesichts der „Zeitenwende“. Die Entwicklung der theologischen Disziplin zwischen den beiden Vatikanischen Konzilien, in: Die katholisch-theologischen Disziplinen in Deutschland 1870–1962. Ihre Geschichte, ihr Zeitbezug, hg. v. Hubert Wolf. Paderborn u. a. 1999 (Programm und Wirkungsgeschichte des II. Vatikanums 3) 351–375.

162 Kranemann, Benedikt, Gottesdienst als ökumenisches Projekt, in: Liturgisches Kompendium, hg. v. Christian Grethlein – Günter Ruddat. Göttingen 2003, 77–100.

163 Kranemann, Daniela, Israelitica dignitas? Studien zur Israeltheologie Eucharistischer Hochgebete. Altenberge 2001 (MThA 66).

164 Lathrop, Gordon W., Holy things. A liturgical theology. Minneapolis 1993.

165 Liturgie – ein vergessenes Thema der Theologie?, hg. v. Klemens Richter. Freiburg/Br. [2]1987 (QD 107).

166 Liturgie lernen und lehren. Aufsätze zur Liturgiedidaktik, hg. v. Jörg Neijenhuis. Leipzig 2001 (Beiträge zu Liturgie und Spiritualität 6).

167 Liturgiereformen. Historische Studien zu einem bleibenden Grundzug des christlichen Gottesdienstes. Bd. 1: Biblische Modelle und Liturgie-

reformen von der Frühzeit bis zur Aufklärung; Bd. 2: Liturgiereformen seit der Mitte des 19. Jahrhunderts bis zur Gegenwart, hg. v. Martin Klöckener – Benedikt Kranemann. Münster 2002 (LQF 88).

168 Liturgiewissenschaft – Studien zur Wissenschaftsgeschichte, hg. v. Franz Kohlschein – Peter Wünsche. Münster 1996 (LQF 78).

169 Liturgiewissenschaft und Kirche. Ökumenische Perspektiven, hg. v. Michael Meyer-Blanck. Rheinbach 2003.

170 Liturgische Theologie. Aufgaben systematischer Liturgiewissenschaft, hg. v. Helmut Hoping – Birgit Jeggle-Merz. Paderborn 2004.

171 Lüft, Johann Baptist, Liturgik oder wissenschaftliche Darstellung des katholischen Cultus, 2 Bde. Mainz 1844–1847.

172 Lurz, Friedrich, Für eine ökumenische Liturgiewissenschaft, in: TThZ 108. 1999, 273–290.

173 Malcherek, Reinhold, Liturgiewissenschaft im 19. Jahrhundert. Valentin Thalhofer (1825–1891) und sein „Handbuch der katholischen Liturgik". Münster 2001 (LQF 86).

174 Mayer, Anton L., Die Liturgie in der europäischen Geistesgeschichte. Gesammelte Aufsätze, hg. v. Emmanuel von Severus. Darmstadt 1971.

175 Meffert, Bernhard, Liturgie teilen. Akzeptanz und Partizipation in der erneuerten Meßliturgie. Mit einer Einführung von Albert Gerhards. Stuttgart 2000 (PTHe 52).

176 Merz, Michael B., Liturgisches Gebet als Geschehen. Liturgiewissenschaftlich-linguistische Studie anhand der Gebetsgattung Eucharistisches Hochgebet. Münster 1988 (LQF 70).

177 Meßner, Reinhard, Was ist systematische Liturgiewissenschaft? Ein Entwurf in sieben Thesen, in: ALw 40. 1998, 257–274.

178 Meßner, Reinhard, Die vielen gottesdienstlichen Überlieferungen und die eine liturgische Tradition. Liturgiewissenschaft zwischen historischer und systematischer Theologie, in: Liturgische Theologie. Aufgaben systematischer Liturgiewissenschaft, hg. v. Helmut Hoping – Birgit Jeggle-Merz. Paderborn 2004, 33–56.

179 Performanz. Zwischen Sprachphilosophie und Kulturwissenschaft, hg. v. Uwe Wirth. Frankfurt/M. 2002.

180 Post, Paul, Liturgical movements and feast culture. A dutch research program, in: Christian feast and festival. The dynamics of western liturgy and culture, hg. v. Paul Post – Gerard Rouwhorst – Louis van Tongeren – Anton Scheer. Leuven – Paris – Sterling, Va. (USA) 2001 (Liturgia condenda 12) 3–43.

181 Post, Paul, Überfluss und Unvermögen. Ritualkompetenz oder Kompetenzverlust: rituell-litur-gische Erkundungen im Lichte der Ritual studies, in: Wiederkehr der Rituale. Zum Beispiel die Taufe, hg. v. Benedikt Kranemann – Gotthard Fuchs – Joachim Hake. Stuttgart 2004, 47–71.

182 Post, Paul, Das aktuelle Panorama rituell-liturgischer Inkulturation und Partizipation in den Niederlanden, in: Gottesdienst in Zeitgenossenschaft. Positionsbestimmungen 40 Jahre nach der Liturgiekonstitution des Zweiten Vatikanischen Konzils, hg. v. Martin Klöckener – Benedikt Kranemann. Fribourg 2006, 221–261.

183 Rau, Stefan, Die Feiern der Gemeinden und das Recht der Kirche. Zu Aufgabe, Form und Ebenen liturgischer Gesetzgebung in der katholischen Kirche. Altenberge 1990 (MThA 12).

184 Reichert, Franz Rudolf, Die älteste deutsche Gesamtauslegung der Messe. Erstausgabe ca. 1480. Münster 1967 (CCath 29).

185 Ritualtheorien. Ein einführendes Handbuch, hg. v. Andréa Belliger – David J. Krieger. Opladen – Wiesbaden 1998.

186 Schilson, Arno, Theologie als Sakramententheologie. Die Mysterientheologie Odo Casels. Mainz 1982 (TTS 18).

187 Schilson, Arno, Erneuerung aus dem Geist der Restauration. Ein Blick auf den Ursprung der Liturgischen Bewegung bei Prosper Guéranger, in: RoJKG 12. 1993, 35–56.

188 Schilson, Arno, „Gedachte Liturgie" als Mystagogie. Überlegungen zum Verhältnis von Dogmatik und Liturgie, in: Dogma und Glaube. Bausteine für eine theologische Erkenntnislehre. Festschrift für Bischof Walter Kasper, hg. v. Eberhard Schockenhoff – Peter Walter. Mainz 1993, 213–234.

189 Schmemann, Alexander, Introduction to Liturgical Theology. Crestwood 1986.

190 Schmid, Franz Xaver, Liturgik der christkatholischen Religion, 3 Bde. Passau 1832–1833.

191 Schmid, Franz Xaver, Grundriß der Liturgik der christkatholischen Religion. Passau 1836.

192 Schmid, Franz Xaver, Kultus der christkatholischen Kirche, 3., ganz neu bearb. Auflage, 3 Bde. Passau 1840–1842.

193 Schulz, Frieder, Gottesdienstreform im ökumenischen Kontext. Katholische Einflüsse auf den evangelischen Gottesdienst, in: LJ 47. 1997, 202–220.

194 Stringer, Martin D., Liturgy and Anthropology: The History of a Relationship, in: Worship 63. 1989, 503–521.

195 Stuflesser, Martin, Memoria Passionis. Das Verhältnis von lex orandi und lex credendi am Beispiel des Opferbegriffs in den Eucharistischen Hochgebeten nach dem II. Vatikanischen Konzil. Altenberge 1998 (MThA 51).

196 Stuflesser, Martin – Winter, Stefan, Liturgiewissenschaft – Liturgie und Wissenschaft? Versuch einer Standortbestimmung im Kontext des Gesprächs zwischen Liturgiewissenschaft und Systematischer Theologie, in: LJ 51. 2001, 90–118.

197 Taft, Robert, Über die Liturgiewissenschaft heute, in: ThQ 177. 1997, 243–255.

198 Tambiah, Stanley J., Eine performative Theorie des Rituals, in: Ritualtheorien. Ein einführendes Handbuch, hg. v. Andréa Belliger – David J. Krieger. Opladen – Wiesbaden 1998, 227–250.

199 Taufe, Eucharistie und Amt. Konvergenzerklärungen der Kommission für Glauben und Kirchenverfassung des Ökumenischen Rates der Kirchen mit einem Vorwort von William H. Lazareth und Nikos Nissiotis. 3. Aufl., Frankfurt/M. – Paderborn 1982.

200 Thaler, Anton, Gemeinde und Eucharistie. Grundlegung einer eucharistischen Ekklesiologie. Freiburg/Schw. 1988 (PTD 2).

201 Thalhofer, Valentin, Handbuch der katholischen Liturgik. 2 Bde. Freiburg/Br. 1883–1893 (ThBib).

202 Volp, Rainer, Liturgik. Die Kunst, Gott zu feiern. Bd. 1: Einführung und Geschichte. Gütersloh 1992; Bd. 2: Theorie und Gestaltung. Gütersloh 1994.

203 Wainwright, Geoffrey, Doxology. The Praise of God in Worship, Doctrine and Life. A Systematic Theology. London 1980.

204 West, Fritz, The Comparative Liturgy of Anton Baumstark. Nottingham 1995 (Alcuin/Grove Joint Liturgical Studies 31).

205 Winkler, Gabriele – Meßner, Reinhard, Überlegungen zu den methodischen und wissenschaftstheoretischen Grundlagen der Liturgiewissenschaft, in: ThQ 178. 1998, 229–243.

206 Wintersig, Athanasius, Methodisches zur Erklärung von Meßformularen, in: JLw 4. 1924, 135–152.

207 Wintersig, Athanasius, Pastoralliturgik. Ein Versuch über Wesen, Weg, Einteilung und Abgrenzung einer seelsorgswissenschaftlichen Behandlung der Liturgie, in: JLw 4. 1924, 153– 167.

208 Wohlmuth, Josef, Jesu Weg – unser Weg. Kleine mystagogische Christologie. Würzburg 1992.

3. Geschichtliche Skizze zur römischen Liturgie

209 Andrieu, Michel, Les Ordines Romani du haut moyen âge II. Les textes (Ordines I–XIII). Lovain 1948 (SSL 23).

210 Angenendt, Arnold, Das Frühmittelalter. Die abendländische Christenheit von 400 bis 900. Stuttgart ³2001.

211 Angenendt, Arnold, Missa specialis. Zugleich ein Beitrag zur Entstehung der Privatmessen, in: ders., Liturgie im Mittelalter. Ausgewählte Aufsätze zum 70. Geburtstag, hg. v. Thomas Flammer – Daniel Meyer. Münster 2004 (Ästhetik – Theologie – Liturgik 35) 111–190 (zuerst 1983 veröffentlicht).

212 Angenendt, Arnold, Religiösität und Theologie. Ein spannungsreiches Verhältnis im Mittelalter, in: Liturgie im Mittelalter. Ausgewählte Aufsätze zum 70. Geburtstag, hg. v. Thomas Flammer – Daniel Meyer. Münster 2004 (Ästhetik – Theologie – Liturgik 35) 3–33 (zuerst 1978/79 veröffentlicht).

213 Auf der Maur, Hansjörg, Die Osterfeier in der alten Kirche. Aus dem Nachlaß hg. v. Reinhard Meßner – Wolfgang G. Schöpf. Mit einem Beitrag von Clemens Leonhard. Münster 2003 (Liturgica Oenipontana 2).

214 Aufklärungskatholizismus und Liturgie. Reformentwürfe für die Feier von Taufe, Firmung, Buße, Trauung und Krankensalbung, hg. v. Franz Kohlschein. St. Ottilien 1989 (PiLi.S 6).

215 Die Benediktus-Regel. Lateinisch/deutsch, hg. im Auftrag der Salzburger Äbtekonferenz. Beuron 1992.

216 Budde, Achim, Improvisation im Hochgebet. Zur Technik freien Betens in der Alten Kirche, in: JAC 44. 2001, 127–141.

217 Chupungco, Anscar J., Liturgical inculturation. Sacramentals, religiosity and catechesis. Collegeville 1992.

218 Chupungco, Anscar J., Liturgy and Inculturation, in: Handbook for Liturgical Studies II: Fundamental Liturgy, ed. by Anscar J. Chupungco. Collegeville 1998, 337–375.

219 Collet, Giancarlo, Inkulturation, in: NHThG 2. 1991, 394–407.

220 Comparative Liturgy. Fifty Years after Anton Baumstark (1872–1948). Rome, 25–29 September 1998, ed. by Robert F. Taft – Gabriele Winkler. Roma 2001 (OCA 265).

221 „Der große Sänger David – euer Muster". Studien zu den ersten diözesanen Gesang- und Gebetbüchern der katholischen Aufklärung, hg. v. Franz Kohlschein – Kurt Küppers. Münster 1993 (LQF 73).

222 Dialog oder Monolog? Zur liturgischen Beziehung zwischen Judentum und Christentum, hg. v. Albert Gerhards – Hans Hermann Henrix. Freiburg/Br. 2004 (QD 208).

223 Didache. Zwölf-Apostel-Lehre. Übers. u. eingel. v. Georg Schöllgen. Freiburg/Br. 1991 (FC 1).

224 Egeria, Itinerarium. Reisebericht. Mit Auszügen aus Petrus Diaconus, De locis sanctis. Die heiligen Stätten. Übers. u. eingel. v. Georg Röwe-

kamp unter Mitarb. v. Dietmar Thönnes. Freiburg/Br. 1995 (FC 20).

225 Ehrensperger, Alfred, Anpassung an den Zeitgeschmack als Motiv für Gottesdienstreformen protestantischer Aufklärungsliturgiker, in: Liturgiereformen. Historische Studien zu einem bleibenden Grundzug des christlichen Gottesdienstes. Bd. 1: Biblische Modelle und Liturgiereformen von der Frühzeit bis zur Aufklärung, hg. v. Martin Klöckener – Benedikt Kranemann. Münster 2002 (LQF 88) 534–560.

226 Fischer, Balthasar, Das „Mechelner Ereignis" vom 23. September 1909, in: LJ 9. 1959, 203–219.

227 Fischer, Balthasar, Zehn Jahre danach. Zur gottesdienstlichen Situation in Deutschland zehn Jahre nach Erscheinen der Liturgie-Konstitution (1963), in: ders. u. a., Kult in der säkularisierten Welt. Regensburg 1974, 117–127.

228 Gahn, Philipp, Joseph Thomas von Haiden und das Reformbrevier von St. Stephan zu Augsburg. Einige Anmerkungen zum Aufsatz von Liobgid Koch, Ein deutsches Brevier der Aufklärungszeit, in: ALw 42. 2000, 84–96.

229 Gerhards, Albert, Zu wem beten? Die These Josef Andreas Jungmanns († 1975) über den Adressaten des Eucharistischen Hochgebets im Licht der neueren Forschung, in: LJ 32. 1982, 219–230.

230 Gerhards, Albert, Der liturgische Hintergrund der Palestrina-Renaissance im 19. Jahrhundert, in: Palestrina und die Idee der klassischen Vokalpolyphonie im 19. Jahrhundert. Zur Geschichte eines kirchenmusikalischen Stilideals, hg. v. Winfried Kirsch. Regensburg 1989 (Palestrina und die Kirchenmusik im 19. Jahrhundert 1) 181–194.

231 Gerhards, Albert, Romano Guardini als Prophet des Liturgischen. Eine Rückbesinnung in postmoderner Zeit, in: Guardini weiterdenken, hg. v. Hermann Josef Schuster. Berlin 1993 (Schriftenreihe des Forum Guardini 1) 140–153.

232 Gerhards, Albert, Art. Improperia, in: RAC 17. 1996, 1198–1212.

233 Gerhards, Albert, Art. Prozession II. In der Kirchengeschichte, in: TRE 27. 1997, 593–597.

234 Gerhards, Albert, Die liturgische Entwicklung zwischen 1600 und 1800, in: Hirt und Herde. Religiosität und Frömmigkeit im Rheinland des 18. Jahrhunderts, hg. v. Frank Günter Zehnder. Köln 2000 (Der Riss im Himmel 5) 19–36.

235 Gerhards, Albert, „Blickt nach Osten!" Die Ausrichtung von Priester und Gemeinde bei der Eucharistie – eine kritische Reflexion nachkonziliarer Liturgiereform vor dem Hintergrund der Geschichte des Kirchenbaus, in: Liturgia et Unitas. Liturgiewissenschaftliche und ökumenische Studien zur Eucharistie und zum gottesdienstlichen Leben in der Schweiz. Etudes liturgiques et œcuméniques sur l'Eucharistie et la vie liturgique en Suisse. In honorem Bruno Bürki, hg. v. Martin Klöckener – Arnaud Join-Lambert. Fribourg – Genève 2001, 197–217.

236 Gerhards, Albert, Kraft aus der Wurzel. Zum Verhältnis christlicher Liturgie gegenüber dem Jüdischen: Fortschreibung oder struktureller Neubeginn?, in: KuI 16. 2001, 25–44.

237 Gerhards, Albert, Räume für eine tätige Teilnahme. Katholischer Kirchenbau aus theologisch-liturgischer Sicht – Spaces for Active Participation. Theological and Liturgical Perspectives on Catholic Church Architecture, in: Europäischer Kirchenbau 1950–2000 – European Church Architecture, hg. v. Wolfgang Jean Stock. München u. a. 2002, 16–51.

238 Gerhards, Albert, Die Synode von Pistoia 1786 und ihre Reform des Gottesdienstes, in: Liturgiereformen. Historische Studien zu einem bleibenden Grundzug des christlichen Gottesdienstes. Bd. 1: Biblische Modelle und Liturgiereformen von der Frühzeit bis zur Aufklärung, hg. v. Martin Klöckener – Benedikt Kranemann. Münster 2002 (LQF 88) 496–510.

239 Gerhards, Albert, Ein Reformprojekt am Vorabend der Reformation: der Libellus ad Leonem X (1513), in: Frömmigkeitsformen in Mittelalter und Renaissance, hg. v. Johannes Laudage. Düsseldorf 2004 (Studia humaniora 37) 391–408.

240 Gerhards, Albert, Jüdische und christliche Liturgie – Gemeinsamkeiten, Differenzen, Herausforderungen, in: HlD 58. 2004, 20–31.

241 Gerhards, Albert, Theologische und sozio-kulturelle Bedingungen religiöser Konflikte mit dem Judentum. Beispiele aus der katholischen Liturgie und ihrer Wirkungsgeschichte, in: Kontinuität und Unterbrechung. Gottesdienst und Gebet in Judentum und Christentum, hg. v. ders. – Stephan Wahle. Paderborn 2005 (Studien zu Judentum und Christentum) 269–285.

242 Gerhards, Albert, Geschichtskonstruktionen in liturgischen Texten des Judentums und Christentums, in: Kontinuität und Unterbrechung. Gottesdienst und Gebet in Judentum und Christentum, hg. v. ders. – Stephan Wahle. Paderborn 2005 (Studien zu Judentum und Christentum) 123–139.

243 Gerhards, Albert, In persona Christi – in nomine Ecclesiae. Zum Rollenbild des priesterlichen Dienstes nach dem Zeugnis orientalischer Anaphoren, in: Priester und Liturgie. Manfred Probst zum 65. Geburtstag, hg. v. George Augustin u. a. Paderborn 2005, 59–73.

244 Gottesdienst – Kirche – Gesellschaft. Interdisziplinäre und ökumenische Standortbestimmungen nach 25 Jahren Liturgiereform, hg. v. Hansjakob Becker – Bernd Jochen Hilberath – Ulrich Willers. St. Ottilien 1991 (PiLi 5).

245 Gottesdienst in Zeitgenossenschaft. Positionsbestimmungen 40 Jahre nach der Liturgiekonstitution des Zweiten Vatikanischen Konzils, hg. v. Martin Klöckener – Benedikt Kranemann. Fribourg 2006.

246 Guardini, Romano, Der Kultakt und die gegenwärtige Aufgabe der Liturgie, in: ders., Liturgie und liturgische Bildung. Würzburg 1966, 9–18.

247 Haunerland, Winfried, Die Eucharistie und ihre Wirkungen im Spiegel der Euchologie des Missale Romanum. Münster 1989 (LQF 71).

248 Haunerland, Winfried, Einheitlichkeit als Weg der Erneuerung. Das Konzil von Trient und die nachtridentinische Reform der Liturgie, in: Liturgiereformen. Historische Studien zu einem bleibenden Grundzug des christlichen Gottesdienstes. Bd. 1: Biblische Modelle und Liturgiereformen von der Frühzeit bis zur Aufklärung, hg. v. Martin Klöckener – Benedikt Kranemann. Münster 2002 (LQF 88) 436–465.

249 Heinz, Andreas, Papst Gregor der Große und die römische Liturgie. Zum Gregorius-Gedenkjahr 1400 Jahre nach seinem Tod († 604), in: LJ 54. 2004, 69–84.

250 Hollerweger, Hans, Die Reform des Gottesdienstes zur Zeit des Josephinismus in Österreich. Regensburg 1976 (StPaLi 1).

251 40 Jahre Liturgiekonstitution. Relecture und Zukunft = HlD 7. 2004, H. 3/4.

252 Jüdische Liturgie. Geschichte – Struktur – Wesen, hg. v. Hans Hermann Henrix. Freiburg/Br. 1979 (QD 86).

253 Jungmann, Josef Andreas, Liturgisches Erbe und pastorale Gegenwart. Studien und Vorträge. Innsbruck 1960.

254 Jungmann, Josef Andreas, Missarum Sollemnia. Eine genetische Erklärung der römischen Messe. 2 Bde. Wien ⁵1962.

255 Jungmann, Josef Andreas, Wortgottesdienst im Lichte von Theologie und Geschichte. 4. umgearb. Auflage der „Liturgischen Feier". Regensburg 1965.

256 Justin der Martyrer, Die beiden Apologien. Kempten – München 1913 (BKV 12).

257 Keller, Klaus, Die Liturgie der Eheschließung in der katholischen Aufklärung. Eine Untersuchung der Reformentwürfe im deutschen Sprachraum. St. Ottilien 1996 (MThS.S 51).

258 Klauser, Theodor, Kleine abendländische Liturgiegeschichte. Bericht und Besinnung. Bonn 1965.

259 Klöckener, Martin, Die „Feier vom Leben und Sterben Jesu Christi" am Karfreitag. Gewordene Liturgie vor dem Anspruch der Gegenwart, in: LJ 41. 1991, 210–251.

260 Klöckener, Martin, Das Eucharistische Hochgebet in der nordafrikanischen Liturgie der christlichen Spätantike, in: Prex Eucharistica. Volumen III. Studia. Pars prima: Ecclesia antiqua et occidentalis, hg. v. Albert Gerhards – Heinzgerd Brakmann – Martin Klöckener. Fribourg 2005 (SpicFri 42) 43–128.

261 Koch, Liobgid, Ein deutsches Brevier der Aufklärungszeit. Thaddäus Dereser und sein Deutsches Brevier für Stiftsdamen, Klosterfrauen und jeden guten Christen, in: ALw 17/18. 1975/76, 80–144.

262 Kohlschein, Franz, Die Tagzeitenliturgie als „Gebet der Gemeinde" in der Geschichte, in: HlD 41. 1987, 12–40.

263 Kölnische Liturgie und ihre Geschichte. Studien zur interdisziplinären Erforschung des Gottesdienstes im Erzbistum Köln, hg. v. Albert Gerhards – Andreas Odenthal. Münster 2000 (LQF 87).

264 Kontinuität und Unterbrechung. Gottesdienst und Gebet in Judentum und Christentum, hg. v. Albert Gerhards – Stephan Wahle. Paderborn 2005 (Studien zu Judentum und Christentum).

265 Konzil und Diaspora. Die Beschlüsse der Pastoralsynode der katholischen Kirche in der DDR. Leipzig 1977.

266 Kranemann, Benedikt, Die Liturgiereform im Bistum Münster nach dem II. Vatikanum. Eine Skizze, in: Kirche, Staat und Gesellschaft nach 1945. Konfessionelle Prägungen und sozialer Wandel, hg. v. Bernd Hey. Bielefeld 2001 (Beiträge zur Westfälischen Kirchengeschichte 21) 67–85.

267 Kranemann, Benedikt, Zwischen Tradition und Zeitgeist. Programm und Durchführung der Liturgiereform in der deutschen katholischen Aufklärung, in: JLO 20. 2004, 25–47.

268 Kranemann, Benedikt, Gottesdienstformen und die Rezeption der Liturgiereform des Zweiten Vatikanischen Konzils in Deutschland, in: Amerikanischer und deutscher Katholizismus. Katholische Kirche, Nation und Modernisierung seit 1950, hg. v. Wilhelm Damberg – Antonius Liedhegener (im Druck).

269 Lang, Uwe Michael, Conversi ad Dominum. Zu Geschichte und Theologie der christlichen Gebetsrichtung. Einsiedeln 2003 (Neue Kriterien 5).

270 Legner, Anton, Kölner Heilige und Heiligtümer. Ein Jahrtausend europäischer Reliquienkultur. Köln 2003.

271 Leonhard, Clemens, Die Erzählung Ex 12 als Festlegende für das Pesachfest am Jerusalemer Tempel, in: Das Fest: Jenseits des Alltags, hg. v. Martin Ebner. Neukirchen-Vluyn 2003 (JBTh 18) 233–260.

272 Liturgiereform. Eine bleibende Aufgabe. 40 Jahre Konzilskonstitution über die heilige Liturgie, hg. v. Klemens Richter – Thomas Sternberg. Münster 2004.

273 Liturgy in a Postmodern World, ed. by Keith F. Pecklers. London – New York 2003.

274 Das Lob Gottes im Rheinland. Mittelalterliche Handschriften und alte Drucke zur Geschichte von Liturgie und Volksfrömmigkeit im Erzbistum Köln. Eine Ausstellung der Diözesan- und Dombibliothek Köln (7. März bis 25. April 2002), hg. v. Heinz Finger. Köln 2002 (Libelli Rhenani 1).

275 Lurz, Friedrich, Die Feier des Abendmahls nach der Kurpfälzischen Kirchenordnung von 1563. Ein Beitrag zu einer ökumenischen Liturgiewissenschaft. Stuttgart 1998 (PThe 38).

276 Lurz, Friedrich, Erlebte Liturgie. Autobiografische Schriften als liturgiewissenschaftliche Quellen. Münster 2003 (Ästhetik – Theologie – Liturgik 28).

277 Meßner, Reinhard, Unterschiedliche Konzeptionen des Meßopfers im Spiegel von Bedeutung und Deutung der Interzessionen des römischen Canon missae, in: Das Opfer. Biblischer Anspruch und liturgische Gestalt, hg. v. Albert Gerhards – Klemens Richter. Freiburg/Br. 2000 (QD 186) 128–184.

278 Meßner, Reinhard, Der Gottesdienst in der vornizänischen Kirche, in: Die Zeit des Anfangs (bis 250), hg. v. Luce Pietri. Freiburg/Br. 2003 (Die Geschichte des Christentums 1) 340–441.

279 Metzger, Marcel, Geschichte der Liturgie. Paderborn 1998 (UTB 2023).

280 Meyer, Hans Bernhard, Zur Frage der Inkulturation der Liturgie, in: ZkTh 105. 1983, 1–31.

281 Morgenlob – Abendlob. Mit der Gemeinde feiern. Dienstebuch, hg. v. Paul Ringseisen. 3 Bde. Planegg 2000. 2004.

282 Neunheuser, Burkhard, Die klassische Liturgische Bewegung (1909–1963) und die nachkonziliare Liturgiereform. Vergleich und Versuch einer Würdigung, in: Mélanges liturgiques. Offerts au R.P. Dom Bernard Botte O.S.B. Louvain 1972, 401–416.

283 Odenthal, Andreas, Der älteste Liber Ordinarius der Stiftskirche St. Aposteln in Köln. Untersuchungen zur Liturgie eines mittelalterlichen kölnischen Stifts. Siegburg 1994 (SKKG 28).

284 Odenthal, Andreas, Die Palmsonntagsfeier in Köln im Mittelalter. Zu ihrer Genese anhand liturgischer Quellen des Domstiftes und des Gereonstiftes, in: KDB 62. 1997, 275–292.

285 Odenthal, Andreas, „Häresie der Formlosigkeit" durch ein „Konzil der Buchhalter"? Überlegungen zur Kritik an der Liturgiereform nach 40 Jahren „Sacrosanctum Concilium", in: LJ 53. 2003, 242–257.

286 Pahl, Irmgard, Coena Domini I. Die Abendmahlsliturgie der Reformationskirchen im 16./17. Jahrhundert. Fribourg 1983 (SpicFri 29); Coena Domini II. Die Abendmahlsliturgie der Reformationskirchen vom 18. bis zum frühen 20. Jahrhundert. Fribourg 2005 (SpicFri 43).

287 Pahl, Irmgard, Die Feier des Abendmahls in den Kirchen der Reformation, in: Meyer, Hans Bernhard, Eucharistie. Geschichte, Theologie, Pastoral. Regensburg 1989 (GdK 4) 393–440.

288 Plank, Peter, Phos hilaron. Christushymnus und Lichtdanksagung der frühen Christenheit. Bonn 2001 (Hereditas 20).

289 Popp, Friedrich, Die deutsche Vesper im Zeitalter der Aufklärung unter besonderer Berücksichtigung des Bistums Konstanz, in: FDA 87. 1967, 87–495.

290 Prex Eucharistica. Volumen III. Studia. Pars prima: Ecclesia antiqua et occidentalis, hg. v. Albert Gerhards – Heinzgerd Brakmann – Martin Klöckener. Fribourg 2005 (SpicFri 42).

291 Pseudo-Dionysius Areopagita, Über die himmlische Hierarchie. Über die kirchliche Hierarchie. Eingel., übers. u. mit Anmerkungen versehen von Günter Heil. Stuttgart 1986 (BGrL 22).

292 Ringseisen, Paul, Morgen- und Abendlob mit der Gemeinde. Geistliche Erschließung, Erfahrungen und Modelle. Mit einem Beitrag von Martin Klöckener. Neuausg. Freiburg/Br. 2002.

293 Rouwhorst, Gerard, Identität durch Gebet. Gebetstexte als Zeugen eines jahrhundertelangen Ringens um Kontinuität und Differenz zwischen Judentum und Christentum, in: Identität durch Gebet. Zur gemeinschaftsbildenden Funktion institutionalisierten Betens in Judentum und Christentum, hg. v. Albert Gerhards – Andrea Doeker – Peter Ebenbauer. Paderborn 2003 (Studien zu Judentum und Christentum) 37–55.

294 Salmann, Elmar, Zwischenzeiten. Postmoderne Gedanken zum Christsein heute. Warendorf 2004.

295 Schilson, Arno, Romano Guardini – Wegbereiter und Wegbegleiter der liturgischen Erneuerung, in: LJ 36. 1986, 3–27.

296 Schlief, Wilhelm-Josef, Die Stadtkölnische Gottestracht und die Fronleichnamsprozession in Köln im Lichte ihrer Geschichte, in: KDB 62. 1997, 293–334.

297 Schmitz, Josef, Canon Romanus, in: Prex Eucharistica. Volumen III. Studia. Pars prima: Ecclesia antiqua et occidentalis, hg. v. Albert Gerhards – Heinzgerd Brakmann – Martin Klöckener. Fribourg 2005 (SpicFri 42) 281–310.

298 Talley, Thomas J., Von der berakah zur eucharistia. Das eucharistische Hochgebet der alten Kirche in neuerer Forschung. Ergebnisse und Fragen, in: LJ 26. 1976, 93–115.

299 Traditio Apostolica. Übers. u. eingel. v. Wilhelm Geerlings. Freiburg/Br. 1991 (FC 1).

300 Trepp, Leo, Der jüdische Gottesdienst. Gestalt und Entwicklung. Stuttgart ²2004.

301 Triacca, Achille Maria, Le preghiere eucaristiche ambrosiane, in: Prex Eucharistica. Volumen III. Studia. Pars prima: Ecclesia antiqua et occidentalis, hg. v. Albert Gerhards – Heinzgerd Brakmann – Martin Klöckener. Fribourg 2005 (SpicFri 42) 145–202.

302 Trippen, Norbert, Gottesdienst und Volksfrömmigkeit im Kölner Dom während des 19. Jahrhunderts, in: Der Kölner Dom im Jahrhundert seiner Vollendung 2. Essays zur Ausstellung der Historischen Museen in der Josef-Haubrich-Kunsthalle Köln, hg. v. Hugo Borger. Köln 1980, 182–198.

303 Wagner, Johannes, Mein Weg zur Liturgiereform 1936–1986. Erinnerungen. Freiburg/Br. 1993.

304 Wegman, Hermann A. J., Liturgie in der Geschichte des Christentums. Regensburg 1994.

305 Wick, Peter, Die urchristlichen Gottesdienste. Entstehung und Entwicklung im Rahmen der frühjüdischen Tempel-, Synagogen- und Hausfrömmigkeit. Stuttgart ²2003 (BWANT 150).

306 „Zeit zur Aussaat". Missionarisch Kirche sein. 26. November 2000. Bonn 2000 (DtBis 68).

307 Die Zukunft der Liturgie. Gottesdienst 40 Jahre nach dem Konzil, hg. v. Andreas Redtenbacher. Innsbruck 2004.

4. Theologie der Liturgie

308 Angesichts des Leids an Gott glauben? Zur Theologie der Klage, hg. v. Gotthard Fuchs. Frankfurt/M. 1996.

309 Assmann, Jan, Der zweidimensionale Mensch: das Fest als Medium des kollektiven Gedächtnisses, in: Das Fest und das Heilige. Religiöse Kontrapunkte zur Alltagswelt, hg. v. Jan Assmann in zus. mit Theo Sundermeier. Gütersloh 1991 (Studien zum Verstehen fremder Religionen 1) 13–30.

310 Assmann, Jan, Das kulturelle Gedächtnis. Schrift, Erinnerung und politische Identität in frühen Hochkulturen. München ²1997.

311 Berger, Klaus, Volksversammlung und Gemeinde Gottes. Zu den Anfängen der christlichen Verwendung von „ekklesia", in: ZThK 73. 1976, 167–207.

312 Berger, Rupert, Ostern und Weihnachten. Zum Grundgefüge des Kirchenjahres, in: ALw 8,1. 1963, 1–20 (dazu ergänzend: Fischer, Balthasar, Ostern und Weihnachten. Zum Grundgefüge des Kirchenjahres, in: ALw 9,1. 1965, 131–133).

313 Bieritz, Karl-Heinrich, Anthropologische Grundlegung, in: Handbuch der Liturgik. Liturgiewissenschaft in Theologie und Praxis der Kirche, hg. v. Hans-Christoph Schmidt-Lauber – Michael Meyer-Blanck – Karl-Heinrich Bieritz. 3., vollst. neu bearb. u. erg. Aufl. Göttingen 2003, 95–128.

314 Brakmann, Heinzgerd, Foedera pluries hominibus. Anmerkungen zur Revision des Eucharistischen Hochgebets IV, in: LJ 50. 2000, 211–234.

315 Brunner, Peter, Zur Lehre vom Gottesdienst der im Namen Jesu versammelten Gemeinde, in: Geschichte und Lehre des evangelischen Gottesdienstes, hg. v. Karl Ferdinand Müller – Walter Blankenburg. Kassel 1954 (Leit. 1) 83–364.

316 Brüske, Gunda, Die Liturgie als Ort des kulturellen Gedächtnisses. Anregungen für ein Gespräch zwischen Kulturwissenschaften und Liturgiewissenschaft, in: LJ 51. 2001, 151–171.

317 Die diakonale Dimension der Liturgie, hg. v. Benedikt Kranemann – Thomas Sternberg – Walter Zahner. Freiburg/Br. 2006 (QD 218).

318 Eco, Umberto, Das offene Kunstwerk. Übersetzt von Günter Memmert. Frankfurt/M. 1977.

319 Eisenbach, Franziskus, Die Gegenwart Jesu Christi im Gottesdienst. Systematische Studien zur Liturgiekonstitution des II. Vatikanischen Konzils. Mainz 1982.

320 Faber, Eva-Maria, Einführung in die katholische Sakramentenlehre. Darmstadt 2002.

321 Fischer, Balthasar, Die Psalmen als Stimme der Kirche. Gesammelte Studien zur christlichen Psalmenfrömmigkeit, hg. v. Andreas Heinz. Trier 1982.

322 Gerhards, Albert, Zur Frage der Gebetsanrede im Zeitalter des jüdisch-christlichen Dialogs, in: TThZ 102. 1993, 245–257.

323 Gerhards, Albert, Gottesdienst und Menschwerdung. Vom Subjekt liturgischer Feier, in: Markierungen. Theologie in den Zeichen der Zeit, hg. v. Mariano Delgado – Andreas Lob-Hüdepohl. Berlin 1995 (Schriften der Diözesanakademie Berlin 11) 275–292.

324 Gerhards, Albert, Liturgie, in: NHThG 3. 2005, 7–22.

325 Gerhardt, Paul, Geistliche Lieder. Nachwort von Gerhard Rödding. Stuttgart 1991.

326 Guardini, Romano, Vom Geist der Liturgie. Sechste u. siebte, verb. Auflage. Freiburg/Br. 1921 (EcOra 1) (zuerst 1918 veröffentlicht).

327 Güntner, Diana, Das Gedenken des Erhöhten im Neuen Testament. Zur ekklesialen Bedeutung des Gedenkens am Modell des Psalms 110. München 1998 (Benediktbeurer Studien 6).

328 Hahne, Werner, De arte celebrandi oder Von der Kunst, Gottesdienst zu feiern. Entwurf einer Fundamentalliturgik. Freiburg/Br. ²1991.

329 Hahne, Werner, Gottes Volksversammlung. Die Liturgie als Ort lebendiger Erfahrung. Freiburg/Br. 1999.

330 Halbwachs, Maurice, Das kollektive Gedächtnis. Aus dem Französischen von Holde Lhoest-Offermann. Mit einem Geleitwort zur dt. Ausgabe v. Heinz Maus. Frankfurt/M. 1985 (zuerst 1950 veröffentlicht).

331 Harnoncourt, Philipp, Vom Beten im Heiligen Geist, in: Gott feiern. Theologische Anregung und geistliche Vertiefung zur Feier von Messe und Stundengebet, hg. v. Josef G. Plöger. Freiburg/Br. 1980, 100–115.

332 Harnoncourt, Philipp, Die Gegenwart des Mysteriums Christi in den Sakramenten. Entwurf eines Modells zur Sakramententheologie, in: Die Feier der Sakramente in der Gemeinde. Festschrift für Heinrich Rennings, hg. v. Martin Klöckener – Winfried Glade. Kevelaer 1986, 31–46.

333 Häußling, Angelus A., Liturgiereform und Liturgiefähigkeit, in: ALw 38/39. 1996/97, 1–24.

334 Häußling, Angelus A., Wie beginnt Gottesdienst? Beobachtungen an den Horen der Tagzeitenliturgie, in: ders., Christliche Identität aus der Liturgie. Theologische und historische Studien zum Gottesdienst der Kirche, hg. v. Martin Klöckener – Benedikt Kranemann – Michael B. Merz. Freiburg/Br. 1997 (LQF 79) 257–270 (zuerst 1991 veröffentlicht).

335 Häußling, Angelus A., Liturgie: Gedächtnis eines Vergangenen und doch Befreiung in der Gegenwart, in: ders., Christliche Identität aus der Liturgie. Theologische und historische Studien zum Gottesdienst der Kirche, hg. v. Martin Klöckener – Benedikt Kranemann – Michael B. Merz. Münster 1997 (LQF 79) 2–10 (zuerst 1991 veröffentlicht).

336 Häußling, Angelus A., „Pascha-Mysterium". Kritisches zu einem Beitrag in der dritten Auflage des „Lexikon für Theologie und Kirche", in: ALw 41. 1999, 157–165.

337 Heckel, Ulrich, Segnung und Salbung. Theologische und praktische Überlegungen zur Einfüh-

rung einer neuen Gottesdienstform, in: KuD 47. 2001, 126–155.

338 Heimbach-Steins, Marianne – Steins, Georg, Sehnsucht nach dem umfassenden Heil. Liturgie und Diakonie im österlichen Triduum, in: Gottesdienst 34. 2000, 33–35.

339 Heimbach-Steins, Marianne – Steins, Georg, Liturgie und Diakonie. Impulse aus der Feier des Triduum Paschale, in: „Das ist heute" – Die Osterfeier und ihre Deutung in Text und Handlung, hg. v. Hans-Joachim Ignatzi – Peter Wünsche (im Druck).

340 Hucke, Helmut – Rennings, Heinrich, Die gottesdienstlichen Versammlungen der Gemeinde. Mainz 1973 (Pastorale 2).

341 Jüngel, Eberhard, Der Gottesdienst als Fest der Freiheit. Der theologische Ort des Gottesdienstes nach Friedrich Schleiermacher, in: ZdZ 38. 1984, 264–272.

342 Jungmann, Josef Andreas, Die Stellung Christi im liturgischen Gebet. 2. Aufl. Photomech. Neudruck von: Liturgiegeschichtliche Forschungen Heft 7–8 mit Nachträgen des Verfassers. Münster 1962 (LQF 19/20).

343 Jungmann, Josef Andreas, Konstitution über die heilige Liturgie, in: LThK.E 1. 1966, 9–109.

344 Kaczynski, Reiner, Die Benediktionen, in: Bruno Kleinheyer u. a., Sakramentliche Feiern II. Regensburg 1984 (GdK 8) 233–274.

345 Kirchberg, Julie, Theo-logie in der Anrede als Weg zur Verständigung zwischen Juden und Christen. Innsbruck 1991 (IThS 31).

346 Kirchschläger, Walter, Begründung und Formen des liturgischen Leitungsdienstes in den Schriften des Neuen Testaments, in: Wie weit trägt das gemeinsame Priestertum? Liturgischer Leitungsdienst zwischen Ordination und Beauftragung, hg. v. Martin Klöckener – Klemens Richter. Freiburg/Br. 1998 (QD 171) 20–45.

347 Kirchschläger, Walter, Die liturgische Versammlung. Eine neutestamentliche Bestandsaufnahme, in: HID 52. 1998, 11–24.

348 Kranemann, Benedikt, Feier des Glaubens und soziales Handeln. Überlegungen zu einer vernachlässigten Dimension christlicher Liturgie, in: LJ 48. 1998, 203–221.

349 Kranemann, Benedikt, Wort – Buch – Verkündigungsort. Zur Ästhetik der Wortverkündigung im Gottesdienst, in: Liturgia et Unitas. Liturgiewissenschaftliche und ökumenische Studien zur Eucharistie und zum gottesdienstlichen Leben in der Schweiz. Etudes liturgiques et oecuméniques sur l'Eucharistie et la vie liturgique en Suisse. In honorem Bruno Bürki, hg. v. Martin Klöckener – Arnaud Join-Lambert. Fribourg – Genève 2001, 57–72.

350 Kranemann, Daniela, Mehr als eine Statistenrolle! Israel in der Dramaturgie der christlichen Liturgie, in: BiLi 76. 2003, 16–27.

351 Langer, Susanne K., Philosophie auf neuem Wege. Das Symbol im Denken, im Ritus und in der Kunst. Aus dem Amerikanischen v. Ada Löwith. Frankfurt/M. 1992 (zuerst 1942 veröffentlicht).

352 Le Gall, Robert, Die Namen Gottes in der Liturgie, in: IKaZ 22. 1993, 63–77.

353 Lengeling, Emil Joseph, Von der Erwartung des Kommenden, in: Gott feiern. Theologische Anregung und geistliche Vertiefung zur Feier von Messe und Stundengebet, hg. v. Josef G. Plöger. Freiburg/Br. 1980, 193–238.

354 Lengeling, Emil Joseph, Wort, Bild und Symbol als Elemente der Liturgie, in: ders., Liturgie – Dialog zwischen Gott und Mensch, hg. v. Klemens Richter. Altenberge 1988, 91–108.

355 Liturgie und Frauenfrage. Ein Beitrag zur Frauenforschung aus liturgiewissenschaftlicher Sicht, hg. v. Teresa Berger – Albert Gerhards. St. Ottilien 1990 (PiLi 7).

356 Lukken, Gerard, Liturgie und Sinnlichkeit. Über die Bedeutung der Leiblichkeit in der Liturgie, in: ders., Per visibilia ad invisibilia. Anthropological, Theological, and Semiotic Studies on the Liturgy and the Sacraments, coll. and ed. by Louis van Tongeren – Charles Caspers. Kampen 1994, 118–139.

357 Luz, Ulrich, Das Evangelium nach Matthäus (Mt 18–25). Zürich 1997 (EKK I/3).

358 März, Claus-Peter, Das „Wort vom Kult" und der „Kult des Wortes". Der Hebräerbrief und die rechte Feier des Gottesdienstes, in: Wie das Wort Gottes feiern? Der Wortgottesdienst als theologische Herausforderung, hg. v. Benedikt Kranemann – Thomas Sternberg. Freiburg/Br. 2002 (QD 194) 82–98.

359 Der neue Meßritus im Zaire. Ein Beispiel kontextueller Liturgie, hg. v. Ludwig Bertsch. Freiburg/Br. 1993 (TDW 18).

360 Moltmann, Jürgen, Die ersten Freigelassenen der Schöpfung. Versuche über die Freude an der Freiheit und das Wohlgefallen am Spiel. 6. Aufl. München 1978.

361 Müller, Cornelia, Der Gottesgeist weht wie ein Wind, in: Kirchenlied im Kirchenjahr. Fünfzig neue und alte Lieder zu den christlichen Festen, hg. v. Ansgar Franz. Tübingen – Basel 2002 (Mainzer hymnologische Studien) 517–523.

362 Neunheuser, Burkhard, Der Beitrag Odo Casels zum Verständnis der Gegenwart Christi und seiner Heilstat in der liturgischen Feier, in: Praesentia Christi. Festschrift Johannes Betz zum 70. Geburtstag, hg. v. Lothar Lies. Düsseldorf 1984, 278–292.

363 Nußbaum, Otto, Von der Gegenwart Gottes im Wort, in: Gott feiern. Theologische Anregung und geistliche Vertiefung zur Feier von Messe und Stundengebet, hg. v. Josef G. Plöger. Freiburg/Br. 1980, 116–132.

364 Pahl, Irmgard, Die Stellung Christi in den Präsidialgebeten der Eucharistiefeier. Textbefund des heutigen Meßbuchs und Anforderungen an eine Revision, in: Christologie der Liturgie. Der Gottesdienst der Kirche – Christusbekenntnis und Sinaibund, hg. v. Klemens Richter – Benedikt Kranemann. Freiburg/Br. 1995 (QD 159) 243–257.

365 Pahl, Irmgard, Das Paschamysterium in seiner zentralen Bedeutung für die Gestalt christlicher Liturgie, in: LJ 46. 1996, 71–93.

366 Peterson, Erik, Das Buch von den Engeln. Stellung und Bedeutung der heiligen Engel im Kultus. Leipzig 1935.

367 Probst, Manfred, Das Schöpfungsmotiv im Eucharistischen Hochgebet, in: LJ 31. 1981, 129–144.

368 Raschzok, Klaus, Die Gegenwart Israels im evangelischen Gottesdienst. Zum „Israelkriterium" des Evangelischen Gottesdienstbuches, in: Kul 16. 2001, 48–61.

369 Richter, Klemens, Liturgie und Seelsorge in der katholischen Kirche seit Beginn des 20. Jahrhunderts, in: Seelsorge und Diakonie in Berlin. Beiträge zum Verhältnis von Kirche und Großstadt im 19. und beginnenden 20. Jahrhundert, hg. v. Kaspar Elm – Hans-Dietrich Loock. Berlin – New York 1990, 585–608.

370 Richter, Klemens, Soziales Handeln und liturgisches Tun als eine Gottesdienst des Lebens, in: Gemeinsame Arbeitsstelle für gottesdienstliche Fragen 1996, H. 27, 15–30.

371 Sattler, Dorothea, Gegenwart Gottes im Wort. Systematisch-theologische Aspekte, in: Wie das Wort Gottes feiern? Der Wortgottesdienst als theologische Herausforderung, hg. v. Benedikt Kranemann – Thomas Sternberg. Freiburg/Br. 2002 (QD 194) 123–143.

372 Schaeffler, Richard, Kultisches Handeln. Die Frage nach Proben seiner Bewährung und nach Kriterien seiner Legitimation, in: ders. – Peter Hünermann, Ankunft Gottes und Handeln des Menschen. Thesen über Kult und Sakrament. Freiburg/Br. 1977 (QD 77) 9–50.

373 Schaeffler, Richard, „Darum sind wir eingedenk". Die Verknüpfung von Erinnerung und Erwartung in der Gegenwart der gottesdienstlichen Feier. Religionsphilosophische Überlegungen zur religiös verstandenen Zeit, in: Vom

Sinn der Liturgie. Gedächtnis unserer Erlösung und Lobpreis Gottes, hg. v. Angelus A. Häußling. Düsseldorf 1991 (SKAB 140) 16–44.

374 Schierse, Franz Joseph, Verheißung und Heilsvollendung. Zur theologischen Grundfrage des Hebräerbriefes. München 1955 (MThS.H 9).

375 Schillebeeckx, Edward, Christus und die Christen. Die Geschichte einer neuen Lebenspraxis. Freiburg/Br. u. a. 1977.

376 Schöttler, Heinz-Günther, „Per Christum ..." – Christus als Weg. In memoriam Friedrich-Wilhelm Marquardt († 25. Mai 2002), in: BiLi 76. 2003, 4–15.

377 Schütz, Christian, Einführung in die Pneumatologie. Darmstadt 1985.

378 Schweigen wäre gotteslästerlich. Die heilende Kraft der Klage, hg. v. Georg Steins. Würzburg 2000.

379 Sequeira, A. Ronald, Gottesdienst als menschliche Ausdruckshandlung, in: Rupert Berger u. a., Gestalt des Gottesdienstes. Sprachliche und nichtsprachliche Ausdrucksformen. Regensburg ²1990 (GdK 3) 7–39.

380 Thönnes, Dietmar, Das textile Gedächtnis der Kirche. Mnemotechniken und anamnetische Aspekte liturgischer Kleidung, in: LJ 47. 1997, 78–88.

381 Valenziano, Crispino, Liturgy and Anthropology: The Meaning of the Question and the Method for Answering it, in: Handbook for Liturgical Studies II: Fundamental Liturgy, ed. by Anscar J. Chupungco. Collegeville 1998, 189–225.

382 Wannenwetsch, Bernd, Gottesdienst als Lebensform – Ethik für Christenbürger. Stuttgart u. a. 1997.

383 Welker, Michael, Was geht vor beim Abendmahl? Stuttgart 1999.

384 Werbick, Jürgen, Bibel Jesu und Evangelium Jesu Christi. Systematisch-theologische Perspektiven, in: BiLi 70. 1997, 211–218.

385 Wie weit trägt das gemeinsame Priestertum? Liturgischer Leitungsdienst zwischen Ordination und Beauftragung, hg. v. Martin Klöckener – Klemens Richter. Freiburg/Br. 1998 (QD 171).

386 Wiese, Hans-Ulrich, Karsamstagsexistenz. Auseinandersetzung mit dem Karsamstag in Liturgie und moderner Kunst. Regensburg 2002 (Bild – Raum – Feier. Studien zu Kirche und Kunst 1).

387 Winkler, Gabriele, Überlegungen zum Gottesgeist als mütterlichem Prinzip und zur Bedeutung der Androgynie in einigen frühchristlichen Quellen, in: Liturgie und Frauenfrage. Ein Beitrag zur Frauenforschung aus liturgiewissenschaftlicher Sicht, hg. v. Teresa Berger – Albert Gerhards. St. Ottilien 1990 (PiLi 7) 7–29.

388 Wohlmuth, Josef, Eucharistie – Feier des neuen Bundes, in: Christologie der Liturgie. Der Gottesdienst der Kirche – Christusbekenntnis und Sinaibund, hg. v. Klemens Richter – Benedikt Kranemann. Freiburg/Br. 1995 (QD 159) 187–206.

389 Wohlmuth, Josef, Trinitarische Aspekte des Gebetes, in: Beten: Sprache des Glaubens – Seele des Gottesdienstes. Fundamentaltheologische und liturgiewissenschaftliche Aspekte, hg. v. Ulrich Willers. Tübingen – Basel 2000 (PiLi 15) 83–101.

5. Gestalten und Ausdrucksformen des Gottesdienstes

Die Heilige Schrift in der Liturgie

390 Becker, Hansjakob, Es ist ein Ros entsprungen, in: Geistliches Wunderhorn. Große deutsche Kirchenlieder, hg., vorgestellt u. erläutert von Hansjakob Becker u. a. München 2001, 135–145.

391 Becker, Hansjakob, Wortgottesdienst als Dialog der beiden Testamente. Der Stellenwert des Alten Testaments bei einer Weiterführung der Reform des Ordo Lectionum Missae, in: Streit am Tisch des Wortes? Zur Deutung und Bedeutung des Alten Testaments und seiner Verwendung in der Liturgie, hg. v. Ansgar Franz. St. Ottilien 1997 (PiLi 8) 659–689.

392 Bradshaw, Paul F., The Use of the Bible in Liturgy: Some Historical Perspectives, in: StLi 22. 1992, 35–52.

393 Brakmann, Heinzgerd, Der christlichen Bibel erster Teil in den gottesdienstlichen Traditionen des Ostens und Westens. Liturgiehistorische Anmerkungen zum sog. Stellenwert des Alten/Ersten Testaments im Christentum, in: Streit am Tisch des Wortes? Zur Deutung und Bedeutung des Alten Testaments und seiner Verwendung in der Liturgie, hg. v. Ansgar Franz. St. Ottilien 1997 (PiLi 8) 565–599.

394 Braulik, Georg, Die Tora als Bahnlesung. Zur Hermeneutik einer zukünftigen Auswahl der Sonntagsperikopen, in: Bewahren und Erneuern. Studien zur Meßliturgie. Festschrift für Hans Bernhard Meyer SJ zum 70. Geburtstag, hg. v. Reinhard Meßner – Eduard Nagel – Rudolf Pacik. Innsbruck – Wien 1995 (IThS 42) 50–76.

395 Brüske, Gunda, Lesen und Wiederkäuen: Lectio divina, Liturgie und Intertextualität. Zugleich ein Beitrag zur Hermeneutik liturgischer Texte, in: EuA 78. 2002, 94–103.

396 Buchinger, Harald, Zur Hermeneutik liturgischer Psalmenverwendung. Methodologische Überlegungen im Schnittpunkt von Bibelwis-

senschaft, Patristik und Liturgiewissenschaft, in: HlD 54. 2000, 193–222.

397 De Zan, Renato, Bible and Liturgy, in: Handbook for Liturgical Studies I: Introduction to the Liturgy, ed. by Anscar J. Chupungco. Collegeville 1997, 33–51.

398 Deeg, Alexander, Gottesdienst in Israels Gegenwart – Liturgie als intertextuelles Phänomen, in: LJ 54. 2004, 34–52.

399 Franz, Ansgar, Wortgottesdienst der Messe und Altes Testament. Katholische und ökumenische Lektionarreform nach dem II. Vatikanum im Spiegel von Ordo Lectionum Missae, Revised Common Lectionary und Four Year Lectionary: Positionen, Probleme, Perspektiven. Tübingen – Basel 2002 (PiLi. S 14).

400 Genette, Gérard, Palimpseste. Die Literatur auf zweiter Stufe. Aus dem Französischen von Wolfram Bayer – Dieter Hornig. Frankfurt/M. 1993 (Aesthetica) (zuerst 1982 veröffentlicht).

401 Gerhards, Albert, Schriftgebrauch im Gottesdienst. Zur Bewertung der Rolle des Gottesdienstes in den Überlegungen des Ökumenischen Arbeitskreises evangelischer und katholischer Theologen unter besonderer Berücksichtigung des Alten Testaments, in: Streit am Tisch des Wortes? Zur Deutung und Bedeutung des Alten Testaments und seiner Verwendung in der Liturgie, hg. v. Ansgar Franz. St. Ottilien 1997 (PiLi 8) 491–503.

402 Huonder, Vitus, Die Psalmen in der Liturgia Horarum. Freiburg/Schw. 1991 (SF NF 74).

403 Iser, Wolfgang, Der Lesevorgang. Eine phänomenologische Perspektive, in: Rezeptionsästhetik. Theorie und Praxis, hg. v. Rainer Warning. München ²1979, 253–276.

404 Kranemann, Benedikt, „Lesejahr D"? Das Johannesevangelium in der Liturgie, in: BiKi 59. 2004, 167–170.

405 Lohfink, Norbert, Moses Tod, die Tora und die alttestamentliche Sonntagslesung, in: Leseordnung. Altes und Neues Testament in der Liturgie, hg. v. Georg Steins. Stuttgart 1997 (Gottes Volk S/97) 122–137 (zuerst 1996 veröffentlicht).

406 Lohfink, Norbert, Das Alte Testament und der christliche Tageslauf. Die Lieder in der Kindheitsgeschichte bei Lukas, in: ders., Im Schatten deiner Flügel. Große Bibeltexte neu erschlossen. Freiburg/Br. 1999, 218–236.

407 Meyer, Hans Bernhard, Liturgie in lebenden Sprachen. Das 2. Vatikanum und die Folgen, in: Die Feier der Sakramente in der Gemeinde. Festschrift für Heinrich Rennings, hg. v. Martin Klöckener – Winfried Glade. Kevelaer 1986, 331–345.

408 Nübold, Elmar, Entstehung und Bewertung der neuen Perikopenordnung des Römischen Ritus

für die Meßfeier an Sonn- und Festtagen. Paderborn 1986.

409 Söding, Thomas, Wort des lebendigen Gottes? Die neutestamentlichen Briefe im Wortgottesdienst der Eucharistiefeier, in: Wie das Wort Gottes feiern? Der Wortgottesdienst als theologische Herausforderung, hg. v. Benedikt Kranemann – Thomas Sternberg. Freiburg/Br. 2002 (QD 194) 41–81.

410 Zenger, Erich, Ein Gott der Rache? Feindpsalmen verstehen. Freiburg/Br. 1994.

Die Sprache der Liturgie

411 Berger, Teresa, Die Sprache der Liturgie, in: Handbuch der Liturgik. Liturgiewissenschaft in Theologie und Praxis der Kirche, hg. v. Hans-Christoph Schmidt-Lauber – Michael Meyer-Blanck – Karl-Heinrich Bieritz. Göttingen ³2003, 798–806.

412 Brüske, Gunda, Plädoyer für liturgische Sprachkompetenz. Thesen zur Sprachlichkeit der Liturgie, in: ALw 42. 2000, 317–343.

413 Diez, Karlheinz, Reform der Kirche – Georg Witzels Vorschläge zur Erneuerung des Gottesdienstes, der Predigt und der Katechese, in: Werner Kathrein u. a., Im Dienst um die Einheit und die Reform der Kirche – Zum Leben und Werk Georg Witzels. Frankfurt/M. 2003 (FHSS 43) 41–81.

414 Gerhards, Albert, Theologische Aspekte des volkssprachlichen Gottesdienstes, in: LJ 34. 1984, 131–144.

415 Gerhards, Albert, „Einschließende Sprache" im Gottesdienst – eine übertriebene Forderung oder Gebot der Stunde?, in: LJ 42. 1992, 239–248.

416 Greule, Albrecht, Die liturgischen Text- und Redesorten, in: HlD 56. 2002, 231–239.

417 Gülden, Josef, Johann Leisentrits pastoralliturgische Schriften. Leipzig 1963 (SKBK 4).

418 Haunerland, Winfried, Liturgiesprache, in: LThK 6. 1997, 988 f.

419 Haunerland, Winfried, Lingua Vernacula. Zur Sprache der Liturgie nach dem II. Vatikanum, in: LJ 42. 1992, 219–238.

420 Hug, Elisabeth, Reden zu Gott. Überlegungen zur deutschen liturgischen Gebetssprache. Einsiedeln 1985.

421 Kaczynski, Reiner, Angriff auf die Liturgiekonstitution? Anmerkungen zu einer neuen Übersetzer-Instruktion, in: StZ 219. 2001, 651–668 (dazu: Josef Card. Ratzinger, Um die Erneuerung der Liturgie. Antwort auf Reiner Kaczynski, in: StZ 219. 2001, 837–843).

422 Kaczynski, Reiner, Theologischer Kommentar zur Konstitution über die heilige Liturgie *Sacro-*

sanctum Concilium, in: Herders Theologischer Kommentar zum Zweiten Vatikanischen Konzil, hg. v. Peter Hünermann – Bernd Jochen Hilberath, Bd. 2. Freiburg/Br. 2004, 1–227.

423 Klöckener, Martin, Zeitgemäßes Beten. Meßorationen als Zeugnisse einer sich wandelnden Kultur und Spiritualität, in: Bewahren und Erneuern. Studien zur Meßliturgie. Festschrift für Hans Bernhard Meyer SJ zum 70. Geburtstag, hg. v. Reinhard Meßner – Eduard Nagel – Rudolf Pacik. Innsbruck – Wien 1995 (IThS 42) 114–142.

424 Kranemann, Benedikt, Funktionswandel der Rhetorik in der katholischen Liturgie von der Aufklärung des 19. Jahrhunderts bis zur Liturgiereform des späten 20. Jahrhunderts, dargestellt am Beispiel deutschsprachiger Gebete, in: Religion und Rhetorik, hg. v. Holt Meyer u. a. 2007.

425 Kretschmar, Georg, Kirchensprache, in: TRE 19. 1990, 74–92.

426 Ladrière, Jean, Die Sprache des Gottesdienstes. Die Performativität der Liturgiesprache, in: Conc(D) 9. 1973, 110–117.

427 Leitlinien für die Revision der Gebetstexte des Meßbuchs, in: Studien und Entwürfe zur Meßfeier. Texte der Studienkommission für die Meßliturgie und das Meßbuch der Internationalen Arbeitsgemeinschaft der Liturgischen Kommissionen im deutschen Sprachgebiet 1, hg. v. Eduard Nagel in Verbindung mit Roland Bachleitner u. a. Freiburg/Br. 1995, 55–62.

428 Lengeling, Emil Joseph, Die Konstitution des Zweiten Vatikanischen Konzils über die heilige Liturgie. Lateinisch-deutscher Text. Münster 1964 (Lebendiger Gottesdienst 5/6).

429 Lentner, Leopold, Volkssprache und Sakralsprache. Geschichte einer Lebensfrage bis zum Ende des Konzils von Trient. Wien 1964 (WBTh 5).

430 Maas-Ewerd, Theodor, Die Krise der Liturgischen Bewegung in Deutschland und Österreich. Zu den Auseinandersetzungen um die „liturgische Frage" in den Jahren 1939 bis 1944. Regensburg 1981 (StPaLi 3).

431 Parsch, Pius, Volksliturgie. Ihr Sinn und Umfang. Würzburg 2004 (Pius-Parsch-Studien 1) (zuerst 1940 veröffentlicht).

432 Schaeffler, Richard, Kleine Sprachlehre des Gebets. Einsiedeln – Trier 1988 (Sammlung Horizonte NF 26).

433 Schermann, Josef, Die Sprache im Gottesdienst. Innsbruck – Wien 1987 (IThS 18).

434 Selle, Monika, Latein und Volkssprache im Gottesdienst, in: MThZ 55. 2004, 182–190.

435 Tagesgebete. Die Zeit im Jahreskreis. Revisionsentwurf, in: Studien und Entwürfe zur Meßfeier. Texte der Studienkommission für die Meßlitur-

gie und das Meßbuch der Internationalen Arbeitsgemeinschaft der Liturgischen Kommissionen im deutschen Sprachgebiet 1, hg. v. Eduard Nagel in Verbindung mit Roland Bachleitner u. a. Freiburg/Br. 1995, 63–98.

Gebet in der Liturgie

436 Budde, Achim, Die ägyptische Basilios-Anaphora. Text – Kommentar – Geschichte. Münster 2004 (Jerusalemer Theologisches Forum 7).

437 Ebenbauer, Peter, Eingekehrt in Gottes Zeit. Gebetstheologische Beobachtungen zu Lobpreis und Danksagung in biblischen und nachbiblischen Kontexten, in: Kontinuität und Unterbrechung. Gottesdienst und Gebet in Judentum und Christentum, hg. v. Albert Gerhards – Stephan Wahle. Paderborn 2005 (Studien zu Judentum und Christentum) 63–106.

438 Emminghaus, Johannes H., Die Messe, durchges. u. überarb. von Theodor Maas-Ewerd. Klosterneuburg [5]1992 (SPPI 1).

439 Gerhards, Albert, La doxologie, un chapitre définitif de l'histoire du dogme?, in: Trinité et liturgie. Conférences Saint-Serge, XXXe semaine d'études liturgiques, Paris, 28 juin–1er juillet 1983, hg. v. Achille M. Triacca – Alessandro Pistoia. Paris 1984 (BEL.S 32) 103–118.

440 Gnilka, Joachim, Das Matthäusevangelium. 1. Teil. Kommentar zu Kap. 1,1–13,58. Freiburg/Br. 1989 (HThK 1,1).

441 Häußling, Angelus A., Die Psalmen des Alten Testaments in der Liturgie des Neuen Bundes, in: Christologie der Liturgie. Der Gottesdienst der Kirche – Christusbekenntnis und Sinaibund, hg. v. Klemens Richter – Benedikt Kranemann. Freiburg/Br. 1995 (QD 159) 87–102.

442 Häußling, Angelus A., Die Übung der Tagzeiten in der Geschichte der Kirche. Gebet und Bekenntnis, in: HlD 57. 2003, 23–37.

443 Hossfeld, Frank-Lothar – Zenger, Erich, Die Psalmen, 1. Psalm 1–50. Würzburg 1993 (NEB.AT 29).

444 Identität durch Gebet. Zur gemeinschaftsbildenden Funktion institutionalisierten Betens in Judentum und Christentum, hg. v. Albert Gerhards – Andrea Doeker – Peter Ebenbauer. Paderborn 2003 (Studien zu Judentum und Christentum).

445 Meßner, Reinhard, Die Meßreform Martin Luthers und die Eucharistie der Alten Kirche. Ein Beitrag zu einer systematischen Liturgiewissenschaft. Innsbruck 1989 (IThS 25).

446 Meßner, Reinhard, Grundlinien der Entwicklung des eucharistischen Gebets in der Frühen Kirche, in: Prex Eucharistica. Volumen III. Studia. Pars prima: Ecclesia antiqua et occidentalis, hg. v. Al-

bert Gerhards – Heinzgerd Brakmann – Martin Klöckener. Fribourg 2005 (SpicFri 42) 3–41.

447 Meßner, Reinhard – Lang, Martin, Die Freiheit zum Lobpreis des Namens. Identitätsstiftung im eucharistischen Hochgebet und in verwandten jüdischen Gebeten, in: Identität durch Gebet. Zur gemeinschaftsbildenden Funktion institutionalisierten Betens in Judentum und Christentum, hg. v. Albert Gerhards – Andrea Doeker – Peter Ebenbauer. Paderborn 2003 (Studien zu Judentum und Christentum) 371–411.

448 Müller, Karlheinz, Das Vater-Unser als jüdisches Gebet, in: Identität durch Gebet. Zur gemeinschaftsbildenden Funktion institutionalisierten Betens in Judentum und Christentum, hg. v. Albert Gerhards – Andrea Doeker – Peter Ebenbauer. Paderborn 2003 (Studien zu Judentum und Christentum) 159–204.

449 Ratzinger, Joseph Kardinal, Der Geist der Liturgie. Eine Einführung. Freiburg/Br. [6]2002.

450 Schaeffler, Richard, Das Gebet – Schule des Glaubens und Schule des Lebens im Judentum, in: Lebenserfahrung und Glaube, hg. v. Gisbert Kaufmann. Düsseldorf 1983 (Patmos Paperbacks) 73–90.

451 Wahle, Stephan, Gottes-Gedenken. Untersuchungen zum anamnetischen Gehalt christlicher und jüdischer Liturgie. Innsbruck 2006 (IThS 73).

Gesang und Musik in der Liturgie

452 Bretschneider, Wolfgang, Stimme der Sehnsucht und der Klage, Klang des Unsagbaren: Musik im Gottesdienst, in: Gott feiern in nachchristlicher Gesellschaft. Die missionarische Dimension der Liturgie, hg. v. Benedikt Kranemann – Klemens Richter – Franz-Peter Tebartz-van Elst. Stuttgart 2000, Teil 1, 93–101.

453 Bretschneider, Wolfgang, „Dem Sprachlosen eine Stimme geben" – Verstummt das Singen im Gottesdienst?, in: Kirchenmusik im 20. Jahrhundert. Erbe und Auftrag, hg. v. Albert Gerhards. Münster 2005 (Ästhetik – Theologie – Liturgik 31) 39–50.

454 Eicker, Thomas, Einsäen der Ewigkeit ins Lebendige. Impulse der Ästhetik Franz Rosenzweigs für eine Theologie gottesdienstlicher Musik. Paderborn 2004 (Studien zu Judentum und Christentum).

455 Eicker, Thomas, Einsäen der Ewigkeit ins Lebendige. Impulse einer Theologie der Kirchenmusik im Dialog mit Franz Rosenzweig, in: Kirchenmusik im 20. Jahrhundert. Erbe und Auftrag, hg. v. Albert Gerhards. Münster 2005 (Ästhetik – Theologie – Liturgik 31) 153–168.

456 Felbecker, Sabine, Die Prozession. Historische und systematische Untersuchungen zu einer liturgischen Ausdruckshandlung. Altenberge 1995 (MThA 39).

457 Gerhards, Albert, Mehr als Worte sagt ein Lied. Theologische Dimensionen des liturgischen Singens, in: MS(D) 113. 1993, 509–513.

458 Gerhards, Albert, Die Psalmen in der römischen Liturgie. Eine Bestandsaufnahme des Psalmengebrauchs in Stundengebet und Meßfeier, in: Der Psalter in Judentum und Christentum, hg. v. Erich Zenger. Freiburg/Br. 1998 (Herders Biblische Studien 18) 355–379.

459 Gerhards, Albert, Liturgiewissenschaftliche Perspektiven auf den gregorianischen Choral, in: KMJ 85. 2001, 17–30.

460 Gerhards, Albert, Mimesis – Anamnesis – Poiesis. Überlegungen zur Ästhetik christlicher Liturgie als Vergegenwärtigung, in: Pastoralästhetik. Die Kunst der Wahrnehmung und Gestaltung in Glaube und Kirche, hg. v. Walter Fürst. Freiburg/Br. 2002 (QD 199) 169–186.

461 Gerhards, Albert, Jenseits der Grenze des Sagbaren … Zur liturgietheologischen Bestimmung der Orgelmusik im Spannungsfeld von Wort und Zeichen, in: Orgel und Liturgie. Festschrift zur Orgelweihe in St. Lamberti, hg. v. Michael Zywietz unter Mitarb. v. Christian Bettels. Münster 2004 (Musikwissenschaft 9) 39–51.

462 Gerhards, Albert, Liturgietheologische und -ästhetische Überlegungen zur Instruktion „Sakrament der Erlösung", in: ZKTh 127. 2005, 253–270.

463 Gerhards, Albert, „Heiliges Spiel" – Kirchenmusik und Liturgie als Rivalinnen oder Verbündete?, in: Kirchenmusik im 20. Jahrhundert. Erbe und Auftrag, hg. v. Albert Gerhards. Münster 2005 (Ästhetik – Theologie – Liturgik 31) 51–61.

464 Hucke, Helmut, Geschichtlicher Überblick [zur Kirchenmusik], in: Rupert Berger u. a., Gestalt des Gottesdienstes. Sprachliche und nichtsprachliche Ausdrucksformen. Regenburg [2]1990 (GdK 3) 146–165.

465 Jaschinski, Eckhard, Kleine Geschichte der Kirchenmusik. Freiburg/Br. 2004.

466 Joppich, Godehard, Christologie im Gregorianischen Choral, in: Christologie der Liturgie. Der Gottesdienst der Kirche – Christusbekenntnis und Sinaibund, hg. v. Klemens Richter – Benedikt Kranemann. Freiburg/Br. 1995 (QD 159) 270–291.

467 Kirchenmusik im 20. Jahrhundert. Erbe und Auftrag, hg. v. Albert Gerhards. Münster 2005 (Ästhetik – Theologie – Liturgik 31).

468 Koch, Jakob Johannes, Traditionelle mehrstimmige Messen in erneuerter Liturgie – ein Widerspruch? Regensburg 2002.

469 Kohlhaas, Emmanuela, Musik und Sprache im Gregorianischen Gesang. Stuttgart 2001 (AfMw. B 49).

470 Möller, Christian, Kirchenlied und Gesangbuch. Quellen zu ihrer Geschichte. Ein hymnologisches Arbeitsbuch. Tübingen 2000 (Mainzer Hymnologische Studien 1).

471 Rosenzweig, Franz, Der Stern der Erlösung. Frankfurt/M. 1988 (zuerst 1921 veröffentlicht).

Zeichen und Zeichenhaftigkeit in der Liturgie

472 Antons, Klara, Paramente – Dimensionen der Zeichengestalt. Regensburg 1999 (Bild, Raum, Feier. Kirche und Kunst im Gespräch 3).

473 Berger, Rupert, Liturgische Gewänder und Insignien, in: ders. u. a., Gestalt des Gottesdienstes. Sprachliche und nichtsprachliche Ausdrucksformen. Regensburg [2]1990 (GdK 3) 309– 346.

474 Casula. Kunst-Station Sankt Peter Köln, 3. Juni – 16. August 1992, Galerie in der Finkenstraße München, 3. September – 9. Oktober 1992, Sankt Petri Lübeck, 18. Oktober –18. November 1992. Köln 1992.

475 Communio-Räume. Auf der Suche nach der angemessenen Raumgestalt katholischer Liturgie, hg. v. Albert Gerhards – Thomas Sternberg – Walter Zahner. Regensburg 2003 (Bild, Raum, Feier. Studien zu Kirche und Kunst 2).

476 Eco, Umberto, Zeichen. Einführung in einen Begriff und seine Geschichte. Frankfurt/M. 1977.

477 Gerhards, Albert, Vorbedingungen, Dimensionen und Ausdrucksgestalten der Bewegung in der Liturgie, in: Volk Gottes auf dem Weg. Bewegungselemente im Gottesdienst, hg. v. Wolfgang Meurer. Mainz 1989, 11–24.

478 Gerhards, Albert, Die fortdauernde Wirksamkeit der Taufe im christlichen Leben: simul iustus et peccator. Liturgiewissenschaftliche Erkenntnisse, in: Gerecht und Sünder zugleich? Ökumenische Klärungen, hg. v. Theodor Schneider – Gunther Wenz. Freiburg/Br. 2001 (DiKi 11) 376–395.

479 Gerhards, Albert, „… zu immer vollerer Einheit mit Gott und untereinander gelangen" (SC 48) – Die Neuordnung der Kirchenräume durch die Liturgiereform, in: Liturgiereform. Eine bleibende Aufgabe. 40 Jahre Konzilskonstitution über die heilige Liturgie, hg. v. Klemens Richter – Thomas Sternberg. Münster 2004, 126–143.

480 Gerhards, Albert, St. Gereon – Identität eines Kirchenraums im Wandel der Geschichte, in: Märtyrergrab – Kirchenraum – Gottesdienst. Interdisziplinäre Studien zur ehemaligen Stiftskirche St. Gereon in Köln, hg. v. Andreas Odenthal – Albert Gerhards. Siegburg 2006 (SKKG 35) 9–23.

481 Gerhards, Albert, Teologia dell'altare, in: L'altare. Mistero di presenza, opera dell'arte. Atti de II Convegno liturgico internazionale Bose, 31 ottobre – 2 novembre 2003, hg. v. Goffredo Boselli. Torino 2005, 213–232.

482 Gottes Volk – neu gekleidet: ein Versuch, entwickelt von der Arbeitsgruppe „Kirchliche Architektur und Sakrale Kunst" der Liturgiekommission der Deutschen Bischofskonferenz, hg. vom Deutschen Liturgischen Institut Trier. Trier 1994.

483 Kunzler, Michael, Indumentum Salutis. Überlegungen zum liturgischen Gewand, in: ThGL 81. 1991, 52–78.

484 Liturgie und Licht. Eine Orientierungshilfe, hg. v. Albert Gerhards. Trier 2006 (Liturgie & Gemeinde, Impulse & Perspektiven 7).

485 LiturgieGefäße. Kirche und Design. Eine Ausstellung anläßlich des 50jährigen Bestehens des Deutschen Liturgischen Instituts. Trier 1997.

486 Lukken, Gerard – Searle, Mark, Semiotics and Church Architecture. Applying the Semiotics of A. J. Greimas and the Paris School to the Analysis of Church Buildings. Kampen 1993.

487 Meßner, Reinhard, Gebetsrichtung, Altar und die exzentrische Mitte der Gemeinde, in: Communio-Räume. Auf der Suche nach der angemessenen Raumgestalt katholischer Liturgie, hg. v. Albert Gerhards – Thomas Sternberg – Walter Zahner. Regensburg 2003 (Bild, Raum, Feier. Studien zu Kirche und Kunst 2) 27–36.

488 Meyer-Blanck, Michael. Vom Symbol zum Zeichen. Symboldidaktik und Semiotik. Rheinbach 2002.

489 Reifenberg, Hermann, Bemühungen um die Zeichen in der Liturgie. Ansatz der Liturgiekonstitution – Ergebnisse – Möglichkeiten, in: Lebt unser Gottesdienst? Die bleibende Aufgabe der Liturgiereform, hg. v. Theodor Maas-Ewerd. Freiburg/Br. u. a. 1988, 63–74.

490 Richter, Klemens, Kirchenräume und Kirchenträume. Die Bedeutung des Kirchenraums für eine lebendige Gemeinde. Freiburg/Br. 1998.

491 Schimmel, Barbara, Tuchbestimmungen, Schweigeschrift, Ritualkleider. Album zu den textilen Universalien. Münster 1999 (Studien zur Phänomenologie der gestalterischen Erfahrung 1).

492 Schwarz, Rudolf, Vom Bau der Kirche. [3.], in Titelei u. äußerer Gestalt veränd. u. um originale Handskizzen erw. Neuaufl. Salzburg 1998 (zuerst 1938 veröffentlicht).

493 Winter, Stephan, Eucharistische Gegenwart. Liturgische Redehandlung im Spiegel mittelalterlicher und analytischer Sprachtheorie. Regensburg 2002 (Ratio fidei 13).

Register

Personen

Alexander VII. 184
Altermatt, Urs 44
Amalar von Metz 28, 30, 86
Ambrosius von Mailand 27, 82
Andrieu, Michel 73
Angenendt, Arnold 39, 48, 59, 80, 82, 83, 87, 110
Antons, Klara 212
Assemani, Joseph Aloysius 31
Assmann, Jan 142
Auf der Maur, Hansjörg 66, 80, 126
Augustinus 28, 77
Austin, John L. 180

Baradai, Jakob 76
Basilius 78, 176
Baumstark, Anton 37, 38
Beatus Rhenanus 17
Beauduin, Lambert 102, 103, 104
Becker, Hansjakob 160, 165
Bell, Catherine 54
Benedikt XIV. 31
Benedikt von Aniane 81
Berger, Klaus 311
Berger, Rupert 127, 172, 178, 210
Berger, Teresa 34, 43, 185
Bieritz, Karl-Heinrich 22, 47, 52, 147, 199, 200, 201
Böckler, Annette 230
Bona, Giovanni 30
Bradshaw, Paul F. 164
Brahms, Johannes 98
Brakmann, Heinzgerd 121, 157
Braulik, Georg 160
Bretschneider, Wolfgang 196, 197
Brunner, Peter 145
Brüske, Gunda 142, 165, 180
Buchinger, Harald 161
Budde, Achim 38, 69, 174
Bugnini, Annibale 228

Caesarius von Arles 28, 77
Calvin, Johannes 185
Casanova, José 15
Casel, Odo 40, 104, 130
Cassander, Georg 30
Catalani, Giuseppe 31
Cavalieri, Giovanni Michele 31
Chupungco, Anscar J. 60
Collet, Giancarlo 60
Cyprian 77
Cyrill von Jerusalem 27

Damasus 183
De Zan, Renato 57, 156
Decentius von Gubbio 28
Decius 183
Deeg, Alexander 164
Diez, Karlheinz 185
Döpfner, Julius 105
Durandus von Mende 28, 90
Durant, Jean-Étienne 30

Ebenbauer, Peter 68, 171, 172
Ebertz, Michael N. 15
Eco, Umberto 138, 200
Egeria 27, 75, 76
Ehrensperger, Alfred 94
Eicker, Thomas 199
Eisenbach, Franziskus 129
Eisenhofer, Ludwig 17, 18, 34, 35
Engberding, Hieronymus 37
Emminghaus, Johannes H. 175

Faber, Eva-Maria 127
Felbecker, Sabine 81, 179, 197
Felmy, Karl Christian 24, 49, 117, 132
Fischer, Balthasar 43, 102, 103, 108, 128
Florus von Lyon 30
Fluck, Jakob 34
Franz, Ansgar 159, 160
Franz von Assisi 86, 87
Fulgentius 77

Gabriel, Karl 15
Gahn, Philipp 94
Gärtner, Heribert W. 52
Gavanti, Bartolomeo 31
Gelasius I. 70, 71
Genette, Gérard 165, 166
Gerbert, Martin 31
Gerhards, Albert 17, 25, 44, 45, 53, 60, 63, 65, 76, 79, 81, 82, 84, 88, 92, 95, 98, 104, 107, 125, 126, 148, 161, 163, 169, 176, 177, 190, 192, 195, 196, 197, 201, 202, 203, 208
Gerhardt, Paul 138
Giftschütz, Franz 32
Giustiniani, Paolo 88, 89
Gnilka, Joachim 168
Goar, Jakob 31
Gregor d. Gr. 70, 71, 81, 162
Gregor II. 71
Gregor VII. 184
Gregor von Tours 77

Greule, Albrecht 180
Guardini, Romano 39, 40, 42, 103, 104, 152
Guéranger, Prosper 33, 34
Gülden, Josef 185
Güntner, Diana 142
Gy, Pierre-Marie 48

Hadrian I. 71
Hahne, Werner 124, 147
Halbwachs, Maurice 142
Hamm, Fritz 37
Harnoncourt, Philipp 125, 132
Hartmann, Philipp 31
Hauke, Reinhard 22
Haunerland, Winfried 15, 79, 92, 173, 180, 187
Häußling, Angelus A. 18, 40, 43, 51, 114, 127, 131, 146, 149, 169, 171
Heckel, Ulrich 122, 123
Heimbach-Steins, Marianne 154
Heinz, Andreas 70
Henkys, Jürgen 139
Hittorp, Melchior 30
Hnogek, Adalbert A. 34
Hock, Klaus 23
Hoffman, Lawrence A. 15
Hollerweger, Hans 95
Hossfeld, Frank-Lothar 167
Hucke, Helmut 112
Hug, Elisabeth 180
Huonder, Vitus 161

Ianuarius 28
Innozenz I. 28
Iser, Wolfgang 162

Jaschinski, Eckhard 98, 197
Jeggle-Merz, Birgit 40
Joas, Hans 22
Johannes VIII. 184
Johannes XXIII. 59
Johannes Chrysostomus 28
Joppich, Godehard 195
Jungmann, Josef Andreas 35, 36, 37, 67, 76, 79, 124, 131, 133, 155, 186, 228
Justin 68

Kaczynski, Reiner 122, 187, 191, 228
Karl d. Gr. 71, 81
Karlstadt 185
Kavanagh, Aidan 49
Keller, Klaus 94

Sachen
(erarbeitet von Stephan Wahle)